21世纪高等院校教材

企业战略管理

主　编　胡恩华
副主编　毛翠云　张　龙　单红梅
　　　　张　毅　刘　琴

科学出版社
北　京

内 容 简 介

企业战略管理就是制定战略和实施战略的一系列管理决策和行动。本书运用理论与实践相结合的方法，汲取中外人类在社会经济活动中所积累的战略管理思想和战略管理理论的精华，系统地阐释了企业战略管理的战略分析、战略选择和战略实施的基本理论与方法。为适应时代发展的要求和现代企业发展的需要，本书还特别阐释了企业国际化战略和企业危机管理。同时，结合中国改革开放 30 多年来，尤其是进入 21 世纪以来的中国企业管理实践，本书每章均列举了相应的中国企业管理的短小案例和综合案例。本书既汲取了当今世界战略管理前沿的最新成果，又紧密结合中国企业实际；既体现了教材的科学性和系统性，又突出了战略管理的时代性和实用性。

本书既可作为高等学校经济管理类专业本科生、研究生、工商管理硕士（MBA）和工程硕士等的教学用书，也可作为经济管理类大专班、培训班的参考教材，同时也适合作为有志于从事企业管理人员的自学参考用书。

图书在版编目 CIP 数据

企业战略管理 / 胡恩华主编. —北京：科学出版社，2010.8
(21 世纪高等院校教材)

ISBN 978-7-03-028657-4

Ⅰ.①企… Ⅱ.①胡… Ⅲ.①企业管理-高等学校-教材 Ⅳ.①F270

中国版本图书馆 CIP 数据核字(2010)第 160572 号

责任编辑：林　建 / 责任校对：朱光兰
责任印制：张克忠 / 封面设计：耕者设计工作室

科 学 出 版 社 出版
北京东黄城根北街16号
邮政编码：100717
http://www.sciencep.com

北京市文林印务有限公司 印刷
科学出版社发行　各地新华书店经销

*

2010 年 8 月第 一 版　开本：B5(720×1000)
2013 年 7 月第二次印刷　印张：21
字数：420 000

定价：33.00 元

(如有印装质量问题，我社负责调换)

前言

自 20 世纪 60 年代以来，市面上就有很多有关战略管理学研究的学术著作、案例和教材，这其中有很多我们在教学过程中推荐给同学们阅读参考。本教材借鉴了国外一流大学教学模式上和教学过程中的优秀做法，分析中国的基本国情，考察中国宏观经济和微观经济组织面临的文化背景和风俗习惯，研究中国学生特有的学习习惯和逻辑思维方式，以本土化为出发点，力求在知识体系、案例选择、编写体例、语言组织等方面做到以下四点。

(1) 知识体系完善，技能涵盖全面。本教材尽量吸收国内外最先进的战略管理理论、方法，以及战略管理研究的最新实践成果，在内容上力求做到科学性、系统性和普遍性的统一，既涵盖战略管理的理论基础和战略管理实务，又包括战略管理的最新研究热点和未来发展趋势，力求向读者展示一个完整的战略管理知识体系。

(2) 案例选择力求本土化、贯穿全书。本教材选择教学案例尽量本土化，或者从中国的战略管理视角去分析一些国外的经典案例，并在每章开头、每章中间和每章结尾分别安排引导案例、小案例和综合案例。

(3) 重点突出，倡导学以致用。本教材通过每章的引导案例来帮助学生尽快进入主题，列举学习目标以突出每章的重点内容。每章中间还根据教学需要，穿插学科背景知识、学术争论、最新进展等，以增加可读性。每章结尾安排了本章精要、思考题、综合案例，以便更好地帮助学生理论联系实际。

(4) 语言生动。本教材力求文笔生动、表达活泼，提高可读性。

本教材共分 12 章，在我们长期教学实践的基础上，根据上述思路由胡恩华、毛翠云、张龙、单红梅、张毅和刘琴共同完成，具体分工为：第 1 章和第 2 章由刘琴编写，第 3 章和第 4 章由张龙编写，第 5 章、第 6 章和第 7 章由毛翠云编写，第 8 章由胡恩华编写，第 9 章由单红梅编写，第 10 章由胡恩华和单红梅共同编写，第 11 章和第 12 章由张毅编写。全书由胡恩华主编、审阅和定稿。

本教材在编写的过程中参考了大量的国内外文献，有的已经在文中标注，有的作为参考文献在书后给出，在此谨向文献原作者表示诚挚的谢意。尽管我们一直强调文献引用标注，但在教材编写过程中定有被无意疏漏的，敬请相关作者谅解。科学出版社的编辑同志为本书的出版付出了辛勤劳动，在此表示衷心的感谢。另外，本教材出版获得了江苏省工商管理特色专业建设基金的资助。

由于编者水平和能力有限，本教材中的内容和观点如有不当之处，敬请广大读者批评指正。

编　者

2010 年 5 月

目录

第1章 企业战略管理概述

没有战略的企业就像没有舵的船一样只会在原地转圈，又像个流浪汉一样无家可归。

——美国管理学家　乔尔·罗斯

【引导案例】

七彩云南的平价珠宝①

2004年9月28日，当号称投资5亿元的北京七彩云南翡翠珠宝商城开业时，北京珠宝业界看好者有之，震动者有之，怀疑者有之，认为其必死无疑者亦有之。北京的周大生、谢瑞麟等珠宝商们，都在密切地关注着这个外来者的一举一动。

北京七彩云南翡翠珠宝商城的投资商是来自云南的昆明诺仕达集团。他们选择投资北京，一是看好北京广阔的市场前景和积淀深厚的玉文化，有利于翡翠珠宝品牌的培育和成长；二是北京尚没有一个高品位的专业翡翠珠宝商场，这与大都市应有的珠宝市场形象相去甚远。当然，在首都站稳脚跟就意味着打开了全国市场，这是他们最看重的一点。

但国内的翡翠珠宝市场鱼龙混杂，同样品质的东西，在不同的门店价格可能差几倍，而且销售方式似乎也没有多少变化，通常是在高档地段找一个商场，租一个柜台，定高档价格，三月不开张、开张吃三月。

① 柴多：七彩云南：平价珠宝凭什么，中国电子商务，2006年，第2期，第70～71页。

初入北京时，诺仕达集团作了最坏的打算，准备用半年时间来亏损，一年以后达到盈亏平衡，但结果大大出乎意料。北京七彩云南翡翠珠宝商城在京城开业一个月之后便实现了赢利，每天珠宝销售额达到 50 万元人民币，所取得的业绩让京城的同行刮目相看。

想挤进北京珠宝市场的珠宝商，大多数都已经伤痕累累。就在七彩云南翡翠珠宝商城谋划进入北京的两三年间，北京曾出现过多家珠宝市场，但多数经营时间不长，或勉强维持，或濒临倒闭，或被淘汰出局。七彩云南翡翠珠宝商城就是在这样的市场境遇中进入北京的。

北京七彩云南翡翠珠宝商城为何能获得成功？业界人士分析，其成功主要得益于两个关键因素：第一，七彩云南的房租压力不大，该商城所在地并非繁华商业区，相应该区域的房租水平不高，直接的经营压力并不大；第二，七彩云南北京店的现金流压力有很大回旋空间。因为七彩云南翡翠珠宝商城的投资商，本身就是云南最大的翡翠珠宝生产商，北京店的进货价格、付款时间和付款方式都有很大的回旋余地，这使得北京七彩云南翡翠珠宝商城现金流几乎没有"断流"的危险，可以把精力和资金集中在市场营销上，从而在强手云集的北京珠宝市场上相对从容地立足。

本章学习目标：

- 理解企业战略的含义及其特征；
- 掌握企业战略的三个层次；
- 理解企业战略管理的含义和过程；
- 熟悉战略管理理论的演变及主要流派；
- 理解企业战略与组织结构之间的关系；
- 了解战略与文化的关系及中国企业战略管理的文化背景。

1.1 企业战略概述

1.1.1 战略的内涵

历史上，战略是一个与军事密切相关的概念，指作战的谋略。目前，对"战略"的释义主要有两种：一是指军事战略，意为筹划与指导战争全局的方略；二是泛指对全局性、高层次重大问题的筹划与指导。

在中国，战略思想具有丰富的内容。"战略"一词最早见于西晋司马彪的《战略》一书，中国古代常称战略为谋、猷（yóu）、韬略、方略、兵略等。春秋时期孙武的《孙子兵法》被认为是中国最早形成战略体系的一部兵学专著，它标志着中国古代战略思想的基本确立。其后出现的《吴起》、《孙膑兵法》、《尉缭子》、《司马法》、《六韬》等兵书，使中国古代战略思想更加完善。在 20 世纪的革命战争和反侵略战争中，中国的战略理论获得了新的发展，如 20 世纪 30 年代毛泽东在《中国革命战争的战略问题》中指出：战略问题是研究战争全局的规律的东西。

在西方，“strategy”一词源于希腊语“strategos”，原意是“将兵术”或“将道”，即军事将领指挥军队作战的谋略。普鲁士军事理论家克劳塞维茨在《战争论》中为战略下的定义是：为了达到战争目的而对战斗的运用。奥地利的卡尔大公认为，“战略是拟定整个战争计划，确定整个军事行动的进程。战略是最高统帅的科学。战术实现战略计划，是各级指挥员的艺术”。若米尼（Jomini）指出，“战略是在战场上巧妙指挥大军的艺术。凡涉及整个战争区的问题，均属战略范畴。”

18 世纪末，伴随着战争规模和战争技术的变革，军事战略发展成总体战略。随着战略理论的发展，美国等西方国家出现了更高层次的大战略、国家战略、国防战略及相关的发展战略。战略这一概念，已扩展延伸到军事领域以外，为其他许多领域所借用，泛指对全局性重大的、高层次决策的谋略。

由此可看出，战略包含两方面含义：第一，战略的运用是为了达到某种目的，战略本身是达到目的的手段；第二，战略是从全局的、高层次的角度进行的全盘考虑。

1.1.2 企业战略的内涵

随着企业实践的不断深入，企业战略管理理论在 20 世纪中后期得到快速发展，并取得了大量的研究成果，然而关于企业战略的定义却始终没有统一。

1962 年，钱德勒（Chandler）在他的重要著作《战略与结构》中将企业战略定义为：企业长期基本目标的决定，以及为贯彻这些目标所必须采取的行动方针和资源分配。

1965 年，安索夫（Ansoff）在《公司战略》一书中指出：企业战略是由产品与市场范围、成长方向、竞争优势、协同作用四个要素构成的。安索夫认为，企业战略是贯穿于企业经营与产品和市场的一条“共同经营主线”，它决定着企业目前所从事的，或者计划要从事的经营业务的基本性质。安索夫对战略管理作了许多开创性研究，因此，他被管理学界誉为战略管理的鼻祖。

哈佛商学院教授安德鲁斯（Andrews）认为，“企业总体战略是一种决策模式，它决定和揭示企业的目的和目标，提出实现目的的重大方针与计划，确定企业应该从事的经营业务，明确企业的经济类型与人文组织类型，以及决定企业应对员工、顾客和社会作出的经济与非经济的贡献”。

此外，明茨伯格（Mintzberg）则把战略的定义归纳为五个方面，即计划、模式、定位、观念和策略。

1. 企业战略是一种计划

人们常说制定战略并实施战略。对大多数人来说，战略是一种计划，是企业为了达到一定的目标而由最高管理层确定的企业计划，它是企业行动的方向、指导或途径。而企业战略的制定过程就是一种计划活动，企业通过各种定量或定性的分析方法，以及对外部环境和企业实力的判断，运用科学的方法作出战略计划书，并实施它。

战略作为一种计划思想在人们心目中之所以如此的根深蒂固，是因为战略最初在企业管理中的运用便是以规划的形态出现的。人们从长期预算、趋势分析、差距分析等方法转向战略规划，而规划所要做的便是对资源进行最优配置、编制有条理的行动顺序、控制行为并最终实现预定目标。

2. 企业战略是一种模式

企业在过去的实践中实施的一系列行为构成企业的战略，即战略是一种行为模式。例如，一家企业面临着极大的竞争压力，为了改善现状，企业尽可能在产品设计、市场营销等各个环节做到与众不同，希望通过特色吸引顾客。这种独特性一旦获得消费者认可，便可帮助企业获得巨大成功。于是这家企业被认为是采取了差异化战略，不管它当初是否作过这样的战略计划。

计划意义上的战略是一种预期的战略，而行为模式意义上的战略是一种已实现的战略，已实现的战略并不一定就是计划的战略。对于一家实施战略管理的企业来说，通常情况下是两者皆有而又有所区别，企业不可能完全抛弃战略计划，也不可能圆满而精确地实施战略计划。企业战略从计划到行为模式的转变过程如图 1-1 所示。

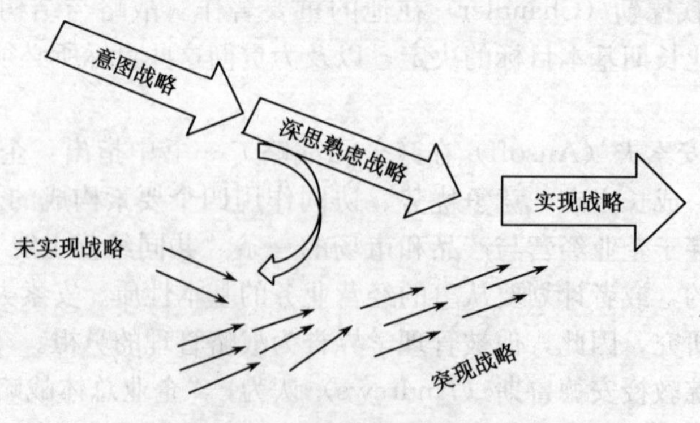

图 1-1 企业战略的转变

3. 企业战略是一种定位

企业在内外经营环境的约束下需要寻找和确定适合自己生存与发展的市场位置。战略定位在很多时候并不是一件容易的事，它需要一定的创造力和洞察力。关于战略定位，波特作了详细的分析，他指出，战略定位是企业竞争战略的核心内容，其目的在于创造一个独特的、有价值的、涉及不同系列经营活动的地位，其实质就是选择与竞争对手不同的运营活动。

企业可以从产品和服务的角度进行战略定位，如三星的“高档数码”战略；也可以从顾客需求的角度进行战略定位，如宜家的产品是为了满足同时注重经济和时尚的年轻消费者的需求。20 世纪 80、90 年代美国航空业一直萧条，而当时还是一家小企业的西南航空公司却取得了巨大的成就。原因就在于西南航空公司从定位上就把自己与其他航空公司区分开来，将自己的产品定位为低成本、低价格、高频率、多班次的短程航运业务。

4. 企业战略是一种观念

战略是一种观念，是一种理念，是企业生产经营活动所确定的价值观、信念和行为准则。它是一个企业做事的基本方式。战略作为观念，建立在组织成员的共同信念和理解的基础之上，根植于集体意向之中，却不一定会被明确地阐述出来。观念体系不鼓励战略改变，最多在组织的整体战略观念之内做一些立场的改变。

关于战略是一种定位还是一种观念，明茨伯格指出，两者对于企业来说都是需要的，企业的定位与观念应该是一致的。在观念不变的情况下改变定位很容易，但是在保持定位不变的情况下改变观念却非常困难。

5. 企业战略是一种策略

战略是一种策略，即为了击败竞争者而采用的特定计谋。企业目的的实现并不一定全部依靠行动，有时候误导和威慑也能达到效果。1815 年，当英军在滑铁卢战役中击败拿破仑时，首先获得消息的英国人奈森·罗斯兹尔德，在交易大厅里，佯装得知英国战况不利，故意抛售公债。此举引起连锁反应，公债价格很快跌入低谷。此时，奈森又突然停止抛售，转而以低价大批买进。几天后，英军获胜的消息传出，公债价格暴涨，奈森坐收巨利，这就是一种策略。

关于企业战略的定义还有很多，不同学派的观点各异，然而正如明茨伯格所说，战略是如此复杂，具有如此多的属性，以至于很难全面地概括，我们对战略形成的认识就如同盲人摸象，因为从未有人能够具备完整的审视大象的眼光。每个人都紧紧地抓住战略形成的某一部分，同时对认识不到的其余部分则是一无所知。在这种情况下，我们只有不断地去理解局部，才能向认识整体更靠近一步。

1.1.3 企业战略的基本特征

虽然企业战略的定义难以统一，但对企业战略的理解在某些主要方面却已形成共识，主要有以下六个基本特征。

(1) 全局性。企业战略不是强调某一个事业部门或某一个职能部门的重要性或目标，而是通过协调企业各组成部分，将企业内部各子系统有机地结合起来运作，使企业达到整体优化的水平。企业战略是由企业高层管理者作出的决策，涉及整个企业资源的调度和使用，并影响企业的长期发展。例如，企业中存在着不同的事业部门，每个事业部门经理都希望自己的部门获得最好的发展，但从企业整体战略部署的角度考虑就会有主次之分，对有的部门加大投入，而对有的部门减少投入，甚至可能会为了某个事业部门的发展而牺牲另一个事业部门的利益。由此可见，企业战略的目的不是要使哪一个部门达到最优，而是通过整体布局实现整个企业的最终目标。

(2) 长远性。企业战略不是短期的经营计划，它是对企业未来较长时期，就企业如何生存与发展等问题进行的统筹规划。一般情况下，企业战略着眼于未来3～5年，甚至更长时间。海尔用了7年时间实施名牌发展战略，在建立了品牌声誉与信用之后又用了第2个7年时间去实施多元化产品战略。为实现长期目标有可能造成短期成本上升，因此企业管理人员必须在近期与未来之间取得平衡。太注重短期利益，可能会影响长期发展；而为了长期发展不顾短期利益会给企业带来短期经营风险。

(3) 指导性。企业战略管理处于企业管理层次中的最高层。企业战略所确定的战略目标和实现目标的方式是一种原则性和总体性的规定，是对企业未来发展的全局谋划。企业日常经营活动都要以企业战略为依据，企业的经营决策要以战略为指导。例如设计部门该如何设计产品取决于企业实施的竞争战略，成本领先战略要求产品简单、易于生产，而差异化战略则要求产品具有特色。另外，企业的管理方式也要以战略为指导。例如实施差异化战略的企业可以通过主观评价和激励激发员工的创新积极性，而实施成本领先战略的企业可以通过严格控制的定量化目标去激励员工。

(4) 竞争性。企业战略管理的目的是获得竞争优势。因此，企业战略需要考虑市场竞争态势和企业实力，通过抓住机会、发挥优势、克服弱点，在市场竞争中占据有利位置，从而保证企业的长期生存与发展。战略的竞争性不排除企业间的合作。在当今竞争日益激烈的市场环境中，越来越多的企业通过战略联盟建立起相互合作关系，其中不乏与竞争对手的战略联盟。例如，雀巢公司与其竞争对手可口可乐公司联手进军中国茶饮料市场，利用双方优势的互补取得了巨大成功。

(5) 风险性。企业战略是对未来发展的规划，考虑的是未来的市场环境和企业的相应策略。而未来具有极大的不确定性，在变幻莫测的环境中，任何企业战略都具有风险性。战略风险概念在管理领域的提出最早始于决策理论，罗伯特·西蒙认为，战略风险是指一个未预料的事件或一系列事件，它们会严重削弱管理者实施其原定企业战略的能力。例如，突如其来的金融海啸，令众多企业措手不及。风险是客观存在的，有的风险是没有办法回避或消除的，但企业可以通过有效的管理尽量降低风险及其可能带来的影响，如建立风险评估体系，增强企业的灵活性与适应能力等。

(6) 相对稳定性。企业战略规定了企业的发展目标，具有长远性，对企业成员具有指导作用。在战略中所确定的战略目标、战略方针、战略重点和战略步骤等应保持相对稳定，不应该朝令夕改，否则会令企业成员无所适从。但这并不意味着战略完全不变，一成不变的战略是危险的。企业战略的制定依赖于未来外部环境和企业实力，而环境会发生不可预测的变化，因此，战略在战略期内需要随着环境的变化而进行必要的调整。

1.1.4 企业战略的层次

企业总体目标一经确定，就会细分为企业各个层次的具体目标，企业总体目标的实现依赖于企业各个层次子目标的实现。企业战略是为了实现企业的总体目标，因此，它也渗透到企业的各个层级，通过每个层级的战略制定与实施实现各个子目标，最终实现企业的总体目标。企业战略的层次与企业管理层次相对应，在大中型企业中，特别是多种经营的企业，战略一般可分为三层：总体战略、竞争战略和职能战略，如图 1-2 所示。对于有些中小企业，其内部没有相对独立的经营单位，因此不必刻意划分为三个层次。

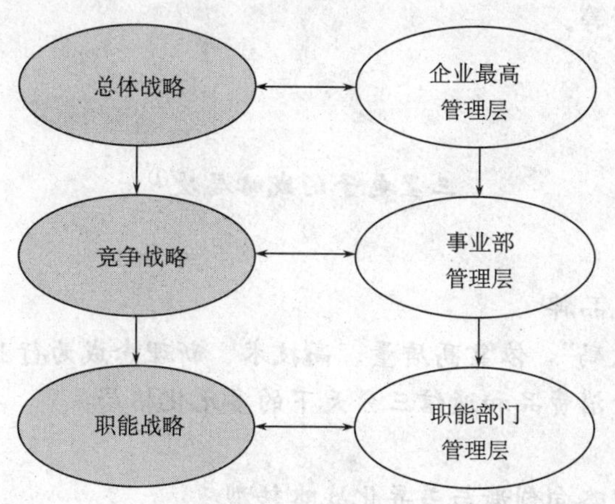

图 1-2 企业战略的层次

(1) 总体战略。总体战略又称为公司战略，是企业总体的、最高层次的战略，是企业最高管理层指导和控制企业一切行为的最高行动纲领。总体战略的对象是企业整体，其重点解决两方面的问题：第一，根据企业的目标，在分析企业外部环境变化和内部条件的基础上选择企业的经营领域；第二，合理配置企业经营所必需的资源，使各项经营业务相互支持、相互协调，从而实现企业整体的战略意图。总体层面的战略需要关注组织与公众的各种交互关系，以及社会责任的履行，其制定和推行的人员主要是企业的高层管理人员。

(2) 竞争战略。竞争战略也称为事业部门战略、业务战略，是在总体战略基础上，特别是在共同的企业使命的前提下，根据各个事业部门所面临的机会和挑战、自身条件等作出的战略决策。事业部门战略的重点是保证战略经营单位在其所从事的行业中或某一细分市场中的竞争地位。事业部门一般拥有自己的职能部门，要有效实施事业战略，需要将竞争战略分解到下属的各个职能部门。竞争战略在实施公司总体战略过程中有以下五个要点：①如何贯彻企业使命；②事业发展的机会和挑战分析；③事业发展的内在条件分析；④事业发展的目标和要求；⑤事业发展的重点、阶段和措施。

(3) 职能部门战略。职能部门战略是为贯彻、实施和支持总体战略与业务战略而在特定的职能管理领域制定的战略，是企业职能部门的战略计划。职能部门应确定所需要完成的工作以配合总体战略和竞争战略的实施。职能部门战略关注的重点是如何提高企业资源利用效率，它由一系列详细的方案和计划构成，涉及企业的各个职能部门，如营销战略、人力资源战略、研发战略等。职能部门战略的主要内容包括：①如何贯彻事业发展目标；②职能部门目标的确定及论证；③职能部门发展的重点、阶段和主要措施；④职能部门战略实施过程中的风险分析和应变能力分析等。

小案例思考

三星电子的战略层次①

1. 总体战略：
打造世界一流品牌
定位“高端数码”，依靠高质量、高技术、新理念成为行业领跑者
半导体、电子消费品和通信三分天下的多元化格局
2. 竞争战略：
由成本领先战略向创新与差异化战略转型

① 韩宏明，蔡祖炼：三星电子的品牌战略，经营与管理，2004年，第8期。

树立“时尚简约、高档次、高价值”的品牌形象

3. 职能战略：

加大美国市场宣传投入，扭转品牌形象

加大中国当地研发投资力度

构建研发、生产、销售等环节的当地化经营体系

1.2　企业战略管理概述

1.2.1　企业战略管理的内涵

企业战略管理是指企业在制定和实施战略中作出的一系列决策和进行的一系列活动，这些决策和活动保证企业目标的实现。斯坦纳在 1982 年出版的《企业政策与战略》一书中指出，企业战略管理是确定企业使命，根据企业外部环境和内部经营要素确定企业目标，保证目标的正确落实并使企业使命最终得以实现的一个动态过程。此概念包含三层意思：第一，企业战略管理要时刻关注内外部环境；第二，企业战略管理要以企业的使命和最终目的为中心；第三，企业战略管理是个动态的过程。企业战略管理包括战略制定、战略实施和战略评价三个阶段，这三个阶段共同构成企业战略管理的研究框架，如图 1-3 所示。但在实际工作中，企业战略管理的各个阶段并不一定划分得很清晰。在战略评估过程中可能会先实施部分战略，而战略实施过程中可能会因为环境发生了变化而重新进行战略分析。

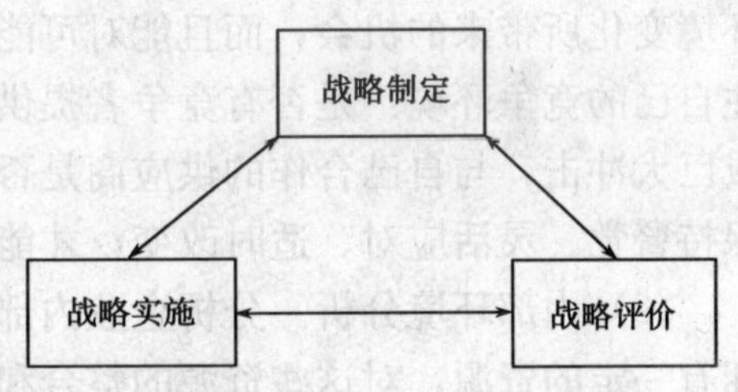

图 1-3　企业战略管理分析框架

1.2.2　企业战略管理过程

企业战略管理是一个连续且循环的过程，战略管理的三个阶段可以进一步划分为一系列具体环节，如图 1-4 所示（弗雷德・R. 戴维，2003）。

1. 企业战略制定

企业战略制定包括外部环境分析，内部环境分析，企业愿景、使命和目标的确定，企业战略方案的提出及企业战略选择。

（1）外部环境分析。分析外部环境是要找出企业面临的机会和威胁，不仅要考虑现在的环境，更要放眼未来的环境变化趋势。企业存在于一定的宏观大环境中，其经济发展、人口特征、社会文化、政治法律、技术进步及政府态度等各方

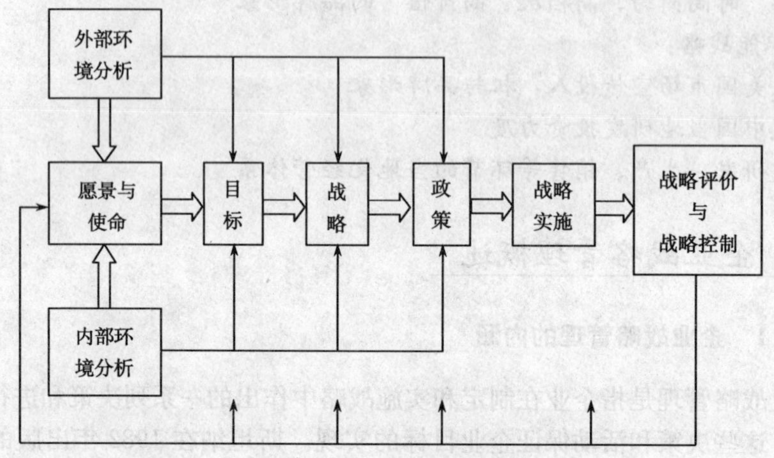

图 1-4 企业战略管理过程

面都会对企业造成影响。这些环境变量又是不断变化的，从而使得新的需求不断产生，而有些原有需求又在持续地缩减。变化的需求和环境要求企业不仅能识别环境变化所带来的机会，而且能对可能产生的威胁提出应对措施。企业要时刻关注自己的竞争环境：是否有竞争者提供了新产品，替代品的出现是否会对企业造成巨大冲击，与自己合作的供应商是否会发生变化等。企业只有对竞争环境时刻保持警觉、灵活应对、适时改变，才能有效降低风险。

（2）内部环境分析。分析企业内部环境就是要找出企业的优势和劣势。企业拥有一定的资源，对这些资源的整合和利用会形成企业独特的能力。这些能力存在于企业管理、营销、财务会计、生产作业及研究开发等各个具体环节中。企业要能够识别和评价企业在哪些环节具有优势或劣势，并制定能够发挥优势和弥补劣势的战略。

（3）企业愿景、使命和目标的确定。拟定企业的愿景和使命要解决如下问题：我们的企业是什么，我们的企业应该是什么，我们的企业为什么存在，我们的企业将来会变成什么样子？这些关于企业基本问题的界定需要在企业内部达成共识。企业愿景规定企业的核心观念，描绘企业未来发展的宏伟蓝图。企业使命界定企业的业务范围。企业在确定了愿景和使命的基础上，在一些关键领域确定各种长期目标，而企业长期目标是企业制定战略的基础。

（4）企业战略方案的提出。通过前面的战略分析过程，企业对所处的外部环境、行业经济特征、竞争结构、竞争对手、自身实力、企业的核心观念及发展方向等都有了较深入的了解，接下来就是要寻找合适的战略。企业战略的内容包括：开发哪些产品和服务、进入哪个目标市场、如何进入目标市场、如何为企业的业务获取和分配资源、如何进行业务竞争，以及如何管理业务范围内的职能关系等。

（5）企业战略选择。一般而言，企业会拟定多个战略备选方案，接下来根据股东、管理人员及其他利益相关者的期望目标确定战略方案评价标准，并依据标准对各项备选方案加以评价比较。标准应能衡量战略对环境的适应性，战略的优越性、可行性和目标一致性等各方面问题。

2. 企业战略实施

成功的企业战略制定并不能保证成功的战略实施。实际做一件事情（战略实施）总是比决定做这件事情（战略制定）要困难得多。企业战略实施要遵循三个原则，即适度合理性的原则、统一领导与统一指挥的原则、权变的原则。为贯彻实施战略，要建立贯彻实施战略的组织机构、配置资源、建立内部支持系统、发挥好领导的作用，从而使组织机构、企业文化均能与企业战略相匹配，处理好企业内部各方面的关系，动员全体员工投入到战略实施中，以保证战略目标的实现。

（1）企业战略实施中的管理问题。企业战略实施的第一个重要任务就是将战略管理的责任从战略制定者向战略执行者转移。如果战略决策与管理者预期的个人收益有较大出入，战略的实施将很难得到保证。在战略实施过程中，最重要的管理问题包括制定年度目标、制定政策、配置资源、调整现行组织结构、企业改组和流程再造、调整奖励和激励计划、减小变革阻力、使管理者适应新的战略、培育支持新战略的企业文化、调整生产作业过程、发展有效的人力资源功能及优化企业规模。

（2）企业战略实施中的营销、财务、研究与开发，以及计算机信息系统问题。战略的顺利实施依赖于各部门在具体环节上的正确执行。在现实的企业经营中，已制定好的战略能被成功实施的不到 10%。造成如此低成功率的原因有很多，如不能适当地细分市场、运营成本过高、在研究开发方面落后于竞争者、没有充分地认识到先进管理技术的重要性等。

3. 企业战略评价

之所以要进行企业战略实施效果评价是因为：第一，战略环境在不断发生变化，企业内部资源也在时刻变化，企业战略可能会出现不适应环境的情况，在必要的情况下要及时进行调整；第二，对战略实施效果进行评价是战略控制的基础，没有评价就没有控制；第三，通过对战略实施效果的评价，可以衡量企业成员的绩效，并依此进行有效激励。

企业战略评价包括三项基本活动：考察企业战略的内在基础、将预期结果与实际结果进行比较，以及采取纠正措施以保证行动与计划一致。

1.3 企业战略管理理论的演变

1938年，巴纳德（Barnard）在其著作《经理人的职能》中提出了战略因素的构想，从这时开始便进入了战略管理理论发展的时代。尤其在20世纪60年代以后，企业战略管理理论得到了快速发展，形成了各种不同的学派。

1.3.1 设计学派与计划学派

早期战略管理理论以战略规划为主导思想，这一阶段的主要代表人物有钱德勒、安索夫和安德鲁斯等。

20世纪50年代，西方企业迅猛发展，伴随着当时的混合并购浪潮，大量企业实施了多元化策略，企业规模和经营范围发生了巨大变化，内部资源的组织协调难度增加，而外部面临的竞争环境更复杂，竞争压力又不断增加。这促使企业开始寻找新的提高竞争力的方法。因此，战略规划开始得到企业经理们的推崇。

1. 设计学派

1957年，塞兹尼克（Selznick）出版了《经营中的领导能力》一书，书中引入了“特色竞争力”的概念，探讨了整合组织“内部状态”与“外部期望”的必要性，构建了现代战略的雏形（周三多和邹统钎，2002）。1962年，钱德勒在《战略与结构》一书中，以杜邦、通用汽车、新泽西标准石油和西尔斯四家企业为主要案例，探讨了企业成长与组织结构的变化过程，提出“结构跟随战略”的观点，即企业经营战略应当适应环境，而组织结构又必须适应企业战略。1971年，安德鲁斯出版《公司战略概念》一书，首次提出战略分析框架，认为战略就是让企业自身的条件与所遇到的机会相适应，做到能力与环境的匹配，并且构建了著名的SWOT分析模型。

设计学派认为战略制定是领导者有意识但非正式的构想过程，形成战略最重要的因素是对外部因素和组织因素进行匹配，主要观点包括（明茨伯格等，2001）：

（1）战略形成应该是一个有意识、深思熟虑的思维过程；

（2）进行控制并保持清醒是首席执行官的责任，首席执行官就是战略家；

（3）战略形成的模式必须保持简单和非正式；

（4）战略应当是个性化设计的最佳成果之一；

（5）战略制定和战略执行是两个独立的过程；

（6）战略应该是明确的，为此它必须保持简单。

2. 计划学派

计划学派与设计学派产生于同一时期。安索夫的《公司战略》是计划学派最有影响力的著作。安索夫在书中对公司战略的概念、制定等问题进行了系统的阐述，指出制定战略计划是企业一项独立而重要的管理活动，并且提出了完整的战略决策的步骤。

同设计学派相似，计划学派也把市场环境、定位和内部资源能力视为制定战略的出发点。但他们认为企业战略的制定过程应该是一个正规化的计划过程，不应该只停留在经验和概念的水平上。战略制定被划分为一系列具体的行动步骤，并且有具体的方法去实施这些步骤，由此得到明确的战略，并可通过细致的目标、预算、程序和各种经营计划来贯彻。计划学派引进了许多数学、决策科学的方法，提出了许多更为复杂的战略计划模型。

1.3.2　定位学派

随着大规模机械化生产的出现，市场结构越来越集中，一些产业组织的力量超越了宏观经济环境的力量。强大的企业通过建立行业垄断获得高额利润，在有吸引力的行业中，即使是平庸的管理也能使企业获利。在这种情况下，战略管理者们纷纷跳出简单适应环境的模式，转而寻找有吸引力的行业。定位学派由此应运而生。他们把更多的时间放在探索战略内容本身，即思考什么战略在什么环境下更有效。

产业组织理论体系是定位学派的基础。传统的产业组织理论产生于20世纪40年代左右，其主要观点是市场结构决定了企业的行为，而这些行为又决定了企业的业绩，由此确立了“结构（structure）—行为（conduct）—绩效（performance）”的S-C-P分析框架。在传统产业组织理论中衡量市场结构的指标主要包括生产者集中度、需求者集中度、产品差异化程度、市场进入条件和市场透明度等。其研究者认为，企业通过策略性行为可以影响市场环境，从而提高利润。由于强调市场结构对企业行为和绩效的决定作用，所以定位学派又被称为结构主义学派。

20世纪八九十年代，波特（Porter）出版了《竞争战略》、《竞争优势》和《国家竞争优势》三部著作。波特深受传统产业组织理论的影响，其分析正是建立在S-C-P的范式上，因此对产业结构作了重点研究。他在《竞争战略》一书中提出了行业结构分析的五力模型和竞争对手分析的四个要素，并总结了通用的企业竞争战略。在《竞争优势》一书中他又提出了价值链的概念，用来系统识别和分析企业竞争优势的来源。

波特竞争战略主要关注两个问题：一是选择有吸引力的行业，所谓有吸引力指的是具有较强的长期盈利能力，这方面需要运用五力模型分析；二是通过恰当的战略建立企业在行业中的竞争地位。波特认为一个企业只有两种竞争优势来源，即低成本和差异化。当优势来源与企业目标市场的范围相结合，就可以得到三个通用战略，即成本领先战略、差异化战略和集中化战略。通用战略正是波特所代表的定位学派与之前的设计学派、计划学派所不同的地方。设计学派和计划学派都认为，每一个企业都有唯一的、量身定做的战略，在既定的环境中，可能实现的战略有无限多种。而定位学派认为，在既定的行业中，只有很少数的关键战略是有效的，因此基本战略是有限的，而这些有限的战略被称做通用战略。

1.3.3 资源基础理论学派

20 世纪 80 年代，许多经过混合并购而形成的多元化企业的业绩并不理想，尽管这些企业所涉及的行业本身具有吸引力，但企业并不能从中获得良好收益，企业开始回归主业，而定位学派的理论也因此受到挑战。20 世纪 80 年代早期，鲁梅尔特（Rumelt）的实证研究发现产业内的利润差异比产业间的利润差异要大得多。这一发现推翻了市场结构决定企业盈利水平的论断，人们开始相信，企业的超额利润来源于企业自身的某些独特之处。

资源基础理论把企业的个体差异看做企业竞争优势的基础，企业通过特有的资源条件获得持续的竞争优势或超额利润。资源基础理论构建了“资源—战略—绩效”的基本范式，其含义是企业的竞争力及所获得的利润不同是因为企业实施了不同的战略，而战略不同是因为企业拥有不同的资源，资源与能力为企业的战略提供了基本方向，成为企业利润的基本源泉。因此，战略制定的过程应该是：分析公司的资源、评价公司的能力、分析公司的资源与能力的盈利潜力、选择战略，以及扩展与提升公司的资源与能力。

资源基础理论并不排除产业组织理论强调的行业吸引力对企业业绩造成的影响，但它认为行业吸引力同样取决于公司所拥有的有形资源和无形资源。例如，行业的进入壁垒影响着行业的吸引力，而进入壁垒又受到行业企业的品牌优势、反击能力及专利技术等因素的影响；供方和卖方的讨价还价能力又取决于企业规模和财务资源等，这些品牌或技术优势、财务资源或规模经济都是企业的资源。因此，归根到底，行业的吸引力也是由企业资源与能力决定的。

核心竞争力理论是资源基础理论的分支。1990 年，普拉哈拉德（Prahalad）与哈默尔（Hamel）在《哈佛商业评论》上发表了《企业核心竞争力》一文，把核心竞争力定义为“组织中的累积性学识，特别是关于怎样协调各种生产技能和整合各种技术的学识”。企业核心竞争力应具有价值性、稀缺性、难以模仿性和难以替代性。只有同时具备这四种特征的能力才能为企业带来持续的竞争优势。核心竞争力理论认为，企业的业务单元设置应围绕核心竞争力进行，企业的各项活动应有助于强化和发展企业的核心竞争力。普拉哈拉德和哈默尔曾对核心竞争力作了如此比喻：多元化的公司就像一棵大树，树干是核心产品，小树枝是业务单元，树叶、花朵和果实是最终产品，提供营养、支撑和稳定性的根系就是核心竞争力。

1.3.4 其他学派

1. 企业家学派

企业家学派将战略形成过程绝对地集中在个别领导人身上，强调与生俱来的心理状态和过程，如直觉、判断、智慧、经验和洞察力。这一学派认为企业家的远见是战略的基本来源。远见是一种对战略任务的感觉，而不是一份详细阐述的计划，因此战略是非常灵活的。企业家战略既是深思熟虑的，又是随机应变的，在总体思路和方向上是深思熟虑的，而在具体细节上则是随机应变的。

2. 认识学派

认识学派研究战略的形成过程。战略家获得信息、处理信息，在认识过程中形成概念、制定概念的过程也就是战略形成的过程。认识学派把战略的形成看成是一个心理过程，如视觉感受、信息处理、直觉等都存在于潜意识里，而这些过程最终促成战略的产生。

3. 学习学派

学习学派把战略形成看成一个应急的过程。该学派的支持者认为，一些重要的战略改变很少是由正式的计划决定的，甚至很少产生于高层管理者的办公室中，相反，它来源于不同人们的一些小的行为和决定。由于长期相互作用，这些微小的变化经常会引起战略方向的重大转变，所以，战略的形成是一个渐进的过程。耶鲁大学的林德布罗姆（Lindblom）教授认为战略的形成是一个无序渐进的过程，而奎因则认为战略的形成应该是一个逻辑渐进的过程。

4. 权力学派

权力学派把战略形成看做一个协商的过程。权力学派有两个分支，一个是微观权力，一个是宏观权力。在微观权力分支中，博尔曼（Bolman）和迪尔（Deal）认为，组织是不同的个人和利益集团的联合体，企业的重要决定会涉及稀有资源的配置，因而会影响到每个成员的利益。而战略制定就是在相互冲突的个人、集团和联盟之间讨价还价和折中妥协的过程。在宏观权力分支中，普费弗（Pfeffer）和萨兰西克（Salancik）指出，“组织能够调整和改变自身以符合环境的要求，或者能努力去改变环境以使环境适合组织的能力”。该分支强调组织与其环境之间的相互依赖性，组织不得不应付来自供应商、顾客、工会、银行和政府等利益相关者的压力和需求。

5. 文化学派

文化学派把战略形成看做一个集体思维的过程。文化学派着眼于共同利益，认为战略形成过程根植于文化的力量，战略形成是社会交互过程，建立在组织成员的共同信念和理解的基础之上。因此，战略形成首先采取了观念的形式，并且是凝重的、持久的和不容易改变的。文化学派关注到文化在保持战略稳定性方面的作用，因此认为战略的巨大改变必须要以文化的基本改变为基础。

6. 环境学派

环境学派把战略形成看成一个反应的过程。这一学派把环境同领导和组织一起列为战略形成过程中的三大中心力量之一。该学派认为，环境是战略形成过程中的中心角色，而不仅仅是影响因素，企业必须适应环境，否则就会被淘汰。领导由此变成了一种被动的因素，负责观察、了解环境并保证组织完全与之适应。

7. 结构学派

结构学派对以上各战略学派的理论进行了综合，把战略形成看做一个转变的过程。这一学派提出了两个主要观点：一是把组织和组织周围的环境状态描述为结构；二是把战略形成过程描述为转变。该学派认为结构与转变如影随形，战略制定就是从一种结构转变到另一种结构。在大多数时候结构是稳定的，但偶尔会出现转变，这种稳定状态与转变状态的相继交替可能会随着时间的推移自我整理为某种规律，如组织的生命周期。

1.3.5 企业战略管理理论的新发展

市场无时无刻不在发生着变化，传统的战略管理理论渐渐显示出其局限性。企业需要确立战略目标，选择一个有吸引力的市场，建立自己的竞争战略并培养独特而优越的能力。但这些在今天的市场上却依然显得不够，面对复杂而又快速变化的新环境，企业的战略思维开始有所改变，而战略管理理论也由此获得了新的发展。

1. 合作竞争战略

美国学者莫尔（Moore）在其著作《竞争的衰亡》中提出了一种新的竞争战略形态——企业生态系统观，并明确地将生态学的原理用于商业研究，提倡企业应该和谐共生于一个丰富而利益相关的动态系统中，在相互合作与竞争的过程中“共同进化”其独特的能力。这一新的概念，打破了传统以行业划分为前提的战略理论的限制。同年，纳尔巴夫（Nalebuf）和布兰登伯格（Brandenbuger）合作出版了《合作竞争》一书，他们认为企业经营活动是一种可以实现“双赢”的非零和博弈，企业的经营活动不仅有竞争，也应该有合作，并提出了合作竞争（co-petition）的新理念。这是网络经济时代企业如何创造价值和获取价值的新思维。强调合作的重要性，有效地克服了传统企业战略过分强调竞争的弊端，为企业战略管理理论研究注入了新的理念（雷如桥和陈继祥，2004）。

2. 产业集群战略

波特在 1998 年发表了《产业集群与竞争》一文，在该文中，波特肯定了企业集群对维持企业竞争优势的重要性。他认为，在一定的地理位置上集中的相互关联的企业及相关机构，使企业既可以享受集群而带来的规模经济和范围经济的好处，又可以保持自身行动的敏捷性。基于诚信基础上的企业集群可以减少交易费用，同时也可以使经验、知识、技能很快地在企业之间传播开来，从而有利于企业创新机制的培育。

在经济全球化的今天，产业集群在不断涌现和发展壮大，已成为全球重要的经济发展战略模式，无论在理论研究上还是在实践中都受到了广泛关注。在现实社会中，出现了大批各具特色的产业集群，如台湾笔记本生产制造商、温州的皮鞋制造商及东莞的电子信息产品制造商等，这些产业集群都表现出极强的市场竞争力和增长活力。

3. 边缘竞争战略

1998年，美国斯坦福大学的布朗（Brown）和艾森哈特（Eisenhardt）合作出版了《边缘竞争》一书，书中指出未来企业经营环境的主要特征是高速变化和不可预测性（Brown and Eisenhardt，2001）。因此，战略管理的中心问题就是对变革进行管理，主要表现在三个方面：一是对变革作出预测；二是对变革作出反应；三是领导变革，即走在变革的前面，甚至是改变竞争的游戏规则。该书归纳了边缘竞争战略的五个基本要素：即兴发挥、互适应、再造、实践和时间节奏。

边缘竞争理论认同战略和组织结构相匹配的观点，认为战略是公司不断调整组织结构形式，进行变革，并且与该组织结构相适应采取半固定式战略趋向的一种必然结果。半固定式战略趋向是边缘竞争的战略方法与所谓的传统战略方法最主要的区别。为了实现战略目标，企业需要不断地进行变革，从而能够源源不断地创造新的竞争优势，而这些竞争优势又形成了企业的半固定式战略趋向。它力图捕捉无序平衡的边缘状态，使公司在无序和有序之间保持微妙的平衡状态。

1.4 企业战略与组织结构

组织结构是指有机体内各个要素的构成方式及其功能的总和。组织结构是表现组织各个部分排列顺序、空间位置、聚集状态、联系方式及各要素之间相互关系的一种模式，是执行管理和经营任务的体制。组织结构与企业战略关系密切，企业战略要由健全的组织结构来保证实施。组织结构是企业的组织意义和组织机制赖以生存的基础。

1.4.1 组织结构的演变与发展

按照时间的逻辑，企业组织演变的历史大致可分为三个阶段：古典企业阶段、现代企业阶段和后现代企业阶段。相应地，企业的组织结构也可归纳为三种类型：古典企业组织结构、现代企业组织结构和后现代企业组织结构。

1. 古典企业

16 世纪中叶，工场手工业开始产生。资本家雇佣较大量的劳动者使用一定的生产手段，从事协作劳动，使生产效率大幅度提高。这就是手工工场，是资本主义工厂制企业的雏形。18 世纪 60 年代，工业革命产生，以机器大生产为基础的现代工业制度出现。这种早期演化阶段的企业组织结构极为简单，其主要特点是：第一，古典企业组织的规模都比较小，通常“只掌管一种经济职能，经营单一的产品系列，且仅在一个地区内经营”，钱德勒称之为“单一单位的企业”；第二，古典企业的管理者通常兼有资本所有者身份，资本所有权和经营权是合一的；第三，古典企业作为层级组织，通常只包含两个层级，企业所有者是最高决策层级，雇员是最低决策层级，没有中间管理层（胡雄飞，1996）。

古典企业组织是一种绝对的集权化管理，这种直线式组织结构形式在 19 世纪下半叶一直居于主导地位。

2. 现代企业

从 19 世纪 40 年代开始，由于市场的扩大和市场不确定性的增加，以及技术的迅速发展，现代企业组织形式产生并得到发展，钱德勒称之为“多单位企业”。与古典企业组织相比较，现代企业组织有如下特征：第一，现代企业组织通常规模较大，这种企业“将许多单位置于其控制之下，经营于不同地点，通常进行不同类型的经济活动，处理不同类型的产品和服务”；第二，现代企业组织作为层级组织包含两个以上的决策层级，高、中层级的决策者形成了较为复杂的决策分工体系，表现为企业内部的管理组织；第三，企业的高、中级决策者都不再兼有资本所有者的身份，而成为专门的支薪管理人员，资本所有权与经营权发生了分离。

现代企业组织结构的基本形态主要有 H 型结构、U 型结构、M 型结构、矩阵结构、超事业部结构、模拟分散管理结构和多维结构等。

3. 后现代企业

后现代企业是一种企业集团。东方赢将后现代企业定义为一个由核心企业实行战略领导、众多独立企业（卫星企业）参与组成的战略性经营集团。在后现代企业时代，战略管理权和经营权分离是重要特征，核心企业拥有统一的战略管理权，卫星企业自主经营、自负盈亏，但在战略上接受核心企业的领导。作为企业组织的高级发展形态，这种企业集团比以往任何一种组织形式发展得都快，在经济生活中发挥的作用都大。企业集团不仅能通过联合聚集起庞大的生产力，产生单个企业难以实现的组合效应，迅速满足现代规模经济的要求，而且它的组织方式又能充分体现出商品经济灵活经营的要求。后现代企业组织具有以下特点：第一，企业集团是一个多法人联合体，而其本身并不是法人；第二，企业集团的组织结构是多层次的，如分为集团核心、紧密层企业、半紧密层企业及松散层企业等；第三，集团核心在企业集团中起主导作用，它维持成员企业行为的一致性和协调性，以实现集团的整体发展战略，但不对其他成员企业形成单方面的控制关系，外围成员企业可以比较自由地进入或退出某个企业集团。

后现代企业组织的边界是不确定的，它常常处于一种变化的状态中，其组织结构包括网络型企业、虚拟企业、联盟企业等。

1.4.2 组织结构与企业战略之间的关系

自从钱德勒提出“结构追随战略”的说法后，组织结构与企业战略的关系就受到学者的重视。结构和战略之间应实现动态匹配，这一点是肯定的，然而在企业战略与组织结构的关系方面，对谁决定谁、谁服从谁却始终存在着不同的观点。

1. 组织结构跟随企业战略

哈佛大学的钱德勒教授20世纪60年代在研究了杜邦、西尔斯、通用汽车、标准石油之后提出“战略决定结构、结构追随战略”的著名论断。40多年来，这一理论一直在战略领域中占据主导地位。钱德勒的基本观点是企业多元化战略导致U型组织向M型组织转变（周三多和邹统钎，2002）。

（1）专业化战略与U型组织结构的匹配。在实施专业化战略的企业中，当企业规模很小时，如单人业主制或合伙制企业，不需要繁杂的组织结构设计，企业中往往一人身兼数职。随着规模的扩大，组织内部会出现分工，这样，在企业内部就逐渐按照职能部门进行了划分，如专门负责原材料采购的采购部门、负责拓展市场的市场营销部门、负责人力资源的人事部门等。这样的组织结构就是U型组织结构。可以说，当企业专业化战略成功实施，企业规模由小变大之后，U型组织结构的出现就成为了必然。

（2）横向多角化战略、纵向一体化战略与M型结构的匹配。当企业最初的专业化战略为企业带来成功之后，企业开始实施横向多角化战略和纵向一体化战略。原先的U型组织结构显得越来越不合时宜。1920年，阿尔弗雷德·斯隆在通用汽车公司开展了分权化尝试，获得巨大成功。这样，分权制组织结构就出现了，被称为M型组织结构，其典型特征是拥有大量以产品或地区划分的分部门。

（3）跨国战略、多角化战略与H型组织结构的匹配。规模不断扩大的现代企业越来越倾向于多元化经营，逐渐变成了跨行业、跨地区的大型跨国集团公司。随着跨国公司在东道国的投资越来越大，这些跨国公司不再适合直接控制这些东道国的子公司。因此，子公司的独立权越来越大，而母公司逐渐采取控制子公司一定比例股份的方式，允许子公司在当地直接独立运营。从母公司到子公司，这就是H型组织结构。

钱德勒采用历史记事的方法，描述了美国企业从19世纪40年代到20世纪50年代的一系列历史事实，分析这些企业战略与结构的变迁，并得到一个一直很少有人提出疑问的结论：战略决定组织结构，组织结构是为企业战略服务的。

2. 企业战略跟随组织结构

1983年，伯格尔曼（Burgelman）对钱德勒的“组织跟随战略”的论断提出质疑，他认为钱德勒的战略制定思想是典型的“英雄观”，过于强调高层领导在战略制定中的主宰作用，而忽略了普通职员对战略制定的作用。

布尔顿（Burton）与库恩指出：“结构将限制组织去寻找可行性战略方案。公司的结构将迫使企业把自己的注意力集中在某些方面，而忽略其他，这使企业形成对环境的独特认识，从而形成企业的战略。”

企业生命周期理论的提出者、组织调整的理论大师爱迪思教授认为，在实践中，组织结构决定战略，而不是相反。爱迪思认为，在一个组织中，每一个成员都有自己的本位利益，这种本位利益是由现有的组织结构所决定的。而进行战略调整时，必然要对每一个成员的本位利益进行重新分配，涉及的范围太广。当阻力非常大的时候，改革者往往还没有实施调整就已经准备放弃调整了。此外，爱迪思还指出，组织结构涉及三个子系统：责任结构、职权结构和奖惩结构。这三个结构应保持统一，因此，一个组织实际上是先确定了责任、信息、奖惩的权力，才进行战略规划的。这样，一个既定的组织结构当然会限制战略的制定和实施。

也有学者从组织的资源观角度分析组织结构对战略的影响。第一，组织结构可以被作为一种资源，具有更多资源的组织在面对外界环境威胁时更被动，从而限制了战略调整。第二，组织之所以能够建立起独特的竞争力（包括有才华的人才、突出的声誉、强有力的文化、支持性的外部社会关系），最根本的原因在于组织成员对于组织目标、实践、组织结构及组织标准建立起了一种承诺。然而，当组织建立起了一种承诺之后，往往失去了很大的自由度，当组织进行战略调整的时候，会遭到组织内外大范围的抵制。第三，组织资源会成为企业学习的障碍。历史上曾经给企业带来成功的组织资源可能在环境改变时成为企业竞争力的陷阱。第四，资源丰富的组织有能力进行组织革新，进而通过“创新性破坏”来提升组织的竞争力。从这个角度来看，资源也可以成为企业战略调整的促进器。

3. 折中的观点

持这种观点的学者认为，企业应实现战略调整、结构调整和过程调整三个环节的紧密联合。战略调整是公司层面上的，更多的是指缩小专业化的范围和集中于核心能力的行动，越来越多采用合资企业或战略联盟形式来获得资源的行动，使价值链中非战略性活动外包的活动。组织结构调整是指削减管理层以增强组织的扁平化的行动，为了提高组织的反应能力而增加了运作和战略上的分权，在企业内部采用项目小组或团队组织的形式以加强横向上知识与资源共享的行动。过程调整是指对于信息技术的各种新形式进行的高额投资，更加强调通过纵向沟通来增加信任，通过横向沟通来实现知识的共享。只有这三项都做好了，企业绩效才会提升。

贝赞可、德雷诺夫与尚利强调结构与战略之间存在两种联系：第一，结构通过对组织中信息流动和决策制定的倾向产生作用而影响战略；第二，结构和战略都是有些复杂的行为方式或常规的集合，而这些行为方式是从企业对外部环境不断作出反应的过程中逐步演化而来的。

1.5　中国企业战略管理

企业战略管理理论诞生于西方，在短短几十年的时间得到迅速发展。中国企业在学习西方战略管理理论的同时，在实践中却潜移默化地受着中国传统思想的影响，呈现与中国社会文化相一致的独特之处。管理是社会文化和价值取向的延伸，西方的哲学思想造就了西方的管理思想，中国企业在借鉴西方管理方法的同时，其根本的思维方式依然还是根植于中国社会文化之中。

1.5.1　企业战略与管理文化

管理是一种文化，德鲁克在《管理：任务、责任、实践》中指出：管理虽然是一门学科，但同时也是一种"文化"，它不是一种超乎价值的科学，而是一种社会职能，并植根于一种文化（一个社会）、价值传统、习惯和信念、政府制度和政治制度之中。管理受到而且应该受到文化的影响，但另一方面，管理和管理人员又影响文化和社会的形成。任何社会及其组织都需要管理活动，尽管不一定以理论体系的形式表现出来，但都具有自己独特的经验、思想和历史成果。这样，各种独特的社会文化均具有自己的管理知识，形成了自己的管理文化。例如，日本文化强调群体意识，个人在行动中要维护组织的和谐，按照组织的要求行动；而美国文化更强调个人的奋斗，强调最大限度地发挥个人才能，员工追求的是自我价值的实现。在企业管理过程中，日本企业强调的是企业的凝聚力，注重员工长期发展和综合技能的培养；而美国企业强调制度，注重员工的专业化分工和短期绩效评估。

战略作为一种管理活动，战略知识作为一种管理知识受制于管理文化体系（张阳和周海炜，2001），不同的文化背景下自然会产生不同的战略思想和战略实践。同样以日本企业和美国企业为例，它们在战略思想上存在巨大的差异，这种差异来源于其背后的文化根基，而且几乎是根深蒂固的。以至于对于西方学者来说，日本战略显得如此无法理解。波特甚至在《什么是战略》中说到，日本公司很少有战略。他认为，日本公司很少制定明确的战略，其成功来源于全面质量管理和持续改进的实践所带来的运营效率的提高。随着运营效率的差距逐渐缩小，日本公司会在它们自设的陷阱中越陷越深，对它们而言，唯一的出路就是学习制定战略。然而，“日本战略之父”大前研一却从完全不同的角度分析了日本企业的战略思想。大前研一提到，美国企业有着分明的组织结构，对于长期战略计划高度重视，战略严密而客观。日本企业的组织看起来似乎混乱而无效，然而这种组织形式却能使日本公司比西方同行更快速响应环境（大前研一，1985）。正是因为没有严格的战略监控，所以基层员工的创造性才能得到充分的发挥。大前研一指出，日本企业的战略思维方式从根本上而言是创新、直观、非理性和非线性的。他认为直觉和洞察力相对于成功的战略而言，比理性的分析更为有效，尽管理性分析在战略流程中也是必要的。这与西方战略管理思想截然不同。

1.5.2 中国企业战略管理与中国传统管理文化

在中国漫长的历史进程中所形成的管理文化和战略思想对今天的中国企业必然产生潜在而特殊的影响。企业哲学的思考、战略的决策与实施及企业的行为方式都与中国文化特定的思维方式有关。

博大精深的中国传统文化对中国现代企业的战略管理产生了重大的影响。例如，儒家文化是传统文化的精髓，它强调中庸，强调人与我、人与物、人与天的和平共处，圆融无碍，把对立统一及和谐变动看成社会的基本法则。儒家思想中的“和谐”同今天企业战略中所提倡的“双赢、共赢”是一致的。

以老子为代表的道家思想强调“无为而治”。在现在企业的战略管理中，许多企业的高层管理者便是利用老子的无为思想来管理企业的，即放权给自己的下属或基层员工，让他们参与企业战略的制定与实施，从而在减轻自己负担的基础上，发挥员工的积极性，同时也可以集众人的智慧使企业的战略制定得更加完善，战略实施得更加便利。

以《孙子兵法》为代表的兵家思想对现代企业战略管理的影响也不容忽视。《孙子兵法》总结了我国春秋时期诸国作战的军事思想和经验，向读者展示了饱含深刻辩证思维的军事艺术与管理方法，其包含的军事思想在现代战略管理中同样具有广泛的实用价值。例如，“知己知彼，百战不殆”是《孙子兵法》中的重要战略思想，所谓“知己知彼”也就是要求企业在执行自己的战略之前，要对内外部环境进行分析。

中国传统思想独特的思维方式对于今天的企业来说是宝贵的财富，如《孙子兵法》的谋略，儒家和谐、仁义的思想，道家无为而治的主张等。处于变革与国际竞争中的中国企业，需要对传统文化进行更多的研究与思考，通过借鉴传统文化中的战略精髓，提高企业的竞争力和生命力。

【本章精要】

企业战略具有全局性、长远性、指导性、竞争性、风险性和动态性等特征。

企业战略可划分为三个层次：总体战略、竞争战略和职能部门战略。

从 20 世纪 60 年代开始，战略管理理论形成了众多学派。明茨伯格把这些学派归纳为计划学派、设计学派、定位学派、企业家学派、认识学派、学习学派、权力学派、文化学派、环境学派、结构学派和以核心竞争力著称的资源基础理论学派。此外，90 年代以后，战略管理理论又有了新的发展，如合作竞争战略、产业集群战略和边缘竞争战略。

企业竞争优势的创造与保持是战略管理研究的核心内容。持续的竞争优势需要企业的不断创新来维持。中国企业在学习和借鉴西方管理方法时不能简单地照搬西方战略管理理论，而需要结合中国实际探索适合自己的战略管理方式。

【思考题】

1. 如何理解企业战略？它有什么特点？
2. 企业战略是如何形成的？
3. 你认为企业进行战略管理存在怎样的风险？
4. 企业战略管理分为哪几个层次？
5. 企业应如何维持竞争优势以获得持续发展？
6. 你认为中国的企业战略管理与西方企业有何不同？
7. 举一个企业战略管理失败的例子，并找出其失败的原因。

【综合案例】

谭木匠的文化情结①

重庆谭木匠工艺品有限公司成立于 1997 年，是一家具有传统文化特色的小木制品生产企业，10 多年来一直致力于传统手工技艺的挖掘与创新，形成了比较完整的以木梳产品系列为主打的“谭木匠”品牌产品体系。谭木匠无疑是中国一家卓越的企业，它高度专注于木梳等小木制品行业，从一个小作坊发展成为了年零售额过亿元的明星企业，遥遥领先于同行，不动声色地成为了小行业里面的“隐性冠军”，在小木梳里做出了大文章。

20 世纪 90 年代初中国发梳行业的市场特征如下。

第一，价格。塑料发梳和普通木梳由于制造简单、成本低廉，所以价格较低，大都只卖几块钱，走的是低端路线。工艺木梳角梳的制作过程复杂了一些，包含一定的手工制作，材料也比较贵重，因此价位在十几到几十元不等，相对来说是中端路线。

---

① 余来文、陈明、黄朝锋：谭木匠公司的蓝海战略，化工管理，2007 年，第 4 期。

第二，销售渠道。为了降低销售成本，加快货款回收，发梳制造企业基本上都直接进入了批发市场做批发。但渠道终端不同：塑料发梳和普通木梳一般是在地摊、便利店和超市销售，而工艺木梳角梳主要在超市、商场或工艺品店搭配销售。

第三，产品包装。塑料发梳和普通木梳很少有包装；工艺木梳角梳部分有包装，但包装简单，品味不高。

第四，品牌建设。塑料发梳和普通木梳直接忽略品牌，最多在发梳或包装上标明产品名称；工艺木梳角梳对品牌建设有一定力度，但品牌的区域性局限明显，张力不足，辐射面不够广，品牌的内涵不丰富，分辨率不高。

第五，工艺技术含量。塑料发梳和普通木梳采用次等材料，机械化生产，品质差，容易损坏；工艺木梳角梳在选材上用实木、牛羊角等材料，但材料品质不是很高，制作工艺技术落后，缺乏创新改进。

谭木匠在进入市场的时候，尽量避免雷同而陷入同质竞争。

谭木匠的创立者谭传华从公司创立之初就非常重视文化内涵，从1993年开始的挎着篮子沿街叫卖到年营业收入逾2亿元，谭传华坚持认为自己不是单纯在卖产品，而是附带着卖文化。出身木匠世家的谭传华热衷的是欧陆那种逾百年而不倒的小作坊最终演变成高端品牌的发展路径，为此，他把自己的“木匠家史”挂到了每个终端连锁店铺，连公司的标志（Logo）也是一个悬着“我善治木”招牌的作坊形象，从产品名称、说明书到店铺形象，谭木匠努力营造的恰是一种纯正的中国古典文化意境。

谭木匠成功的关键在于价值创新，超越当前产业竞争环境的制约，通过价值创新开拓蕴含庞大需求的新市场空间。价值创新的重点既在于“价值”也在于“创新”。从市场角度来看，梳子虽然普通，但作为人人必备的物品，具有很大的市场潜力。工业文明导致塑料梳子的大批量生产，在低端市场上凭借价格低廉很有竞争力。而近年来，随着保健、防静电等功能要求的提出，木梳和牛角梳逐渐成为主流。发梳产业的竞争一时陷入了以价格战为主的竞争方式，而高端市场却是一片空白，这是一个绝佳的市场机会。谭木匠抓住顾客的潜在需求，以高品质的木梳和独特的文化品位塑造品牌个性，树立了品牌形象，把原来中低端的顾客也吸引了过来。谭木匠的价值创新点形成了“双核心价值”：一是用先进的工艺技术提高了发梳的实用功能；二是依靠传统木梳行业的底蕴，把古典文化和人性情感注入到了产品中，开发了木梳的第二价值。从创新的角度来说，后者对于谭木匠的意义更大。

第一，木梳实用功能的飞跃。谭木匠设计人员秉承中国传统手工艺精华，奉行“我善治木”、“好木沉香”的产品理念，将传统工艺与现代技术相结合，不仅提升了产品质量，而且也赋予了其艺术美的品位，迎合了人们的审美观。凭借着木梳的高质量，谭木匠在销售量上取得了跨越式的进步，拉开了和竞争对手的距离。

第二，文化营销，把木梳从日常用品提升为工艺艺术品。中国人使用木梳已经有几千年的历史，从古至今，梳子能够细致地体现主人的品位和优雅气质，通过历史的积淀，已经形成了一种源远流长的梳文化。主人用梳子时间久了会对梳子产生感情，会很好地爱护珍藏。廉价塑料梳和木梳大行其道令梳子失去了其文化底蕴，具有古典气息的“谭木匠”品牌，扑面而来的文化气息、古朴的购物环境、精致的产品，正是消费者所钟爱的。谭木匠木梳的现代中不失传统、传统中不失现代的风格，使顾客获得了文化上的认同感。

和其他略显刺激的高速扩张故事不同，如果稍微回顾一下从谭传华初创“谭木匠”到上市这 10 多年时间，便会发现，虽然其早已坐稳了国内梳子行业的冠军宝座，但发展过程却显得有些太“安逸”：没有足够的市场宣传、没有更多的渠道拓展、没有更具野心的战略战术。比如，走纯粹特许加盟商路线的谭木匠，每年收到的加盟申请和最终开店数量之间的比例一直维持在 10∶1；与广告相比，谭传华更推崇口碑传播，希望通过口口相传达到品牌推广的目的。商业不能疯狂——这是谭传华的发展逻辑，因此“戒急求稳”便是第一要义。借助加盟模式扩张品牌最终却因管理失控而折戟沉沙的案例从不鲜见，但拥有 700 多家加盟店且能有效管理，却是谭木匠最为人称道的地方。对速度和规模的泰然处之，为其深入琢磨如何加大公司的控制力度、限定加盟商的可周旋余地提供了空间。

如今，通过 IT 管理平台的统一管控，谭木匠对所有店面的装修陈设及产品价格都能进行统一管理，所有商品供应商均无权打折促销，即使是加盟商降低自己的利润进行打折，被谭木匠发现也会受到处罚。对各个环节的严格控制，无疑能在迅速扩张的同时，将管理风险降到最低；同时，最重要的是能够保证品牌的统一和产品在消费者心里的良好印象。用谭传华自己的话说，其面对扩张之所以如此不疾不徐的一个理由便是：谭木匠的产品全部来自手工，手工制造主要依靠师傅带徒弟，需要帮、传、教，无法供应到那么多的店。这个略显牵强的答案背后，其实是谭传华对自己的木梳——这个典型的手工艺品褪变成工业化制造品的排斥。

把木梳这样一种常见的小商品做到极致，甚至做成奢侈品，除了需要具备我们老生常谈的商业模式、企业治理之外，更关键的便是传统积淀和文化内涵。谭木匠通过文化营销实现了公司的质变，从优秀跃到了卓越。

综合案例思考题：

1. 谭木匠的企业战略有何特点？
2. 谭木匠能够发展得如此成功，你认为主要原因是什么？
3. 从长期发展的角度来看，谭木匠是否存在风险，你认为其战略还可以如何改进？

第2章

企业愿景、使命与目标

> 有效的领导者要做的不只是建立愿景，而是要建立一个有意义的愿景，一个与众不同的愿景，而且要把积极参与的人员摆在核心地位，而不是边缘地带。
>
> ——美国总统顾问　沃伦·本尼斯

【引导案例】

愿景的力量①

闻名世界的日本京都制陶公司成立伊始，业务发展非常迅速。企业的创办人稻盛和夫经常要求年轻的员工加班，不但每天要加班到深夜，而且星期天也经常不休息。慢慢地，一种不满的情绪在员工之间蔓延。一次加班之后，一群员工在喝过酒后决定用强硬的手段向公司提出要求，并以集体辞职相威胁。第二天，员工提交了按血手印的抗议书，指明了不满之处，提出了诸如加薪、增加奖金的要求。稻盛和夫虽然没有同意他们的要求，但是不得不花费三天三夜做说服工作才使这批人留了下来。

这件事深深地刺激了稻盛和夫，他陷入了深深的思考："本来以为创立京都制陶是为了让我的技术闻名于世，现在看来，应该还有更为重要的事情。公司究竟是什么？公司的目的和信念是什么？要争取什么？"经过痛苦的思考，他发现："让技术闻名于世其实是低层次的价值观，是次要的事情……经营公司的目的是

① 黄文玉：稻盛和夫的经营哲学，企业改革与管理，2003年，第7期。

为全体员工谋求物质和精神方面的幸福，为人类社会的进步贡献力量。”从此以后，为全体员工谋幸福，为社会发展贡献力量成为了京都制陶公司的追求目标，也成为公司共赴的使命。因此，企业发展越来越大，员工的忠诚度也越来越高。

本章学习目标：

- 掌握企业愿景的内涵和作用；
- 理解企业使命的含义和内容，了解企业战略目标的内容；
- 掌握企业战略目标的特点；
- 熟悉企业战略目标的设定方法。

2.1　企业愿景

愿景也称做远景，对个人而言，它是一种意愿的表达，是人们为之奋斗并希望达到的图景，类似于理想。对企业而言，它是企业成员达成共识并愿意全力以赴的方向，是企业成员的共同愿望（彼得·圣吉，1998）。彼得·圣吉在《第五项修炼》中把它称做共同愿景。它具有强烈的感召力，把大家紧紧地结合起来。《孙子·谋攻》里有一句话：“故知胜有五：知可以战与不可以战者胜；识众寡之用者胜；上下同欲者胜；以虞待不虞者胜；将能而君不御者胜”。上下同欲，指的就是上下有共同的愿望，众心齐一。

2.1.1　愿景的内涵

愿景这个概念早在 20 世纪 80 年代就开始被研究，随着企业愿景理论的发展，越来越多的人开始注意并使用它，然而很少有人能取得良好的效果。愿景从建立到发挥作用对于一个企业来说都不是一件容易的事。对于一个希望实行愿景管理的企业来说，首先要弄清楚的是，愿景究竟是什么？关于这一点，吉姆·柯林斯在《基业长青》中做了较为详细的说明。根据吉姆·柯林斯的观点，通常最持久、最成功的公司的基本特质是它们保存一种核心理念，同时刺激进步，积极改变除了核心理念以外的任何东西。一个高瞻远瞩的公司能从烦琐的经营做法和商业谋略中，分离出其永恒不变的核心价值观和经久不衰的使命（柯林斯和波拉斯，2002）。企业需要明白什么应该永恒不变，而什么应该应时而变。这种“保存核心、刺激进步”的理念就是柯林斯认为的企业愿景。

因此，一个企业愿景应该包括两方面内容：核心观念和未来展望。核心观念定义了企业代表什么及企业为什么存在，它应该是持久的；未来展望表述企业期望变成什么，或者获得、创造什么，它应该是常变的。

1. 核心理念

核心理念由核心价值观和核心目标两部分组成。核心价值观是企业的精神和原则，它深深根植于企业内部，是企业成员的内在追求，而不是来源于市场的需要，也不会随时间和环境而改变。核心目标是组织存在的原因。例如，索尼在20世纪50年代提出它的核心目标是“体验创新的喜悦，运用技术造福普通民众”，它突破了组织存在仅仅只是为了赚钱这一目标，去挖掘人们工作的更深层次的驱动力。

核心理念是企业内在的特质，它超越市场生命周期带来的繁荣和萧条、技术的革新和竞争的冲击，是激励企业成员从内心为了某个理想或信念而努力工作，是自内而外的，它要切实的存在才会发挥作用。这就把核心理念和企业的宣言区分开来。很多企业花了大量时间去讨论企业的核心理念是什么，然后把它传达给员工，认为企业就此有了核心理念，其实这只是一个开始，企业需要花费比这多得多的时间去强化这种理念以使它真正发挥作用。

2. 未来展望

未来展望主要由两部分组成，即一个10～30年的大胆的目标（big hairy audacious goal，BHAG）和当组织达成这个目标时其状况的生动描绘。例如，索尼的BHAG是“成为改变日本产品劣质形象的世界最知名的公司”，而生动描绘是“我们将创造流行全世界的产品，我们将成为第一家率先将产品打入美国市场并进行直接销售的日本企业，我们将持续成功地创新，像晶体管收音机一样，美国公司失败的领域，如半导体收音机，我们将会获得成功。”

未来展望不是凭空的想象，它应该是建立在对未来趋势的洞察力和远见的基础上，它不应该是遥不可及的梦想，也不应该是轻易能实现的目标，它是在付出巨大努力后有可能到达的结果。例如，福特在20世纪20年代提出汽车要进入家庭，苹果公司在80年代提出计算机要进入家庭。而企业在确定了这些未来展望之后也应该通过正确的策略去实现它，而不是等待它的到来。默克公司20世纪30年代的企业愿景如表2-1所示。

表2-1 默克公司20世纪30年代的愿景

核心观念		未来展望	
核心价值观	核心目标	大胆的目标	生动描绘
公司的社会责任；公司各个方面都绝对卓越；科技为基的创新；诚实与正直；追求利润，但只追求有益于人类的利润	保护并改善人类生活	把这家化学公司转型为世界上最出色的药物制造公司，并拥有能和著名大学媲美的科研能力	依靠我们提供的工具，科技将会进步，知识将会增加，人类将会比以往任何时候更能抵抗疾病的干扰……我们宣誓：要用尽我们一切资源忠诚于我们公司的承诺。点亮你的明灯，照耀那些寻求真理的人；照耀那些努力使世界变得更美好的人；照耀那些在黑暗的社会，在经济时代高举科学、知识火炬的人，让他们获得新的勇气，感受到热忱的支持

2.1.2 愿景的作用

英国威斯敏斯特大学的基恩（Keane）教授曾经指出，公司的愿景可以集中企业资源、统一企业意志和振奋企业精神，从而指引、激励企业取得出色的业绩。战略家的任务就在于认定和表明企业的愿景。

日本松下电器的创始人松下幸之助也曾讲到，中层经理一旦进入松下，就会被告知松下未来 20 年的愿景是什么。首先告诉他松下是一个有愿景的企业；其次给这些人以信心；最后使他们能够根据整个企业未来的发展制定自己的生涯规划，使个人生涯规划立足于企业的发展愿景。如果一个企业有愿景，员工就会追随它，而且员工也不会迷失方向。

（1）指引作用。企业愿景是一个方向舵，在有共同愿景的企业中，人们会着眼于未来，在遇到困难和阻力时，能继续遵循正确的路径前进，也能够产生克服这些困难的愿望和信念。学习可能是困难而辛苦的，但有了共同愿景，将更可能发现思考的盲点，放弃固守的看法和承认个人与组织的缺点。在远大的目标面前，所有的困扰似乎都微不足道，就如弗利慈所形容的："伟大的愿景一旦出现，大家就会舍弃琐碎的事。"

（2）凝聚作用。企业愿景会改变企业成员之间的关系，是企业成员共同的愿望、共同的价值观和目标。它使企业成员产生共同的关切，为了同样的目的而一起工作，在极端不同的人中建立一体感。心理学家马斯洛（Maslow）在研究优秀团体时发现，这些团体最显著的特征是具有共同愿景与目的。马斯洛观察到，在特别出色的团体里，任务与本身已无法分开，或者应该说，当个人强烈认同这个任务时，定义这个人真正的自我，必须将他的任务包含在内。

（3）激励作用。弗朗西斯（Francis）说过，你可以买到一个人的时间，你可以雇一个人到固定的工作岗位，你可以买到按时或按日计算的技术操作，但你买不到热情，买不到创造性，买不到全身心的投入，你不得不设法争取这些。企业愿景能强有力地激发成员的内在潜能。正如日本京都制陶的创办人稻盛和夫认为的，要开发员工潜能，就必须对潜意识、意愿与服务世界的真诚渴望等人类心灵活动有新的理解。企业成员的共同愿景自然而然地激发出勇气，这勇气会达到令自己都吃惊的程度。在追求愿景的过程中，人们自然而然会产生勇气，去做任何为实现愿景所必须做到的事。裴尔（Vail）想要完成费时 50 多年才能达成的全球电话服务网络；福特想要使一般人，不仅是有钱人能拥有自己的汽车；杰伯斯（Jobs）、渥兹尼亚（Wozniak）及其他苹果电脑的创业伙伴则希望计算机能让个人更具力量。这些愿景被企业成员真诚地分享并努力地追求，于是就有了AT&T、福特及苹果电脑傲人的成就。

（4）辐射作用。愿景一旦确定下来，就要让每一个与企业有关的人都了解。

一个强大的企业愿景不仅能够激励企业内部的成员，而且同样可以激励企业的其他利益相关者，如企业的供应商，甚至是客户。戴维森（Davidson）在《承诺：企业愿景与价值观管理》中指出，最近几十年，利益相关者已经发生了三大变化：类型增多、权利得到了极大的加强及客户重要性不断上升。各种类型的利益相关者都有自身强烈的需求，而这些需求之间又经常相互冲突，谁也不情愿让自己的利益服从组织的其他利益。然而，企业又必须紧密地联结所有的利益相关者。为了成功管理相互冲突的利益相关者的各种需求，组织领导者需要借助强有力的愿景和价值观来团结并联合他们。

2.2 企业使命

2.2.1 企业使命的内涵

"使命"在《辞海》中的解释是"重大的任务"。企业制定战略，首先要确定企业的使命。只有明确了企业的宗旨和使命，才可能树立明确而现实的企业目标。企业的宗旨和使命是确定优先顺序、战略、计划、工作安排的基础（彼得·德鲁克，2006）。企业使命是企业存在的理由，是企业在社会进步和社会经济发展中所应担当的角色和责任，也是企业的最终目的。企业使命界定企业的业务范围，指出企业要服务于哪些顾客，并从总体上引导企业的发展方向，是企业制定战略目标的前提，是战略选择的依据，是企业资源分配的基础。一般来说，企业使命包括企业哲学、企业宗旨、企业形象和社会责任等内容。

1. 企业哲学

企业哲学是一个企业为其经营活动或方式所确立的价值观、态度、信念和行为准则。企业要想生存并长期发展，首先必须拥有一套完整的信念作为一切政策和行动的最高准则。此外，无论企业哲学中包含哪些信念，这些信念都必须付诸实施，根植于整个组织的人心。在千变万化的环境中，要不断地自我调整以适应环境，但不变的是信念，是企业成员共同的价值观。

企业哲学主要通过企业处理各种关系的指导思想、基本观点和行为准则来体现：对外，主要指企业在处理与顾客、社会、竞争对手、供应商等关系时的指导思想；对内，主要指企业在处理与员工、股东、债权人等相关利益者之间关系时的基本观念。作为企业的管理者，要清楚地展示出企业哲学，把企业哲学运用到处理企业实际问题的过程中，让企业成员明白哪些行为与组织的信念相符，哪些不符，从而建立健全稳固的企业哲学。

2. 企业宗旨

企业宗旨是关于企业存在目的或对社会发展应作出贡献的陈述。它指出企业现在和将来应从事什么样的事业活动，以及应成为什么性质的企业或组织类型。例如，美国艾维斯汽车租赁公司将其宗旨表述为：我们希望成为汽车租赁业中发展最快及利润最多的公司。这一宗旨规定着艾维斯公司的经营业务，排除了该公司开设汽车旅馆、航空线和旅行社业务的考虑。

确定企业宗旨要把握好度，不能太过狭隘，狭隘的企业宗旨会束缚企业的经营范围，抑制管理部门的创造力，限制企业创造性增长潜力的发挥。使命也不能太空泛，如“服务社会，造福人类”，这样简单空泛的企业宗旨对企业业务范围的界定很难起到实际的指导作用，也无法体现企业对利益相关者的态度。确定企业宗旨要以顾客为导向。企业的经营宗旨应当是确认用户的需求，并且提供产品或服务以满足这一需求，而不是首先生产产品，然后再为它寻找市场。顾客决定了企业应当经营什么，顾客的需求使企业的产品转变为商品，资源转变成财富。

3. 企业形象

企业形象是指企业在社会公众心目中的总体看法、印象和评价。企业的社会形象往往与其向社会提供的产品和服务直接相联系。

在经济全球化和知识经济的市场条件下，企业形象是企业发展的重要条件之一。企业形象有外在形象和内在形象之分：内在形象是企业的内在精神和品质，是企业形象的核心和精髓，它体现企业价值观和企业精神，是企业独有性的表达；外在形象包括产品造型、企业名称、企业标志、企业形象广告、企业标准色、商品包装及员工服饰等元素。企业形象对企业内部具有整合功能，对企业外部具有传播和感召功能。

4. 社会责任

企业是社会系统中不可分割的一部分，在确定企业使命时，必须充分、全面地考虑到与企业有利害关系的各方面的要求和期望。这些企业的利益相关者可以被分为两大类：一是企业内部的员工和股东；二是企业外部的个人或组织，他们不属于企业内部人员，但会受到企业作为产品生产者和销售者所开展的活动的影响，包括顾客、供应商、政府、竞争者和普通公众，如图 2-1 所示。

(1) 员工：企业不仅给予员工经济上的满足，而且应该提供与行业相关的业务技能等培训，加大对员工的教育和培训力度，提升员工专业素质。

(2) 股东：企业应为股东提供较高的利润，确保股东在企业中的利益，使企业资产保值与增值。

(3) 顾客：企业要致力于提升消费者对企业产品和服务的满意度，保证产品和服务拥有较高的可靠性和安全性，关注产品的质量，及时处理产品、服务及销售上的各类问题。

(4) 供应商：企业应以平等互利的理念作为价值判断标准，不损害对方利益，在互利协作中追求长期共同发展。

(5) 政府：企业应及时纳税，开展公平竞争，遵守国家各项法律法规，履行企业义务，促进社会稳定和谐的发展。

(6) 竞争者：企业应遵守社会和行业的竞争规则，规范彼此竞争行为，共同维护有利于大家公平发展的市场竞争秩序。

(7) 普通公众：企业要参与社会事务并为社会作贡献，提供就业机会，支持慈善事业。

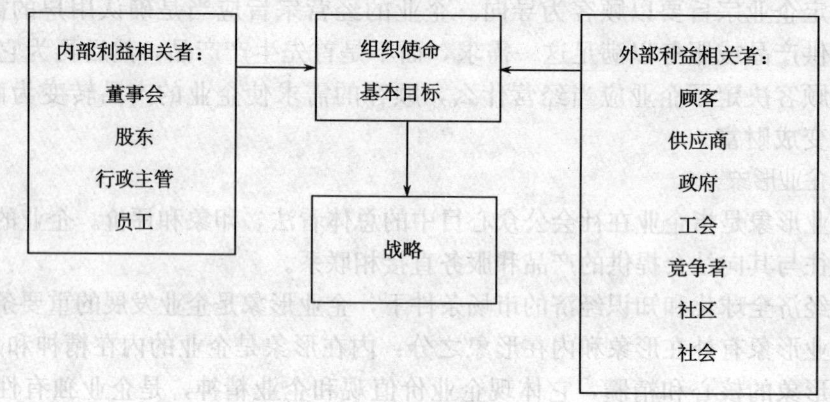

图 2-1 企业的利益相关者

2.2.2 企业使命的作用

(1) 给企业定位并为企业资源配置提供依据。企业使命阐述了企业的性质和期望目标，它规定企业的业务是什么、企业的重点是什么，为企业获取、分配与运用资源提供一般指导原则。恰当的使命有助于企业把资源分配到能取得关键成果的项目上，而不恰当的使命往往是企业遭受挫折或失败的重要原因。曾经以生产百龙矿泉壶而名噪一时的孙寅贵，在其企业失败后所写的《总裁的检讨》一书中写到："我那时给企业定位在'生产矿泉壶'的行业，现在来看，其实我的企业本质是在'生产纯净水'。如果我能早些认识到我是生产'水'的企业，而不是生产'壶'的企业，我就可能会是中国最早的矿泉水公司了。"

(2) 给企业指明方向并保持企业经营行为的一致性。企业使命为企业的各项经营活动指导方向。企业的各个经营单位或职能部门都有各自的任务和目标，在遇到决策问题时容易倾向于追求自己部门的利益，各部门之间出现矛盾在所难免，而对企业使命一旦达成共识，就可以为所有的部门提供一个基本的方向和指导原则，有助于协调不同部门人员的工作和活动。例如，当三星把自己定位为

"高档数码"品牌时，低端产品即使销售火爆且正在盈利，依然被果断地放弃了，而企业的研发部门则被投入了充足的资金在技术和设计上不断创新，引领时尚潮流。

(3) 给企业创建一种工作氛围和组织环境。企业工作氛围和组织环境包括企业的管理方式、基本原则及员工自觉的行为方式等。企业使命一旦确立下来，企业的管理、决策、组织等都会与之相配合，从而形成特定的企业环境。而这些环境又会向企业成员传达一种理念，如对内的团结拼搏、奋发向上的理念，或者对外尽一切努力为顾客提供价值的理念。无论是哪一种，一旦被企业成员接受或内化为意识的一部分，就会在大家的行动中体现出来，逐渐在企业中形成一种氛围。

2.2.3　确立企业使命要注意的问题

(1) 企业使命在形式上应该简单明了。企业使命一般由企业高层管理者制定，它体现出高层管理者的远见及对未来的一种抱负。而企业使命的完成则需要企业所有成员的共同努力，不可能单独靠高层管理者或者某个部门。企业使命具有文化属性，它只有被企业成员理解、接受并根植于心中，才有可能成为一种内在的精神力量并激发起企业成员实现使命的主动性及积极性。而企业员工素质参差不齐，使命太复杂会令员工失去耐心，也会令人望而却步，即使有意向去了解，也不一定能理解。因此，企业使命应简单易懂，避免冗余。

(2) 企业使命应该具有鼓动性和激励作用。"我们存在的理由是什么？我们能满足顾客的什么需求？我们会为社会作出怎样的贡献？"企业使命代表的是企业的追求，体现的是企业成员的价值，而不应该是高不可攀的。不切实际的使命会令员工失去兴趣，变得没有意义；企业使命也不应该是可以轻易实现的，要求太低不仅无法对员工起到激励作用，而且无法令企业获得竞争力，使命应该是经过巨大的努力之后才可以达成的。

(3) 企业使命应该是动态变化的。企业使命存在于特定的时间和环境下，在经历了技术进步、市场结构和消费者需求的变化后，使命是否还可行或者还有意义，企业需要审视环境变化带来的影响，适时地调整使命，保持使命的动态性，才有可能在市场变化中保持主动性。

2.3　企业战略目标

2.3.1　企业战略目标的内涵

企业在确定了组织使命，分析了企业外部环境及内部实力后，下一步便是制定企业的战略目标。企业战略目标是企业在实现其使命过程中所追求的长期结果，是在一些关键领域对企业使命的进一步阐明和界定。它反映了企业在一定时期内对经营活动取得主要成果的期望值。

企业战略目标是由多个方面的目标组成的集合体，为实现企业使命就需要平衡各种各样的要求和目标。一个企业首先必须能够创造出顾客，因此需要有市场目标；企业必须能创新，否则，它的竞争者就将使它成为落伍者，因此需要有创新的目标；所有的企业都依赖于经济学的生产三要素，即人力资源、资本资源及物质资源，因此必须为这些资源的供应、雇佣和发展制定目标；这些资源必须被富有活力地加以利用，而且，如果企业要生存下去，必须提高这些资源的生产率，因此需要有生产率的目标；企业生存于社会和社区之中，必须承担其社会责任，至少要承担它对环境产生的影响的责任，因此企业需要有在社会责任方面的目标。

1. 市场地位

为了能够确定市场地位，首先，企业必须确定它的市场是什么，谁是顾客，顾客在哪里，顾客购买什么，顾客所认为的价值是什么，未满足顾客的需求是什么，在此基础上分析企业的产品或提供的服务。其次，企业需要确定适当的市场份额目标。市场份额不能太小，太小企业会缺少竞争力，尤其在市场萧条时存在被挤出市场的较大风险。太大的市场份额对企业来说也有可能是不明智的，拥有支配市场的垄断优势可能会令企业内部产生巨大的创新阻力，从而难以适应变化。

企业衡量自己的市场地位需要依据市场潜力和竞争对手的业绩。简单地以销售额为目标是危险的，如市场已经处于衰退期，或者竞争对手正在为新产品努力的情况下，即使企业当前销售额还能维持不变，在未来也可能遭受重创。

2. 创新目标

创新可以分为三种类型：产品或服务的创新，市场、消费者行为及消费者价值的创新和制造，行销产品与服务所需的各种技术与活动的创新。制定创新目标的困难在于难以衡量各种创新的相关影响和重要性，因此，创新目标不可能像经营目标那样清晰。

创新贯穿于经营的每一个阶段，既有可能在设计上创新、在产品上创新、在销售技术上创新、在价格或对顾客的服务上创新，也有可能在管理组织或管理方法上创新。创新涉及各种类型的企业，创新对银行、保险公司或零售商店所具有的重要性不亚于它对生产与制造企业所具有的重要性。此外，不是只有大企业才能创新，小企业也能创新，事实上，小企业制定创新计划会相对简单些。小企业所具有的灵活性和竞争压力带来的危机意识都使得小企业在创新上会做得很好。

3. 生产率目标

企业的生产率能有效地反映企业的管理水平。处于同一个行业的竞争对手往往有许多相似的资源可供利用。一个企业之所以能够比其他企业更具有竞争力，可能是因为这个企业能够更好地利用这些资源；可能是因为这个企业拥有更有效的战略，能更合理地分配资源；也可能是因为这个企业有更合理的作业管理。总之，它可以反映在企业管理的各个层级上。

4. 实物资源和财务资源目标

任何一个生产物质产品的企业都必须能够获得实物资源，必须确保实物资源的供应，如工厂、机器、办公室等。每一个企业也都需要金融资源，只有能够获得维持经营所需的资金才有可能实现企业目标。

很多企业只有在遇到困难的时候才考虑实物资源，以及获取资本的目标和方式，而没有进行深思熟虑的规划。例如，关于供应商的选择，企业是应该将其一种重要原料、部件或产品都依赖于一家供应商，还是寻找多家供应商？如果只和一家供应商合作，就有可能因为大批量购买而获得优惠价格；和数家供应商合作，而不是只依靠一家供应商，就可以降低因供应商出现问题而带来的风险，甚至可能因供应商之间的竞争而获得更低的进货价格。

5. 利润目标

任何企业都希望通过某种经营活动获得利润，不追求利润的企业是不存在的，利润是对企业绩效的最终检验。企业运作的效率如何，企业制定的战略或经营计划是否恰当，都可以通过利润来反映。利润可以有效地帮助企业抵制风险，企业在面对市场的动荡、竞争对手的挤压时，只有以利润为依托，才能活下去。利润的积累也是企业未来创新和发展的保证。

利润的这些作用都与利润最大化无关，相反，它体现的是“最低限度”的概念——企业生存与兴旺所需的最低限度的利润。利润不是企业的唯一目标，实际上，在战略层次上，利润甚至未被当做最重要的目标。

6. 人力资源目标

要实现目标，就必须建立一个合适的组织，这个组织应该包括不同种类的员工和管理人员，也有必要引入合适的工作方法，并组建一个有效的团队。企业中的秩序、结构、动机和领导等根本问题必须在管理人员的管理中予以解决。管理人员是企业的基本资源，其影响企业目标的实现，也影响企业员工的态度。

人力资源面对的主要挑战是策划建立一支有能力和有奉献精神的高层管理团队，吸引年轻人才，并使他们得到发展，并制定具体的目标。例如，一年内招聘30名技术人员和20名管理者。在人力资源方面要经常考虑以下三个问题：要吸引、留住我们所需要及期望的人才，我们的工作必须是什么样的工作？在人才市场上有哪些合适的人才？我们必须怎么做才能吸引并留住这些人才？

7. 社会责任目标

任何企业为了履行自己的使命就必定会对其成员、所在社区、自然环境乃至社会产生各种各样的影响，而且必须为这些影响负责任。德鲁克指出，每个组织必须承担所有与其有关的员工、环境、顾客，以及其他与组织有关联的人和事的全部责任，这就是它的社会责任。

企业社会责任的最低限度是执行其经济责任，同时社会责任的最高限度也不能忽略企业经济绩效的限制。如果企业承担了它在经济上无力支持的社会责任，很快就会陷入困境。为了承担社会责任而做某些经济上不合理和难以支持的事，结果必然是造成更大的损害（彼得·德鲁克，2006）。

2.3.2 企业战略目标的特点

1. 各目标之间的平衡

作为整个企业的行动指南，战略目标涉及各个不同部门。战略目标组合中的各个目标之间应相互协调、相互支持，形成一个统一系统。在纵向上，长期目标应与企业使命相一致；短期目标与长期目标也要协调一致，而不能互相矛盾、互相脱节。

取得目标间的平衡依赖于制定目标过程中的协调。为此需要规定目标间的优先顺序，即什么目标是处于第一位的，什么目标是处于第二、三位的。确定目标的先后顺序，不仅有利于目标协调，也有利于企业在分配资源时分清轻重缓急。

2. 广泛的可接受性

战略目标的实现依赖于企业全体部门和人员的努力。为了使每位员工都能全身心地投入到目标活动中去，要求目标必须能被广泛接受。但是，不同的利益集团有着不同的甚至是相互冲突的目标，因此，企业在制定战略时一定要注意协调。此外，企业的战略表述必须明确，有实际的含义，不至于令人产生误解。易于被企业成员理解的目标也易于被接受。

企业目标不仅应为企业内部各方面所接受，而且要考虑到社会的可接受性。当企业的目标与社会对企业的要求相符时，目标就易于实现。

3. 可行性与激励性并存

企业的战略目标既要具有可行性，又要具有激励作用。作为行动指南的目标必须切实可行，目标应该能够转化为具体的小目标和具体的工作安排，能够成为工作和工作成就的基础和激励。目标可行，才能使人们树立实现目标的信心，不切实际的目标会挫伤人们的积极性；目标不能唾手可得，要具有挑战性，应该是经过努力才能够实现的。因此，在制定目标时应该全面分析企业各种资源条件和主观努力所能达到的程度。

4. 稳定性与动态性结合

企业总战略目标是一种长期目标，它在其所规定的时间内应该是相对稳定的。战略目标既然是总方向、总任务，那么它就应该是相对不变的。这样，企业职工的行动才会有一个明确的方向，大家对目标的实现才会树立起坚定的信念。但是，企业面临的外部环境是动态的，随着外部环境或内部条件的变化，企业会面临新的机遇和威胁，所以目标应具有应对这种变化的灵活性，从而谋求动态上的平衡，争取经营上的主动（王方华等，2003）。

2.3.3 企业战略目标体系

企业战略目标是对企业使命的进一步具体化，它的确受到多种力量的作用，因此表现形式也呈现多元化。战略目标是由若干经济性和非经济性的目标项目组成的一个具有自身结构和层次的战略目标体系。从纵向看，企业的战略目标体系具有若干层次，这种目标的层次和企业的组织层次相联系。企业在确定企业使命之后，建立能够达到使命的长期战略目标，由企业的长期战略目标派生出战略经营单位的目标，战略经营单位或主要事业部门的职能部门进一步制定自己的目标，依此类推直至每个企业成员的个人目标，如图 2-2 所示。

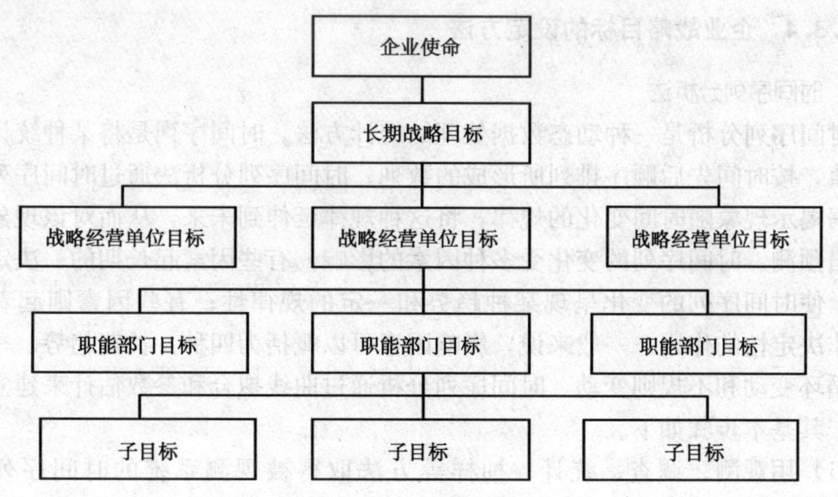

图 2-2　目标体系示意图

在目标逐层分解的过程中，必须保证具体目标的一致性，即由一组目标可以逻辑地归结到另一组目标，最终归结到企业的整体目标。下一级目标的确定必须能保证上一级目标的实现，分阶段目标必须相互联系、相互配合。

企业战略目标体系的另一个层次则表现在目标的时间跨度上。每一个战略经营单位都要建立自己的长期和短期目标，每一个战略经营单位或主要事业部门内的职能部门（如市场营销部门、财务部门、生产部门等）也要制定自己的长期目标和短期目标。一般而言，长期目标指 3 年以上的目标，中期目标指 1～3 年的目标，短期目标指 1 年以内的目标。长期目标是度量管理绩效的重要标准，它必须支持企业的使命，这就要求企业所制定的长期目标应清楚、简捷，使企业成员能清楚地知道企业的意图。短期目标是执行性目标，它不仅是对长期整体目标的支持，而且能够形成分段的、具体的、可操作的工作安排；它可以用来衡量长期目标实现的进展情况。当然，这种时限上的划分并不是绝对的，它取决于行业的特点。

两种目标层次的划分具有一定的关联。通常，企业高层的整体目标是企业的长期目标，而范围较窄的职能部门目标中短期目标较多。需要注意的是，企业整体目标会有如盈利水平、利润分配、市场定位等目标，不能简单地理解成财务部门、营销部门等职能部门的目标。另外，在目标体系中会存在不同目标之间的冲突，如为了远期的发展应该牺牲多少近期利益，或者为了近期利益牺牲多少远期发展？市场和销售额的扩大，投资报酬率的提高，哪一个更重要？在提高现有生产率方面，应该投入多少时间、努力和力量？如果把同等数量的努力和金钱投入新产品设计，报酬率会更大些吗？这个时候就需要权衡优先次序并加以协调。

2.3.4 企业战略目标的设定方法

1. 时间序列分析法

时间序列分析是一种动态数据处理的统计方法。时间序列是将某种统计指标的数值，按时间先后顺序排列所形成的数列。时间序列分析法通过时间序列的历史数据揭示现象随时间变化的规律，将这种规律延伸到未来，从而对该现象的未来作出预测。时间序列的变化受多种因素的影响，有些因素起长期的、决定性的作用，使时间序列的变化呈现某种趋势和一定的规律性；有些因素则起着短期的、非决定性的作用。一般来说，影响因素可以概括为四种：长期趋势、季节变动、循环变动和不规则变动。时间序列分析通过曲线拟合和参数估计来建立数学模型，其基本步骤如下。

（1）用观测、调查、统计、抽样等方法取得被观测系统的时间序列动态数据。

（2）根据动态数据作相关图，进行相关分析，求自相关函数。

（3）辨识合适的随机模型，进行曲线拟合，即用通用随机模型去拟合时间序列的观测数据。

2. 盈亏平衡点分析法

盈亏平衡点分析又称量本利分析，是利用成本、销售数量与利润之间的线性关系，分析在利润与成本平衡时应达到的销售水平，即盈亏平衡点的销售量或销售额。盈亏平衡点又称零利润点、保本点、盈亏临界点、损益分歧点、收益转折点，通常是指全部销售收入等于全部成本时（销售收入线与总成本线的交点）的产量。以盈亏平衡点为界限，当销售收入高于盈亏平衡点时企业盈利；反之，企业就亏损。将销售收入、总成本、固定成本、变动成本的关系用图表示出来，可以绘成盈亏平衡图，如图 2-3 所示。盈亏平衡分析的基本模型为

$$P_r = PX - (VX + F) = 0$$

盈亏平衡时的销售量为

$$X = F/(P - V)$$

式中，P_r 为利润；P 为产品销售价格；V 为单位变动成本；F 为固定成本总额；X 为产量（销售量）。

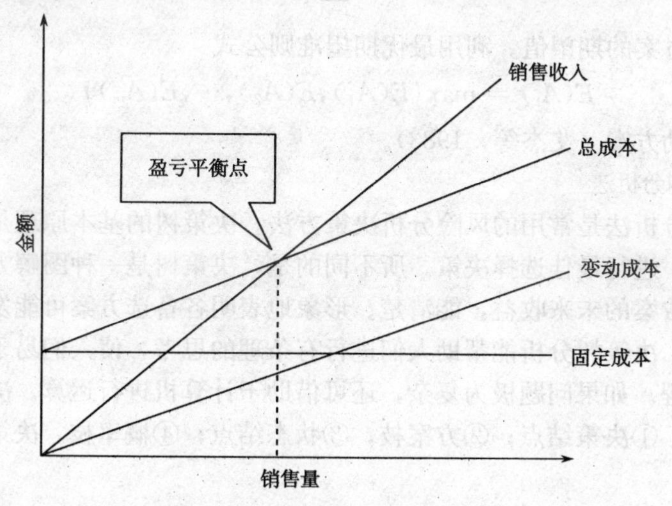

图 2-3　盈亏平衡图

3. 决策矩阵法

决策矩阵是企业战略经营管理中的常用工具，用来表示决策方案与有关因素之间的相互关系，常用来进行定量决策分析。决策矩阵是风险型决策常用的分析手段之一，又被称为决策表、益损矩阵、益损表和风险矩阵。

决策矩阵有四个基本要素：①状态变量，指可能影响决策后果的各种客观外界情况或自然状态，是不可控因素，记为 S_j（$j=1, 2, \cdots, n$）；②决策变量，指决策者所采取的各种行动方案，是可控因素，记为 A_j（$j=1, 2, \cdots, n$）；③概率，指各种自然状态出现的概率，记为 $P(S_j)$，$0 \leqslant P(S_j) \leqslant 1$；④损益值，指在一种自然状态下选取某种方案所得结果的损益值，记为 a_{ij}。决策矩阵的一般形式如表 2-2 所示。

表 2-2 决策矩阵一般形式

状态	S_1	S_2	…	S_j	S_n	损益期望值
	$P(S_1)$	$P(S_2)$	…	$P(S_j)$	$P(S_n)$	
A_1	a_{11}	a_{12}	…	a_{1j}	a_{1n}	$E(A_1)$
A_2	a_{21}	a_{22}	…	a_{2j}	a_{2n}	$E(A_2)$
⋮	⋮	⋮		⋮	⋮	⋮
A_m	a_{m1}	a_{m2}	…	a_{mj}	a_{mn}	$E(A_m)$

由表 2-2 所给的数据，利用期望公式

$$E(A_i) = \sum_{j=1}^{n} a_{ij} P(A_j)$$

计算各行动方案的期望值。利用最优期望准则公式

$$E(A_i) = \max\{E(A_1), E(A_2), \cdots, E(A_m)\}$$

确定最优行动方案（艾杰等，1983）。

4. 决策树分析法

决策树分析法是常用的风险分析决策方法。决策树的基本原理是以收益矩阵决策为基础，进行最佳选择决策。所不同的是，决策树是一种图解方式，用树状图来描述各方案的未来收益，能清楚、形象地表明各备选方案可能发生的事件和带来的结果。决策树分析能帮助人们进行有条理的思考，使人们易于领会作出决策的推理过程。如果问题极为复杂，还可借助于计算机进行运算。决策树的构成有四个要素：①决策结点；②方案枝；③状态结点；④概率枝。决策树示意图如图 2-4 所示。

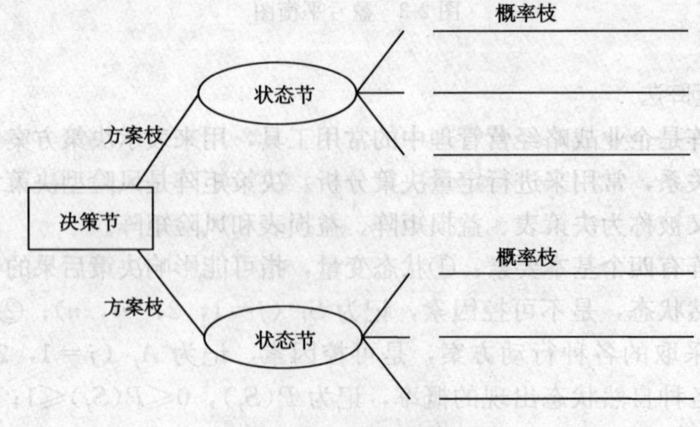

图 2-4 决策树示意图

决策树法的基本步骤如下：①绘制树状图，根据已知条件排列出各个方案和每一方案的各种自然状态；②将各状态概率及损益值标于概率枝上；③计算各个方案期望值并将其标于该方案对应的状态结点上；④比较各个方案的期望值，选择最佳方案。

5. 博弈论法

博弈论，也称对策论，是研究决策主体的行为发生直接相互作用时的决策及这种决策的均衡问题，即当一个主体，如一个人或一个企业的选择受到其他人、其他企业的选择的影响，而且反过来影响到其他人、其他企业的选择时的决策问题和均衡问题（张维迎，1996）。博弈论的基本概念包括参与人、行动、信息、战略、支付（效用）、结果和均衡。

以智猪博弈为例。猪圈里圈着两头猪，一头大猪，一头小猪，猪圈的一头有一个猪食槽，另一头安装着一个按钮，控制着猪食的供应。按一下按钮，10个单位的猪食进槽，但谁按按钮谁就要支付2个单位的成本。若大猪先到，大猪能吃到9个单位，小猪只能吃到1个单位；若小猪先到，大猪能吃到6个单位，小猪只能吃到4个单位；若两猪同时到，大猪能吃到7个单位，小猪只能吃到3个单位。

在这个例子中，大猪和小猪是参与者；每头猪都有两种行动选择，按或等待；两头猪都具备完全信息；在具备信息的基础上，每头猪都有自己的战略，即以吃到较多食物为原则选择按或等待；在特定战略组合下，两头猪得到一定的效用水平，如图2-5所示。等待是小猪的占有均衡，所以，博弈的均衡就是大猪按，小猪等待。

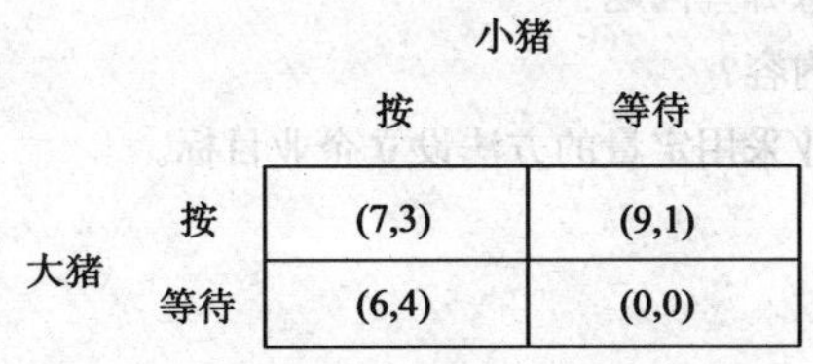

		小猪：按	小猪：等待
大猪	按	(7,3)	(9,1)
大猪	等待	(6,4)	(0,0)

图2-5　智猪博弈

6. 模拟模型法

模拟模型法，就是通过计算机用模型来模拟现实的某一客观现象，对模型进行分析试验，以观察并掌握客观现象的运动和变化，从而找出错综复杂问题的解决方案。

给模型输入不同的数据，观察这些模型的运转和可能产生的结果，从而制定合适的战略目标。模拟模型法相对于其他方法而言表达能力强，抽象程度低，可以更好地描述复杂经济或管理现象。用计算机进行模拟的基本步骤是：①建立模型，这种模型往往不是简单的数学公式，而是用来描绘事件运行的逻辑步骤；②把逻辑模型输入计算机，编成计算机模拟程序；③进行设计和实验，并在模拟客观现实问题的各方案中选出较优的方案。

【本章精要】

企业的愿景、使命和目标是企业制定战略的前提和基础。

企业愿景是企业成员达成共识并愿意全力以赴的未来方向，是企业成员的共同愿望。它由核心理念和未来展望两部分组成，对企业成员起到指引、激励、凝聚等作用。

企业使命是企业存在的理由，它涉及企业的宗旨、哲学、形象和社会责任。企业使命的重要性在于它为企业的各项经营活动指明方向。

企业战略目标是由多个方面的目标组成的集合体，为实现企业使命就需要平衡各种各样的要求和目标。它包含多方面的内容，如市场定位、创新目标、生产率目标、实物资源和财务资源目标、社会责任目标等。在设定企业战略目标时可采用时间序列分析法、盈亏平衡点分析法、决策矩阵法、决策树分析法、博弈论法、模拟模型法等方法。

【思考题】

1. 企业愿景是如何发挥作用的？
2. 企业使命是否随时间、环境的变化而发生相应的变化？为什么？
3. 企业目标体系的构成是怎样的？
4. 制定企业使命应注意哪些问题？
5. 企业使命包含哪些内容？
6. 试结合一个具体企业采用定量的方法设立企业目标。

【综合案例】

春秋航空的平民经济学①

从仕途步入商界、从春秋国旅到春秋航空，王正华为何如此选择、又是如何进行抉择的，每次抉择中，未曾改变的是王正华的平民经济学。

在这一经营思想的指导下，春秋航空不断发展壮大。数次对市场权威的挑战，奠定了春秋航空坚实的发展基础和良好的发展空间。在经济危机面前，春秋航空坚守着平民经济学，探索出自己的生存发展之路。

① 周云成，曹一方：王正华的平民经济学，商界，2009年，第7期，第24～31页。

王正华道出的平民经济学的脉络逐渐清晰：从专注于散客市场的旅游业务，到将廉价进行到底的春秋航空，再到内部管理的全民公司理念，他将自己对金字塔塔基——平民大众市场的关注诠释到了极致。王正华和春秋航空的成功，其实是一种专注于平民经济的成功。

2009年，国内民营航空公司命运多舛：东星航空宣布破产，鹰联航空重组为国有控股，奥凯航空停飞，春秋航空却风景独好。2009年前三个季度，春秋航空实现盈利1.4亿元，比金融危机前的2007年同期相比增长超过90%。春秋航空是如何发动增长的引擎，从而实现逆市飞扬的？外界普遍将其归功于廉价模式，但在同样打着廉价招牌的同行们纷纷陨落的现实之下，这样的结论未免太过简单。

2005年7月开航的春秋航空，是国内首家民营资本独资经营的低成本航空公司。春秋航空第一年度就实现了盈利，打破了航空公司前两三年亏损的铁律。几年来，春秋航空的增长速度超越了行业的平均增长率14%，保持在30%～50%。

1. 瞄准市场缝隙，反向飞行

2009年4月，传统的海南旅游淡季来临，许多航空公司开始减少开往三亚的航班，而春秋航空却反季节而行，从4月23日起开通从三亚始发至全国10个城市的航线，给当地带来了大量的客流。

春秋航空开拓淡季市场的勇气并非凭空而来，靠的是对当地市场的深耕。早在2004年，其母公司春秋国旅已经建立了海南春秋国旅分公司，对三亚当地的旅游市场和客源有深刻的认识。春秋航空在2007年又成立了三亚基地，到2009年已先后引进三架空客A320飞机，形成了三亚飞往全国21个城市的航线。航线增加以来，每天均有1800多名游客到海南旅游度假，全年旅游淡季期间向海南增开千余架旅游包机。

淡季不淡，在春秋航空人的努力下，这个市场的开拓获得了客户的认可。2009年上半年，春秋航空输送旅客161.5万人次，同比增长40%，实现利润4000多万元。

2. 廉价模式，减轻自重

2008年第三季度，春秋航空专门建立了七个委员会，从飞机、航油、人工成本等七个方面降低成本。春秋航空的飞机统一采用空中客车A320，以减少因为不同机型带来的额外地面设施、维修和飞行员培训费用。春秋航空还利用客座率和高飞机利用率，降低了单位飞行时间内的飞机租赁成本。并且，春秋航空的飞机只设单一舱位，即经济舱，座位由原来的160个增加到180个，平均客座率高达95%；每天比其他航空公司多飞两个小时；取消了免费提供餐饮的服务；在飞机上销售特许商品。这样，在票价低的情况下，春秋航空依然实现了盈利，其飞机利用率高于国内行业平均利用率20%。

春秋航空确立的经营理念是：与其让飞机空位，不如用更低的价格卖给老百姓。为此，面对经济危机，春秋航空采取主动、积极的进取姿态，票价比市场上的平均价格低20%～30%，2009年推出了100万张“99元系列”的特价机票，其中每个航班里平时占20%～30%的比率，淡季时个别航班达到50%。这对春秋航空的整体收益起到了促进作用。

网上直销系统也成为低成本战略的生命线。2006年，春秋航空推出网上直销系统，网上直销不用受制于代理，通过直销，这块成本由原来的8%降到只有3%左右。

3. 财散人聚，上下同心

在控制运营成本的同时，王正华在人才引进和培养上也称得上是大手笔。2008年11～12月在金融危机最严重的时候，春秋航空耗资1亿元引进30多名飞行员，2009年还投入5000万～7000万元引进更多飞行员。他表示，飞行员的储备需要提前进行，以便飞行员到来之后有时间适应飞机，适应春秋的工作环境。

春秋航空在员工报酬上采取股份激励机制，把春秋航空70%以上的股份分给中高层管理者和基层骨干员工，让大家成为利益共同体，以激发团队进取精神。公司现有80多个股东。春秋航空员工的待遇平均比同行高20%，飞行员的待遇更高。只有高层管理人员的工资比同行低很多，如春秋航空CEO年薪20多万元，而在其他公司CEO年薪至少120万元。而且为应对金融危机，中高管理层和股东都降薪30%，但中层以下的员工不减薪、不裁员。春秋航空总裁王正华说：“我们公司上下同心协力迎战困难，非常有号召力。这点我感到非常满意!”

4. 关注服务，提升高度

春秋航空一心为客户，但谈到服务客户，春秋航空总裁王正华感到既苦恼又欣慰。苦恼的是，随着客户整体数量的增加，客户的新问题不断产生；欣慰的是，春秋航空的旅客满意率高达97%，旅客投诉率居行业优良水平。关注服务让春秋航空将自己提高到了一个与仅关注成本的航空公司不同的高度。

王正华利用各种方式与客户交流，这从王正华的博客文章中也能略知一二。“重视客户意见，提高服务水平”成为他每月必做的博客主题之一，如11月的旅客评论数达到180条，他还细心地将其进行归类和整理。他在博客里非常坦诚，并不讳言旅客提出的投诉意见。

春秋航空的服务创新，如空中演讲服务、跪蹲式服务、客舱健身操等独特的服务项目，受到了旅客的欢迎。据介绍，目前春秋航空已经加大了对空乘人员扣分扣奖金的力度，“每个航班都会对前、中、后舱旅客进行回访调查，只要有旅客投诉抱怨，空乘就会被扣分”。

春秋航空正在筹备2011年上市，未来三年将引入15架飞机充实到国内国际航线中。王正华带领着春秋航空人，正在发动增长的引擎，推动春秋航空重回增长之路。然而，前路多艰，2009 年 12 月 14 日，以新加坡为基地的廉价航空公司澳大利亚捷星航空抢滩中国，由于二者运营模式相同，春秋航空必将面对更加激烈的竞争。其未来如何腾飞，还需拭目以待。

综合案例思考题：

1. 春秋航空的经营理念是什么？
2. 春秋航空是如何寻找市场机会的？
3. 春秋航空的战略目标主要有哪些方面？它是如何去实现这些目标的？

第3章

企业外部环境分析

> 面对快速变化的经营环境，企业要有效经营，组织必须跟着改变，而这其中最需要具备的两个素质就是：学习和创新。
>
> ——美国著名管理学家　欧内斯特·戴尔

【引导案例】

政府政策对2009年中国车市的推动作用显著①

2009年初，在我们看来，艰难的经济状况最终将迫使中国汽车行业的发展陷入停滞。出口持续下降、失业率不断攀升、全球局势一片混乱，这些因素挫败了消费者的信心，同时也减少了对汽车的需求。在2008年的最后5个月中，汽车销量在其中的4个月里都呈现下降趋势，而在2009年1月又再度下滑。

政府随后出台了一系列政策，其中包括对轻型商用车的补贴、对小型车的减税等，这些政策提升了消费者信心，也促使汽车的需求增长到了惊人的48%。在轻型车需求的增长中，有大于68%的增长来自于紧凑型轿车、次紧凑型轿车和小型公交车。政府对发动机排量低于1.6升的汽车减收消费税大大刺激了小型汽车的需求。

越来越多的人注意到，2009年中国二级和三级汽车市场的消费需求的增长是最快的。农村地区的发展是政府政策的长期目标，对商用车的补贴仅限于农

---

① 约翰·邦内尔：政府政策对2009年中国车市的推动作用显著，商业周刊/中文版，2010年，第3期，第10页。

村。许多制造商声称，农村地区经销网络的扩大为其带来了良好的销售业绩，而政府对这些新兴发展地区基础设施建设的投资也达到了最大的力度。在政府政策的支持下，农村地区会继续推动全国汽车消费需求的增长。

2009 年，行业结构一直是决策者们讨论的重要话题，多数人都意识到中国汽车制造商的数量过多，而提升竞争力的必要条件就是减少制造商的数量。2009 年初，中国政府发布的《汽车产业调整和振兴规划》提出，将鼓励国内汽车集团公司之间进行并购重组，并形成“四大四小”汽车产业格局。

2009 年，中国还将并购的目标瞄向了海外。北京汽车工业控股有限责任公司从通用汽车公司手中收购了萨博资产。浙江吉利控股集团有限公司在收购福特汽车公司旗下的沃尔沃品牌中占据优势，同时，吉利还成功收购了澳大利亚一家变速箱生产商。在中国这一年所有的并购案中，意义最重大的却可能是最小的并购：上海汽车工业总公司在原本所持有的上海通用汽车公司 50%的股份中又添加了1%的股份，此举使得上汽集团对上海通用汽车公司未来的发展拥有了绝对控制权。

本章学习目标：

- 了解企业环境的含义，企业与环境的关系；
- 掌握如何分析企业所处的宏观环境；
- 理解行业的含义；
- 了解影响行业竞争的五种竞争力，以及它们是如何影响行业内的竞争的；
- 理解战略群组的含义并了解如何对它进行分析；
- 理解行业生命周期的含义及其对行业内企业的影响；
- 了解行业分析模型的局限性。

3.1 企业与环境的关系

企业是社会、经济系统的组成部分，企业的生产功能意味着它需要从其环境中获取投入，同时必须依靠环境中的实体来消耗其产出。只有当企业和环境之间在人、财、物及信息等方面的交流能够顺畅进行时，企业的生存和发展才能得到保障。现代社会的全球化、信息化和网络化使企业作为开放性系统的特点越来越明显，而这意味着企业环境对于企业的生存和发展越来越重要。

3.1.1 企业环境的定义

迄今为止，管理学家们多把企业环境界定为组织的外部环境。例如，卡斯特(Custer) 认为，“从广义上说，环境就是组织界线以外的一切事物”。达夫特

(Daft) 把组织环境定义为，“存在于组织边界之外，可能对组织总体或局部产生影响的所有因素”。琼斯（Jones）等把组织环境定义为，“超出组织边界但对管理者获得、运用资源有影响的一组力量和条件的组合”。罗宾斯（Robbins）则认为，“组织环境是指对组织绩效起着潜在影响的外部机构或力量”。卡明斯(Cummings）等认为，“组织的环境是指任何组织之外的直接或间接影响组织绩效的事物”。虽然有的学者也提出了“内部环境”的概念，但一是未对企业内部环境及其内容作出明确的界定；二是缺乏对内部环境及其与外部环境的关系作深入具体的分析。例如，琼斯在《当代管理学》中说，“一些管理理论也指出了管理者必须理解和把握另外一种环境——内部环境”。内部环境包括企业中来源于企业组织结构与文化的各种力量。任务环境、一般环境与内部环境是相互关联、相互影响的，本章将主要讨论任务环境和一般环境。值得注意的是，达夫特在《管理学》一书中也提出，“需要注意，组织还有其内部环境，它是由那些处于组织内部的要素构成的”。但实际上，他对内部环境的分析着重于组织文化方面。斯蒂纳（Steiner）在《企业、政府与社会》一书中提出了“企业内部环境中的利益相关方”图式，即把雇员、经理、所有者和董事会作为企业内部环境进行分析。席酉民在《企业外部环境分析》一书中指出，“企业环境分为内部环境和外部环境，内部环境主要讨论企业内部的氛围、企业组织制度和政策形成的感受系统”。但此书并未对企业内部环境进行更多的具体分析。

赵锡斌认为，上述种种对于企业环境的定义都难以表达企业环境的基本内容与特征。把企业环境只定义为外部环境，或把内部环境只理解为组织文化、利益相关者等，均只具有局部意义，因此，不能全面地认识和把握企业环境系统并对其进行深入的分析研究。基于这种认识，他认为企业环境是一个内容较广的概念，既包括企业的内部环境，也包括企业的外部环境。因此，应当把企业环境作为一个整体的概念来定义，即所谓企业环境是指一些相互依存、互相制约、不断变化的各种因素组成的一个系统，是影响企业管理决策和生产经营活动的各现实因素的集合。这一定义，既不是专指企业的外部环境，也不是专指企业的内部环境或内部环境的某些方面，而是指一个环境系统；既反映了企业环境的内容和作用，也反映了企业环境的基本特征。

3.1.2 企业和环境的四种关系

企业和环境的关系究竟如何呢？对于这一问题，目前主要存在着三种观点：决定论（determinism)、适应论（adaptation）和战略选择论（strategic choice)。持决定论的种群生态学（population ecology）学者们套用生物学中的“变异—选择—保留”模式，将是否适应环境作为企业的最终检验，适者生存是最高法则。适应论则从权变的视角认为企业可以根据环境的变化作出相应组织结构上的调整。战略选择论更重视战略选择的作用，并把它视为一个受到多方面因素影响的过程，但这种选择也是在既定环境下的选择，或者说是对现实环境的利用。

赵锡斌（2004）认为，这三种观点从不同的研究目的或不同的研究角度来认识企业与环境的关系，因此是不全面的，而且，按上述观点，企业似乎总处于不同程度的被动地位。因此，均不能全面表达企业与环境的一般关系。他指出，一方面，企业要适应环境，因为企业作为市场竞争主体，存在于特定的环境中，其决策与经营活动要受环境的影响；另一方面，企业与环境之间也可视做是博弈的双方，企业的决策与经营行为也会影响环境。因此，企业也并不只是被动适应环境，而是可以根据企业环境的特性及动态变化的一般规律，借助自身的主动性和创新性改善和控制环境（包括内部环境和外部环境），以实现企业自身的可持续发展。

谭力文和田毕飞（2005）发展了赵锡斌关于企业和环境相互影响的观点，从战略视角考察了企业与环境的关系，归纳总结出企业与环境的四种关系，即环境决定企业、企业适应环境、企业选择环境和企业改造环境。

1. 环境决定企业

环境决定企业反映了战略计划学派和设计学派的思想，这种思想植根于20世纪60年代的企业环境。在这一时期，企业环境，尤其是企业的生产流程技术的变化加速，对企业预测变化、快速利用新的市场机会并及时采取措施避免威胁的能力提出了越来越高的要求。而公司战略是提高这种能力的首要的和主要的途径。在这样的背景下，安索夫于1965年出版了《公司战略》一书，提出了战略的四要素学说，即企业战略由产品与市场范围、增长向量、竞争优势和协同效果构成，并在此基础上构建了一个非常详细的战略制定流程。安索夫开创了企业战略的计划学派。同一时期，安德鲁斯也对企业战略作了详细分析，并在其著作《公司战略的概念》中将战略划分为四个构成要素，即市场机会、公司实力、个人价值观和渴望、社会责任。安德鲁斯充分考虑了企业的内外部环境对制定战略的影响，提出了后来被称为SWOT（优势—劣势—机会—威胁）模型的战略形成框架，他也因此被视为战略设计学派的开创者。

以计划学派和设计学派为代表的早期战略理论是企业环境，特别是技术、产品和市场等社会环境和市场环境快速变化的产物。计划学派和设计学派都将市场环境、定位和内部资源能力视为战略的出发点，并且这两个学派对于战略形成的看法也很相似。它们把企业环境的变化视为一种挑战，企业必须在这种挑战下分析具体的变化因素，在企业内外部之间进行平衡，实现良好的匹配。因此，这一时期的战略研究主要集中在环境对企业战略的影响及其决定作用上，是一种由环境到战略的单向线性思维模式，企业战略是在业已结构化的行业内为企业寻求生存与发展空间，即企业战略受制于既定的行业结构，无法改变既定行业。战略变革的空间非常小，仅限于企业内部的微观环境变革。企业环境是决定企业战略的主导力量，环境的特点决定着企业的组织设计及资源配置，从而最终决定企业战略。在相对稳定的环境中，这种由环境到战略的单向线性思维模式使得当时的战略理论更多地强调企业怎样配合环境的变化，即一定环境下企业行为的优化。也就是说，这一阶段企业与环境的关系是环境决定企业。

2. 企业适应环境

进入 20 世纪 80 年代，企业战略对于环境的适应能力有所提高。波特在这一时期出版了他的两部代表作：《竞争战略》和《竞争优势》。他认为，企业的竞争优势主要来源于企业的外部环境，企业能否获得竞争优势取决于其战略定位及其价值链上的活动。与波特强调战略定位及竞争优势主要来源于企业外部不同，在 20 世纪 80 年代中后期出现并在 90 年代得到广泛关注的资源基础理论和核心竞争理论更为强调企业内部的独特资源和核心竞争力。沃纳菲尔特（Wernerfelt）、普拉哈拉德（Prahalad）、哈默（Hamel）和巴尼（Barney）等资源学派的代表人物在这一时期发表了一系列有影响的论著，阐述了持续的竞争优势来自于企业内部的资源或核心竞争力的新颖观点，建议企业着手培育自己的核心能力，以不变应万变，从而更好地适应环境的变化。

上述两种理论分别代表了企业竞争优势的外部行业定位观点和内部资源能力观点，强调这两种理论的学派分别被称为定位学派和资源学派。尽管这两种理论由于分析的视角不同而得出了完全不同的结论，但它们都是围绕企业的竞争优势及持续竞争优势的源泉展开的，都是为了使企业战略更好地适应环境的变化和发展。与计划学派和设计学派的企业战略相比，这一时期的企业战略有了更多的能动性和主动性，对企业环境的分析从侧重于经济、政治、文化等社会环境变为侧重于行业、竞争者等市场环境和企业资源等内部环境。企业战略不再是企业被动地与环境相匹配的结果，而是企业主动适应和迎合环境的产物。因此，企业与环境的关系转变为企业适应环境。

3. 企业选择环境

关于企业对环境的战略选择问题，柴尔（Child）早在 1972 年就提出来了。他认为，管理人员可以对环境的变化采取行动以对组织活动领域进行控制，从而抑制环境因素对组织的影响。之后，Starbuck 和 Weick 分别于 1976 年和 1977 年指出，管理人员对他们察觉的情况会作出及时反应。

1993 年，莫尔发表《捕猎者和猎物：新的竞争生态》一文，首次提出了商业生态系统的概念；1996 年，他又出版了《竞争的死亡：商业生态系统时代的领导和战略》一书，详细阐述了企业生态系统的观点，塑造了企业选择环境的框架模型。在企业生态系统战略理论的框架下，企业不再仅仅把自己看做单个的企业或扩展的企业，更重要的是把自己当做企业生态系统的一个成员。该生态系统的其他成员还有行业内外的生产者、供应商、竞争者和其他利益相关者；该生态系统与传统的行业界限没有直接关系，它既可以在传统的行业界限内，也可以在传统的行业界限之外。该理论不是把行业或国家界限看做是给定的，而是在很大程度上是可选择的；战略制定的重点单位不再是企业或行业，而是企业合作演化的生态系统；企业经济效益不仅是企业内部管理好坏和行业平均利润的函数，而且是企业在生态系统中联盟和网络关系管理好坏的函数。

莫尔的企业生态系统理论表明，企业可以选择自己的生态系统成员，通过有重点地与不同成员建立不同的联盟和网络关系，将自己融入周围的环境，特别是类似于自然环境的企业生态系统环境中，并最大限度地利用这种环境为企业的自身发展服务。因此，企业与环境的关系变为企业选择环境。

4. 企业改造环境

信息技术的发展使企业的有效规模得以扩大，甚至使企业管理所处的环境成为可能。波特和米拉（Millar）认为，信息技术对企业的影响至少体现在三个方面。第一，改变企业价值链。企业最开始应用信息技术主要是用于制作账表和储存记录，也就是价值链中的订货流程，到后来扩张到整个价值链中的所有价值活动。目前，信息技术对价值链的影响更加深入。第二，改变行业结构。信息技术可以改变决定行业结构的各种作用力，从而增强或减弱这个行业的吸引力。第三，孕育新行业。信息革命让新的业务在技术上变得可行，信息技术通过新产品衍生的需求而孕育新业务，在老行业中创造出新行业。这说明，企业可以利用信息技术来改变行业结构或创造新行业，从而改造行业环境。

进入20世纪90年代以后，随着行业环境的日益动态化，企业之间、企业与环境之间及不同层次环境之间的边界变得模糊不清。技术创新的加快、竞争的国际化和顾客需求的日益多样化，使得创新和创造未来成为企业战略管理研究的重点。哈默和普拉哈拉德在其战略名著《竞争大未来》中，从战略的高度深入研究了环境的动荡与企业战略的内在关系。他们认为，要创造属于公司的未来必须从以下三个方面入手，即以某种方式从根本上改变老行业的游戏规则、重新划定行业间的界限及创造全新的行业。其战略逻辑是通过创新未来行业或改变现有行业结构来为企业寻求战略发展空间的，企业战略可以能动地改造企业环境。

综上所述，企业不再仅仅只是适应或者选择、利用环境，而是从长远考虑，主动对环境的某些方面进行改造。赵锡斌指出，企业对环境的改善和控制主要表现在两个方面：一是改造企业内部环境以适应外部环境；二是通过企业内部环境的改造影响或改变外部环境。这样，企业与环境的关系变为企业改造环境。

3.2 宏观环境分析

企业环境是一个复杂的系统，关于它的组成，学术界历来有不同的看法。例如，赵锡斌认为，企业环境系统由社会环境系统、市场环境系统、企业内部环境系统和自然环境系统四个子系统构成，而许多战略管理教科书则把企业环境分为企业外部环境和内部环境。本书采用后一种企业环境分类方法，并且将企业外部环境分为宏观环境和行业环境。其中，宏观环境主要包括企业所处的政治与法律环境、经济环境、社会文化环境和技术环境。

3.2.1 政治与法律环境

政治与法律环境是指一个国家或地区的政治制度、体制、方针政策和法律法规等方面。当社会政治或法律发生变化时，无论是行业还是企业都可能受到重大影响。

政治环境可以分为国内政治环境和国际政治环境，前者主要包括政治制度、政党和政党制度、政治性团体、党和国家的方针政策及政治气氛；后者则主要包括国际政治局势和国际关系。法律环境是指国家或地方政府所颁布的各项法规、法令和条例等，与企业战略相关的法律环境要素主要有法律法规，特别是与企业经营密切相关的经济法律法规，以及国家司法执法机关和企业的法律意识。政治与法律环境对于企业经营活动的影响往往通过国家政府制定或调整相关的方针政策来实现。例如，2006 年，中国政府针对房地产价格上涨过快的问题制定、出台了一系列的调控措施。这些措施涉及住房供应结构、税收、信贷、土地、廉租房和经济适用房建设等方面，达到了平抑房价的效果，使房地产买卖在 2008 年末一度处于低迷状态。而 2008 年 11 月开始实施的一系列房地产买卖优惠政策大大刺激了房地产市场，直接导致 2009 年的房地产价格急速上升。

3.2.2 经济环境

经济环境影响国家或地区的经济的健康运行，经济是否健康运行又决定了企业或行业是否能获得足够的回报。宏观环境中最重要的四项经济因素是经济增长率、利率、汇率和通货膨胀率（或通货紧缩率）。

由于能够带来顾客消费的增加，经济增长通常会缓和行业的竞争。企业可以利用这个机会扩大规模、提高利润。经济下降（衰退）则会导致顾客消费下降，加剧行业内的竞争。在成熟行业中，经济低迷经常是价格战的诱发因素。

利率水平决定企业产品的需求。如果顾客需要周期性地借入资金购买企业的产品，利率对这种购买的影响会非常大。房地产市场是这方面的典型，抵押贷款利率直接影响需求，利率还对汽车、家电、资本设备的销售有重大影响，对于这些行业中的企业而言，利率上升构成威胁，利率下降则出现机会。利率还影响到公司的资本成本，以及筹资和投资于新资产的能力。利率越低，资本成本越低，公司越有机会进行投资。

汇率决定了不同国家间货币的相对价值，汇率变化对于企业产品在国际市场上的竞争力有着直接影响。例如，当人民币价值相对于外国货币较低时，中国的产品相对比较便宜，外国产品相对比较贵一些。人民币价值低或价值下降有助于减少其他国家竞争者的威胁，增加中国企业出口销售的机会。

通货膨胀会破坏经济稳定，导致经济增长减慢、利率升高和汇率波动。如果通货膨胀率持续上升，投资计划的风险会非常高，其关键危害在于破坏了对未来的预测。在通货膨胀的环境下，企业可能完全无法估计5年内的真实回报率，这种高度的不确定性令企业不敢投资，它们的退缩活动引起经济活动收缩并最终导致经济陷入低谷。因此，高通货膨胀率是行业中的一种威胁力量。

3.2.3　社会文化环境

任何企业都处于特定的社会文化中，社会文化的变迁有可能给企业和行业带来机会与威胁。宏观环境中比较重要的四种社会文化因素是价值观念、宗教信仰、消费习俗和教育状况。

价值观念是指人们对社会生活中各种事物的态度和看法。在不同文化背景下，人们的价值观念往往有着很大的差异，消费者价值观念的变化会给企业经营带来机会或威胁。在中国，过去30多年的经济发展使城乡人民的生活水平有了大幅度提高，这进一步促使人们的消费观念发生显著变化。例如，健康观念的形成促使我国保健品消费以每年15%以上的速度快速增长。

宗教信仰是构成社会文化的重要因素，对人们消费需求和购买行为的影响很大。不同的宗教对节日礼仪、商品使用有自己独特的要求和禁忌，某些宗教组织甚至对教徒购买决策有决定性的影响。为此，企业在决定是否进入某个市场、如何进入等方面都必须考虑当地居民的宗教信仰，以避免由于矛盾和冲突给企业运营带来的损失。

消费习俗是指人们在长期经济与社会活动中所形成的一种消费方式与习惯。消费习俗反映了人们的消费特征，也折射出人们所具有的独特商品要求。因此，研究消费习俗对于企业认识消费者特点、识别目标市场、开发竞争战略都具有非常重要的意义。例如，作为具有悠久历史的礼仪之邦，我国自古就有着过节送礼的习俗，近年来，随着商品经济的发展和人们生活水平的提高，送礼这一习俗甚至支撑起了颇具发展潜力的礼品经济的江山。街头的土特产商店、中秋前后的天价月饼就是对这种礼品经济的生动诠释。

居民的教育状况对企业的影响至少可以从两个角度进行考察。从雇主角度看，当地居民的受教育状况直接影响企业面对的劳动力市场供求状况。自从改革开放以来，外资企业在中国一直面临的一个问题是难以招聘到合格的人才，特别是既懂技术又懂管理的高素质人才，这一问题对外资企业的本地化战略具有直接的负面影响。从商品或服务的提供者角度看，当地居民的受教育状况影响其对于商品的功能、款式、包装和服务的要求。例如，接受过高等教育的消费者，通常更容易接受新产品。

3.2.4 技术环境

对于技术环境的考察首先需要关注与企业所处领域活动直接相关的技术手段的发展变化。技术变革可能会导致现有产品在一夜之间变得过时，也可能催生一批新产品。从这个意义上看，技术变革既是创造性的也是破坏性的，对企业来说既是机会也是威胁。

近年来，对于多数行业都产生深远影响的是信息技术的日新月异和互联网的迅速普及。互联网目前已经改变了许多行业的竞争结构。例如，网上购物目前在许多大城市已经被广泛接受，其便捷、低成本等优势正逐渐改变传统的零售商业模式。低成本的优势不但体现在买方获得的低价上，也体现在卖方开设网络店铺所需资金比开设实体店铺大为减少上。从这个意义上说，互联网已经大大改变了一些行业的进入壁垒。

对于技术环境的考察还应当关注国家对科技开发的投资和支持重点。对于国家政策确定的重点科技领域进行的投资，通常能够获得政府配套实施的税收优惠和技术支持。例如，天津市曾出台软件企业孵化扶持政策。孵化器内的软件企业经认定可享受天津市软件企业有关优惠政策。孵化器通过各种形式定期发布在孵化企业优秀项目，吸引金融资本进入，为孵化企业开辟融资渠道。在孵化企业毕业以后，市科技主管部门择优对其承担的科技项目予以支持，并帮助协调投融资和信贷支持。

另外，对于专利等知识产权的态度及其保护措施也是技术环境的重要组成部分，它无疑对企业进入某一新市场具有重要影响。例如，自 20 世纪 90 年代以来，软件盗版问题多多少少是许多外资软件企业决定是否进入中国及如何在中国发展时必须考虑的一个重要问题。知识产权保护状况也会影响企业运营的其他方面。例如，对于面向中国大陆地区销售的某款 Windows 7 系统，微软定价仅为 399 元，为全球最低，这与其以往的定价策略很不一样，被认为是微软抑制盗版的重要策略。

3.2.5 其他宏观环境

除了上述四个方面，对企业经营具有影响的宏观环境还包括人口、自然环境等因素。特别是近年来全球气候变暖、环境污染等问题，大大提高了人们对于自然环境的关注度。在这样的背景下，碳足迹、低碳经济、低碳技术、低碳发展、低碳生活方式、低碳社会、低碳城市和低碳世界等一系列新概念、新政策应运而生。而能源、经济乃至价值观变革的结果，可能为逐步迈向生态文明走出一条新路，即摒弃20世纪的传统增长模式，直接应用21世纪的创新技术与创新机制，通过低碳经济模式与低碳生活方式实现社会可持续发展。这些变化必然会影响诸多行业和企业的生存与发展。

3.3 行业分析的框架

3.3.1 行业的内涵

行业是指提供相互间密切替代产品或服务的一组公司，即这些产品和服务满足相同的基本顾客需求。因此，对于特定企业而言，最直接的竞争对手提供的产品和服务与其是高度类似的，甚至是完全相同的。例如，海尔、格力、春兰、美的、西门子都生产空调，它们生产的空调尽管在某些特征上存在差异，但是基本功能都是调节空气温度。

对行业的界定是进行行业分析的起点。界定行业的关键在于分析企业基本的客户需求，换句话说，行业界定必须采取客户导向而不是产品导向的视角。对企业满足的基本需求的认识决定了企业如何界定所处行业。例如，对于中国东方航空公司而言，如果它认为自身提供的服务主要满足顾客航空旅行的需要，这意味着它把自己定位于航空客运行业，其主要竞争对手是中国国际航空公司、中国南方航空公司等航空公司；如果它认为自身提供的服务满足的是客户旅行的需求，那么它的竞争者不但包括航空公司，还包括提供铁路、公路客运服务的企业。

企业需要妥善地界定行业的边界，把所处行业界定得太宽或太窄都有可能给企业运营带来不利影响。可口可乐的经历很好地诠释了这一观点。长期以来，可口可乐一直认为自己是碳酸饮料行业的一个成员，并不提供瓶装水、果汁等非碳酸饮料。到了20世纪90年代，顾客对于瓶装水、果汁等非碳酸性质软饮料的需求有了很大的提高，甚至“挤出”了一部分对碳酸饮料的需求。可口可乐公司被迫对此作出反应，推出了自己的瓶装水品牌Dasani，拉开了进军非碳酸饮料的序幕。在中国，可口可乐还曾经想收购果汁饮料生产商汇源。由于将自己所处行业界定得过于狭窄，可口可乐公司差一点错失了软饮料市场中的非碳酸饮料细分市场。

根据波特的观点，行业的边界有两个重要的维度：一是产品或服务的范围。例如，小轿车用的汽油和重型卡车用的汽油是属于一个行业还是不同行业？二是地理范围。多数行业存在于世界上多个不同地域，但是对特定企业而言，竞争是局限在一个省、一个国家，还是全球范围？

3.3.2 行业分析的典型步骤

界定行业是行业分析的第一步。除了界定行业之外，行业分析通常还包括一系列步骤。

（1）界定相关行业。在界定行业时需要解决两个关键问题。第一，该行业包含哪些产品？其中的一些产品是否从属于另一个明确的行业？第二，行业内的竞争限于怎样的地域范围？

（2）识别行业成员并将它们分类。根据行业成员扮演的角色，将不同的行业成员划分为五类：买方或买方集团、供应商或供应商集团、竞争者、替代品、潜在进入者。这五类行业成员构成了塑造行业的五种力量。

（3）评价五种竞争力背后的驱动因素。判断五种力量的强弱，识别和分析五种竞争力背后的驱动因素，找出影响其力量大小的原因。

（4）把握行业总体结构及其稳定性。掌握行业的利润水平，识别其影响因素，判断行业当前利润是否符合行业的长期趋势，并且从五种竞争力的角度考察行业中是否存在定位较好且利润高于一般水平的成员。

（5）分析五种竞争力近期及其未来可能的变化。

（6）识别行业结构中可能被竞争者、新进入者或本公司影响的维度。

3.3.3 行业分析的基本框架

为了对行业结构和行业成员相互影响的动力学机制进行分析，本书将从下面三个方面入手。

（1）影响战略的五种竞争力。波特的五种竞争力模型广为人知，这五种力量是塑造战略的重要因素。通过剖析这五种竞争力，企业管理者得以把握行业结构，洞悉行业成员的相互影响。

（2）战略群组。战略群组指的是特定行业内具有相似战略地位的所有企业的集合。对于战略群组的分析有助于管理者了解行业成员的基本特征，掌握行业内的竞争结构。

（3）行业生命周期。行业竞争的格局会随着时间而发生变化。行业生命周期影响行业的所有成员如何应对行业生命周期演变带来的挑战，是所有行业成员必须面对的问题。

3.4　影响战略的五种竞争力

对于竞争力的分析旨在分析行业成员的互动，找出行业中的机会与威胁。波特于 1979 年在《哈佛商业评论》上首次提出了影响战略的五种竞争力（以下称五力模型），这为管理者进行竞争力分析提供了分析框架。这一模型在战略管理领域近乎引发了一场革命，在其后至今的三十几年中，它深刻影响了战略领域的学术研究和管理实践。在此期间，波特进一步确认、更新、拓展了他关于五种竞争力的思想，于 2008 年在《哈佛商业评论》上发表了《塑造战略的五种竞争力》一文，对五力模型进行了新的诠释。

波特指出，战略家的工作本质是理解和处理竞争。但是，管理者往往倾向于狭隘地去理解竞争，认为竞争仅仅存在于当前的直接竞争者之间。事实上，因追逐利润引发的竞争绝不仅仅存在于今天的行业竞争者之间，还往往涉及其他四种竞争力量：客户、供应商、潜在进入者和替代品。这五种竞争力共同决定行业结构，塑造行业竞争的本质。因此，波特的五力模型专注于决定行业内竞争的五种力量：①潜在进入者的威胁；②供应商的力量；③购买者的力量；④替代品的威胁；⑤现有竞争者的竞争。塑造行业竞争的五种竞争力如图 3-1 所示。

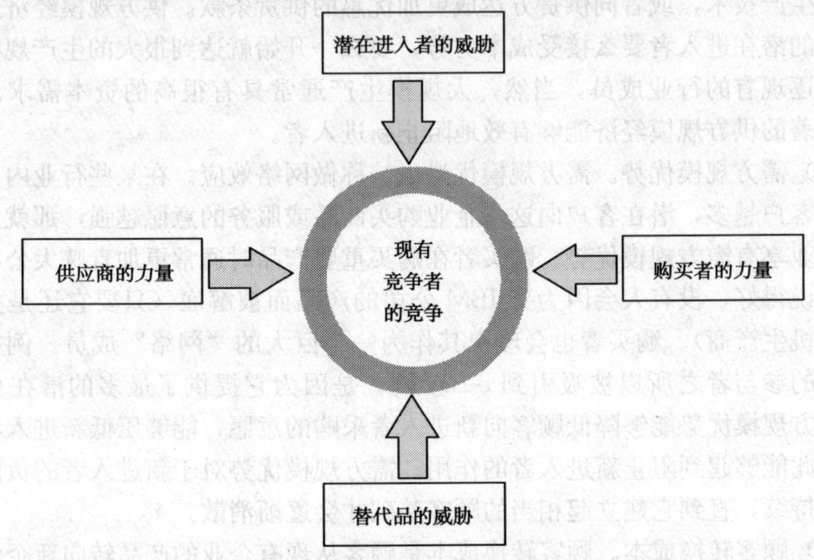

图 3-1　塑造行业的五种竞争力

3.4.1 潜在进入者的威胁

行业的新进入者带来新的能力，它们抢占市场份额的愿望也对价格、成本和资本回报率产生了压力，特别是当新进入者是在多元化战略的驱使下由其他行业进入目标行业时，它们能够发挥其原有能力和现金流的杠杆效应，从而使其在目标市场上的行动更加容易。这样的情况并不鲜见，百事可乐公司进入瓶装水行业，微软公司提供互联网浏览器，苹果公司进入音乐发行行业都是如此。

潜在进入者的存在就像给行业利润率加了顶帽子。当潜在进入威胁比较高时，行业内的企业不得不压低价格，增加投资，以阻止新的竞争者。一个行业面对的进入威胁取决于现有进入壁垒的高低及现有企业对进入行为的可能反应。如果进入壁垒比较低，现有的行业成员也不太可能强烈抵制新进入者，那么进入威胁就比较高，相应地，行业利润率也容易受到影响。需要指出的是，是进入的威胁而非实际发生的进入行为，压低了行业的利润率。

1. 进入壁垒

进入壁垒是指行业内现有企业相对于新进入者的优势。一般来说，进入壁垒有如下七种形式。

(1) 供方规模经济。如果随着生产规模的扩大，每单位产品的成本下降，那就意味着企业享有供方规模经济，因为增加产量有助于摊薄固定成本、采用效率更高的生产技术，或者同供货方达成更加优惠的供货条款。供方规模经济迫使雄心勃勃的潜在进入者要么接受成本劣势，要么一开始就达到很大的生产规模从而有效驱逐现有的行业成员，当然，大规模生产通常具有很高的资本需求。很显然，显著的供方规模经济能够有效地阻止新进入者。

(2) 需方规模优势。需方规模优势也被称做网络效应。在某些行业内，如果企业的客户越多，潜在客户向这一企业购买商品或服务的意愿越强，那就意味着这家企业享有需方规模优势。购买者在购买重要产品时通常更加青睐大公司，有句老话说得好，没有人会因为买 IBM 公司的产品而被解雇（只要它还是主导性的计算机生产商）。购买者也会珍视其作为一个巨大的“网络”成员。例如，在线拍卖的参与者之所以被吸引到 e-Bay 网，是因为它提供了最多的潜在交易伙伴。需方规模优势能够降低顾客向新进入者采购的意愿，能够压低新进入者的要价，因此能够起到阻止新进入者的作用。需方规模优势对于新进入者的负面影响将一直持续，直到它建立起相当的顾客基础才会逐渐消散。

(3) 顾客转换成本。顾客转换成本是顾客从现有企业的产品转向新企业产品所付出的时间、精力和金钱。之所以会产生这种成本，是因为购买者在转换卖主时必须作出一系列的调整，如变更产品说明、保留使用新产品的员工，或者修改流程和信息系统。转换成本越高，新进入者越难以获得客户。ERP 软件就是这样的一个例子。一旦一家公司安装了 SAP 的 ERP 系统，再采用其他 ERP 软件的转换成本往往是个天文数字。

(4) 资本需求。为竞争而必须投入的大量财务资源能够阻止新进入者。资本不仅是建立固定设施所必需的，也是进行客户信贷、建立库存和弥补启动损失所必需的。当所需资本是无法收回的，难以通过融资手段获取时，资本需求导致的进入壁垒就很高，前期广告和研发投资所需资金就具有这一特点。虽然说一些大公司拥有的财务资源足以使其进入任何一个行业，但是某些领域对于资本的巨大需求还是大大减少了潜在进入者的数量。相反，在一些行业，如税务筹划和短程卡车货运，由于资本需求较低而吸引了大量的进入者。

(5) 和规模无关的现有行业成员的优势。不管规模如何，特定企业在某一行业运营了一段时间后，多多少少总能具备一定的成本和质量优势。这些优势可能来源于拥有专有技术、能够获取最好的原材料、抢占了有利的地理位置、建立了品牌认同，或者积累了相关经验使其能够以更高的效率进行生产，而进入者总是试图绕开这些优势。例如，沃尔玛在初创期总是在市场尚未被抢占的地区开店，而不是在地区商业中心开设店面，因为在这些地区成熟的百货商店早已是根深蒂固。

(6) 对分销渠道的不平等进入权。新进入者当然必须确保它的产品和服务能够有效分销。例如，一种新的食品必须通过打折、促销、密集的销售努力或其他手段来取代超市商品架上的其他商品。批发或零售渠道越是有限，或者现有的竞争者对于现有分销渠道的占用程度越高，新进入者进入目标行业的难度就越大。在有些情况下，因为分销渠道的壁垒太高，所以新进入者必须绕过已有的销售渠道，甚至重新建立自己的销售渠道。

(7) 限制性的政府政策。政府政策能够直接阻碍或帮助新进入者，也能影响其他的进入壁垒。例如，政府可以通过对海外投资者发放许可证的方式直接限制企业进入某些行业；也可以通过其他一些手段，如用昂贵的专利许可费来提高进入壁垒。当然，政府也能通过补贴、自主研发等方式轻易地降低进入壁垒。

2. 预期报复

潜在进入者预期行业内的企业如何对其进入作出反应也会影响潜在进入者的进入决策。如果潜在进入者预期会受到强有力且持续性的抵制，那么进入行业的预期利润可能不足以抵消相关的成本。企业往往采用公开声明等方式向进入者和潜在进入者发送信号，表明它们坚决抵制入侵的决心。

新进入者在如下情况下通常会害怕遭遇报复：①目标行业内的企业曾经对新进入者作出过强烈反应；②目标行业内的企业掌握着进行反击的充足资源，包括多余的现金和借贷额度、过剩的产能，或者与客户及分销渠道的密切关系；③目标行业内的企业看起来有可能降价，因为它们想不惜一切代价保住市场份额；

④行业增长率低，新进入者要想获取市场份额，只能从竞争者手中夺取。

3.4.2 供应商的力量

强大的供应商能够抬高价格、降低服务或产品的质量，以及向行业内的其他成员转移成本，从而获取更多的价值。因此，强大的供应商，包括劳动的提供者，往往通过增加买方的成本来挤压行业利润。例如，微软公司通过提高操作系统价格蚕食了个人计算机生产商的利润，而个人计算机生产商则无法以提高价格的方式来转移成本，因为消费者面临的转换成本非常低。

企业依赖大量的供应商提供投入。强大的供应商（集团）具有如下特征。

(1) 和销售对象所处行业相比，供应商所处行业的集中度更高。

(2) 供应商集团不严重依赖特定行业获取收益。如果一个供应商向许多行业出售产品，那么它会毫不犹豫地力图从每个行业获取最多的利润。如果供应商从某个行业中获取的收益占了其总收益的很大比例，那么它会制定合理的售价，甚至协助这些行业进行研发和游说，以保护其在该行业的利益。

(3) 行业成员改变供应商时面临转换成本。例如，当企业对专业化的辅助设施进行了大量投资，花了大量的成本学习如何操作供应商的设备时，或者在临近供应商的地方建立了生产线时，它就面临较高的转换成本。

(4) 供应商提供差异化的产品。例如，相比于提供仿制药品或普通药品的制药商，提供专利药品的制药商往往对医药、保健组织和其他药品购买者具有更强的影响力。

(5) 供应商提供的产品没有替代品，并且这些产品对于行业内的企业至关重要。

(6) 供应商集团能够通过前向一体化进入其客户的行业，并且这种威胁是可信的。在这种情况下，如果相比供应商，特定企业获取的利润过高，那么就有可能诱使供应商进入该行业。

3.4.3 购买者的力量

强大的顾客通过迫使企业降价、要求提高产品或服务质量，甚至操纵企业相互竞争来攫取更多的利益，而所有这一切都会降低行业利润。如果购买者相对于企业具有较强的议价能力，特别是当他们还对价格很敏感时，购买者往往就显得很强大，会竭力压低价格。

正如供应商一样，购买者也可能在谈价能力上千差万别。当出现下面一些情况时，购买者具有较强的谈价能力。

(1) 购买者很少，或者购买者的购买量占了单个出售方出售总量的很大比例。对于诸如电信设施、海上钻探和大规模化工生产行业而言，大客户的谈价能力尤其显著。在这些行业中，由于固定成本非常高，而边际成本则非常低，所以企业很乐意以低价格来换取高产能。

（2）特定行业的产品是标准化的或无差异的。如果购买者相信总能找到合适的供应商，那么它会想办法挑起供应商互相争斗。

（3）购买者改变供应商时面临的转换成本很低。

（4）购买者本身就是行业的威胁之一，具备通过后向一体化进入其供应商所在行业的资源和能力。

在下面四种情况下，购买者具有较高的价格敏感性。

（1）购买者从目标行业中购买的产品占其成本结构或预算的很大比例。在这种情况下，购买者会积极比价和谈判，正如消费者在进行住房抵押时做的一样。

（2）购买者集团赚取的利润低、现金流紧张，或者面临缩减采购成本的压力。相反，利润率高、现金流充足的顾客往往对价格不是那么敏感，当然，前提是该商品的采购额不占总采购成本的很大比例。

（3）购买者提供的商品或服务的质量不被目标行业的产品左右。反之，当购买者的商品或服务的质量受到目标行业产品的很大影响时，购买者通常不会对价格非常敏感。例如，在购买或租赁高质量的摄像机时，大片制作商倾向于可靠性高的设备，价格则不是考虑的重点。

（4）行业产品对购买者的其他成本影响甚微。在这种情况下，购买者非常关注价格。相反，如果购买的产品或服务有助于购买者提高绩效、降低物料、劳动力或其他成本，那么购买者会更加注重所购买商品的质量，而不是价格。例如，税收筹划和油井勘探之类的产品或服务有助于节约购买者的成本，甚至帮购买者赚更多的钱，因此，购买者进行购买决策时不会那么在意价格。

3.4.4　替代品的威胁

替代品以不同的方式实现相同或相似的功能。例如，视频会议是出差的替代品，电子邮件是特快专递的替代品。有时候，替代品所具有的威胁不是那么明显或直接。例如，当大量的家庭由城区的公寓搬向郊区的独立住宅时，草坪养护产品和服务就受到了威胁，因为在乡下更多的居民自己亲自动手养护草坪。

替代品永远都是存在的，但是有时候容易被忽略，因为它们看起来实在没什么共同之处。例如，对于某些需要购买父亲节礼物的人来说，领带和发动机可能都是可选的。

当替代品的威胁比较高时，行业利润就会受到影响。替代品设定了产品的价格上限，从而限制了行业中潜在的利润水平。如果一个行业不能通过产品性能、市场营销或其他手段与替代品划清界限的话，那么它的利润和成长潜力都会受到负面影响。

在通常情况下，替代品不但会限制行业的利润水平，而且还会阻碍良好的行业发展态势。例如，在新兴经济体中，尽管对通信的需求增长很快，但是对有线电话的需求被大大压制了，因为许多消费者倾向于把无线电话当做首选或唯一的选择。

在下面一些情况下，替代品的威胁较高。

(1) 和当前产品相比，替代品提供了富有吸引力的价格-性能比。替代品的相对价值越高，行业潜在利润受到的压制就越紧迫。例如，传统的长途电话服务受到了新兴的基于网络的廉价电话服务的挑战；录像出租服务也好景不再，有线电视、卫星互动电视、在线电视出租服务及网络电视网站的出现大大挤压了其生存空间。

(2) 购买者转向替代品的成本很低。例如，从专利、品牌药品转向普通药品通常不会花费什么成本，这解释了为什么现实生活中这种转变是如此显著和迅速。

战略家要对其他行业中的变化保持警觉，特别是在这些变化可能催生替代品的情况下。例如，塑料材料的改进使其能够部分替代钢材在汽车部件中的使用。因此，技术变革或竞争的非连续性有可能使看起来完全不相关的行业突然处于竞争状态。当然，替代品威胁也可能向有利的方向发展，从而预示着行业利润的增长潜力。

3.4.5 现有竞争者的竞争

现有竞争者之间的竞争表现出很多我们熟悉的形式，包括价格折扣、推出新产品、广告和改善服务等，激烈的竞争限制了行业利润。竞争降低行业利润的程度取决于两个因素：竞争强度和竞争基础。

在下列情形下，竞争强度很高。

(1) 竞争者很多或者在力量和规模上相当。在这种情形下，竞争者往往难以克制住抢占对手市场份额的欲望。当一个行业没有领导厂商时，整个行业的发展就像一盘散沙，其行为会偏离行业整体利益最大化的逻辑。

(2) 行业增长缓慢。这意味着竞争者扩大市场的唯一办法就是抢占对手的市场。

(3) 退出壁垒高。一旦企业投资了高度专业化的资产，或者管理层对特定业务倾注了大量资源，企业就会面临较高的退出壁垒。这些壁垒往往能够拖住企业，即使企业获取的利润很低甚至亏损。这些病态的企业不但直接导致资本的无效率使用，而且会对行业内健康企业的盈利能力产生负面影响。

(4) 竞争者专注于当前业务，并且热衷于成为领导厂商，特别是当其有非经济目标时。对业务的高度专注可能源于多种原因。例如，国有竞争者除了利润目标外，可能还有就业目标和声誉目标；大公司的分支机构之所以进入某个行业，可能是为了展示公司形象或形成一条龙的生产体系；在媒体和高技术行业，可能是因为个性自负和自我意识的膨胀。

(5) 企业由于相互不熟悉、竞争方式和目标不同等原因而没能准确领会对手发出的信号。

竞争对利润的影响不但取决于竞争强度，而且取决于竞争基础。竞争在哪些维度上展开，是不是竞争者都基于同一维度开展竞争对利润有很大影响。

当所有竞争者都把降价作为竞争手段时，竞争对利润的损害非常大，因为价格竞争直接把行业利润转给了顾客。降价行为往往显而易见，也容易模仿，因此降价很容易招致报复。持续的价格竞争也会降低顾客对产品特点和服务的注意力。

价格竞争在下面一些情况下很容易出现。

(1) 竞争者提供的产品或服务近乎相同，购买者的转换成本很低。这种情况鼓励竞争者通过降价来获取新客户。过去几年航空业的持续降价就是该情况的真实写照。

(2) 固定成本高而边际成本低。在这种情况下，即使价格降到产品平均成本之下，只要还高于边际成本，竞争者仍然能够接受，因为这样的价格多少仍然能够弥补固定成本；而且，降价还可能从竞争对手那边“窃取”一些新客户。这种情况在纸、铝之类的原材料行业很常见；送货公司也面临类似问题，即使没有货品需要运送，定期的车次仍然需要发出。

(3) 为了获取效率，产能必须大规模提高。在聚氯乙烯之类的行业中，提高产能的需求往往会打破供需平衡，导致长期、反复的产能过剩和降价。

(4) 产品容易损耗。产品易损耗意味着必须在产品还有价值的时候快速售出产品，即使降价也在所不惜。一些产品的损耗速度比大家通常认为的还要快，如西红柿容易腐烂，计算机也会因过时而“损耗”，信息则可能因为快速传播而变得一无用处。在服务业中，酒店住宿也会损耗，因为客房空置带来的损失永远也找不回来。

企业也可以在其他维度上进行竞争，如产品特点、支持性服务、配送时间和品牌形象等。在这些维度上的竞争对于利润的负面影响通常不如价格竞争那么显著，因为它们往往能够提高客户价值，从而有助于提高价格。另外，在这些维度上的竞争也有助于提高产品对于替代品的相对价值，提高行业的进入壁垒。尽管非价格竞争有时也会损害行业利润，但是这种情况发生的可能性要低于价格竞争。

和竞争维度一样重要的是，竞争者是否在相同的维度上竞争。一旦这种情况不幸发生，那么行业内的竞争就演变成零和竞争。一个竞争者的收益必然来源于另一个竞争者的损失。尽管价格竞争比非价格竞争更容易导致零和局面的出现，但是只要竞争者都专注于各自的细分市场，对各自的客户提供低价产品和服务，那么这种零和局面就不太可能出现。

竞争也能够增加行业整体价值，即导致正和局面。当然，要形成这种局面，竞争者有必要采取差异化的竞争策略——瞄准不同的目标顾客细分市场，采用不同的价格、产品、服务、特征和品牌认同组合。这样的竞争不但能够带来更高的利润，而且当越来越多顾客的需求得到满足时，行业就能够有所扩张。当一个行业服务于不同的客户群体时，正和局面更容易出现。对于战略家而言，清楚认识竞争的基础结构有助于采取措施，使竞争向更加积极的方向发展。

小案例思考

瑞星的捍卫与360的革命①

在过去的三年里，瑞星一直保持在每年利润数亿这样一个可怕的量级上。以手持现金流来说，王莘（北京瑞星电脑科技开发有限责任公司董事长）断然能够称得上是中关村首富。不过，这并不能保证瑞星公司不会面临新的挑战。

周鸿祎（奇虎公司董事长）通过360安全卫士这个切入点，并借着杀流氓软件、携手卡巴斯基、打补丁、装机必备、做浏览器等一连串的组合拳，成为颇具规模的新锐互联网客户端公司后，开始进入杀毒软件市场。

一个是把一轮一轮对手击退的老江湖瑞星，一个是过去三年无往不利的新锐360；一个要捍卫杀毒软件的格局和规矩，一个要革掉整个杀毒软件市场的命。两者之间可谓针尖对麦芒。

360说，杀毒为什么要收钱，这本来就不合理，免费才是王道，用我360吧。听上去，360还真能引领趋势。更重要的是，瑞星的模式是提供安全服务向用户收钱，而360模式则是提供安全服务给用户，不收用户的钱，以这些用户吸引厂商，收厂商的钱。从商业模式上说，360压瑞星一头。

瑞星说，天下没有免费的午餐，杀毒是个高技术含量的活，要是都免费了，谁来做后续，谁来做投入。瑞星同时遍发新闻稿，360今天免费，明天还是会收费的。用安全来打360，打得还真在七寸上。

不管怎么说，瑞星家大业大，360再锐利，短时间内也很难与瑞星分庭抗礼。不过，从商业模式的竞合来看，360与瑞星的这场战争只有一个胜者，那就是在商业模式上更胜一筹，离用户更近，对用户行为挖掘和发现能力更强，变现能力也同样强悍的360。

但这并不意味着瑞星没有机会，手持数以十亿计现金的瑞星完全可以去加强

① 林军：瑞星的捍卫与360的革命，商界评论，2010年，第3期。

收购，去收购那些和360模式相同，可能动摇自己根基的网络安全领域的创新公司，以完成自己的下一次蜕变。当然，如果能直接收购360或参股360也是一个不错的选择，只是已经笑傲江湖二十余载的王苹未必有一掷千金的豪气。更重要的是，又融到新一轮资金的360有足够多的现金储备。拿句俗话说，你想买，人家也未必卖来着。

3.5 行业内的战略群组

由于产品战略地位的差异，同一行业内的企业可能在商业模式和战略组合等方面存在差异，具体而言，这些差异可能表现在生产工艺、产品质量、分销渠道、广告策略、定价策略等方面。对行业内企业的考察可以发现，一些企业在这些方面差异较小，而另一些企业则差异很大。从行业的角度看，企业由于战略特征上的相似或相异而表现出集团化的倾向。战略群组（strategic group）就是一个用来描述和分析这一现象的术语。

3.5.1 战略群组的提出及其概念

战略群组也被译做战略集团，最初由杭特（Hunt）于1972年提出。他在研究美国大型家电行业的竞争时发现，虽然都属于家电行业，企业并不都是一样的，它们中有执行相同战略的，也有执行不同战略的。于是，杭特创造性地提出了战略群组的概念，用以表示在一个行业内执行相似战略的企业群组。这一概念对传统的行业组织研究提出了挑战，因为后者通常假设在一个行业内部企业除了规模不同外，其他方面都是无差异的。但是，战略群组的概念在提出之初并没有引起广泛关注，直到1980年波特从战略管理理论角度将这一概念引入行业结构分析，才引起了人们的注意。他将战略群组定义为：一个行业中在某一战略方面采用相同或相似战略的公司组成的集团。

3.5.2 战略群组的划分

与战略群组概念紧密关联的一个问题是如何划分行业内的战略群组。事实上，在这一概念提出的过程中及提出后的一段时间内，这个问题显得相当重要。例如，杭特把美国大型家电行业划分为四个竞争性的战略群组；纽曼（Newman）划分了化工行业的战略群组；波特从一般意义上把行业内的厂商分为领导厂商和跟随厂商。那么，究竟应该按照什么标准对战略群组进行划分呢？罗辉道和项保华对战略群组领域的研究进行了回顾，并且发现对于这一问题的认识可以分为两个发展阶段。

在1980年以前，人们侧重于识别那些体现行业内企业差异的变量并将其作为划分战略群组的标准。例如，杭特划分美国大型家电行业中的战略群组时采用了三个标准，即垂直一体化程度、产品多元化程度和产品差异化的差别；波特划分战略群组的依据是企业规模；Caves 和 Pugel 采用的划分标准也是企业规模。

虽然行业内部企业差异的存在是战略集团存在的一个必要条件，但它不是充分条件。战略群组理论认为，战略群组不仅意味着从属于不同战略群组的企业之间必须要有差异，而且意味着从属于同一战略群组的企业要执行相似的战略。因此，1980 年以后，人们开始有意识地采用战略变量作为划分战略群组的标准。例如，Baird 和 Sudharsan 将财务变量，如杠杆、现金率、资产回报率、股息支付率等应用于办公设备和计算机行业的战略群组，他们在该行业中找出了许多不同的并相当稳定的集团，集团之间的差别在于其财务政策和战略的不同；Hawes 和 Crittenden 基于几个市场营销变量在超市行业界定出了四个不同战略群组；Frazier 和 Howell 使用多维战略变量来划分战略集团，他们根据三个维度，即所服务的顾客集团、所服务的顾客需求、所采用的技术，对医药设备供应行业的战略群组进行了分析。

McGee 和 Thomas 认为，划分战略群组的常用标准就是，同一战略群组中的企业采用的战略在某些特征上具有同质性，他们还提供了一些可供参考的指标，如表 3-1 所示。

表 3-1 定义战略群组的可选战略变量

		战略态势/战略变革指标
可控变量	市场营销	价格、广告和销售成本、生产线的宽度、竞争性定位、产品研发
	生产	前向/后向整合、产能利用率、成本结构、流程研发
	投资	资本投资及其变化率
不可控变量	环境层面	
	技术	
	宏观经济	
	法律和管制结构	

那么，在给定的行业内，一般按照怎样的步骤来划分战略群组呢？根据一些研究者进行的战略集团划分，可给出如下步骤。

第一步，选定待分析的行业，确定行业内需进行战略群组划分的企业及其战略层次。战略层次不同，则战略变量就不一样，战略群组划分结果也就不相同。

第二步，定义战略变量。为满足聚类分析对变量的要求，定义的战略变量间应有四个特点：①和聚类分析的目标密切相关；②反映了要分类对象的特征；③在不同研究对象上的值具有明显差异；④变量间不应高度相关。

第三步，借助方差—协方差分析（analysis of covariance，ANCOVA）确定战略群组划分的时间段。在划定的时间段内，行业中战略群组的构成具有相对稳定性。

第四步，聚类分析。运用聚类分析的方法，可以在各个时间段内根据标准化处理的战略变量值将企业划分入各自的战略群组中。

小案例思考

中国家电行业上市公司战略群组划分①

第一步，选择分析行业和企业。

选择中国家电行业上市公司进行战略群组分析。由于部分公司在分析所需数据上不完整，所以对它们进行了剔除，最终用于战略群组划分的公司共计 19 家，它们生产的主要产品为彩电、冰箱、洗衣机和家用空调。

第二步，定义战略变量。

从企业价值角度选择战略变量。企业价值，即企业总的资产价值，有两种基本的度量方法，企业的账面价值和市场价值。基于企业价值划分战略群组的方法是将反映企业价值的股票价格等因素作为划分战略群组的基础。具体而言，选择 12 个指标作为战略群组划分的初始变量，如表 3-2 所示。

表 3-2　划分战略群组的 12 个初始变量

序号	战略变量	体现的价值取向	序号	战略变量	体现的价值取向
1	应收账款周转率	经营效率	7	总资产增长率	资本结构控制能力
2	存贷周转率		8	净资产增长率	
3	固定资产周转率		9	资产负债比率	
4	每股净值	投资收益能力	10	股东权益比率	偿还能力
5	主营业务增长率		11	流动比率	
6	税后利润增长率		12	速动比率	

由于上述基于财务比率的战略变量具有较高的相关性，所以对财务价值战略变量进行因子分析，以弱化聚类变量间的相关程度，同时减少战略变量个数。因此，分析产生了四个因子，采用回归方法计算了因子值，作为聚类分析的变量值。

① 孙先定，杨锡怀，李颖：基于企业价值的我国家电上市公司的战略集团与绩效关系研究，中国管理科学，2007 年，第 10 卷，第 3 期，第 77～81 页。

第三步，确定战略群组划分的时间段。

分析的时间段为1998年1月到2000年12月。

第四步，聚类分析。

聚类分析得出了1998～2000年我国沪、深上市公司家电行业内存在的四个战略群组，它们包含的企业（以上市公司名为准）分别如下。

战略群组1：青岛海尔、四川长虹、青岛海信、春兰股份、广电股份、小天鹅A、深康佳A；

战略群组2：上菱电器、格力电器、粤美的、华意压缩、厦华电子；

战略群组3：美菱电器、岳阳恒力；

战略群组4：深华发、陕长岭、南京熊猫、甘长风A、ST黄河科。

3.5.3 战略群组的稳定性

通过上面的分析可以看出，一个行业内的企业可以划归不同的战略群组。研究发现，战略群组和企业绩效之间存在一定的相关性，尽管两者之间的关系并不对任何行业、在任何时间段具有普适性。从理论上讲，企业可以通过分析所处行业内的战略群组来调整自己的战略定位，选择进入那些由绩效水平较高的企业组成的战略群组，从而优化自身的战略地位。那么，在特定的时间段内，为什么行业内的战略群组能够保持相对稳定呢？这种现象背后的原因可以用移动壁垒来解释。

移动壁垒指的是行业中的一些结构性因素，主要作用是阻止各个企业在不同的战略群组之间移动，或称为保护成功企业不受其他企业侵犯的结构性因素。不同战略群组之间的移动壁垒可以理解为行业内部的进入、退出壁垒。例如，在制药行业内存在专利药物战略群组和普通药物战略群组，生产普通药物的企业要想进入专利药物战略群组就会面临一系列的移动壁垒，如缺乏研发能力。

移动壁垒的来源主要有三种：一是来自于市场相关的策略，如产品线宽度、市场涵盖的地理区域、销售渠道、品牌形象等；二是来自于行业供给特性，如营销或制造规模所造成的规模经济、投资于提供的产品或服务的无形资产；三是来自于企业特性，如厂商特有的组织结构、管理能力及与其他外部相关组织的关系等。例如，IT行业可以分为微软阵营和反微软阵营两大战略群组，这两个战略群组具有不同的移动壁垒。值得注意的是，向成功企业占有的市场流动往往面临较高的壁垒；反之，移动壁垒则比较低。另外，当不同企业面临的移动壁垒的相对高低发生改变时，行业的稳定程度就会发生变化。一般来说，成功企业设置的移动壁垒越高，行业越稳定；不成功企业设置的壁垒越低，行业越动荡。尽管这只是某些行业特有的现象，但是，人们的这种观念越来越根深蒂固了。大的或高效的企业容易以更低的成本模仿或超越小企业，而小企业要攻击或模仿大企业则要付出更高的成本。更为重要的是，大企业有时还会以低成本进入小企业的领域

（在一个稳定的行业中，这种现象时有发生），因为那些竞争性比较强的企业的进入或退出只需要在原来的基础上增加少量的投资。

3.5.4　战略群组分析方法

战略群组分析可以借助于战略群组图来进行。以二维战略群组图为例，可以按照如下步骤来绘制。

第一步，比较行业中各企业的竞争特性变量（如质量、价格、地理覆盖范围、垂直一体化程度、产品线宽度、分销渠道选择等）；

第二步，选用两个重要且差异大的竞争特性变量建立二维平面图；

第三步，将采用相同（或类似）战略的企业列为一组；

第四步，各组以圆表示在两维平面图上，圆的面积大小或直径大小表示某组企业在行业总销售量中所占的份额。

战略群组图的示例如图 3-2 所示，这个战略群组图采用研发费用和价格两个变量，描述了制药行业内的两个战略群组：专利药物群组和普通药物群组。

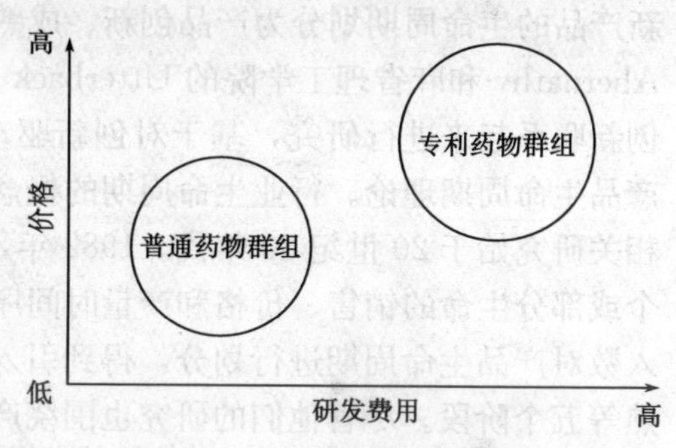

图 3-2　制药行业的战略群组

3.5.5　战略群组概念对于企业战略管理的启示

战略群组的概念对于分析行业内的机会与威胁极为重要。首先，同一战略群组内的公司战略定位相近，它们的产品往往具有较强的替代性，因此，企业与其最密切的竞争对手通常处于同一战略群组内；其次，因为不同的战略群组具有不同的竞争特征，所以不同战略群组可能面对不同的机会与威胁。

战略群组和移动壁垒概念也对企业保持竞争地位或者优化战略定位具有启示。因为不同的战略集团具有不同的移动壁垒，所以对于战略群组内的企业移动壁垒的分析，有助于采取措施强化群组内企业的优势地位；对于潜在进入者，移动壁垒的概念事实上给出了进入某一战略群组的突破点。

3.6　行业生命周期

行业生命周期模型是分析行业演变对竞争力量的影响的有用工具。无论是影响行业竞争态势的五种竞争力，还是行业内的战略群组都只具有相对稳定性，它们都会随着时间而发生变化。换言之，行业会随着时间而不断演变。那么，行业演变对于企业竞争有何影响呢?

3.6.1 行业生命周期的概念

生命周期这一概念源于生物学领域，指的是具有生命现象的有机体从出生、成长、成熟、衰老直至死亡的整个过程。当这一概念被引入经济学、管理学领域后，首先被应用于产品，以后又扩展到企业和行业。1957 年，Booz、Allen 和 Hamilton 管理咨询公司出版了《新产品管理》一书，首次提出了产品生命周期的概念，并依据产品投入市场后销售额的变化将其分为投入期、成长期、成熟期和衰退期。1966 年，哈佛大学的 Vernon 教授提出了国际产品生命周期概念，将新产品的生命周期划分为产品创新、成熟和标准化三个阶段。之后，哈佛大学的 Abernathv 和麻省理工学院的 Utterback 从 20 世纪 70 年代起把产品生命周期和创新联系起来进行研究，基于对创新驱动型产品发展规律的研究，提出了 A-U 产品生命周期理论。行业生命周期的概念是从产品生命周期的概念衍生而来的，相关研究始于 20 世纪 80 年代。1982 年，Gort 和 Klepper 分析了 46 个产品的整个或部分生命的销售、价格和产量时间序列数据，基于行业中的厂商数目和净进入数对产品生命周期进行划分，得到引入、大量进入、稳定、大量退出淘汰和成熟等五个阶段。尽管他们的研究也围绕产品展开，但是，其研究范围还覆盖了每种产品的创新、专利和企业净进入的时间序列数据，并考察了企业的数量及产品的年龄与该产品市场结构演化的联系，从而完成了从以观察个别产品作为分析单位的产品生命周期观念向以行业组织方法分析内生行业演化的转移。

从上面的讨论可以看出，一种产品在市场上的销售和获利能力会随着时间的推移而发生变化，这种变化和生物的生命历程类似，产品生命周期反映了一个特定市场对某一特定产品的需求随时间变化的规律。行业通常指生产同类产品的企业的组合，就某个行业而言，从产生到成长再到衰落的发展过程，就是行业生命周期的基本概念。依据划分标准和方法的不同，不同的学者将行业生命周期划分为不同的阶段，一般而言，行业生命周期可以划分为导入期、成长期、成熟期与衰退期四个阶段，如图 3-3 所示。

3.6.2 行业生命周期各阶段的特点

1. 导入期

每个新兴行业都会经历初期的发展阶段，即导入期。在这一阶段，行业产品还不是非常完善；购买者还不熟悉行业产品的特点，一些早期的客户可能会试用产品，接受产品的某些不可靠性；企业产量较低，尚无法实现生产的规模经济；整个行业的增长率可能较高，但是由于客户基数较小而在增长的绝对量上显得较低。从 1987 年中国电信开办移动业务至 1994 年移动电话用户达到 100 万，中国

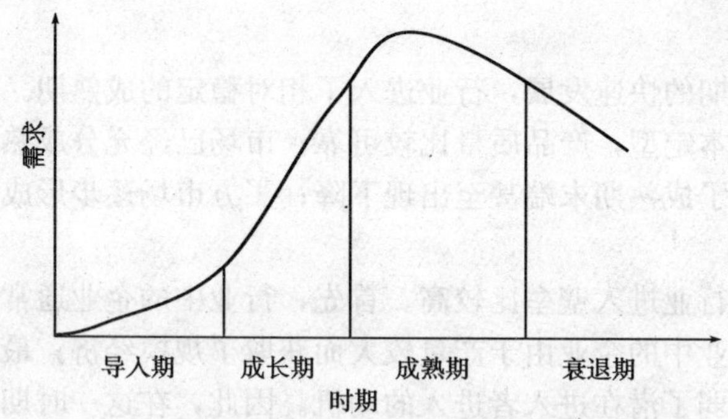

图 3-3 行业生命周期的阶段

的移动电话行业可以说处于导入期，尽管每年移动用户保持了 200%的增长率，但是市场还未完全接受这一产品，其增长的绝对量仍然较低。

在这一阶段，行业的进入壁垒主要来自技术上的诀窍而非规模经济要求的低成本或品牌忠诚。可以说，需掌握的技术诀窍的难度越大，进入壁垒就越高，当然，此时的技术变化趋势存在很高的不确定性。对于行业内的企业而言，由于行业才刚形成，因而竞争者在产品、市场、服务等策略上有很大的余地，竞争地位主要取决于能否充分把握行业特点、行业竞争状况、顾客特性等方面的信息及发展趋势，也能够快速开辟新用户并占领市场。

2. 成长期

随着产品需求的上升，行业开始进入成长期。在这一阶段，技术逐渐成形，产品质量渐趋稳定和可靠；顾客对产品逐渐变得熟悉，新顾客大量涌入，首次消费需求增长迅速；行业产量快速增长，企业生产的规模效应逐步显现，导致生产成本和价格下降。在 20 世纪 90 年代的中后期，中国移动电话行业一直处于成长阶段，用户数于 1997 年突破 1000 万，仅用四年时间，又于 2001 年突破 1.2 亿。

一般说来，当行业进入成长期后，技术知识作为行业进入壁垒的重要性已经下降。但由于几乎没有一家企业实现了规模经济或建立了品牌忠诚，行业进入壁垒反而有所下降。另外，由于行业增长迅速，行业对于潜在进入者具有很强的吸引力；而行业的高增长也使新进入者容易被吸引。因此，在这一阶段，来自潜在进入者的威胁很大。

在行业内部，由于需求快速膨胀，竞争者可以很容易地实现收入和利润的增长，而不必抢夺对手的市场，所以竞争相对缓和。行业的成长也常常包含着震荡。一方面，爆炸性的增长不可能无限期地延续下去。到了成长期的末端，新客户已经很少，绝大多数的需求来自产品更新。另一方面，高速增长往往引发企业对于前景的盲目乐观。产能的急剧扩张很可能超过潜在需求，形成产能过剩，从而加剧行业内的竞争。

3. 成熟期

经过了成长期的快速发展，行业进入了相对稳定的成熟期。这时候，技术已经成熟，产品基本定型，产品质量比较可靠；市场已经充分成熟，需求增长缓慢或停止增长，到了成熟期末端甚至出现下降；买方市场逐步形成，行业盈利能力下降。

在成熟期，行业进入壁垒比较高。首先，行业中的企业通常已经建立了品牌忠诚；其次，行业中的企业由于产量较大而获取了规模经济；最后，行业增长下降或停止大大减弱了潜在进入者进入的动机。因此，在这一时期，潜在进入者的威胁大大降低。

然而，行业内企业之间的竞争逐步升级。由于行业需求增长的下降，对于特定企业而言，要想实现过去那样的收益和利润就不得不争夺对手的市场份额。在这种情况下，如果竞争者专注于相同的竞争维度，那么恶性竞争事件就很容易发生，发生在个人计算机行业内的价格竞争就是一个很好的例子。

4. 衰退期

随着市场需求的萎缩，行业进入了衰退期。导致行业衰退的原因有很多，如行业赖以存在的资源衰竭（如未来石油资源的衰竭将直接导致石油开采行业的衰退）、技术变革引起的产品替代（如优盘代替磁盘）、区域竞争（中西部相对低廉的劳动力导致东部服装业的衰退）等。

在这一时期，市场需求下降，行业内企业间的竞争会加剧，其主要原因是需求下降而导致的产能过剩。为了利用产能，企业很可能降低产品价格，陷入价格战的泥潭。退出壁垒的大小也会影响行业内的竞争状况，如退出壁垒越高，企业间的竞争可能越激烈。经过竞争，行业内的某些产品就会退出市场，竞争者数目也会有所减少。

3.6.3 行业生命周期各阶段企业的竞争策略

一个行业的生命周期是通过该行业内企业的生命周期表现出来的，而企业的生命周期又是通过企业所生产产品或提供服务的生命周期表现出来的。从根本上讲，企业竞争力是组织中的积累性学识，特别是一组关于协调各种不同生产技能和整合多种技术的学识。它是企业在积累和学习如何应用不同资源和能力的长期过程中形成的，具有创造客户价值、延展性、难以模仿等特性。行业生命周期机理表明，企业竞争力是动态发展的。首先，竞争力是一组先进技术和技能的组合，而技术是不断向前发展的。随着竞争的加剧和行业生命周期的演变，拥有核心技术能力的企业必须尽快更新自己的技术能力，以适应外部技术环境的要求。同时，竞争对手的不断模仿和替代技术的不断出现，也促使企业不断更新自己的核心能力以保持竞争优势。其次，行业生命周期还会导致新的生产组织方式的产生，从而带来核心能力的变迁。最后，在行业生命周期的不同阶段，决定一个行业成功的关键因素不同，这要求与之匹配的企业核心能力也应不断调整，否则企业就难以保持竞争优势。为此，企业应根据行业生命周期的不同阶段采取有针对性的策略。

(1) 导入期的企业竞争策略。在导入期，企业在第一批创业者的努力之下通过发明、自主开发，或者引进产品和技术的方式进入市场，但开发产品的应用科技尚不成熟，产品的市场定位不明确。因此，产品研发策略基本上是采取所谓的创新导向，使新产品的功能、特性与现有产品具有明显区别。此时，市场上仅有少数几家，甚至仅有一家厂商进行创新或研发，可能出现“各自为政”的竞争状态，争取市场主导权、及早进入市场与申请专利是行业竞争的重点。

(2) 成长期的企业竞争策略。在成长期，产品逐渐为消费者所熟悉，技术和经营人才在企业强大吸引力的作用下从各方面汇集到企业中来，可以组织大批量生产以降低成本，建立广泛的分销渠道和销售网点，确保市场供给。企业应尽早形成产品系列并向相邻市场渗透，可以考虑进入国际市场开展跨国经营，也可以在国际市场通过战略联盟的形式实现核心能力的优势互补，争取把企业从国内企业发展成跨国公司。

(3) 成熟期的企业竞争策略。在成熟期，企业宜采用维持战略，并通过数额可观、稳定的现金流支持新的核心能力开发计划。在战略、组织结构、人员、技术等方面为转向新领域作准备，力争平稳进行企业重组和再造，抓住时机通过转型、重组、再造，以及技术、制度和管理创新战略来推动企业及早进入新一轮的生命周期。

(4) 衰退期的企业竞争策略。在衰退期，会有其他全新替代产品和技术产生。衰退期并不必然意味着产品在市场上已毫无地位，只是替代产品的出现迫使厂商采取不同的营销和竞争策略，如降低价格、改进产品外观。企业的重新定位与重新组织才是延续企业竞争力的根本措施。因此，企业可以考虑采用撤退战略，保留仍有可观现金流的业务为重组或开发新的核心能力提供支持，及早转让或退出其他萎缩业务，并将出售所得投入到新领域中去，尽快使产品更新换代。

3.7 外部分析方法：外部因素评价矩阵

外部因素评价矩阵（external factor evaluation matrix，EFE）通过识别和评价组织面临的政治法律、经济、社会文化、技术和行业竞争等方面的关键因素，帮助组织了解外部环境中的机会和威胁。

外部因素评价矩阵可以按照如下五个步骤进行构建。

第一步，列出外部分析过程中确认的关键外部因素。因素总数控制在10～

20个，包括影响企业和所在行业的各种机会和威胁。

第二步，对每个关键因素赋以权重。每个因素的权重应当反映该因素对于企业在行业中取得成功的影响的相对大小，数值从0（不重要）到1（非常重要）不等。所有因素的权重总和为1。

第三步，按照组织现行战略对各个关键因素的有效反应程度为各个关键因素打分，范围为1～4，"1"代表反应很差，"2"代表反应低于平均水平，"3"代表反应高于平均水平，"4"代表反应很好。

第四步，用每个关键因素的得分乘以相应的权重，得到每个关键因素的加权得分。

第五步，将所有关键因素的加权得分加总，得到企业在这些因素上总的加权得分。

不管外部因素评价矩阵涉及多少关键因素，其加权得分总和都在1～4，平均值为2.5。如果企业的最终得分高于2.5，那就意味着企业对于外部环境中机会和威胁的反应程度要高于平均水平，反之则低于平均水平。

某医院的外部因素评价矩阵如表3-3所示。从评价结果可以看出，这家医院对于外部环境中机会和威胁的反应程度略高于行业平均水平。

表3-3 某医院的外部因素评价矩阵

	关键外部因素	权重	得分	加权得分
机会				
1	加入WTO，对外交流增多，有利于技术、管理的创新与发展	0.05	3	0.15
2	医疗服务需求多样化，市场大、增长快	0.08	2	0.16
3	消费观念变化，保健美容等新兴医疗市场的兴起	0.05	3	0.15
4	高级人才流动性增强，有利于引进	0.05	1	0.05
5	新技术不断涌现，我们可迅速超越竞争对手，占领市场	0.10	2	0.20
6	实行高技术准入制，有利于形成技术壁垒，垄断市场份额	0.08	3	0.24
7	医院管理信息系统逐渐完善，可提高管理与服务水平	0.05	4	0.20
威胁				
1	医疗机构准入标准放宽导致竞争加剧	0.08	2	0.16
2	医保政策使竞争加剧，盈利下降	0.08	4	0.32
3	社区医疗完善使病源分流	0.05	3	0.15
4	医疗纠纷增多	0.05	3	0.15
5	物价上涨使成本增加、盈利下降	0.05	3	0.15
6	政府投入比重减少，生存压力增加	0.05	4	0.20
7	人才争夺加剧，高级人才流失风险加大	0.08	1	0.08
8	新技术投入大、风险大，且易被竞争对手模仿，市场份额下降	0.10	2	0.20
	总计	1.00		2.56

资料来源：郭鹏军等，基于EFE和IFE矩阵的医院战略分析，医院管理论坛，2009年，第26卷，第4期，第21～24页。

3.8 行业分析模型的局限性

波特的五力模型及战略群组和行业生命周期理论为分析行业竞争的性质，发现企业外部环境中存在的机会与威胁提供了有用的工具。但是，着眼于企业外部分析的这些工具都具有某些弱点，使用者必须对此保持警醒。

3.8.1 可操作性

应用五力模型的一个必要前提是对这五种因素相关信息有较全面、较准确的掌握，这实际上陷入了“完全信息”的误区。事实上，收集市场结构信息的成本往往大于分析顾客需求的成本，而研究表明，后者对企业绩效的贡献更大。因此，过于详尽的五种因素分析会无谓地耗费企业有限的研究和决策资源。一般情况下，竞争者的信息要么得不到，要么不准确，即使能够得到，也多是过去的，而未来信息要以考察企业与竞争者的互动为基础，难以事先预料。

行业生命周期的概念在应用时也会出现与行业实际情况脱节的问题。现实的行业生命周期未必按照图 3-3 所示的模式发展，因为行业生命周期曲线是一条经过抽象的典型曲线，各行业按照实际销售量绘制出来的曲线远不是这样光滑规则。因此，有时要确定行业发展处于哪一阶段是困难的，而且，有些行业并不必然经历行业生命周期模型中的每一个阶段，如电子管生产行业就跳过成熟期直接进入衰退期。对行业生命周期识别不请，容易导致战略上的失误。因此，应将行业生命周期分析法与其他方法结合起来使用，才不至于陷入分析的片面性。

3.8.2 静态性

五力模型具有明显的静态分析的特征，即以五种因素某一时点上的状况为依据进行决策。在竞争高度动态的市场环境条件下，很可能刚刚作出决策，市场情况就已经变化了。实际情况是，企业在行业中的地位难以持久，定位很难实现，战略实际上是不断定位、不断争夺的过程。以 2004 年我国钢铁业为例，一些中小规模企业根据需求较旺的市场形势，制定了低成本战略，并因此扩大了生产规模，但随后由于供应商因素变化，铁矿石价格猛涨，这些企业蒙受了巨大损失。

战略群组和生命周期理论在分析行业竞争时都纳入了时间维度，特别是行业生命周期理论，事实上分析的就是某些行业特征在时间维度上的演变情况。但是，行业生命周期理论仍然无法包含行业在时间维度上演变的各种动态特点。例如，某些行业在衰退期可能由于技术变革、贸易政策等因素的变化而进入新的行业生命周期的循环，从而使行业的生命周期呈现出嵌套的 S 曲线轨迹。

3.8.3 宏观性

对于行业分析模型的一种常见批评是，这些模型过于强调行业结构对于企业绩效的影响，偏重从企业外部寻找影响企业竞争力的因素，而忽视了企业自身的能力和资源对于企业竞争力的作用。

实际上，行业分析模型与关于企业竞争力的资源理论、能力理论形成了分析企业竞争力来源的两大阵营。前者侧重于企业外部环境分析，进而识别企业面临的机会与威胁；后者侧重于企业内部环境分析，通过研究企业拥有的资源和能力来认识企业的长处和短处。

【本章精要】

企业环境是指企业的内部环境和外部环境。本章主要介绍企业的外部环境。

在外部环境中，首先，政治和法律环境是必须要深入了解的。其次，企业更应该全面掌握经济环境的运行态势，这样才能更好地把握市场机会，实现良性发展。

外部环境分析重点介绍波特的五种竞争力量分析模型。

把握行业动态也十分重要。随着时间的变化，企业所在行业也在不断地变化，因此，企业需要根据行业的生命周期来确定企业的发展战略。

总之，随着外部环境的不断变化，企业应该提高警惕，全面掌握外部环境的发展动态，更好地利用外部环境的优势，避免外部环境的劣势，促进企业健康发展。

【思考题】

1. 企业环境包括哪些方面？
2. 宏观环境一般从哪些方面进行分析？
3. 描述波特的五种竞争力模型，解释这五种竞争力对竞争的影响。
4. 为什么要分析战略群组？如何分析战略群组？
5. 什么是行业生命周期？行业生命周期对企业的战略行为有何影响？

【综合案例】

汽车金融市场何时提速？①

与过去10年间中国乘用车市场的爆炸性相比，中国的汽车金融业务仍处于

---

① 唐荣：汽车金融市场何时提速？商业周刊/中文版，2009年，第12期，第12页。

起步阶段。J. D. Power 和 Associates 于 2008 年和 2009 年所作的研究显示，在中国，仅有 4.6%的新车购买者利用了融资渠道来购买车辆。但是，如果把所有种类的汽车（新车、二手车及商用车）都包括在内的话，期限融资已达到总购车数量的 15%～20%。

如果看一下世界其他主要汽车市场的话就会发现，它们的情况和中国截然不同。比如，在美国，有 55%的新乘用车是利用贷款购买的；在日本，大约有 30%的国产乘用车（以及 45%的进口乘用车）是通过融资手段购买的。

而其他发展中国家与中国相比，差异就更为明显了。在印度，大约有 80%的车辆是通过贷款购买的；而在泰国，这一比例更是高达近 90%。

从上述比较来看，似乎中国消费者对于贷款购车的需求要相对温和一些。考虑到中国市场的总体规模极其惊人的成长速度，一旦贷款购车开始普及，中国的汽车销量将是令人惊叹的数字。

目前，信贷购车仅占中国汽车销量总额中的一小部分，这是很多不同原因造成的。购车者贷款购车的一大障碍是，他们通常对不同类型的融资机构及其汽车贷款程序缺乏了解，提高购车者在这些方面的认识对增加人们的汽车金融需求至关重要。

目前，中国的汽车贷款机构主要包括国有或商业银行的车贷部门、汽车制造商下属的金融公司，以及国际汽车金融公司。

大型银行是最常见的车辆信贷途径，它占据着一大块汽车信贷市场。一般而言，其利率在 5%～6%，并收取贷款数额 3%的手续费。这类贷款的缺点是往往要几个星期之后才能获得批准。

第二种常见的途径是中国大型汽车集团下属的金融子公司，这些机构的利率一般在 7%～8%，并且通常不收取手续费。除此之外，它们的审批时间也比银行要短。

第三种常见的途径是从国际金融公司贷款。其好处是这些公司的服务极其迅速，一般都很方便；但不好的一点是，它们收取的利息高达 10%，甚至更多。

此外，还有能够提供汽车贷款的担保公司及能够用于购买汽车的银行信用卡。就前者而言，这些担保公司通常仅局限于某些特定的地区，而就后者而言，信用卡一般仅能在一年中的特定时段用于购买特定的车型。

让我们近距离地了解一下中国目前的消费信贷用户。如果我们把消费者分成两大阵营——豪华汽车购买者和普通汽车购买者，就会发现：2009 年有 9.6%的豪华汽车在购买时使用了汽车贷款，而仅有 4.2%的普通车是通过贷款购买的。

如果把购车者分成不同的年龄群体——36 岁以下的购车者和 36 岁以上的购车者，我们就会发现两者之间的区别甚至更加明显。J. D. Power 的研究发现，36 岁以下的消费者中有 58%的人贷款购车，42%的人支付现金。而在 36 岁及

36岁以上的购车者中，这两个比例几乎完全相反：仅43%的人利用了贷款购车，57%的人都是支付现金。

有趣的是，如果我们按照购车者的职业来区分利用汽车贷款和支付现金人群的话，就会发现两者之间的区别并不大。最大的区别出现在中层管理者和高级管理者之间。中层管理人员贷款购车的现象相当常见，占总销量的14%；而仅6.4%的人支付现金。高级经理人员贷款购车的比例较低（仅11.6%），而支付现金的人的比例为15%。

另外一个趋势是，和内陆省份的购车者相比，来自广州、深圳、厦门和东莞等沿海城市的购车者更愿意通过贷款购买新车。这可以部分归因于沿海省份和内陆省份之间的文化差异。在沿海省份，抛头露面很重要，借钱购车的社会接受度也更高。此外，沿海城市的经济很活跃，再加上比较容易获得贷款，所以，一旦购车需求增长，人们就很容易选择贷款购车。

综合案例思考题：

1. 中国目前提供汽车贷款业务的各类机构面临怎样的机遇和威胁？

2. 如果你是一家汽车制造商，你觉得为购车者提供汽车金融服务是否有利可图？为什么？

3. 你对于为购车者提供购车贷款服务的汽车制造商提高竞争力有何建议？

第4章

企业内部环境分析

> 没有任何竞争优势和成功会持续永远，赢家是那些保持移动的人，在商业中唯一不变的就是变化，我们必须走在游戏前面。
>
> ——戴尔公司首席执行官 迈克尔·戴尔

【引导案例】

充满想象力的设计改变格局①

新开业的芭比娃娃上海旗舰店位于淮海路商业街的深处，但你却很难与之擦肩而过。这幢8层楼高的建筑正面完全用玻璃覆盖，周边装饰有心形和鲜花图案，晚上建筑物会亮起粉红色的灯。2009年3月开业的这家商店是首个完全用来展示美泰公司业已诞生50年的标志性玩偶的旗舰店，其目标是吸引中国消费者，从而帮助抵消芭比娃娃全球销量下滑带来的负面影响。

从它华丽的展示来看，美泰的芭比娃娃殿堂似乎与这个返璞归真的时代不协调，但它却自有其契合实际的一面。实际上，芭比上海店和其他7个获得第12届《商业周刊》和《建筑实录》年度奖的作品均显示出新建筑的价值，即使是经济衰退也无法掩盖这种价值的光芒。从软件生产商 Autodesk 到零售商 Urban Outfitters，公司发现精心设计和制造的建筑有助于降低运营成本、提高员工效率并振兴社区。

充满想象力的建筑设计也许还能让其所有者加快金融复苏和增长的步伐。

---

① 里娜·贾纳：充满想象力的设计改变格局，商业周刊/中文版，2009年，第12期，第84页。

“雇主需要找出当前他们能够利用的每一个优势。”《建筑实录》杂志主编，同时也是今年评委会成员的罗伯特·艾维说，“有效的设计能够营造创新的氛围，从而为公司带来更高的劳动生产率、市场营销能力及更加引人注目的公众形象，同时还能提高员工满意度。”

除了发挥传统商店的作用外，面积达3.5万平方英尺的芭比上海旗舰店还被赋予了实验室的功能，美泰公司可以用低廉的成本在这里对有可能在其他市场使用的零售工具做实验。美泰与纽约Slade Architecture建筑师事务所合作，用3年时间创造出引人瞩目的核心装饰区：这是一个圆形的楼梯，四周围以透明的橱窗，里面摆放着800个芭比娃娃。今年秋天，这家商店的一些立方形展示和橱窗将被复制到一个临时的芭比商店，该店位于明尼苏达州卢布明顿的Mall of America，它将一直营业到明年3月。

这座造价1000万美元的建筑里还有芭比娃娃主题餐厅和发廊，目的是吸引回头客。美泰表示，在开业的那个周末，光顾商店的顾客高达1.7万，从那以后，每周大约有2万名顾客光临商店。大约10%的顾客会购买“芭比护照”，或者是可以在购物、用餐和理发时打折的优惠卡。“芭比上海店是要为全世界重新制作芭比娃娃，而不仅仅是中国”，芭比品牌总经理理查德·迪克森说。

本章学习目标：

- 理解企业竞争优势的内涵；
- 理解企业资源和能力的含义及它们对企业竞争优势的影响；
- 理解价值链及掌握进行价值链分析的方法；
- 了解影响企业竞争优势可持续性的因素；
- 理解SWOT分析。

4.1 竞争优势的内涵

在同一个行业中，为什么总是有一些企业的绩效高于其他企业？为什么有些企业的竞争优势历久弥新，而另一些企业的优势则如昙花一现？让我们把目光从企业所处的宏观环境和行业转向企业内部的资源和能力，来解答这些问题。

一般说来，只要企业或其产品具有某种特质，并且这种特质有助于企业在市场上表现得优于对手，就可以说企业具有了某种竞争优势。可以认为，如果一家企业的盈利能力高于整个行业的平均水平，那么这家企业相对于竞争对手就拥有竞争优势；如果这家企业的盈利水平高于行业平均水平的状态不容易失去，那么这家企业就拥有持续的竞争优势。2004～2008年美的电器的盈利能力和其他几家家电行业知名上市公司的比较如图4-1所示。可以看出，美的电器的主营业务利润率在 2004～2008 年领先于其他几家公司，而在 2008 年处于中游水平。这说明美的电器在其主营业务的经营中拥有一定的竞争优势。

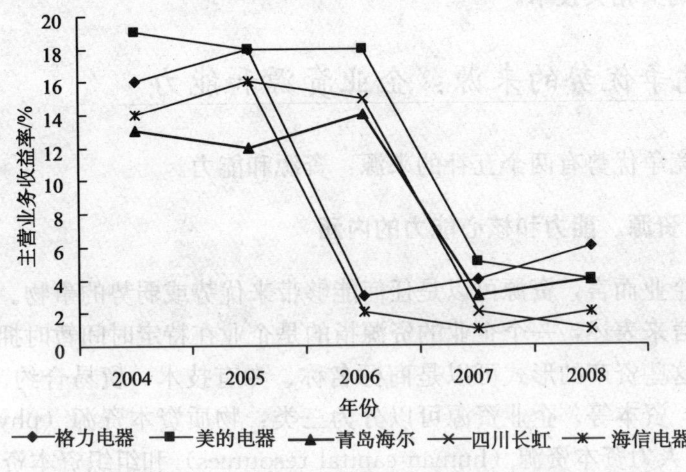

图 4-1 中国家电行业上市公司的盈利能力

对于竞争优势和持续的竞争优势这两个概念，巴尼（Barney）认为在理解时应当注意以下三点。

第一，竞争优势并不仅仅是相对于行业内已有的竞争对手而言的。竞争不仅在行业内现有企业之间展开，事实上也在行业内现有企业和潜在进入者之间存在，因此，当我们说一个企业拥有竞争优势或持续的竞争优势时，不但意味着这家企业相对于竞争对手拥有优势战略地位，而且意味着它相对于行业潜在进入者也拥有优势战略地位。

第二，对于持久竞争优势中的“持久”一词不应该片面地从日期长短角度去理解。尽管持久的竞争优势通常表现为在很长一段时间内企业一直具有竞争优势，但是这也仅仅是持久竞争优势的一种表现而已。从本质上看，企业的竞争优势之所以能够持久，关键在于其对手或潜在进入者难以模仿它的战略。因此，对于持久竞争优势的理解，从企业战略是否难以复制这个角度去进行理解更加合适。

第三，竞争优势具有持久性并不意味着企业可以“永久享有”这种竞争优势，而只意味着其他企业无法通过模仿来打破这种优势。有时候，行业的经济结构可能发生难以预料的变化，从而导致某些资源失去了其原有的重要价值，不再能够为企业带来持续竞争优势。有些学者把这种变化叫做“熊彼特冲击”(schumpeterian shocks)。这种变化将重新定义行业的经济结构，凸显一些新资源的重要性，它们是企业在新的行业经济结构中获取竞争优势的来源。例如，在电视机生产行业，索尼公司曾经拥有世界上质量最好的电视机；但是，纯平电视的出现结束了索尼的领先地位，由于没有对纯平电视技术进行投资，索尼不得不向韩国企业购买相关技术。

4.2 竞争优势的来源：企业资源和能力

企业的竞争优势有两个互补的来源：资源和能力。

4.2.1 资源、能力和核心能力的内涵

对特定企业而言，资源可以是任何能够带来优势或弱势的事物。如果用更加书面化的语言来表述，一个企业的资源指的是企业在特定时间暂时拥有的有形和无形资产。这些资产的形式可以是商标名称、专有技术、贸易合约、机器设备、高效的流程、资本等。企业资源可以分为三类：物质资本资源（physical capital resources）、人力资本资源（human capital resources）和组织资本资源（organizational capital resources）。物质资本资源包括企业采用的技术、厂房和设备、地理区位和对原材料的进入权。人力资本资源包括企业内员工和管理者作为个人拥有的培训、经验、判断、智力、关系和洞察力。组织资本资源包括企业正式的汇报结构、正式和非正式的计划、控制和协调体系，以及企业内部群组之间或企业内部和外部群组之间的非正式关系。

能力意味着企业能够有效协调各种资源并将其投入生产性用途，其本质是企业在某一方面的知识。与能力紧密关联的另一个词是核心能力，这一概念的提出者 Prahalad 和 Hamel 认为。核心能力是组织中的累积性知识，特别是关于如何协调不同的生产技术和有机结合多种技术流的知识。核心能力被普遍认为是企业竞争优势的重要来源，但是，其界定问题一直处于不断争论中，一些代表性的观点有：①整合观，认为企业核心能力是不同技能与技术流的整合；②网络观，把企业核心能力看做技能网络；③协调观，认为企业核心能力是企业各种资产与技能的协调配置能力；④知识载体观，把企业核心能力看做知识的载体。企业的核心能力往往隐藏于企业的规章制度、路径和程序中，即企业作出决策和管理内部流程实现企业目标的风格或行为方式。在一般意义上，企业的组织能力是组织结构、流程和控制系统的产物。它们决定着企业内由谁作出决策和如何作出决策，组织鼓励何种行为、企业文化模式和价值观。组织能力是无形的，它们在很大程度上并不是组织内个人的素质，而是组织情境下个人互动、协作和决策的方式。企业核心能力具有鲜明的特性，主要表现在如下四方面。

第一，独特性。企业核心能力不仅与企业独特的技能与诀窍等技术特性高度相关，还深深地打上了企业组织管理、市场营销及企业文化等多方面的特殊烙

印，很难被竞争对手完全了解而轻易复制，更无法完全进行市场交易。

第二，外溢性。企业一旦建立了自己的企业核心能力，即可将其核心能力组合运用到不同的相关创新中，构建新的创造与发展的基础，并不断推出创新成果，继而在相关领域也建立起自己的竞争优势，从而极大地促进自己的发展。

第三，动态性。企业核心能力总与一定时期的产业动态、管理模式及企业资源等变量高度相关。随着彼此相关因素的变化，企业核心能力的动态发展演变是客观必然的，曾经的企业核心能力也可能演变为一般的企业能力，而曾经比较薄弱的非核心能力可能会成长为下一个阶段的核心能力。

第四，智能再生性。核心能力是企业最具智能的能力体现，它应该具有自我学习性和创造性，能够不断从外界吸取有效养分，培养和壮大自己，并根据企业的战略发展需要对自己进行调整与更新，从而保持自己强大的生命力。

企业资源和能力在企业核心竞争力的构建过程中是相辅相成的。一家企业如果拥有有价值的资源，但是没有有效利用这些资源的能力，那么它也无法创造出独特的竞争力。相反，一家企业即使不具有独特的资源，只要拥有竞争对手缺乏的组织能力，同样可以创造出独特的企业竞争力。联想集团早期的发展就是一个很好的例子。创业之初，联想是一家典型的高技术企业，联想汉卡、程控交换机等曾领先一时，但是随后联想放弃了技术优先的发展思路，转型成为一家个人计算机厂商。事实证明，这样一条发展途径为联想积累资金、渠道和管理能力奠定了良好的基础。在当时的背景下，联想的核心能力是对生产和销售资源的整合能力，而非技术研发能力。

4.2.2　低成本和差异化：从资源和能力到竞争优势

企业的竞争优势最终体现为出色的盈利能力。企业的盈利能力取决于产品价格及其成本的差异；而产品定价则在很大程度上取决于购买者对于产品价值的评判，购买者对于产品价值的评价越高，愿意接受的产品价格就越高。那么，作为企业竞争优势来源的资源和能力，应当有助于提高产品价值或者降低产品成本，从而使企业具有竞争优势。

事实上，企业资源和能力通过支持企业实施两种基本的竞争战略来帮助企业获取竞争优势：一是低成本战略，通过降低产品成本扩大产品的获利空间，提高产品定价的自由度；二是差异化战略，通过产品差异化为顾客创造更多价值，为企业争取更多的定价选择。企业资源和能力与企业竞争优势的关系如图 4-2 所示。

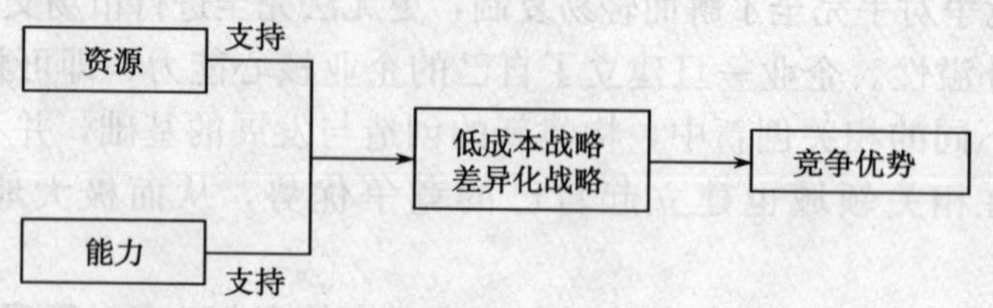

图 4-2 企业资源和能力与企业竞争优势的关系

4.3 价值链和竞争优势

企业为什么能够以低于对手的成本生产产品？为什么能够生产出区别于对手的产品从而为顾客创造额外的价值？对于这些问题，从企业整体角度来考察是无法获得满意答案的。企业的竞争优势内隐在设计、生产、营销、交货等过程，以及企业的人力资源管理、研发、采购等活动中。这些活动都或多或少地对企业的相对成本地位有所贡献，并且奠定了企业差异化战略的基础。为了系统分析对企业竞争优势有贡献的各项活动，波特提出了价值链分析方法。

4.3.1 价值链的概念

每一个企业都是用来进行设计、生产、营销、交货及对产品起辅助作用的各种活动的集合，而这些活动可以用价值链来表示，如图 4-3 所示。换句话说，企业的价值链是其在特定行业内的各种活动的组合。需要注意的是，尽管同一行业

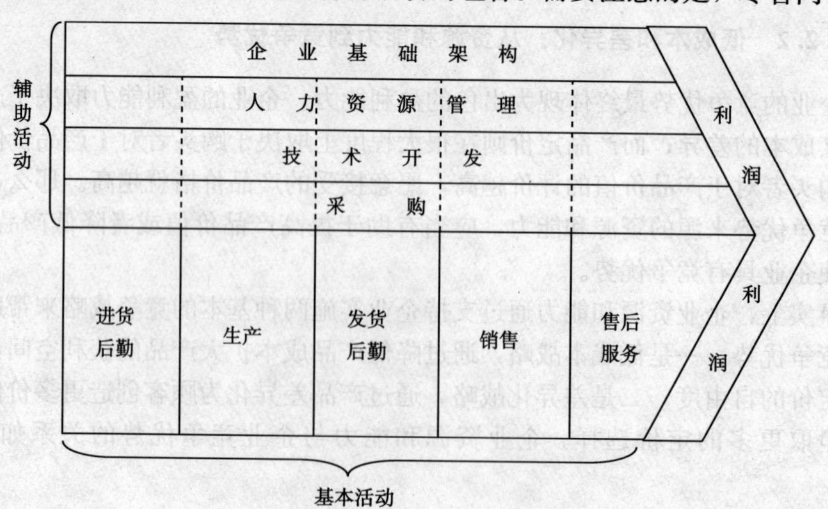

图 4-3 波特的价值链分析模型

内的企业由于提供基本功能相同或相似的产品或服务而具有相似的价值链，但是它们的价值链通常并不雷同。例如，大学校园周围众多的复印或打印店都在同一行业内竞争，但是它们具有不同的价值链，并且体现在耗材采购、打印或复印流程、结账手续等方面。事实上，竞争者在价值链上的差异提供了低成本或差异化战略的基础。一些较大规模的校园打印或复印店在价格上往往高于规模较小的竞争者，但是运营状况一点都不逊色，其重要原因在于它们通过快捷、高质量的服务流程和提供延期付款服务等方式为顾客创造了额外价值，因而能够吸引到高质量的顾客。

价值是买方愿意为企业所提供产品支付的价格。价值链列出了企业所从事的为买方创造价值的各项活动。单位产品的价值和企业提供单位产品的成本之差就是企业能够从单位产品的销售中获得的利润上限。

价值活动可以分为两大类：基本活动和辅助活动。基本活动是涉及产品创造、销售、（向买方）转移和售后服务的各项活动，任何企业中的基本价值活动都可以划分成进货后勤、生产、发货后勤、销售和售后服务五种。辅助活动是辅助基本活动并通过提供外购投入、技术、人力资源及各种公司范围的职能以相互支持的价值活动。图 4-3 中的虚线反映了这样的事实，即采购、技术开发和人力资源管理都与各种基本活动相联系并支持整个价值链。企业的基础设施虽然不与各种具体的基本活动相联系但也支持整个价值链。

因此，价值活动是由影响竞争优势的各种相对独立的活动组成的。每一种价值活动如何作用于企业经济效益将决定一个企业在成本上是否处于相对优势地位，在产品特点上是否区别于竞争对手。企业与竞争对手在价值链的各种活动上的比较揭示了竞争优势的差异所在。

4.3.2　价值链上的基本活动

（1）进货后勤是指与接收、存储和分配相关联的各种活动，如原材料搬运、仓储、库存控制、车辆调度和向供应商退货。进货后勤是企业价值链上的第一环。企业如果在进货后勤相关活动中做得好，往往意味着企业在竞争中占得了先机，并且为企业在后续的生产、销售等活动中的竞争奠定了基础。在诸如连锁零售和火力发电等行业中，进货后勤对于企业获得竞争优势具有至关重要的作用。例如，易初莲花在中国的迅速发展就与其出色的货品配送能力不无关系。为了及时准确地补充货品，易初莲花建立了专门的配送中心。一旦门店商品库存低于要求，就有专门的订单管理部门向供应商发出订单，供应商接到订单后，按照订单的要求备货，并将商品送到配送中心，而不用配送到每个门店。这样既节省了供应商的配送费用，又加强了企业对商品的掌控力度，可以保证商品及时到店，减少商品的缺货概率，这一点是没有配送中心的零售企业无可比拟的。

(2) 生产是指与将投入转化为最终产品形式相关的各种活动，如机械加工、包装、组装、设备维护、检测等。生产活动创造出产品和服务。对于提供实物产品的企业，生产指的就是制造，如饼干生产企业制造饼干。对于提供服务的企业，生产指的是把服务送给顾客，如会计师事务所为企业提供外部审计服务。企业通过优化生产活动不但有可能获得更低的成本结构，还可能提高产品质量，创造出产品的差异化优势。例如，在钢铁行业，生产工艺对于产品质量和成本均有很大影响，宝钢股份公司通过不断优化厚板产品一贯制生产工艺，改善了板坯质量和热送率，显著提高了生产的稳定性，同时使制造成本不断下降。

(3) 发货后勤是指与集中、存储和将产品发送给买方有关的各种活动，如产成品库存管理、原材料搬运、送货车辆调度、订单处理和生产进度安排等。和进货后勤一样，发货后勤对于企业的价值创造具有重要影响，体现在产成品的储运成本、订单处理的及时性、生产进度安排的合理性及产品配送的准确性等方面。发货后勤的效率与企业提供产品或服务的成本、质量紧密关联。例如，许多企业将信息技术应用于订单处理，大大提高了订单处理的效率，条形码扫描技术的广泛应用则提高了订货信息输入的速度与准确性，并降低了处理成本。

(4) 销售是指与提供买方购买产品的方式和引导它们进行购买相关的各种活动，如广告、促销、销售队伍、报价、渠道建设、渠道关系和定价等。营销和销售提高产品或服务价值的方式很多，如通过广告提高企业和产品在顾客心中的形象，通过促销提高产品销量，通过渠道建设提高买方获取服务和产品的便利程度，通过灵活的报价提高销售队伍获取订单的能力。营销和销售还以一些间接的方式为企业创造价值。例如，在企业营销和销售活动中会积累一些有关产品的有用信息，将这些信息反馈给设计、研发和生产部门将有助于企业生产出更符合顾客需要的产品。

(5) 售后服务是指与提供服务以增加或保持产品价值有关的各种活动，如安装、维修、培训、零部件供应和产品调整等。售后服务至关重要，虽然这些活动发生在顾客购买相关产品或服务之后，但是它们往往影响顾客的购买决策。在一些行业中，企业的竞争不在产品质量和成本上，而是在售后服务上。孟加拉国一家企业的总裁在谈到选择中国供货商时认为，中国产品几乎跨过了价格低廉、质量不错的门槛，这比发达国家更具优势，所以很多美国、日本和德国的买家都在中国建立了生产基地。但是，价格并不是主要的竞争优势，因为泰国、马来西亚、印度尼西亚、越南都在这方面追赶上来，在不久的将来还可能超过中国。因此，中国厂家还应在服务方面努力，而及时交货和售后服务都是中国商家的弱项。

4.3.3　价值链上的辅助活动

辅助活动对于价值链上的基本活动起着支持性作用。这些活动可以分为四种类型：采购、技术开发、人力资源管理和企业基础架构。

1. 采购

采购是指购买企业价值链所需的各种投入的活动，而非企业价值链所需的各种投入本身。外购投入包括原材料、储备物资和其他易耗品，也包括各种资产，如机器、试验设备、办公设备和建筑物等。尽管外购投入一般与基本活动相联系，但是外购投入却在包括辅助活动在内的所有价值活动中存在。例如，原材料通常是企业生产中的外购投入，而培训服务常常是企业人力资源管理活动中的外购投入。

采购活动往往在企业的各个部门都会存在。用于生产的原材料、机器设备和相关材料由企业内专门设置的采购部门进行采购，办公用品往往由行政部门采购，企业所需的各种劳动力则视情况由部门经理、直线经理甚至董事会进行购买。可见，企业内的采购相当分散。这意味着对于采购的关注往往不够，因而，对它进行研究很有可能为企业创造价值。

企业内的采购活动和企业的价值创造活动关系密切。当采购投入占企业总成本的比例较大时，采购对于企业的成本结构具有举足轻重的影响。这种情况在钢铁行业购买铁矿石，火力发电企业购买煤炭时很常见。当然，在这两种情况中，采购得到材料的质量还直接影响产品的生产效率和质量。另外，采购对于企业价值创造的影响依赖于企业的外部环境。苏宁电器在 20 世纪 90 年代初实施的“厂商合作”模式就是一个很好的例子。从 1991 年起，苏宁电器先后与春兰、华宝两大主要品牌建立新的厂商购销模式：在淡季向供应商付款；在旺季得到供应商更大的支持，确保旺季价格优惠和货源稳定，把规模采购节省的成本返还给广大消费者。这样的采购模式使苏宁在市场竞争中取得了显著的竞争优势。

2. 技术开发

无论是基础活动还是辅助活动都包含着技术的成分，它们可能体现为专利技术、专有技术和程序，也可能隐性地包含在企业使用的各种机器设备中。从行政办公活动的计算机打字到企业生产活动的工艺流程，无处不包含着技术的成分。

技术开发和企业内各种改善产品和工艺的价值活动具有广泛的联系。许多人狭隘地认为技术开发仅仅存在于企业的基础活动，甚至生产活动中，其实不然，即使是辅助活动中包含的技术也很可能促进价值创造。例如，e-learning 在人力资源管理中的应用有可能促进员工的学习效率，进而对产品的成本结构和质量产生影响。

技术开发对于任何行业，无论是制造业，还是服务业中企业的竞争优势都很重要。例如，ATM机、信用卡的使用对于银行降低运营成本大有益处。在一些行业中，技术开发对于企业获取竞争优势具有核心作用。例如，在计算机芯片制造行业，企业的芯片制造技术是企业竞争优势中最为独特的因素。

3. 人力资源管理

人力资源管理包括各种涉及所有类型人员的招聘、雇佣、培训、开发和报酬等活动。人力资源管理与价值链上的各种基本活动和辅助活动相关联。例如，生产活动需要雇佣胜任的人员来开展，人力资源管理活动本身也需要雇佣人力资源管理专业人员来实施。人力资源管理活动对于价值链上各种价值活动都具有支持性作用，因此，人力资源管理事实上对整个价值链起着支撑作用。虽然人力资源管理活动看似分散地发生在企业内的各个领域和各种价值活动中，但对于企业竞争优势的影响必须采用系统的视角进行考察。例如，高工资是否意味着高人工成本需要仔细考量，因为，它一方面直接提高了企业在员工工资上的支出，另一方面则有可能提高了员工的满意度、降低了离职率，而这些都有助于降低企业的人工成本。

人力资源管理在许多方面促进了企业的价值创造活动。人员的招聘、培训、开发、绩效管理、薪酬给付，甚至是离职管理，只要做得得当，都可能给企业带来价值。人力资源管理可能通过作用于企业的基础活动来创造价值。例如，华为技术在21世纪初实施的人才储备政策为其近年来的发展起到了强有力的推动作用。人力资源管理也可能作用于价值链上的辅助活动。例如，聘用一位变革性的领导人很可能对企业的基础架构产生显著的影响。

4. 企业基础架构

企业基础架构由大量活动组成，包括总体管理、计划、财务、会计、法律、政府事务和质量管理。基础架构与其他辅助活动不同，它通过作用于整个价值链而非单个活动起辅助作用。一定程度上，企业基础架构是其他价值活动发生的环境。由于最高管理层对公司基础架构的方方面面都有切实影响，所以，企业的最高管理层也往往被看做企业基础架构不可或缺的组成部分。

企业基础架构对于竞争优势的影响有时候显得较为间接。例如，企业文化作为企业基础架构的重要组成部分，对企业价值创造活动的影响被认为是缓慢的、温和的。但是，企业基础架构对于竞争优势的影响往往也是很重要的。同样以企业文化为例，它对企业竞争优势的影响通常是持久的，在一段较长时间中的累积效果通常也是显著的。

4.3.4 价值链的识别和内部联系

要分析价值链对于企业竞争优势的影响，必须首先识别价值活动并确定价值链。价值链由若干项基本活动和辅助活动组成，而基本活动和辅助活动在不同的企业里又表现为各种具体的活动。供电企业核心业务的价值链分析如表 4-1 所示①。

表 4-1　供电企业核心业务的价值链分析

<table>
<tr><td rowspan="4">辅助活动</td><td>基础架构：固定资产管理、组织结构、企业文化、党建工作、工会、纪检监察、法律事务、TPE（目标、过程和执行）管理、企业规章制度、规范规程、媒体发布</td><td rowspan="9">企业利润</td></tr>
<tr><td>人力资源管理：人员招聘与培训、人力资源计划、岗位人员配置、绩效管理、薪酬制度</td></tr>
<tr><td>技术开发：管理创新、技术革新、科技规划与实施、信息化建设</td></tr>
<tr><td>采购管理：财务决算、物资招标采购、外包工程管理、甲方合同管理、报销</td></tr>
<tr><td rowspan="5">基本活动</td><td>进货后勤：采购计划、设备材料入库、物资补充、不合格品控制、旧物资报废</td></tr>
<tr><td>生产：电网发展计划、生产计划管理、生产技术管理、安全质量管理、电网设备运行、检修试验和更新改造、电网基建管理、新设备投产</td></tr>
<tr><td>发货后勤：电网调度管理、电网运行方式、负荷预测控制、电能质量控制</td></tr>
<tr><td>销售：业扩管理、小火电和小水电上网管理、电能计量管理、线损控制管理、用电稽查</td></tr>
<tr><td>售后服务：处理投诉、故障报修、用电变更、客户设备代维护、客户培训、用电宣传、用电抄表核算收费</td></tr>
</table>

定义价值活动要求分离具有不同技术效果和经济效果的具体活动。如表 4-1 所示，供电企业的售后服务包含了处理投诉、故障报修、用电变更、客户设备代维护、客户培训、用电宣传和用电抄表核算收费等几项活动。对于一些活动的进一步分解可以得到数量更多、也更加具体的活动。在价值链分析中，应当对价值活动的分解达到什么程度取决于这些活动的经济性和价值链分析的目的。对相关活动进行分离和分列的基本原则是：①具有不同的经济性；②对产品差异化产生很大的潜在影响；③占成本的很大比例或所占比例在上升。根据这些原则，一些价值活动可能被很细致地分解为不同的活动，因为这些活动对于竞争优势具有不同且显著的影响；另一些活动则可能被组合起来进行分析，因为它们对于竞争优势具有相似的作用或者无足轻重。

尽管价值链分析要求分解价值活动，并且这些活动在技术效果和经济效果上有差异，但是价值活动在作用于企业竞争优势的过程中往往是相互联系，而非孤立的。例如，对于员工的培训能够提高生产效率，降低生产成本；采购高质量的原材料有助于生产出高质量的产品，并进一步降低售后服务的成本。

价值链上的各种价值活动相互联系的原因是多种多样的，常见的原因包括：①不同的价值活动有助于实现同一目的，如生产效率的提高可以通过员工发展来实现，也可以通过技术升级来实现；②不同活动的成本和收益存在此消彼长的关系，如全面的进货检查提高了进货后勤活动的成本，但是有助于降低

① 逢咏梅：供电企业内部价值链分析与运用，会计之友，2008 年，第 8 期下，第 32～34 页。

售后服务的成本。

价值活动之间的广泛联系意味着它们之间的协同作用能够为企业带来竞争优势。例如，严格的进货检查、高水平的生产工艺、全面的质量检验、高效的配送服务和完善的售后服务能够对建立企业竞争优势起到一致的作用。事实上，企业在一项价值活动中的优秀表现往往不足以形成竞争优势，或不足以使竞争优势具有持久性，只有当企业实现了各种相关价值活动的相互协同，竞争优势才不容易被打破。当然，价值活动之间的广泛联系也意味着需要对它们进行协调。企业通过在多项价值活动上卓越表现获取的竞争优势可能因为在某一项活动中的拙劣表现而完全丧失。

4.3.5 价值链的纵向联系

企业价值活动的影响范围和影响企业价值活动的因素并不局限于企业内部，它们向前延伸与供应商的价值链发生联系，向后延伸与销售渠道或买方的价值链发生联系。这两种联系都可以看做价值链的纵向联系。

供应商价值链和企业价值链之间的联系为企业获取和增强竞争优势提供了机会。对于供应商价值链的分析有助于企业降低成本。企业可以通过了解供应商的生产流程帮助供应商调整或改善产品，即企业的原材料，使之更加适合企业的需求，达到节约加工成本或提高产品质量的目的；企业也能通过与供应商共享信息协调进货时间和批量，甚至包装和运输的方式，实现双方生产的无缝对接，避免因为急用、积压或者解决不适当的包装方式造成的时间、人力成本和资金成本的增加；企业同样可以通过与供应商建立联盟互利或者直接实施后向整合来节约采购成本和降低原料供应风险。

企业价值链和销售渠道价值链的联系与其和供应商价值链的联系相类似。企业和销售渠道价值链之间存在大量的接触点，如销售队伍和订单处理，通过在这些接触点上协同合作，企业和销售渠道都能够从中获益。销售渠道的一个重要作用是抬高企业产品的销售价格，对于诸如服装和酒等许多消费品来说，销售渠道中的价格增加通常占零售价格的很大比例。销售渠道也通过一系列的活动来增强产品的差异化程度，如广告和促销，这些活动在提高顾客对产品感知价值的同时，也能够起到提高产品售价的作用。

企业产品最终使用者的价值链对于企业的竞争优势也是重要的。例如，如果企业直接销售产品或提供服务给消费者，那么，通过了解消费者使用产品的方式和周期就有助于降低企业的销售成本和售后服务成本；如果产品使用方法或操作程序复杂，那么，通过上门指导使用方法企业就可以节约由于用户操作不当造成的维修成本。企业价值链和买方价值链的关系也为企业提供了差异化经营的契机。企业价值链和买方价值链之间有许多的接触点，如技术支持、零配件更换和付款交货等。对于企业价值链和买方价值链的接触点分析能够帮助企业识别那些能够支持差异化战略的价值活动。事实上，每一个接触点都是经营差异化的潜在来源。例如，家电销售企业和消费者价值链的接触点至少包括旧家电回收（政府和部分家电销售企业推出了以旧换新服务）、产品安装调试和质量保证等，一些家电销售企业相应地推出了旧家电上门回收服务、购货后 24 小时安装服务和产品保质期延长服务。

4.3.6　价值链的横向比较

价值链的横向比较指的是对一个行业内部的各个企业之间的相互作用进行分析。在大多数行业中，不管行业平均盈利能力和水平如何，总有一些企业比其他企业获利更多。通过价值链的横向比较，企业可以确定自身与竞争对手之间的差异，从而确定能够为企业取得相对竞争优势的战略。

价值链的横向比较首先关注的是竞争对手之间的竞争性。注重分析竞争对企业战略的影响，以及为获得竞争优势而进行的投资决策问题，其目的在于通过产品创新、技术开发、优质服务等形成差异，或使总成本最低，获得竞争优势。通过比较竞争对手在各项价值活动中的表现，企业能够识别自身优势，并实施相应战略。例如，通过对企业自身各经营环节的成本测算，不同成本地位的企业可采用不同的竞争方式：对于成本较高但实力雄厚的竞争对手，可采用低成本策略；对于成本较低的竞争对手，可运用差异性战略，注重提高质量，以优质服务吸引顾客，而非盲目地进行价格战，使自身仍能立于不败之地，保持竞争优势。

价值链的横向比较也关注竞争对手是否存在共同利益，能否获取协同效应。由于同处一个行业，竞争对手在价值链的各种价值活动上或多或少存在相似性甚至完全相同，所以，相对于企业的上游行业和下游行业而言，它们往往处于相似的位置，这一共同点为竞争者既竞争又合作，谋取共赢奠定了基础。例如，在企业面对相同的供应商时，企业间的协同会提高与供应商的谈价能力，争取了合理的价格和较高的质量；当新产品的开发面临很大风险时，企业可以共同研发，分摊成本，提高抗风险能力。

4.4　竞争优势的可持续性

企业建立竞争优势后，紧接着的一个问题是竞争优势的可持续性。换句话说，当一个企业相对于对手取得优势地位后，它的这种优势地位在多大程度上是对手无法打破的，并且能够在时间上表现出持久性？这个问题的答案至少取决于三个因素：企业资源和能力的特点、竞争对手的能力和行业环境的动态性。

4.4.1 企业资源和能力的特点

并不是企业所拥有的任何资源和能力都能帮助企业获取可持续的竞争优势。要做到这一点，企业资源和能力必须具备四项特征：价值性、稀缺性、难以模仿性和不可替代性。

1. 价值性

价值性指的是企业拥有的资源和能力对于其有效开发和实施战略是有用的。而所谓对开发和实施战略有用，事实上是说，企业的资源和能力有助于其利用环境中的机会或者规避环境中的威胁。企业的一些属性可能具备稀缺性、难以模仿性和不可替代性等特点，但是，只有当它们在企业利用机会或规避威胁的过程中显得有价值时，才能够成为帮助企业获取竞争优势的资源和能力。

要判断企业的某些属性是否有价值，从而可以被当做企业的资源，取决于这些属性是否适应企业环境提出的要求。换言之，企业环境为我们提供了判断某种企业属性是否是资源的途径。以企业员工为例，企业高管们经常挂在口边的一句话是："员工是我们最有价值的资源。"但是，员工一定是企业的资源吗？Collins在《从优秀到卓越》一书中指出，只有合适的员工才是企业的资源。这一观点和资源基础论对于资源价值性的认识不谋而合。

2. 稀缺性

一般来说，一种有价值的资源和能力有助于企业有效开发和实施战略，但是，如果这种资源和能力是许多企业共同具备的，那么，这种资源和能力事实上就不太可能帮助企业赢得竞争优势。因为这些企业能够以相同的方式将这种资源和能力应用于战略开发和实施，最终的结果必然是所有企业都无法因此获得竞争优势。对于我国的房地产行业来说，土地资源具有稀缺性，2009年我国房地产企业普遍储备开发用地导致地王频现的事实很好地说明了这一点。

某些战略的开发和实施不是仅仅需要单独的一种资源和能力，而是依赖于多种资源和能力的恰当组合。上节所述逻辑同样适用于这种情况，需要特别指出的是，在几乎所有战略的开发和实施中，管理才能通常都不可或缺。企业绩效的千差万别表明，管理才能具有稀缺性。若非如此，管理才能不可能成为企业竞争优势的来源，甚至意味着它一钱不值。

农夫山泉的例子很好地说明了资源的稀缺性在企业获取竞争优势中的作用。农夫山泉的生产商浙江千岛湖养生堂饮用水有限公司也曾经以生产纯净水为主业。2000年4月，养生堂宣布停止生产纯净水，全面转向生产天然水。由于高质量的天然饮用水源于优质天然水源，优质水源是奠定饮用水优秀品牌的基石，优质水的水源地决定着瓶装饮用水的生命。所以，选择并占据好水源，是拥有好品质的第一步。在明确的战略指导下，农夫山泉先后占领了国家一级水资源保护区浙江千岛湖、南水北调中线工程源头湖北丹江口、长白山自然保护区靖宇水源及华南最大的国家级森林公园内的万绿湖等四处国家级珍贵水源。可以说，高质量的水源对于农夫山泉近年来稳固占据全国天然水市场销量第一的位置起到了很大作用。

3. 难以模仿性

不难理解，稀缺的、有价值的资源和能力确实是企业竞争优势的来源。拥有这些资源和能力的企业往往表现为战略创新者，它们在开发和实施相关战略上能够先行一步，从而取得一定的竞争优势。但是，这种竞争优势能够持久吗？问题的答案取决于企业资源和能力是否难以模仿。例如，浙江制造业产品往往依托于社会需求金字塔的宽大底部，尽管有着较大的市场容量，但因为易于模仿，进入门槛非常低，不可避免地陷入过度竞争的境地，并随着要素价格逐步上扬和市场份额不断分割，整个制造业利润的减少将成为必然趋势。

一般来说，在企业竞争优势的来源中，最容易模仿的是诸如厂房、设备和生产线之类的有形资源。这些资源往往易于观察，也能在公开市场上购买到。例如，在我国改革开放初期，许多企业通过从国外引进成套设备和生产线，快速建立和提高了生产能力，取得了一定的先发优势，但是，随着竞争对手购买到相似甚至更加先进的生产设备，它们的优势迅速消散。

和有形资源相比，无形资源较难模仿，专有技术和专利技术是重要的无形资源。在保护期内法律禁止对专利技术进行模仿。全世界至少有一百五十多个国家都对专利实施保护政策。例如，《中华人民共和国专利法》规定，发明专利的保护期限为 20 年，实用新型和外观设计专利的保护期限为 10 年。专有技术也被称为技术诀窍，指先进、实用但未申请专利的技术秘密，包括设计图纸、配方、数据公式，以及技术人员的经验和知识等。专有技术不属于知识产权，因而不受法律保护，但是因其保密性而具备难以模仿的特性。许多知名企业借助专有技术取得竞争优势，可口可乐公司就是其中的一家。尽管对于“可口可乐”饮料，全世界几乎是家喻户晓，但可口可乐的产品配方历经百余年，对外界仍是一个谜，可口可乐公司在对外许可时，对其配方采用半成品保护，即不提供生产技术和配方，只提供浓缩的原浆让被许可方配成可口可乐成品。除了专利技术和专有技术外，品牌也被认为是企业重要的无形资源。品牌象征着企业信誉，优秀的品牌通常是企业许多年良好经营积淀的结果。例如，全聚德代表着好吃的烤鸭，同仁堂代表着货真价实的中药。

对于能力的模仿通常要难于对资源的模仿。这主要是因为能力往往内隐于企业内部，体现为企业决策和管理流程，要掌握它必须深入企业内部。当然，虽然能力是无形的，竞争对手仍然是可能模仿的。例如，相当数量的跨国公司在进入中国后通过“挖人”的办法来取得本土化的知识和能力；而目前一些中国企业，如联想，也通过从跨国公司“挖人”来取得国际化的经验和能力。

那么，哪些因素决定企业资源易于被模仿或难以模仿呢？Barney（1991）认为，三种因素决定了企业资源难以被模仿：资源的形成或获取是否和独特的历史状况紧密相关、资源和能力与竞争优势之间的关联是否具有因果模糊性，以及产生竞争优势的资源是否具有社会复杂性的特点。这三个因素同样适用于对企业能力的分析。

1）独特的历史状况

竞争优势的产生依赖于独特的历史状况，这种情形也被称做历史依赖性或路径依赖性。有些资源和能力的形成具有特定的历史背景，从这个意义上讲，只有那些经历特殊历史的企业才具有某种特有的资源和能力。那些在特殊时期没能得到这种资源和能力的企业，即使在未来某个时期有机会获取相同的能力和资源，往往成本相当高昂。计算机键盘的竞争能够很好地说明历史依赖性。现在广泛使用的 QWERTY 型键盘在技术上并不是最好的，但是，它牢牢占据了市场。实际上，Dvorak 于 1932 年申请专利的 DSK 键盘输入速度最快。但是由于某种原因，QWERTY 型键盘使用人数占了优势。由于其他类型的键盘数量较少，考虑到硬件、软件的兼容性，其他使用者会在选择打字机时（键盘是由打字机演化而来）选择 QWERTY。这样，QWERTY 型键盘逐渐占据了整个市场。这种状态被称为“锁定”，后来的键盘虽然在技术上比之先进，但失去了竞争的先机。

当一个企业赖以形成竞争优势的资源和能力具有历史依赖性或路径依赖性时，竞争对手模仿或复制这种资源和能力的代价就非常高昂；当竞争对手无法承担模仿或复制这些资源和能力的代价，或者复制和模仿行为的成本超过其收益时，这种资源和能力便可成为企业持续的竞争优势和经济利润的来源。

2）因果模糊性

因果模糊性指的是企业资源和能力与持续竞争优势之间关系的模糊，根植于未阐明的独特性资源、默会知识和核心竞争力中，并自然产生模仿壁垒或隔离机制。简单来讲，因果模糊意味着人们弄不清楚成功企业成功的原因是什么，它们为什么具有竞争优势和经济利润，其竞争优势和经济利润来自何处。正因如此，竞争对手才不知道如何去模仿或学习这种能力，也不知道它们到底应当用自己的资源和能力去实施什么战略。

因果模糊可能来源于两个方面：一是特征模糊，二是联系模糊。前者指的是资源和能力的本身特征，如意会性、复杂性导致的内在模糊，某些经验只可意会，难以言传；后者指的是资源的投入程度、能力的高低和产出之间关系的模糊。因果模糊的直接后果是，人们可能识别出了一些产生竞争优势的资源和能力，但是，这些资源和能力究竟是不是竞争优势的真实来源，人们对此无法确认。这印证了为什么一些表现很优秀的企业并不清楚自身何以表现得那么优秀。

因果模糊导致的困境，无论对于拥有相关资源和能力的企业还是不拥有这些资源和能力的企业都是存在的。只要有任何一家企业彻底理解了特定资源、能力和竞争优势的关系，这种知识就会逐渐扩散，最终导致基于因果模糊的竞争优势不复存在。当然，对于不同的企业而言，特定资源、能力和竞争优势的因果模糊的程度会有所差异。如果具有竞争优势的企业对于自身资源、能力和竞争优势关系的理解要优于对手，那么形势就对它比较有利；反之亦然。

3）社会复杂性

使企业资源和能力难以模仿的最后一个因素是其社会复杂性。企业资源和能力的社会复杂性特征使无论是拥有它们的企业还是不拥有它们的企业无法系统地对之进行掌控。企业中的许多资源和能力都具有社会复杂性这一特征，如企业管理层的人际关系、企业文化、企业在供应商和消费者心目中的形象、企业的社会声誉和各种社会关系等。具有这种资源和能力的企业，战略选择的空间比那些不具备这种资源和能力的企业大得多。需要指出的是，这些资源和能力往往并不具有因果模糊性，如企业文化对企业运营效率和效益的影响是显著的。但是，并不是所有企业都能构建这些资源和能力，如许多企业没能建立起它们意图建立的企业文化。

4. 不可替代性

特定资源和能力作为可持续竞争优势的来源必须满足的最后一个条件是，它们必须在战略上是不可替代的，或者虽然存在替代品，但是替代品非常稀缺并难以模仿。所谓两种资源和能力在战略上具有替代性，是指为实施战略具备任意一种资源和能力即可。如果存在两种资源和能力可以相互替代，其中一种具有稀缺性和难以模仿的特点，但是另一种则不然，那么建立在这两种资源和能力上的竞争优势都不可能具有可持续性。

替代性至少表现为两种形式。第一种，在企业不能模仿或复制对手资源的情况下，企业有可能获取替代性的相似资源，只要这种资源能够使其开发或实施相关战略即可。例如，当企业看上对手优秀的高管团队并试图进行复制时，它通常无法真的进行“复制”，而是会采取一系列的高管团队开发措施，使自身的高管团队具有同等的效率和效益。如果复制高管团队的成本不高，那就意味着高管团队具有较高的替代性，从而无法给企业带来可持续的竞争优势。第二种，形态迥异的资源和能力之间也可能具有替代性。例如，在一家企业中，管理者具有清晰的愿景，其原因是这家企业有一个魅力型的领导；而在其竞争对手那，管理者也具有清晰的愿景，但原因在于企业拥有系统的战略规划过程。在这个例子中，一个魅力型的领导和一个系统的战略规划过程具有替代性。

4.4.2 竞争对手的能力

在上述对于资源和能力的四个特征——价值性、稀缺性、难以模仿性和不可替代性的论述中，出于简便考虑，我们的分析有两个不足之处：一是静态性，基本没有考虑资源和能力的变化及其变化的原因；二是对资源和能力采用了两分的处理方法。例如，把资源按照价值性划分为有价值和没价值，按照稀缺性划分为稀缺和不稀缺。但是，在现实的企业经济中，资源和能力的价值性、稀缺性、难以模仿性和不可替代性这些特征不但具有动态性，而且具有一定的连续性。影响特定资源和能力的价值性程度、稀缺性程度、难以模仿性程度和不可替代性程度的一个关键因素是行业内竞争对手之间的相对能力。

竞争对手之间的相对能力首先体现在资源和能力的开发和获取上，战略承诺的概念有助于我们对此进行分析。战略承诺是指企业根据自身的资源和能力，基于当前市场环境及对未来变化趋势的预测，为了实现战略目标而向竞争对手、伙伴、顾客和企业员工作出的某种或某些长期的许诺行为。可见，战略承诺体现了企业为实现相关战略目标进行的资源和能力的投入程度。

战略承诺对于企业竞争优势来说是一把“双刃剑”。从积极的角度看，战略承诺有助于企业获得可持续的竞争优势。因为对于已经作出战略承诺的企业来说，竞争对手要想打破这种战略承诺，势必需要付出很高的成本。例如，在汽车制造行业，生产的规模化程度直接影响企业利润，但是，要获取规模经济，必须进行前期的大量投资（如建造生产线）。对于已经实现经济规模的企业来说，竞争对手要想获取同样的规模经济，需要付出的成本和承担的风险都很高，因为扩大生产规模不但意味着前期的投入巨大，而且企业必须面对产品滞销的风险。从消极角度看，战略承诺也有可能对企业竞争优势产生不利的影响。由于承诺通常具有刚性特征，一旦作出就不可撤销，也很难逆转，如钢铁企业签订的长期铁矿石购买协议。这种承诺一旦改变就意味着企业将要付出巨大的成本。例如，我国许多企业在过去一段时间都在产能上不断增加投资，导致行业产能过剩，这意味着一些企业将不得不为过去的战略承诺付出高昂的代价——改变战略承诺意味着既有投资打水漂，继续增加战略承诺则很可能意味着参与恶性竞争。

学习和吸收能力是影响企业竞争优势可持续性的另一个重要因素，因为企业竞争优势赖以建立和维持的资源和能力总是处于不断变化之中。对于拥有资源和能力的企业来说，需要进一步地学习和吸收相关知识，使相关资源和能力更加难以模仿。而对于不拥有相关资源和能力的企业，如果能够比竞争对手更快地识别、评估、吸收和运用新知识，那么就有可能后来居上，超越竞争对手。IT 行业中的摩尔定律（该定律的大意是 IT 产业的硬件或设备生产商的技术水平每 18 个月提高一倍，也就是说相关技术涉及的产品每 18 个月价格下降一半）是对上述观点的生动诠释。这一定律告诉我们，在IT行业，要想使竞争优势持久，重要的不是拥有特定的资源和能力，而是能够以多快的速度拥有特定的资源和能力。

4.4.3 行业环境的动态性

当从企业内部寻找竞争优势的来源时，我们假设企业所处的行业环境是相对稳定的。但是，从历史视角考察任意一个行业都不难发现，所有企业所处的行业环境都具有一定的动态性。行业环境的动态性通常取决于行业所采用的主流技术变革程度的大小。

有些技术变革使行业发生了彻底变化，在这个崭新的行业内，任何企业，包括原来具有和不具有竞争优势的企业要想建立竞争优势，都必须发展新的能力，获取新的资源。VCD替代录像机的案例就很好地说明了这一点。20世纪80年代，随着电视机在中国的普及，录像机也逐渐走红，国内建立了十多条录像机生产线。为了整合资源，获取规模优势，1992年，国内的九家录像机生产企业共出资20亿元，成立了中国华录电子有限公司，专门生产磁鼓等录像机关键部件。1994年6月，中国华录电子有限公司进一步与日本松下合资成立了华录松下公司，各出资240亿日元。然而，1995年，VCD的出现给了录像机市场迎头一击。在VCD的冲击下，录像机一下子成了过时的产品，以难以想象的速度退到市场边缘。VCD影响了所有的录像机生产企业，直接导致录像机生产行业的解体。在更多的情况下，技术变革能够提高产品质量，缩短产品生命周期，使竞争优势在竞争者之间流转。个人计算机行业的发展史就很好地说明了这一点。

在20世纪七八十年代，苹果电脑公司借助创新而拥有了竞争优势；1981年，IBM公司推出第一台个人计算机，夺回了竞争优势；20世纪80年代中期，康柏公司通过生产与IBM机兼容使其更为廉价和精巧的计算机获取了竞争优势；到了90年代，戴尔公司借助互联网为顾客提供价格低廉的定制化产品，明显胜过了康柏公司。

4.5 内部分析方法：内部因素评价矩阵

内部因素评价矩阵（internal factor evaluation matrix，IFE矩阵）通过识别和评价组织内部财务、市场营销、人力资源、信息技术、运营和其他方面的关键因素，帮助组织了解自身的优势和弱点。

内部因素评价矩阵可以按照如下五个步骤进行构建。

第一步，列出内部分析过程中确认的关键内部因素。因素总数控制在10～20个，包括影响企业绩效的各种优势和弱点。

第二步，对每个关键因素赋以权重。每个因素的权重应当反映该因素对于企业取得成功的影响的相对大小，数值从 0（不重要）到 1（非常重要）不等。所有因素的权重总和为 1。

第三步，按照组织现行战略对各个关键因素的有效反应程度为各个关键因素打分，范围为 1～4 分，“1”代表反应很差，“2”代表反应低于平均水平，“3”代表反应高于平均水平，“4”代表反应很好。

第四步，用每个关键因素的得分乘以相应的权重，得到每个关键因素的加权得分。

第五步，将所有关键因素的加权得分加总，得到企业在这些因素上总的加权得分。

不管内部因素评价矩阵涉及多少个关键因素，其加权得分总和都在 1～4，平均值为 2.5。如果企业的最终得分高于 2.5，那就意味着企业对于自身优势的利用和弱点的应对程度要高于平均水平，反之则低于平均水平。

某网络书店的内部因素评价矩阵如表 4-2 所示。从评价结果可以看出，这家网络书店对于自身优势的利用和弱点的处理高于行业平均水平。

表 4-2　某网络书店的内部因素评价矩阵

	关键内部因素	权重	得分	加权得分
优势				
1	强有力的管理团队	0.10	4	0.40
2	强大的客户服务和支持	0.07	4	0.28
3	最新的技术和软件	0.08	4	0.32
4	高品牌认知度	0.10	4	0.40
5	企业文化	0.07	3	0.21
6	分销中心	0.05	3	0.15
7	战略联盟	0.07	3	0.21
8	国际市场份额的增长	0.03	3	0.09
9	高库存周转率	0.03	3	0.09
弱点				
1	总计 3 亿元的财务赤字	0.10	1	0.10
2	运营损失	0.05	1	0.05
3	需支付高额利息费用	0.05	2	0.10
4	季节性的库存风险	0.05	2	0.10
5	供应商数量较少	0.05	2	0.10
6	客户私人信息的获取	0.10	2	0.20
	总计	1.00		2.80

4.6 把内部分析和外部分析结合起来：SWOT分析

在第3章和本章中，分别介绍了如何分析企业的外部环境和内部环境。对于企业的战略分析而言，内部环境分析和外部环境分析都是不可或缺的。在诸多有助于企业提高战略分析质量的工具中，SWOT分析模型是最受欢迎的工具之一。这一模型在综合分析企业外部和内部环境的基础上，识别出企业自身的优势和劣势，以及环境中存在机会和威胁。

4.6.1 SWOT分析模型的提出与定义

SWOT分析源于1960～1970年斯坦福研究所（Stanford Research Institute）开展的一项研究，参与的研究人员有Marion、Benepe、Humphrey、Stewart和Lie。这项研究受财富500强企业委托并得到资助，其目的是要找出公司规划失败的原因。当时，公司规划已经成为一种趋势。自从1949年杜邦公司率先进行公司规划之后，到1960年，当时的财富500强企业都设置了专门的公司规划职位。但是，这些大企业碰到的一个普遍问题是，长期规划投入不菲，但是并不奏效，因而在经济上显得并不划算。企业界普遍感觉到，有效管理变革和设置现实可行的目标非常困难，常见的结果是，一致的目标和行动是管理层妥协的结果。但是事实证明，这种依赖于妥协达成的一致目标和行动很有问题。因此，如何使管理层对战略目标达成一致并共同承诺去执行相应的行动计划就成为迫切需要解决的问题。对这一问题的探索促成了SWOT分析模型。

SWOT是strengths（优势）、weaknesses（劣势）、opportunities（机会）和threats（威胁）的缩写，它们的基本含义为：优势，有助于实现目标的企业或人员特点；劣势，不利于实现目标的企业或人员特点；机会，有助于实现目标的外部条件；威胁，不利于实现目标的外部条件。

SWOT分析的指导思想是在全面研究企业内部和外部环境的基础上，把握企业内部的优势和劣势，识别企业外部的机会和威胁，构建出企业内部特点和外部条件之间的四种组合（图4-4）。在此基础上制定战略，使企业达到发挥优势、克服不足、利用机会和化解威胁等目的。

4.6.2 SWOT分析的步骤

一个典型的SWOT分析包含如下四个步骤。

第一步：界定战略目标。SWOT分析常常作为战略规划的组成部分，它帮助企业实现战略目标。在不界定战略目标的情况下进行SWOT分析，往往会陷入为SWOT分析而SWOT分析的境地。

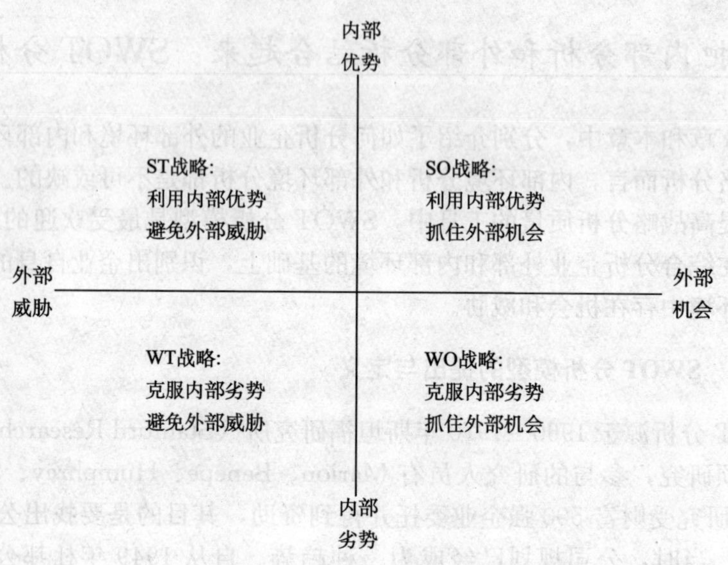

图 4-4 SWOT 分析模型

第二步：搜集信息，把握企业的优势和劣势。根据拟分析企业的实际情况，准备访谈提纲或者拟探讨的问题列表，并通过访谈、头脑风暴等方式，客观地列出企业当前的优势和劣势。

第三步：扫描环境，识别企业面临的机会和威胁。对于企业来说，机会是潜在的可能会具备的优势，而威胁则是潜在的未来可能会面临的劣势。采用第二步中的方法，列出企业的机会和威胁。

第四步：开发战略行动。评估企业的 SWOT 分析结果，结合企业战略目的，开发相应的战略行动。

本节给出了一个 SWOT 分析的例子，如图 4-5 所示，其分析对象是中国邮政储蓄银行，分析的目的是对中国邮政的储蓄银行业务进行准确的市场定位。

4.6.3 SWOT 分析的局限

SWOT 分析在被提出后就一直大受欢迎。20 世纪 90 年代中期，英国政府发起的一项调查表明，在被调查的 50 家英国企业中，有 20 多家企业采用了 SWOT 分析。但是，SWOT 分析也存在很多不足之处，无论是研究者还是管理者都对它提出了批评。SWOT 分析的局限性主要有如下三点。

第一，SWOT 分析的前提假设没有很好地契合企业实际情况。首先是内外区分的假定。SWOT 分析假定机会和威胁只存在于外部环境中，优势和劣势只存

	优势(S)	劣势(W)
	1. 邮政储蓄已经实现“网点遍布城乡,全国通存通取”,用户从城市到农村、从高端到低端,渠道优势最为明显 2. 资金在数量和质量上具有优势 3. 邮政储蓄业务是在邮政业务的基础上开办的,基本上不需要特意为开办储蓄业务而另寻营业场所,因此经营成本相对较低 4. 邮政行业有着数十万的投递员,他们直接与客户对接的服务方式为邮政储蓄建立了良好的品牌形象	1. 长期以来,邮政储蓄开办存款业务和部分代收代付类的中间业务,业务品种单一 2. 与其他商业银行相比,邮政储蓄从业人员的总体文化水平和业务水平存在较大差距。金融知识、政策水平普遍较低 3. 邮政储蓄基础设施不到位,大部分网点特别是农村地区网点,设备较为落后陈旧
机会(O)	SO战略	WO战略
1. 建设社会主义新农村的机遇,2006年中央“一号文件”《中共中央国务院关于推进社会主义新农村建设的若干意见》明确提出,要扩大邮政储蓄资金的自主运用范围,引导邮政储蓄资金返还农村,为社会主义新农村建设服务。同时,四大行基层网点的撤并给农村金融市场留下了空白 2. 开展中间业务的机遇,同其他商业银行相比,在中间业务领域,处于同一起跑线上	1. 抓住建设新农村的历史机遇,利用自身在农村市场的网点和品牌优势,把邮政储蓄建成金融业在农村的第一品牌 2. 利用自身的资金优势大力发展资金的批发业务 3. 开发与邮政业务相结合的金融中间业务,充分利用邮政拥有的庞大实物传递和投资队伍,形成在中间业务领域的核心竞争力	在农村市场试点小额信贷,逐步积累风险定价、控制方面的经验,以提高从业人员的专业知识和操作技能
威胁(T)	ST战略	WT战略
1. 在城市市场上,即将面临来自外资银行和其他商业银行的强有力的竞争,在农村市场上,农村信用社的威胁也不小 2. 不完善的内部风险控制机制将会带来一定的经营风险	邮政储蓄银行在资产运用方面采取批发为主或者相当分量批发的模式,可以减少大量贷款审查和风险管理人员,在一定程度上防范不良贷款风险,同时也可以避开与其他同业的竞争	将服务对象定为中小投资企业,有所为有所不为

图4-5 邮政储蓄银行市场定位的SWOT分析

资料来源:李奕滨:邮政储蓄银行市场定位的SWOT分析,金融研究,2007年,第11期,第172~179页。

在于企业内部环境中，然而事实上优势和劣势也可能出现在企业外部，机会和威胁也可能出现在企业内部。其次是利害区分的假定。对优势和劣势的判断是一个复杂的测量问题。从测量角度看，企业内外条件的状况往往会表现为一个连续体，而不像 SWOT 假定的那样能够泾渭分明地分为优势和劣势。最后就是静态分析的假定。SWOT 分析通常是在某一时点对企业内外进行扫描，然后进行优势、劣势、机会和威胁分析，从而形成四种内外匹配的战略。这种做法忽略了企业运作环境的动态性。

第二，SWOT 分析的构成要素有待深入理解。首先是优势和劣势这两个概念。优势和劣势总是相对而言的，一个企业是否具有优势和劣势通常只在和对手的比较中才有意义。SWOT 分析框架显然对于这两个构成要素没有作出严格的界定。其次是不同要素之间的关系。例如，企业当前的优势和未来的机会之间是否存在某种关联，换句话说，这两者之间的背后是否有某种共同的基础，如独特的资源和能力。在 SWOT 分析过程中融入相关的战略视角，可能有助于我们探寻企业的优势、劣势、机会和威胁背后的动力学机制，从而帮助我们以整合性的视角看待企业的演变。

第三，SWOT 分析在操作性上存在诸多问题。一项基于英国企业的调查发现，SWOT 分析的实际应用效果不太理想，比较普遍和突出的问题有：优势、劣势、机会和威胁的列表冗长，无需对识别出的因素的重要性进行排序（致使无法确定哪些因素是最重要的），用词因缺乏规定而显得含糊，无法解决冲突（多个分析者对于有关优势、劣势、机会和威胁的因素意见不一致），无需通过数据和分析来验证相关表述或观点，分析层次单一，分析结果和后续的战略行动往往没有任何关系。

【本章精要】

企业的内部环境是可控的，企业可以通过系列措施趋利避害，提升自己的竞争优势。

所谓竞争优势是指只要企业或其产品具有某种特质，并且这种特质有助于企业在市场上表现得优于对手，就可以说企业具有了某种竞争优势。企业的竞争优势来源于企业的资源和能力。而价值链是分析企业竞争优势的工具。企业的价值链是其在特定行业内的各种活动的组合，在这里涉及进货后勤、销售和出货后勤等活动。

分析企业的内部优势，我们需要借助于 SWOT 分析模型，即在分析企业的优势与劣势、外部环境的机会与威胁的基础上，确定企业采用何种战略。同时，通过模型分析，企业可以更好地把握自身的优劣势，从而可以有针对性地进行改进，进一步提升企业的竞争优势。

【思考题】

1. 企业竞争优势和可持续的竞争优势的含义是什么?
2. 什么是价值链?价值链分析对于企业获取竞争优势有何意义?
3. 企业资源和能力的哪些特征对企业的竞争优势具有重要影响?
4. 阐述企业外部环境分析、内部环境分析和SWOT分析的关系。

【综合案例】

云南白药智斗强生“邦迪”①

20世纪初,美国强生公司的一名员工埃尔·迪克森(Dickson)将粗硬纱和绷带黏合,发明了一种外科轻微创伤用快速止血产品。工厂主管凯农将它命名为Band-Aid(邦迪)。邦迪创可贴实际是由具有弹性的纺织物与橡皮膏胶黏剂组成的长条形胶布。

中国人在肢体受到轻微创伤时有一个习惯,就是喜欢拿嘴将伤口一吸或者干脆扯一根布条将伤口简单一包。强生从中嗅到商机,随即将自己员工发明的这个快速止血小产品——邦迪创可贴投入中国市场。这个方便实用的小发明,生逢其时,迎合了中国人的小伤口护理习惯,一举占据了中国小创伤护理市场的半壁江山,到2001年,邦迪累计销售量超过1000亿片。

实际上,邦迪来中国之前,中国的小创伤护理市场一直由云南白药散剂占据,但这种惬意的好日子在遭遇强生后便急转直下。经过邦迪连续将近10年(1992~2001年)的精心布局,云南白药散剂一度在各大城市的药店中鲜有出现。

邦迪的成功意味着“小胶布”止血市场发展空间很大,这也是连续10年来不断有新的创可贴产品出现的原因所在。

在传统观念里,创可贴始终被看做是一种同质化的消费品,是被认定为“不可能做出花样来”的商品。认知高度决定竞争高度,在邦迪开创中国市场的10年时间里,中国绝大多数的创可贴品牌都努力在追逐模仿邦迪的产品形式,为了分食一点邦迪做的市场大蛋糕,价格战成为各品牌争夺市场的唯一选择。结果,创可贴市场品牌繁杂,产品特点雷同而缺失个性,仅有的一点差异无非是多了几个消费者根本记不住的生产企业而已。

低层次、无差异、缺乏个性的竞争后果是,众多的本土创可贴品牌非但不能

① 路胜贞:云南白药智斗强生“邦迪”,博锐管理在线(http://www.boraid.com),2008年9月27日。

快速成长，反而变为邦迪这个行业大佬阴影遮掩下的市场侏儒，勉强求生而无法成长起来与邦迪分庭抗礼。正是在这种大的市场背景下，云南白药于2001年强行切入创可贴市场。

实际上，在以邦迪为主导的创可贴市场竞争中，邦迪和创可贴几乎成为一个捆绑。在消费者的心目中，大家认为创可贴就是邦迪，邦迪和创可贴紧密联系在一起。在这样的形势下，显然，通过简单的模仿，云南白药创可贴并不能摆脱与同类产品一样的失利命运。

既然人们都将邦迪和创可贴绑在一起，形成一个概念认知链，要想在同质化的背景下破局，云南白药创可贴就必须打破邦迪设定的产品概念认知链，避开邦迪原有的传统竞争优势元素，重新构建起新的竞争优势。

云南白药很快发现，在消费者认知领域中，邦迪创可贴实际等于一条胶布，那云南白药就可以在这个里面进行认知的拆解切割，进行概念再造。云南白药是有药的创可贴，这样就在整个行业里，在这个认知里切上一道，建立了一个新的认知规范。当这种认知范式建立之后，白药创可贴的产品定位马上就可以提出来。

邦迪创可贴的确有致命死穴，严格来说，它不是药，而仅仅是一块应急的小胶布。而云南白药是药，胶布和药界限清晰、泾渭分明，这恰恰为云南白药找到了抗衡邦迪的机会：为“胶布加点白药”，“从无药到有药”，将“含药”作为市场突破点，对产品进行差异化定位，白药创可贴与邦迪的核心差异马上被建立了起来。这个历久弥新的钻石法则，为云南白药创可贴带来的是巨大的竞争优势。

第一优势：开辟新战线，迅速分割市场。

白药创可贴以“含药”作为与邦迪相区别的产品差异点，这样使得白药创可贴在极短时间内就在消费者心目中获得了一个据点，在毫无竞争优势的情况下，凭借“含药”概念迅速占据既能止血又能消炎止痛这块凭空分割出来的战略之地。

如果从正面冲突，白药几乎没有抗衡邦迪的可能。云南白药创可贴的“含药”定位，从实质上避开了与邦迪的正面冲突，这样的错位竞争手法的高明之处在于，帮助白药创可贴开辟了“新战线”。它完全颠覆了邦迪主导的游戏规则，使得云南白药无须在传统创可贴市场里与邦迪白刃相见，而重新构建了一个创可贴新品类，而且这个新品类的竞争规则，自然是由云南白药主导的，邦迪如果想在这个新品类新市场有所作为，将被消费者视为模仿者、学习者。

第二优势：借势成名，以强治强。

在产品竞争中，一种产品的优劣是用另一种产品来对比衡量的。创可贴是实用性产品，虽然邦迪的诉求快速止血站在了第一需求的层面。从严格意义上讲，邦迪创可贴并不是一种外科创伤治疗的药品。

云南白药恰恰是找到了邦迪的最薄弱环节，“给邦迪加点白药”，这无疑是告诉消费者，白药创可贴是含药的创可贴，不是普通胶布。仅凭这一点，云南白药创可贴就站在了邦迪的肩膀上。邦迪在小创伤市场近10年殚精竭虑的打拼，瞬间变成了为含药创可贴的奠基性打工。云南白药借用强生的方法，结合白药更明显的疗效，轻松地实现了“借势成名，以强制强”的竞争目的。

第三个优势：替代效应。

事实上白药没提出含药概念之前，因为没有参照物对比，消费者并未意识到邦迪只是一块临时救急的一条小胶布。白药含药概念的推出，让消费者恍然大悟：原来能止血不等于能治伤口，顷刻间邦迪的优势就变成了短处。

事实上，云南白药的止血、消炎功能早已为中国的消费者所熟悉。含药概念一经提出，白药贴的优势、白药贴的特色、白药贴的风格、白药贴的与众不同马上就凸显出来了，在不含药占了绝对优势的小创伤护理产品中，它就显得卓尔不群，一说到治伤就离不开它，而且表现出一种天下第一的形象。白药毫不费力地取代了不含药创可贴的市场主导地位。

第四个优势：市场第一效应。

这种差异定位使得白药实现了产品品牌之间的区别，创造出独一无二的第一优势。这种所谓“第一”的优势可谓与生俱来、得天独厚，形成了营销学上难得一见的第一效应——“第一说法、第一事件、第一位置、第一产品”。因为创造第一，才能在消费者心中造成难以忘怀、不易混淆的优势效果，即使将来有产品仿冒跟进，也无法打破白药创可贴在消费者心中树立起来的“含药、止痛、消炎、止血、方便”的第一形象。

一个小小的“含药”定位，顺利地帮助云南白药创可贴完成了与邦迪创可贴的消费认知切断。它带来的事实是，2001年之前，云南白药创可贴还只能仰视邦迪，到了2008年6月，其销售额已经高达3亿元（其中包括白药牙膏及其他透皮产品约1.5亿元），白药创可贴一跃成为创可贴江湖唯一能和其平起平坐的“武林高手”。这意味着邦迪主导的小创伤口市场竞争格局完全被打破，市场份额被迫重新分配，邦迪在未来的中国创可贴市场拓展中不得不直接面对这个风格沉稳泼辣的竞争对手。

综合案例思考题：

1. 为什么在创可贴这样一个产品几乎完全同质的市场上，强生能够牢牢占据很大的市场份额？

2. 在小创口止血产品市场上，云南白药先是败给了强生邦迪，而后又挽回颓势，和邦迪不相上下。这其中白药扮演了什么角色？为什么同样是白药，在1990年和2000年表现完全不一样？试从企业资源和能力角度回答这些问题。

第5章

企业总体战略

懂得了全局性的东西，就更会使用局部性的东西，因为局部性的东西是隶属于全局性的东西的。

——毛泽东

【引导案例】

海尔的发展战略①

海尔集团是世界白色家电第一品牌、中国最具价值品牌。海尔集团在首席执行官张瑞敏确立的名牌战略指导下，先后实施名牌战略、多元化战略和国际化战略，2005年底，海尔进入第四个战略阶段——全球化品牌战略阶段。

名牌战略阶段（1984～1991年）。只干冰箱一个产品，探索并积累了企业管理经验，为今后的发展奠定了坚实的基础，总结出一套可移植的管理模式。

多元化战略阶段（1992～1998年）。从一个产品向多个产品发展（1984年只有冰箱，1998年时已有几十种产品），从白色家电进入黑色家电领域，以"吃休克鱼"的方式进行资本运营，以无形资产盘活有形资产，在最短的时间里以最低的成本把规模做大，把企业做强。

国际化战略阶段（1998～2005年）。产品批量销往全球主要经济区域市场，有自己的海外经销商网络与售后服务网络，Haier品牌已经有了一定知名度、信

① 海尔集团：发展战略创新的四个阶段，http：//www.haier.cn/about/vision_index.shtml，2010年5月10日。

誉度与美誉度。

全球化品牌战略阶段（2006 年至今）。为了适应全球经济一体化形势，运作全球范围的品牌，从 2006 年开始，海尔集团继名牌战略、多元化战略、国际化战略阶段之后，进入第四个发展战略创新阶段——全球化品牌战略阶段。国际化战略和全球化品牌战略的区别是：国际化战略阶段是以中国为基地，向全世界辐射；全球化品牌战略则是在每一个国家的市场上创造本土化的海尔品牌。海尔实施全球化品牌战略要解决的问题是：提升产品的竞争力和企业运营的竞争力。与分供方、客户、用户都实现双赢利润。从单一文化转变到多元文化，实现持续发展。

本章学习目标：

- 了解企业总体战略的类型；
- 掌握增长型战略的概念及类型；
- 掌握稳定型战略的概念及类型；
- 掌握紧缩型战略的概念及类型；
- 掌握进攻型战略的概念及类型；
- 掌握防御型战略的概念及类型；
- 了解增长型战略、稳定型战略、紧缩型战略、进攻型战略、防御型战略和混合型战略的适用条件；
- 了解增长型战略、稳定型战略、紧缩型战略、进攻型战略、防御型战略和混合型战略的优缺点。

企业总体战略又称为经营战略，是指为实现企业总体目标，对企业未来发展方向作出的长期性和总体性战略。它是统筹各项分战略的全局性指导纲领，是企业最高管理层指导和控制企业一切行为的最高行动纲领。

企业总体战略按照发展态势可分为增长型战略、稳定型战略、紧缩型战略和混合型战略，按照竞争态势可分为进攻型战略和防御型战略。

5.1　增长型战略

5.1.1　增长型战略概述

1. 增长型战略的内涵

增长型战略，也叫成长型战略，是指企业选择什么样的产业范围组合，什么样的经营方式，是一体化经营还是多元化经营。增长型战略是一种使企业在现有的战略基础水平上向更高一级目标发展的战略。

从企业发展角度来看，任何成功的企业都应当经历长短不一的增长型战略实施期，因为从本质上说只有增长型战略才能不断扩大企业规模，使企业从竞争力弱小的小企业发展成为实力雄厚的大企业。

2. 增长型战略的特征

增长型战略与其他类型的战略相比，具有如下特征。

（1）实施增长型战略的企业不一定比整个经济增长速度快，但他们往往比其产品所在的市场增长得快。市场占有率的增长可以说是衡量增长的一个重要指标，增长型战略不仅应当体现在绝对市场份额的增加，而且应体现在在市场总容量增长的基础上相对份额的增加。

（2）实施增长型战略的企业往往会取得大大超过社会平均利润率的利润水平。由于发展速度较快，这些企业更容易获得较好的规模经济效益，从而降低生产成本，获得超额的利润。

（3）采用增长型战略态势的企业倾向于采用非价格的手段同竞争对手抗衡。由于采用了增长型战略的企业不仅仅在开发市场上下工夫，而且在新产品开发、管理模式上都力求具有竞争优势，所以其赖以作为竞争优势的并不会是损伤自己的价格战，而一般来说总是以相对更为创新的产品和劳务，以及管理上的高效率作为竞争手段。

（4）增长型战略鼓励企业的发展立足于创新。这些企业常常开发新产品、新市场、新工艺和产品的新用途，以把握更多的发展机会，谋求更大的风险回报。

（5）与简单的适应外部条件不同，采用增长型战略的企业倾向于通过创造以前本身并不存在的某物或对某物的需求来改变外部环境并使之适合自身。这种去引导或创造合适的环境是由其发展的特性决定的：要真正实现既定的发展目标，势必要有特定的、合适的外部环境，被动适应环境显然不一定有帮助。

5.1.2 增长型战略的类型

企业增长在战略上可分为一体化扩张和多元化扩张。一体化扩张又可分为横向一体化（水平一体化）和纵向一体化（垂直一体化）。实现这些扩张的方法包括内部发展和外部发展（合并和合资等）。内部发展是现有企业（公司）通过新股票发放或自身资金积累，扩大现有生产规模，或建立新厂、新的部门及新的子公司等；合并是指一企业获取另一企业的资源且无人抗争的过程。如果被合并的企业进行抗争，则称此过程为兼并。

1. 一体化战略

（1）横向一体化。横向一体化指企业现有生产活动的扩展并由此导致现有产品市场份额的扩大。该类增长可以从三个方向进行，如图 5-1 所示。

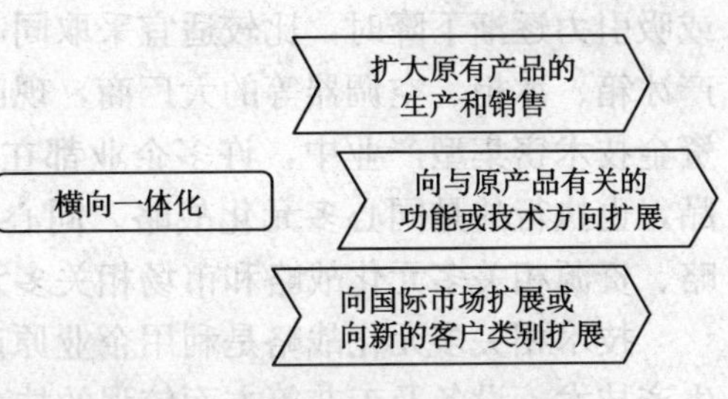

图 5-1　横向一体化发展方向图

第一，扩大原有产品的生产和销售；第二，向与原产品有关的功能或技术方向扩展；第三，与上述两个方向有关的向国际市场扩展或向新的客户类别扩展。通过横向一体化，可以带来企业生产规模的扩大，实现规模经济。由于该类增长与原有生产活动有关，比起其他类型增长更易于实现，所以一般来说，企业早期的增长多以此为主，并且实现方式以内部增长为主。据对美国 1895～1972 年的公司增长战略分析，1895 至 21 世纪初的公司增长主要以横向一体化为主。我国工业企业的增长在相当长的时期内也以横向一体化为主，20 世纪 80 年代以来，其他形式的扩张才较多出现。

（2）纵向一体化。纵向一体化指企业向原生产活动的上游和下游生产阶段扩展。现实中，多数大型企业均有一定程度的纵向一体化。该类扩张使企业通过内部的组织和交易方式将不同生产阶段联结起来，以实现交易内部化。纵向一体化包括后向一体化和前向一体化，如图 5-2 所示。后向一体化是企业自己供应生产现有产品或服务所需要的全部或部分原材料或半成品，如钢铁公司自己拥有矿山和炼焦设施，纺织厂自己纺纱、洗纱等；前向一体化则是企业自行对本企业产品做进一步深加工，或者综合利用现有资源，或者建立自己的销售组织来销售本公司的产品或服务，如钢铁企业自己轧制各种型材，并将型材制成各种不同的最终产品就属于前向一体化。纵向一体化是公司增长到一定阶段的主要扩张战略。据班诺克的观点，公司通过横向一体化打败竞争对手，达到市场多头垄断地位后，便会进入纵向一体化扩张，以占领其供应和市场领域。一旦公司在一生产部门占领重要地位之后，向多种部门扩张便成为其唯一的增长战略。

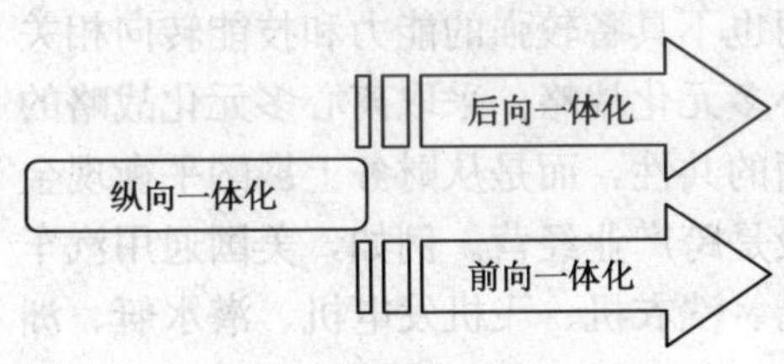

图 5-2　纵向一体化发展方向图

2. 多元化战略

1）同心多元化

同心多元化也称为相关多元化，是指公司以现有业务为基础进入相关产业的战略。采取同心多元化战略有利于公司使用原有产业的产品知识、制造能力和营销技能优势获取融合优势，即两种业务同时经营的盈利能力大于各自运营不用业务时的盈利能力之和。当公司在产业内具有较强的竞争优势，而该产业的成长性或吸引力逐渐下降时，比较适宜采取同心多元化战略，如海尔集团过去是专业生产冰箱、冰柜、空调器等的大厂商，现已扩展到电视设备。在化工、石油化工等资金技术密集型产业中，许多企业都在生产和经营很多产品，并不断开发新产品，也执行的是同心多元化战略。同心多元化战略又可分为技术相关多元化战略、资源相关多元化战略和市场相关多元化战略等。

技术相关多元化战略是利用企业原产品和新产品在研究开发、原材料利用、生产技术、设备及工艺等方面较强的技术关联性，获得技术上的协同作用，使新产品在质量和成本上具有一定的竞争力。例如，很多电冰箱生产企业除了生产电冰箱外，还生产空调器等产品。资源相关多元化战略是以现有经营业务所拥有的物质资源为基础，进入不同的产品、市场领域，以充分利用资源的多种经营。市场相关多元化战略是以现有经营业务领域的市场营销活动为基础，进入完全不同的产品市场。企业生产的多种产品之间在销售渠道、销售对象、促销方法等方面有较强的市场关联性，如铅笔厂生产自动铅笔、圆珠笔等。

2）离心多元化

离心多元化也称为不相关多元化，是指公司进入与现有业务不相关产业的战略。如果公司当前产业缺少吸引力，而公司也不具备较强的能力和技能转向相关作品或服务，较为现实的选择就是采取离心多元化战略。采取离心多元化战略的目的主要不是使用产品、技术、营销等方面的共性，而是从财务上斟酌平衡现金流获取新的利润增加点。采用这种战略一般是跨产业经营。例如，美国通用汽车公司除主要从事汽车产品外，还生产电冰箱、洗衣机、飞机发电机、潜水艇、洲际导弹等。

5.1.3 增长型战略的适用条件

采用增长型战略需要具备以下条件。

(1) 企业必须分析战略规划期内宏观经济景气度和产业经济状况。因为企业要实施增长型战略，就必须从环境中获得更多的资源。

(2) 增长型发展战略必须符合政府管制机构的政策法规和条例等的约束。世界上大多数国家都鼓励高新技术的发展，因此一般来说，这类企业可以考虑使用增长型战略。

(3) 公司必须有能力获得充分的资源来满足增长型战略的要求。因为采用增长型战略需要较多的资源投入，所以从企业内部和外部获得资源的能力就显得十分重要。

(4) 判断增长型战略的合适性还要分析公司文化。如果一个企业的文化是以稳定性为主旋律的话，那么增长型战略的实施就要克服相应的文化阻力。

5.1.4　增长型战略的优缺点

1. 增长型战略的优点

(1) 企业可以通过发展扩大自身价值，这体现在经过扩张后的公司市场份额和绝对财富的增加。这种价值既可以成为企业职工的一种荣誉，又可以成为企业进一步发展的动力。

(2) 企业能通过不断变革来创造更高的生产经营效率与效益。通过增长型发展，企业可以获得过去不能获得的崭新机会，避免企业组织的老化，使企业总是充满生机和活力。

(3) 增长型战略能保持企业的竞争实力，实现特定的竞争优势。

2. 增长型战略的缺点

(1) 企业在采用增长型战略获得初期的效果后，很可能导致盲目的发展和为了发展而发展，从而破坏企业的资源平衡。

(2) 过快的发展很可能降低企业的综合素质，使企业的应变能力虽然表面上不错，但实质上却出现内部危机和混乱。

(3) 增长型战略很可能使企业管理者更多地注重投资结构、收益率、市场占有率、企业的组织结构等问题，而忽视产品的服务或质量，重视宏观发展而忽视微观问题，因此不能使企业达到最佳状态。

5.2　稳定型战略

5.2.1　稳定型战略概述

1. 稳定型战略的内涵

稳定型战略是指在内外环境的约束下，企业准备在战略规划期使企业的资源分配和经营状况基本保持在目前状态和水平上的战略。

按照稳定型战略，企业目前所遵循的经营方向及其正在从事经营的产品和面向的市场领域，在其经营领域内所达到的产销规模和市场地位都大致不变或以较小的幅度增长或减少。从企业经营风险的角度来说，稳定型战略的风险是相对较小的，对于那些曾经成功地在一个处于上升趋势的行业和一个不大变化的环境中活动的企业会很有效。

2. 稳定型战略的特征

由于稳定型战略从本质上追求的是在过去经营状况基础上的稳定，它具有如下特征。

(1) 企业对过去的经营业绩表示满意，决定追求既定的或与过去相似的经营目标。例如，企业过去的经营目标是在行业竞争中处于市场领先者的地位，稳定型战略意味着在今后的一段时期里仍然将这一目标作为企业的经营目标。

（2）企业战略规划期内所追求的绩效按大体的比例递增。与增长性战略不同，这里的增长是一种常规意义上的增长，而非大规模的和非常迅猛的发展。例如，稳定型增长可以指在市场占有率保持不变的情况下，随着总的市场容量的增长，企业的销售额增长，而这种情况并不能算是典型的增长型战略。实行稳定型战略的企业，总是在市场占有率、产销规模或总体利润水平上保持现状或略有增加，从而稳定和巩固企业现有竞争地位。

（3）企业准备以与过去相同的或基本相同的产品或劳务服务于社会，这意味着企业在产品上的创新较少。

5.2.2 稳定型战略的类型

1. 无增战略和微增战略

按照偏离战略起点的程度划分，稳定型战略可以分为无增战略和微增战略。

（1）无增战略。无增战略似乎是一种没有增长的战略。采用它的企业可能基于以下两个原因：一是企业过去的经营相当成功，并且企业内外环境没有发生重大变化；二是企业并不存在重大的经营问题或隐患，战略管理者没有必要进行战略调整。在这两种情况下，企业的管理者可能不希望企业进行重大的战略调整，因为这种调整可能会在一定时期内降低企业的利润总额。采用无增战略的企业除了每年按通货膨胀率调整其目标外，其他方面暂时保持不变。

（2）微增战略。企业在稳定的基础上，略有增长与发展的战略。其中既包括稳定而小幅度地提高市场占有率，改善市场地位，或者随市场的稳步增长而扩大产销规模，保持适当的市场占有率，也包括谨慎地推出新产品和扩大市场占有率。

2. 阻击式防守战略和反应式防御战略

按照企业采取的防御态势划分，稳定型战略可以分为阻击式防守战略和反应式防御战略。

（1）阻击式防守战略（以守为攻）。这一战略的指导思想是“最有效的防御是完全防止竞争较量的发生”。它的操作方法是：首先，企业投入相应的资源，以充分显示企业已经拥有的阻击竞争对手进攻的能力；其次，不断明白无误地传播自己的防御意图，塑造出顽强的防御者形象，使竞争对手不战而退。

（2）反应式防御战略。当对手的进攻发生以后，针对这种进攻的性质、特点和方向，企业采用相应的对策，施加压力，以维持原有的竞争地位和经营水平。

3. 无增战略、维持利润战略、暂停战略和谨慎实施战略

在具体实施方式上，稳定型战略可以分为无增战略、维持利润战略、暂停战

略和谨慎实施战略。

(1) 无增战略。与前面提到的无增战略相同。

(2) 维持利润战略。这是一种牺牲企业未来发展来维持目前利润的战略。维持利润战略注重短期效果而忽略长期利益，其根本意图是渡过暂时性的难关，因此往往在经济形势不景气时被采用，以维持过去的经济状况和效益，实现稳定发展。但如果使用不当的话，维持利润战略可能会使企业的元气受到伤害，影响企业长期发展。

(3) 暂停战略。在经历了一段较长时间的快速发展后，企业可能会遇到一些问题而导致效率下降，这时就可以采用暂停战略，即在一定时期内降低企业的目标和发展速度。暂停战略可以充分达到让企业积聚能量的目的，为今后的发展作准备。例如，在采用购并发展的企业中，往往会在新收购的企业尚未与原来的企业很好地融合在一起时，先采用一段时间的暂停战略，以便有充分的时间来重新实现资源的优化配置。从这一点来说，暂停战略可以充分达到让企业积聚能量的目的，为今后的发展作准备。

(4) 谨慎实施战略。如果企业外部环境中某一重要因素难以预测或变化趋势不明显，企业的某一战略决策就要有意识地降低实施进度，步步为营，这就是谨慎实施战略。例如，某些受国家政策影响比较严重的行业中的企业，在国家一项可能的法规公布之前，就很有必要采用谨慎实施战略，一步步稳固地向前发展，而不是置未来政策于不顾。

5.2.3　稳定型战略适用条件

采取稳定型战略的企业，一般处在市场需求及行业结构稳定或者较小动荡的外部环境中，因此，企业所面临的竞争挑战和发展机会都相对较少。但是，有些企业在市场需求以较大的幅度增长或是外部环境提供了较多的发展机遇的情况下也会采取稳定型战略。这些企业一般来说是由于资源状况不足以使其抓住新的发展机会，而不得不采用相对保守的稳定性战略态势。下面分别从外部环境和企业自身实力两个方面介绍企业采用稳定型战略的适用条件。

1. 外部环境方面

外部环境的相对稳定性会使企业更趋向于采用稳定型战略。影响外部环境稳定性的因素很多，大致包括以下五个方面。

第一，宏观经济状况会影响企业所处的外部环境。如果宏观经济在总体上保持总量不变或总量低速增长，这就势必影响该企业所处行业的发展，使其无法以较快的速度增长。因为宏观经济的慢速增长会使得某一产业的增长速度也降低，所以该产业内的企业倾向于采用稳定型战略，以适应外部环境。

第二，产业的技术创新度。如果企业所在的领域产业技术相对成熟，技术更新速度较慢的话，企业过去采用的技术和生产的产品无需经过较大的调整就能满足消费者的需求和与竞争者的抗衡。为使产品系列及其需求保持稳定，企业就会采纳稳定型战略。

第三，消费者需求偏好的变动。这一点其实是决定产品系列稳定度的一个方面：如果消费者的需求变动较为稳定的话，企业可以考虑采用稳定型战略。

第四，产品生命周期或行业生命周期。对于处于行业或产品成熟期的企业来说，产品需求、市场规模趋于稳定，产品技术成熟，新产品的开发就难以取得成功，因此，以产品为对象的技术变动频率低。同时竞争对手的数目和企业的竞争地位都趋于稳定，这时提高企业的市场占有率、改变市场的机会很少，因此企业较为适合采用稳定型战略。

第五，竞争格局。如果企业所处行业的进入壁垒非常高，或由于其他原因该企业所处竞争格局相对稳定，竞争对手之间很难有较为悬殊的业绩改变，则企业采用稳定型战略可以获得最大的收益，因为改变竞争战略所带来的业绩增加往往是不尽如人意的。

2. 企业内部实力方面

外部环境较好，行业内部或相关行业市场需求增长，为企业提供了有利的发展机会，但这不意味着所有的企业都适于采用增长型战略。如果企业资源不充分，如资金不足、研发力量较差或人力资源有缺陷无法满足增长型战略的要求时，就无法采用扩大市场占有率的战略。在这种情况下，企业可以采取以局部市场为目标的稳定型战略，以使企业有限的资源能集中在自己有优势的细分市场上，维护竞争地位。当外部环境相对稳定时，资源较为充足和资源较为稀缺的企业都应当采取稳定型战略，以适应外部环境。但两者的做法可以不同，前者可以在更为广阔的市场上选择自己的资源分配点，而后者应当在相对狭窄的细分市场上集中自身的资源。当外部环境不利时，如行业处于生命周期的衰退阶段时，则资源丰富的企业可以采用一定的稳定型战略；而对那些资源不够充足的企业，如果它在某个特定的细分市场上有独特的优势，那么也可以考虑采用稳定型的战略。

5.2.4 稳定型战略的优缺点

1. 稳定型战略的优点

(1) 企业的经营风险相对较小。企业基本维持原有的产品和市场领域，因此可以用原有的生产领域、渠道，避免由于开发新产品核心市场的巨大资金投入、激烈的竞争抗衡和开发失败的巨大风险。

(2) 能避免因改变战略而导致的资源分配的困难。由于经营领域与过去大致相同，所以稳定型战略不必考虑原有资源的增量或存量的调整，相对于其他战略态势来说，显然要容易得多。

（3）能避免因发展过快而导致的弊端。在行业迅速发展的时期，许多企业无法看到潜伏的危机而盲目发展，结果造成资源的巨大浪费。

（4）能给企业一个较好的休整期，使企业积聚更多的能量，以便为今后的发展做好准备。从这个意义上说，适时的稳定型战略将是增长型战略的一个必要的准备阶段。

2. 稳定型战略的缺点

（1）稳定型战略的执行是以市场需求、竞争格局等内外条件基本稳定为前提的。一旦企业的这一判断没有得到验证，就会打破战略目标、外部环境与企业实力之间的平衡，使企业陷入困境。因此，如果环境预测有问题的话，稳定型战略也会有问题。

（2）特定细分市场的稳定型战略也会有较大的风险。因为资源不够，企业会在部分市场上采用竞争战略，这样做实际上是将资源重点配置在这几个细分市场上，所以，如果对这几个细分市场把握不准，企业可能会更加被动。

（3）稳定型战略也会使企业的风险意识减弱，甚至形成害怕风险、回避风险的企业文化。这就会大大降低企业对风险的敏感性和适应性，以及冒风险的勇气，从而增加了以上风险的危害性和严重性。

5.3 紧缩型战略

5.3.1 紧缩型战略概述

1. 紧缩型战略的内涵

紧缩型战略是指企业从目前的战略经营领域和基础水平收缩和撤退，并且偏离起点战略较远的一种经营战略。

紧缩型战略与增长型战略和稳定型战略相比，是一种消极的发展战略。一般来说，企业实施紧缩型战略只是短期的，其根本目的是使企业挨过风暴后转向其他的战略选择。有时，只有采取收缩和撤退的措施，才能抵御竞争对手的进攻，避开环境的威胁，迅速实现自身资源的最优配置。可以说，紧缩型战略是一种以退为进的战略。

2. 紧缩型战略的特征

（1）企业现有的产品和市场领域实行收缩、调整和撤退战略，如放弃某些市场和某些产品线系列。因此，企业的规模是在缩小的，同时一些效益指标，如利润率和市场占有率等，都会有较为明显的下降。

（2）对企业资源的运用采取较为严格的控制和尽量削减各项费用支出，往往只投入最低限度的经营资源。因此，紧缩型战略的实施过程往往会伴随着大量的裁员，一些奢侈品和大额资产的暂停购买等。

(3) 紧缩型战略具有明显的短期性。与稳定型战略和发展型战略相比，紧缩型战略具有明显的过渡性，其根本目的并不在于长期节约开支、停止发展，而是为今后发展积蓄力量。

5.3.2 紧缩型战略的类型

1. 适应性紧缩战略、失败性紧缩战略和调整性紧缩战略

按照采用紧缩型战略的原因划分，紧缩型战略可以分为适应性紧缩战略、失败性紧缩战略和调整型紧缩战略。

(1) 适应性紧缩战略。适应性紧缩战略是指企业为了适应外部环境而采取的一种紧缩型战略。外部环境的变化主要有整个国家的经济处于衰退之中、市场需求缩小、资源紧缺等。

(2) 失败性紧缩战略。失败性紧缩战略是指企业由于经营失误造成竞争地位下降，经营资源短缺，只有撤退才有可能最大限度地保存实力。

(3) 调整性紧缩战略。调整性紧缩战略是指企业为了利用环境中出现的新机会，谋求更好的发展，不是被动采用，而是有长远目标的积极紧缩型战略。

2. 抽资转向战略、放弃战略和清算战略

按照实施紧缩型战略的基本途径划分，紧缩型战略可以分为抽资转向战略、放弃战略和清算战略。

1) 抽资转向战略

抽资转向战略是指企业在现有经营领域不能维持原有的产销规模和市场面，不得不采取缩小产销规模和市场占有率的措施，或者企业在存在新的更好的发展机遇的情况下，对原有的业务领域进行压缩投资，控制成本以改善现金流，为其他业务领域提供资金的战略方案。另外，企业在财务状况下降时有必要采取抽资转向战略，这一般发生在物价上涨导致成本上升或需求降低使财务周转不灵的情况下。针对这些情况，抽资转向战略可以配合以下措施来进行。

第一，调整企业组织。这包括改变企业的关键领导人，在组织内部重新分配责任和权力等。调整企业组织的目的是使管理人员适应变化了的环境。

第二，降低成本和投资。这包括压缩日常开支，实施更严格的预算管理，减少一些长期投资的项目等，也可以是适当减少某些管理部门或降低管理费用。在某些必要的时候，企业也会以裁员作为压缩成本的方法。

第三，减少资产。这包括出售与企业基本生产活动关系不大的土地、建筑物和设备；关闭一些工厂或生产线；出售某些在用的资产，再以租用的方式获得使用权；出售一些盈利的产品，以获得继续使用的资金。

第四，加速企业资产回收。这包括加速应收账款的回收期、派出讨债人员收回应收账款、降低企业的存货量、尽量出售企业的库存产成品等。

抽资转向战略会使企业的主营方向转移，其成功的关键是管理者明晰的战略管理理念，即必须决断：是对现存的业务给予关注还是重新确定企业的基本宗旨。

2）放弃战略

在采取抽资转向战略无效时，企业可以尝试放弃战略。放弃战略是指将企业的一个或几个主要部门转让、出卖或停止经营。这个部门可以是一个经营单位、一条生产线或者一个事业部。

放弃战略与清算战略并不一样。因为放弃战略的目的是要找到肯出高于企业固定资产时价的买主，所以企业管理人员应该说服买主认识到购买企业所获得的技术资源或资产能给对方增加利润；而清算战略一般意味着基本上只包括有形资产的部分。

放弃战略在实施过程中通常会遇到一些阻力，包括以下三方面。

第一，结构上或经济上的阻力。一个企业的技术特征，以及其固定资本和流动资本妨碍其退出，如一些专用性强的固定资产很难退出。

第二，公司战略上的阻力。如果准备放弃的业务与其他业务有较强的联系，则放弃该项业务会使其他有关业务受到影响。

第三，管理上的阻力。企业内部人员，特别是管理人员对放弃战略往往会持反对意见，因为这往往会威胁他们的职业和业绩考核。企业克服这些阻力，可以采用以下办法：在高层管理者中，形成“考虑放弃战略”的氛围；改进工资奖金制度，使之不与放弃战略相冲突；妥善处理管理者的出路问题。

3）清算战略

清算战略是指卖掉其资产或停止整个企业的运行而终止一个企业的存在。显然，只有在其他战略都失败时才考虑使用清算战略。但在确实毫无希望的情况下，尽早制定清算战略，企业可以有计划地逐步降低企业股票的市场价值，尽可能多地收回企业资产，从而减少全体股东的损失。因此，清算战略在特定的情况下，也是一种明智的选择。需要特别指出的是，清算战略的净收益是企业有形资产的出让价值，而不包括其相应的无形价值。

5.3.3 紧缩型战略适用条件

上面已经提到按照采用紧缩型战略的原因划分，紧缩型战略可以分为适应性紧缩战略、失败性紧缩战略和调整性紧缩战略。这三类紧缩型战略的适用条件是：

（1）适应性战略的适用条件是企业预测到或已经感知到了外界环境对企业

经营的不利性，并且认为采用稳定型战略尚不足以使企业顺利摆脱这个不利的外部环境。如果企业可以同时采用稳定型战略和紧缩型战略，并且两者都能使企业避开外界威胁，同时也可以为企业今后的发展创造条件的话，企业应当尽量采用稳定型战略，因为它的冲击力小得多，对企业可能造成的伤害也要小得多。

(2) 失败性紧缩战略的适用条件是企业出现重大的问题，如产品滞销、财务状况恶化、投资已无法收回的情况。这里涉及一个“度”的问题，即究竟在出现何种严重经营问题时才考虑实施失效性紧缩战略？要回答这一问题，需要对企业的市场、财务、组织机构等方面作一个全面估计，认真比较实施紧缩型战略的机会成本，经过细致的成本-收益分析，最后才能下结论。

(3) 调整性紧缩战略的适用条件是企业存在一个回报更高的资源配置点。为此，需要比较的是企业目前的业务单位和实施紧缩型战略后资源投入的业务单位。在存在着较为明显的回报差距的情况下，可以考虑采用调整性紧缩战略。

5.3.4 紧缩型战略的优缺点

1. 紧缩型战略的优点

(1) 能帮助企业在外部环境恶劣的情况下，节约开支和费用，顺利地摆脱不利处境。

(2) 能在企业经营不善的情况下最大限度地降低损失。在许多情况下，盲目而且顽固地坚持经营不可挽回的事业，而不采用紧缩型战略，会给企业带来致命的打击。

(3) 能帮助企业更好地实行资产的最优组合。如果不采用紧缩型战略，企业在面临一个新的机遇时，只能运用现有的剩余资源进行投资，这样做势必会影响企业在这一领域发展的前景；相反，通过采取适当的紧缩型战略，企业往往可以紧缩缺乏前景的业务上的资源，将其投到具有前景的业务上，从而实现企业长远利益的最大化。

2. 紧缩型战略的缺点

(1) 实行紧缩型战略的尺度较难以把握，因此如果盲目地使用紧缩型战略，可能会扼杀具有发展前途的业务和市场，使企业总体利益受到影响。

(2) 一般来说，实施紧缩型战略会引起企业内外部人员的不满，从而导致员工情绪低落，因为实施紧缩型战略常常意味着不同程度的裁员和减薪。而且在某些管理人员看来，如果企业实施紧缩型战略，则意味着工作的失败。

小案例思考

康辉公司紧缩型 MBO 的运作经典①

作为一个大型国有集团公司，首旅集团并没有像很多企业那样选择扩张的道路，而是通过将下属的康辉旅行社出售给管理层，提高了国有经济的运行效率，其成功的经验值得参考。其具体方案为：经评估，康辉旅行社净资产为 5000 万元，每股作价 1 元，共 5000 万股本，管理层出资 2450 万元持有 2450 万股，占总股本的 49%，其余股份仍由首旅集团公司持有。而在康辉总社内部，管理层持股被分为 5 级：总经理为第一级，需要支付 60 万元；第二级为副总经理、董事长，需支付 45 万元；第三级为总经理助理与国际社分社的总经理，需支付 35 万元；第四级为部门经理，需支付 25 万元；另外，负责出境游和国内游业务的部门处级经理支付 10 万元也可持股。但有一个特殊规定：管理人员只有在相应的职位上才能占有相应的股份。例如，总经理须持 60 万元的股份，副总经理须持 45 万元的股份，如果总经理退到副总的位置，则必须转让出 15 万元的股份，而副总经理升任总经理，则要购买 15 万元的股份。

5.4 混合型战略

5.4.1 混合型战略概述

1. 混合型战略的内涵

混合型战略是稳定型战略、增长型战略和紧缩型战略的组合，事实上，许多有一定规模的企业实行的并不只是一种战略，从长期来看是多种战略的结合。

2. 混合型战略的特征

(1) 从采用情况来看，一般是较大型的企业采用混合型战略较多，因为大型企业相对来说拥有较多的战略业务单位。这些业务单位很可能分布在完全不同的行业和产业群中，它们所面临的外界环境，所需要的资源条件完全不相同，因此，若对所有的战略业务单位都采用统一的战略态势的话，就有可能由于战略与具体的战略业务单位不相一致而导致企业的总体效益受到影响。可以说，混合型战略是大型企业在特定历史阶段的必然选择。

(2) 从市场占有率等效益指标来看，因为采用不同战略态势的不同战略业务单位市场占有率的变化方向和大小并不一致，所以从企业整体市场占有率、销售

---

① 证券时报编者：康辉公司紧缩型 MBO 的运作经典，证券时报，2004 年 7 月 27 日。

额、产品创新率等指标反映出来的状况并没有一个一般的结论，实施混合型战略的企业只有在不同的战略业务单位之间才体现出该战略业务单位所采用的战略态势的特点。

(3) 在某些时候，混合型战略也是战略态势选择中不得不采取的一种方案。例如，企业遇到了较为景气的行业和比较旺盛的消费者需求，因而打算在这一领域采取增长型战略，但如果企业的财务资源并不是很充分，可能就无法实施单纯的增长型战略。此时，就可以选择部分相对不令人满意的战略业务单位，对它们实施抽资或转向战略，以此保证另一战略业务单位实施增长型战略所需的充分资源。由此，企业从单纯的增长型战略态势转变成了混合型战略。

5.4.2 混合型战略的类型

1. 同一类型的战略组合和不同类型的战略组合

按照各自战略的构成不同划分，混合型战略可以分为同一类型的战略组合和不同类型的战略组合。

1) 同一类型的战略组合

所谓同一类型的战略组合，是指企业采取稳定、增长和紧缩三种战略中的一种作为主要的战略方案，但具体的战略业务单位又是由不同类型的同一种战略态势来指导。因此，从严格意义上来说，同一类型的战略组合并不是“混合战略”，它只不过是在某一战略态势中的不同具体类型的组合。

2) 不同类型的战略组合

所谓不同类型的战略组合，是指企业采用稳定、增长和紧缩三种战略中的两种以上战略态势的组合。因此，这是严格意义上的混合型战略。这种战略要求企业的高层管理者能很好地协调和沟通企业内部各战略业务单位之间的关系。

2. 同时性战略组合和顺序性战略组合

按照战略组合的顺序不同划分，混合型战略可以分为同时性战略组合和顺序性战略组合。

1) 同时性战略组合

同时性战略组合是指不同类型的战略同时在不同战略业务单位执行而组合在一起的混合型战略。下面是三种最常见的同时性战略组合。

第一，在撤销某一战略经营单位、产品系列或经营部门的同时增加其他一些战略经营单位、产品系列或经营部门。这其实是对一个部门采取清算战略，同时对另一个部门实施增长战略。

第二，在某些领域或产品系列实施抽资或转向战略的同时，在其他业务领域或产品系列实施增长战略。在这种情况下，企业实施紧缩型战略的业务单位可能还未到应该放弃或清算的地步，甚至有些可能是仍旧有潜力的发展部门，但是为了提供其他部门发展所需要的资源，只有实施紧缩型战略。

第三，在某些产品或业务中实施稳定型战略，而在其他一些产品或部门实施增长型战略。这种战略组合一般适用于资源相对丰富的企业，因为它要求企业在并没有实施收缩而获取资源的前提下，以自己的积累来投入需要增长的业务领域。

2）顺序性战略组合

顺序性战略组合是指一个企业根据生存与发展的需要，先后采用不同的战略方案，从而形成自身的混合型战略方案，因而这是一种在时间上的战略组合。常见的顺序性战略组合有：

第一，在某一特定时期实施增长型战略，然后在另一时期使用稳定型战略。这样做是为了使企业能够发挥“积聚能量”的作用。

第二，首先使用抽资转向战略，然后在情况好转时再实施增长型战略。采用这种战略的企业主要是利用紧缩战略来避开外界环境的不利条件。

一般来说，不少企业既采用同时性战略组合，又采用顺序性战略组合。

5.4.3 混合型战略适用条件

采用混合型战略需要具备以下条件：

(1) 较大规模的企业或者产品系列较多的企业。企业可能有较多的业务单位跨行业经营，有的产品采用增长型战略，而有的产品则采用收缩型战略。

(2) 市场区域较为宽泛的企业。由于企业在不同的市场上可能面临不同的具体情况，所以根据不同的市场采用不同的战略，有的可能强化而增长，有的可能收缩。

(3) 技术进步较快的企业。如技术领导者，相应的产品更新也快，为了推广其强势产品或者与对手拉开更大的距离，往往会对处于生命周期不同的产品实施不同的战略，或者有所抑扬。例如，英特尔公司（Intel）推出奔腾 4 以后，对奔腾 3 系列产品采用逐步收缩的战略。

(4) 实力有限的企业可能也会采用混合型战略。这些企业一边致力于业务和业绩的快速增长，一边可能会作一些战略铺垫，为将来打好基础。

(5) 企业处于不同的发展时期，适当采用不同的战略模式。例如，从企业初创时期到壮大的各个阶段，采用“增长—稳定—增长—稳定—收缩调整—增长—稳定”的顺序战略组合。

5.5 进攻型战略

5.5.1 进攻型战略概述

1. 进攻型战略的内涵

进攻型战略是指在一个竞争性的市场上，主动挑战市场竞争对手的战略。采取进攻型战略的既可以是行业的新进入者，也可以是那些寻求改善现有地位的企业。进攻性行动的中心可以是一项新技术、一项新培养出来的核心能力、一种具有革新意义的产品、新推出的某些具有吸引力的产品性能特色，以及在产品生产或营销中获得的某种竞争优势，也可以是某种差别化的优势。进攻型战略是一项长期的、风险性较高的投资活动，一旦成功，所获得的超额利润和潜在利润是十分可观的。

2. 进攻型战略的特征

实施进攻型战略的企业要明确该战略的运行规律和特征，进而结合市场和自身优势采用适当的进攻型战略。进攻型战略一般具有以下特征：

(1) 要求企业在技术创新方面拥有雄厚的实力和较高的技术水平。

(2) 实施进攻型战略的企业倾向于采用非价格手段同竞争者抗衡。企业不仅努力开发市场，而且在新产品的开发、管理模式上都具有优势。

(3) 企业通常倾向根据市场需求和环境变化来创造新产品，并力图通过新的市场要求来改变外部环境并使之适合自身。

(4) 企业有能力开展基础研究和应用研究。

5.5.2 进攻型战略的类型

进攻型企业在其发展的不同阶段有不同的表现形式和类型，有时同一个企业在同一发展阶段也可以采用几种进攻型战略的组合来发展自己。进攻型战略因不同的进攻方式可以分为正面进攻、侧面进攻、全方位进攻和迂回进攻等。

(1) 正面进攻。正面进攻是指企业利用自己的全部资源从正面向竞争对手发起袭击，其攻击目标是对手的强项而非弱项。例如，可口可乐公司与百事可乐公司的广告大战、我国彩电业的价格大战等。企业在实施战略前必须根据自身的资源优势、成本优势、产品差异优势等科学分析其可行性，即进行所需成本与可获利润的比较。企业进行正面进攻可采取的方式有：降低价格、进行有针对性的广告宣传、增加产品的某些特征以吸引对手的顾客、推出更好的品牌等。目前较为流行的降低价格或推出新品牌的方式，都是强有力的进攻手段。

(2) 侧面进攻。侧面进攻是一种避实就虚、以强克弱的进攻方式。须知，受到攻击的一方往往具有一定的实力，但某一侧面往往是其薄弱环节，因此，这一战略的成功采用和实施往往会使对手措手不及。要发动有效的侧面进攻，企业要针对对手的弱点和市场变化认真考虑以下层面：一是市场中被对手忽视的产品或服务领域；二是企业自身的独特优势和发展潜力尚未引起竞争对手的充分注意等。唯有如此，企业才能有效利用侧面进攻，从而出奇制胜。

(3) 全方位进攻。全方位进攻指企业从各个方面或几条战线向竞争对手同时发动进攻，以夺取市场份额。这种进攻方式往往会使对手防不胜防，企业只有具备了超强的人力、物力、财力及技术创新能力，才能采取这种进攻方式，否则，会使企业顾此失彼，难以达到预期效果，有时还会给企业带来严重经济损失。因此，企业要采用此战略必须通过“战略分析和战略直觉”对自己进行准确的战略定位。

(4) 迂回进攻。迂回进攻是指企业绕过竞争对手的势力范围，避免与其进行直接较量，而向较易进入的市场发动攻击，以扩大自己的市场范围。采用迂回进攻战略不仅可以在新的细分市场中获取第一行动的优势，而且还会改变现有的市场竞争规则使之有利于本企业的发展。采取这一战略的主要方法有：进入对手尚未觉察的细分市场、通过导入具有差异性的产品来建立新的市场、采用新一代技术改进现有产品和生产过程等。值得注意的是，这一战略要求企业必须具有一定的技术创新能力和独特优势，并占有有利地位，同时要能够避免与竞争对手发生正面冲突。

5.5.3　进攻型战略适用条件

企业要想真正实施进攻型战略，必须具备以下基本条件。

(1) 企业与创新领域的科学技术有某种“特殊关系”。这种特殊关系可能是由于企业本身具有经验、知识及对市场的敏锐洞察力，当与企业相关联的科学技术有所突破时，它能适时抓住机遇；也可能是企业雇佣了相应科技领域非常关键的研究人员，并与科技界保持一种很好的信息联系等。

(2) 企业本身非常重视科技开发，企业的研究与开发（R&D）部门创新能力强。

(3) 企业拥有一种持久的独特竞争优势。进攻型企业必须拥有一种超过对手的、明显的、确定的竞争优势，这种优势可以是成本上的优势，也可以是差异化的能力。

(4) 能够设立障碍避免对手的报复。进攻型企业必须有一些减弱对手报复的方法和措施，使对手不愿或不能进行报复。

(5) 企业文化要以“增长”为主旋律。企业文化是一个企业在长期发展中形成的一套根深蒂固的价值观念。如果一个企业以稳定或消极被动为其文化主旋律，那么采用此战略势必遇到阻力。因此，进攻型企业要视环境变化和战略需要对企业文化进行新的培育和完善。

5.5.4 进攻型战略的优缺点

1. 进攻型战略的优点

进攻型战略的优点主要表现在以下四个方面：①通过不断变革来创造更高的生产效率；②开拓新产品并获取超额利润；③在激烈的商战中保持并增强企业的核心竞争力和实力；④充分发挥市场优势以获取更大的市场份额。

2. 进攻型战略的缺点

进攻型战略的缺点表现在以下三个方面：①企业通过实施进攻型战略并获取预期效果后，很可能会由于行为惯性而导致盲目发展或为发展而发展；②企业通过“战略分析和战略直觉”不一定总能准确预测未来市场的潜在需求，因此可能对技术创新和新产品的开发产生误导；③这一战略可能使管理者更加注重投资结构、收益率，而忽视产品和服务质量。

小案例思考

联想并购 IBM①

2005 年，联想集团对便携式计算机已经相当熟悉，随处可见的索尼、戴尔、IBM 成为这个市场上的主流品牌，而国产便携式计算机由于产品质量和品牌知名度欠缺，在当年非常被动。如何改变这种局面并且走出国门，联想做出了一个震惊世界的举动——2005 年 5 月的第一天，宣布收购 IBM 个人电脑事业部。

经过 3 年的不懈努力，联想已经将 IBM 融进了血液里，通过两次战略重组大幅度提升了效率。顺利地从 IBM 手中承接了全球各区域的销售和客户，完成了产品品牌的切换，开展了交易型业务，提升了联想的全球竞争力，为可持续增长注入了强劲动力。联想在 2007 财年以 168 亿美元的营收跻身 2008 年度世界 500 强排行榜，列第 499 位。

5.6 防御型战略

5.6.1 防御型战略的内涵

防御型战略是企业应付市场可能给企业带来的威胁，所采取一些措施企图保

① 汪兴洋：联想并购 IBM 领舞中国 IT 业国际化，中国经理人网，2008 年 12 月 16 日。

护和巩固现有市场的一种战略。

在某个有限的市场中，防御型组织常采用竞争性定价或高质量产品等经济活动来阻止竞争对手进入它们的经营领域，以此来保持自己的稳定。和“战略”一词来源于军事一样，“防御型战略”也来源于军事。在军事中，防御型战略是指作战中的一方由于实力较弱，出于长期考虑，在较长一段时间内，采取不主动进攻的战略。需要明确的是，防御型战略并不完全排斥进攻。

5.6.2　防御型战略的类型

一个企业在受到竞争者的进攻时，通常可以采取下面的四种防御形式。

（1）阵地防御。这是一种静态的防御方式，即受到攻击的企业把它的资源用于遭到攻击的方面，建立保卫自己现有产品的堡垒。在现代市场竞争中，这是一种消极的防御方法，企业一般都不会单纯地运用这种战略。

（2）进攻性防御。这是一种较为积极的防御战略，即企业在发现竞争对手的进攻企图后，先于对手采取行动，挫败其进攻计划。采取这种先发制人的防御方式能够最有效地避免攻击。

（3）反击防御。当一个企业受到竞争对手的进攻后，为了摆脱被动的局面，会积极地作出反应，采取有效的形式反击对手的进攻。

（4）侧翼防御。当企业采取这一战略时，必须考虑竞争对手可能寻找的进攻突破口。因为，竞争对手通常都是在企业暴露在外的侧翼上取得突破的。企业应在侧翼上建立一些前哨阵地，作为防御的基地，以保护相对薄弱的环节，减少竞争者可以利用的进攻点，并在条件许可时作为反击的出击点。

5.6.3　防御型战略实施途径

1. 应对挑战者采取进攻性行动的防御措施

（1）招聘额外的职员以扩大或加强公司在关键领域内的核心能力，从而战胜那些模仿公司技巧和资源的竞争对手。

（2）提高公司资源和能力的灵活性，以便公司可以进行很好、很快的资源再分配，或者根据变化的市场环境进行调整，从而使公司比竞争对手更敏捷地适应新的发展态势。

（3）扩大公司的产品线，堵住挑战者可能进入的市场点和市场缺口。

（4）对于那些能够同竞争对手相匹配的模型要保持较低的价格。

（5）同特约经销商和分销商签订排他性合同，使得竞争对手不能使用这些渠道。

（6）授予特约经销商和分销商一定的销量折让利益，以阻止他们对其他供应商的产品进行试销。

(7) 给产品用户提供免费的或低成本的培训。通过下列方式尽量阻止购买者使用竞争对手的品牌：向那些容易受试用产品诱惑的购买者提供彩票，免费馈赠样品；提前宣布即将推出的新产品或者价格变动，以取得潜在购买者，并使他们推迟品牌的更换。

(8) 提高提供给特约经销商和分销商的融资服务水平。

(9) 降低备用零配件的送货时间。

(10) 延长保险覆盖的时间和范围。

(11) 参与替代技术。

(12) 保护产品设计、产品生产技术及其他价值链活动中的专有诀窍。

(13) 对最优供应商提供的绝大部分或者全部产品签订合同，增加竞争对手获得同等质量零部件的难度。

(14) 避免同那些同样服务于竞争对手的供应商打交道。

(15) 在现实需求之前购买自然资源，使它不易为竞争对手所得。

(16) 在管理程序方面对竞争对手的产品或者惯例提出挑战。

上述这些行动不仅可以为公司的现有地位树立一个坚固的堡垒，而且可以使自己成为竞争对手的一个“移动靶”。保护现状是不够的，必须做到对变化的行业环境作出快速调整，同时在某些情况下，首先采取行动阻止可能的挑战者或者先于挑战者采取行动。流动的防卫要优于固定的防卫。

2. 向挑战者发出明确的信号

向挑战者发出信号的目的是劝说其根本不要进攻，或者至少使他们采取那些对防卫者来说威胁性更小的行动。下面一些行动可以看做是对挑战者发出的信号。

(1) 公开宣告公司的管理仍将维持公司现有的市场份额。

(2) 公开宣告公司将提高生产能力来满足行业容量的预计增长。

(3) 提前发布有关新产品、技术突破及计划推出的重要新品牌或者模型的有关信息。其中，公司发布计划推出重要新品牌或者模型的消息的目的在于希望挑战者会将他们的行动推迟到他们看到这些被宣告的行动是否真的会发生为止。

(4) 公开宣告公司将执行能够与竞争对手的条件或者价格相匹配的政策。

(5) 保持一定“战略储备性”的现金和可转换债券。

(6) 偶尔对弱小的竞争对手采取的行动予以强烈反击，从而提高公司坚强的防卫者形象。

阻止竞争对手的另一个途径是尽力降低挑战者发起进攻性行动的利润诱惑。如果一个厂商或者行业的盈利能力具有足够高的水平的话，挑战者也愿意跨越很高的防卫障碍，迎接很强的报复性行动。防卫者可以转移进攻，特别是来自于新进入者的进攻，人为地捏造一些短期的利润水平，利用会计手段遮掩一些盈利能力。

5.6.4　防御型战略适用条件

采用防御型战略需要以下基本条件。

(1) 宏观经济严重不景气、通胀严重或消费者购买力很弱。

(2) 企业的产品已进入衰退期，市场需求大幅度下降，企业没有做好新产品的投入准备。

(3) 企业受到强有力的竞争对手的挑战，难以抵挡。

(4) 企业的高层领导者缺乏对市场需求变化的敏感性，面对危机束手无策，被动地采取防御战略；企业高层领导者面对困境，主动地选择前景良好的经营领域进行投资，实施有秩序的资源转移。

5.6.5　防御型战略的优缺点

1. 防御型战略的优点

(1) 实行防御型战略能帮助企业在外部环境恶劣的情况下节约开支和费用，顺利地摆脱面临的不利处境。

(2) 实行防御型战略能在企业经营不善的情况下最大限度地降低损失。在许多情况下，盲目而且顽固坚持经营无可挽回的事业而不是明智地采用防御型战略，会给企业带来致命的打击。

(3) 实行防御型战略能帮助企业更好地实行资源的最优组合。企业通过采取适当的防御型战略，往往可以将那些运作不太成功的产品资源转移到前景较好、运作比较成功的产品上，从而实行资源的最优组合。

2. 防御型战略的缺点

(1) 实行防御型战略的尺度较难把握，因而如果盲目使用则可能会扼杀具有发展前途的业务和市场，使企业总体利益受到伤害。

(2) 实行防御型战略会引起企业内部员工的不满，从而导致员工情绪低落，因为采用此战略常常会有不同程度的裁员和减薪。

【本章精要】

企业总体战略一般可分为增长型战略、稳定型战略、紧缩型战略、进攻型战略、防御型战略和混合型战略。

增长型战略是一种使企业在现有的战略基础水平上向更高一级目标发展的战略。可分为一体化扩张（横向一体化和纵向一体化）和多元化扩张（同心多元化和离心多元化）。

稳定型战略是企业准备在战略规划期使企业的资源分配和经营状况基本保持在目前状态和水平上的战略。按照偏离战略起点的程度可分为无增战略和微增战略。按照防御态势可分为阻击式防守战略和反应式防御战略。按照利润的增减可分为无增战略、维持利润战略、暂停战略和谨慎实施战略。

紧缩型战略是企业从目前的战略经营领域和基础水平收缩和撤退。按照原因可划分为适应性紧缩战略、失败性紧缩战略和调整性紧缩战略。按照基本途径可将其分为抽资转向战略、放弃战略和清算战略。

混合型战略是多种战略的结合使用。按照各自战略的构成不同划分，可分为，同一类型的战略组合和不同类型的战略组合。按照组合的顺序不同可将其分为同时性战略组合和顺序性战略组合。

进攻型战略是指在一个竞争性的市场上，主动挑战市场竞争对手的战略。按进攻方式可以分为：正面进攻、侧面进攻、全方位进攻、迂回进攻等。

防御型战略是企业应付市场可能给企业带来的威胁，采取一些措施企图保护和巩固现有市场的一种战略。一般分为阵地防御、进攻性防御、反击防御和侧翼防御。

【思考题】

1. 企业的总体战略一般可分为哪些类型？
2. 什么是增长型战略？如何实现增长型战略？
3. 什么是稳定型战略？如何实现稳定型战略？
4. 什么是紧缩型战略？如何实现紧缩型战略？
5. 什么是进攻型战略？如何实现进攻型战略？
6. 什么是防御型战略？如何实现防御型战略？
7. 增长型战略、稳定型战略、紧缩型战略和进攻型战略各有何利弊？
8. 对国内一家企业进行调研，分析这家企业是如何实施总体战略的。

【综合案例】

北大方正集团与巨人集团多元化战略对比分析①

北大方正集团和巨人集团创业伊始是十分相似的，同样是并非十分激烈的竞争环境，依靠高科技产品的高附加值迅速进行资本积累，扩大企业规模。创业之初都曾很辉煌，但随着企业发展，方正日益壮大，一跃成为高科技跨国公司，其主导产品——激光照排系统目前占世界中文市场80%以上。而巨人自1996年开始走向了衰落。为什么创业初期条件十分相似，在发展上都采取了相同的战略——多元化战略，却出现了两种截然不同的结果？

---

① 王铁勇：一个战略两种结果——北大方正集团与巨人集团多元化战略对比分析，企业管理，1999年，第12期，第38～40页。

1. 方正

20世纪70年代中期，学数学出身的王选，在计算机领域运用数学方法，首创汉字数字化存储和高倍率信息压缩新技术，并获得专利。这一专利引发中文出版印刷业一场深刻的技术革命。

1985年，张玉峰、楼滨龙等5人各凑3000元创办了北大科技开发部，旨在把科技成果转化为商品。1986年，张玉峰等创办的北大科技开发部变成北大理科技术公司。1988年5月，北大理科技术公司更名为北大新技术公司。在此之前，王选教授发明的激光照排技术，由北京大学和山东潍坊计算机公司等单位共同开发研制，已发展为4型机，但制造质量不过关，废品率高。王选教授正从多方面积极努力改变这一现状。在这种情况下，北京大学决定把开发任务交给北大新技术公司。这是王选和张玉峰都盼望已久的事，他们俩人心中早有了合作愿望。这样，一家以“方正”命名的高科技企业就应运而生。

在方正创业初期，曾提出：5年站住脚，跻身中关村前3名；5年大发展，力争1997年成为世界跨国公司。前5年的目标已实现，后5年的目标也已基本实现。1993～1997年，方正实现了集团化、多元化、国际化，为此，企业进行了多元化和产业结构的调整，形成了以北大技术带动发展的方正化工、稀土应用等不同产业的多元化发展。同时，利用北大多学科基础研究的成果，向生物工程、精细化工、原材料工业领域扩张和调整结构，这意味着方正集团以电子信息产业和工业制造为龙头的产业发展战略正在开展和实施。

方正产品的相关性很强，人力、技术、设备的共用性和通用性高，并以北大基础研究和开发研究为基础，作为电子信息产业的高科技企业集团，它开辟的是一条知识经济的道路。它的多元化思路始终有一条脉络分明的主线——汉字激光照排系统和微型计算机，方正化工和稀土应用作为补充产品，并向生物工程、精细化工、原材料工业发展。正如王选院士所说：“从收音机到电视机、从计算机到信息网络、从模拟到数字等变化说明，现代科学技术的每一次进步、文化知识的每一次积累都推动着人类车轮的前进。对此，我们一定要有现代战略眼光和前瞻意识，紧紧跟上人类文明的迅猛发展。”

2. 巨人

1989年8月，史玉柱用全部的4000元钱为自己研制的产品M6401桌面排版印刷系统在《计算机世界》刊登了一个广告，这个广告为他带来了10万元的回报。史玉柱将这笔钱又全部投入广告，4个月后，M6401桌面排版印刷系统为他带来100万元收益。一年之后，史玉柱又推出了新产品M6402文字处理软件系列产品。有了新技术和资金，史玉柱决心创办一个属于自己的公司。1991年春，珠海巨人新技术公司成立。

巨人集团创业初期也选择了软件产业，文字处理软件是巨人发展的最初产品。依靠开发计算机软件，巨人曾经创造出了 3 年发展速度达 500%的奇迹，然而在主产业尚未成长起来并站稳脚的时候，就遇到 1993 年中国计算机业的灾难年。随着西方 16 国组成的巴黎统筹委员会的解散，西方国家向中国出口计算机禁令失效，康柏、惠普、AST、IBM 等国际著名电脑公司开始向中国电子信息产业大举进军，市场竞争更加激烈甚至残酷，给国内企业带来巨大压力。计算机业步入低谷，巨人赖以生存和发展的主导产业受到重创。为了摆脱原有单一计算机产业带来的压力和风险，1994 年 8 月，巨人提出了二次创业的构想，其总体目标是跳出计算机产业，走多元化之路。为此，巨人集团投资 12 亿兴建巨人大厦，同时投资保健品行业，开展生物工程项目。这一多元化战略选择是后来巨人集团走向衰落的转折点。巨人大厦的楼花在初期卖得火热，从中国香港融资 8000 万港币，从内地融资 4000 万人民币，短短数月便获得现款 1.2 亿元。巨人大厦的兴建是巨人危机的直接导火索。按合同，巨人大厦 1996 年底应交付使用，否则要给买楼花者退款并赔偿。但巨人大厦未能如期完工，债主因此登门讨债。由于资金供应断线，集团财务周转不灵，巨人已无钱可还，危机终于爆发。

综合案例思考题：

1. 企业进行多元化经营的条件有哪些？
2. 为什么北大方正集团、巨人集团选择的战略相同，但结果差异却很大？

第6章 企业竞争战略

> 我们正处在全球性的竞技场中，而且在每一回合的打斗之间，甚至没有片刻时间可休息。
>
> ——通用公司前CEO 杰克·韦尔奇

【引导案例】

中国电信行业的变革之道①

2008年，中国电信行业进行新一轮重组，形成了新中国电信、新中国移动和新中国联通鼎立的“新三国”局面。经历了政企分开、邮电分离、成立联通、移动剥离、电信分拆等重大变革之后，中国传统电信行业从规模到结构、从业务到管理、从行业到企业完成了一系列大“裂变”：电信企业从事业单位到企业单位的管理体制裂变，从邮电业务共同运营到电信业务独立运营的发展机制裂变，从移固业务共业经营到分业经营的业务模式裂变，从固定业务一家经营到南北分拆各自运营的同业管理方式裂变。

正如每一次变革都会带来营销、市场等环节的变化一样，面对每一次变革，运营商都在管理方法、管理思路上作出适时的改变。

截至2007年底，中国电信和中国移动的运营收入占传统电信业收入的比重已超过了70%，因此可以说，其发展轨迹在很大程度上已代表了行业发展轨迹，其增长模式也在很大程度上代表着行业主流。而两家由分拆后形成的公司分别采

---

① 李光皓：中国电信行业的变革之道，商学院，2008年，第12期，第86～87页。

取了“以客户为中心”和“以产品为中心”的发展道路。

中国电信集团以客户固话业务起步，在客户界面方面，改变公司组织架构，建立以客户为中心、前端驱动后端的管理机制和流程体系；在业务界面，建立一系列客户品牌，并以之统领、牵引各项业务的开发和推广。

本章学习目标：

- 掌握成本领先战略、差异化战略和集中化战略概念的内涵；
- 理解三种竞争战略的优缺点；
- 了解企业如何实施这三种竞争战略；
- 识别这三种竞争战略之间的区别；
- 掌握不同行业竞争战略的选择；
- 掌握同一行业不同竞争地位的竞争战略。

企业需要有明确的战略目标和深思熟虑的竞争战略，否则，必将在变幻莫测的市场竞争中迷失方向。

6.1 企业基本竞争战略

企业基本竞争战略是由美国哈佛商学院著名的战略管理学家迈克尔·波特提出的，包括成本领先战略、差异化战略和集中化战略。企业必须从这三种战略中选择一种作为其主导战略，要么把成本控制到比竞争者更低的程度；要么在企业产品和服务中形成与众不同的特色，让顾客感觉到你提供了比其他竞争者更多的价值；要么企业致力于服务某一特定的细分市场、某一特定的产品种类或某一特定的地理范围。

6.1.1 成本领先战略

1. 成本领先战略的内涵

成本领先战略是指企业通过降低成本，在研究开发、生产、销售和广告等领域，使本企业的总成本低于竞争对手的成本，甚至达到全行业最低，以构建竞争优势的战略。

企业在成本领先战略中对低成本的理解要注意如下五个方面。

第一，该战略有两层含义：一是指企业通过在内部加强成本控制，在研究开发、生产和销售等领域把成本降到最低限度，成为行业中的成本领先者；二是强调以很低的单位成本价格，为价格相对敏感的用户提供非标准化产品。因此，企业凭借其成本优势，可以在激烈的市场竞争中获得有利的竞争优势。

第二，低成本战略的目标是获取比竞争对手相对低的成本，而不是获取绝对低的成本。

第三，成本领先战略一般要求企业成为整个行业内的唯一成本领先者，而不仅是争夺这个位置的众多企业中的一员。如果在实行该战略时未能认识到这一点，那么将会铸成大错。

第四，小幅度、一时的成本领先，很难使成本领先战略成为企业的主要竞争战略，而会成为依赖其他策略的一种战略。真正的成本领先战略应是持续的、让竞争对手难以复制的。

第五，低成本领导者获取利润有两种选择：一是利用低成本优势定出比竞争对手低的价格；二是不削价，满足于现在的市场份额，利用低成本优势提高单位利润率，从而提高公司的总利润和总的投资回报率。

2. 成本领先战略的实施条件

(1) 设计一系列便于制造和维修的相关产品，彼此分摊成本。同时，要使该产品能为所有主要的用户集团服务，增加产品数量。

(2) 在现代化设备方面进行大量的领先投资，采取低价位的进攻性定价策略。这些措施在短期内可能会造成初期的投产亏损，但其长远目标是提高市场占有率，获取更高的利润。

(3) 低成本给企业带来高额边际收益。企业为了保持低成本地位，可以将这种高额边际收益再投到新装备和现代化设施上。这种再投资方式是维持低成本地位的先决条件，以此形成低成本、高市场占有率、高收益和更新装备的良性循环。

(4) 企业具有先进的生产工艺技术，从而能降低制造成本。

(5) 降低研究与开发、产品服务、人员推销、广告促销等方面的费用支出。

(6) 建立起严格的、以数量目标为基础的成本控制系统。控制报告和报表要做到详细化和经常化。

(7) 企业建立起具有结构化的、职责分明的组织机构，便于从上而下实施最有效的控制。

3. 实现成本领先战略的途径

企业基本上了解了与竞争对手的成本差异，要想获得成本优势主要有两种方法：一是在企业价值创造的每一个环节上实行有力的成本控制手段；二是重新构建新的成本更低的价值链。不管采用哪种方法实现成本领先战略，都离不开下面六项措施。

(1) 规模经济。规模经济生产和分销是实现成本领先战略的最重要措施。规模经济的重要性在于其战略上的意义。如果一个企业能比其竞争对手更快地扩大产量，则其经验曲线将比它的竞争对手下降得更快，从而可以拉大它们之间的成本差异。在这种情况下，企业的主要战略目标应该是扩大市场份额。随着市场份额的扩大，企业可以比竞争对手更快地降低成本，这意味着企业可根据期望成本而不是当前的成本来为产品定价，这就是反向定价法，即在定价时，首先估计购买者可以接受的价格，或者满足企业市场占有率目标时应该达到的价格，然后再确定合适的产量或规模，从而获得较高的边际收益。无论是在稳定还是不稳定的环境下，一个希望长期生存和发展的企业都必须通过增加销量来积累经验和降低成本，而且速度要比其他竞争对手快，只有这样才能维持生存和发展。目前，我国汽车行业在成本上比不过日本、韩国，与规模有很大关系。例如，一汽与丰田同样有 15 万职工，一汽的产量是 40 万辆，而丰田则是 500 万辆，规模差距决定了成本的差距。

（2）降低输入成本。在健全的要素市场上，并非每个企业都能以同样的价格购得生产原料和半成品。实际上，在大多数行业中，由于各方面的原因，如地域、供应来源、与供应商讨价还价能力、与供应商的关系等，不同企业的输入成本有很大不同，而这些差异往往正是其中一些企业取得成本优势的重要原因。企业应做好供应商营销，也就是与上游供应商（如原材料、零配件供应商等）建立起长期稳定的合作关系，以便获得廉价、稳定的上游资源，并能影响和控制供应商，对竞争者建立起资源性壁垒。要做好供应商营销，企业还需要积极适应“全球化”潮流，在全球范围内比较和挑选供应商，这也会带来供货经济性。B to B 电子商务的发展为全球采购打下了基础，建立有产权和资本枢带联系的垂直供应渠道只能加强对供应商的实际控制，而建立采购比价系统、增大采购透明度，以及库存和采购的计算机模型化管理则可从内部管理环节降低采购成本。为了降低输入成本，企业也应稳定与承运人等合作方的关系。随着经济发展的全球化，通过降低物资消耗和提高劳动生产率来降低生产成本的做法已转向非生产领域，特别是物流领域。例如，索尼公司在全球物流供应链的建立与维护过程中，非常重视与承运人的关系，在每年与承运人的洽谈会中都商定索尼公司作为签约一方给另一方一年集装箱运量的许诺等。

（3）充分利用生产能力。从长期角度来看，企业可以根据产出的变化，即市场需求的变化来调节它们的生产规模和能力，但在较短时间内，企业的生产能力却基本上是固定的，市场需求的变化往往伴随着生产能力利用率的变化。在需求下降时，生产能力过剩，而在需求达到峰值时，只能通过超时工作等措施增加产量。当生产能力过剩时，固定成本必然要分摊在较少的产出上。在诸如化工和钢铁等资本密集型的行业，生产能力过剩将显著增加单位产品的成本，在这样一些行业，能否充分利用生产能力将成为能否取得成本优势的关键。同样，在衰退行业和需求经常有很大波动的行业，调整生产能力以适应需求的变化是取得成本优势的关键。

（4）塑造企业成本文化，实现成本的有效控制。追求成本领先的企业应着力塑造一种注重细节、精打细算、严格管理、以成本为中心的企业文化。抓好外部成本的同时抓好内部成本；把握好战略性成本的同时把握好作业成本；注重短期成本的同时更要注重长期成本。要使“降低成本”成为企业文化的核心，一切行动和措施都应体现这个核心。“邯钢模式”或称“邯钢经验”一段时间曾广为推行，很重要的一点是其形成了一种文化，这种文化“润物细无声”，得到了员工的高度认同。从国际竞争的角度看，我国相当多的企业在相当长一段时间内还只能在成本领域寻求优势，因此，培植企业成本文化尤其重要。

（5）加强生产技术创新，实现生产设备的现代化。创新是一条永远不变的市场竞争法则。技术革新和革命、生产设备的现代化会大幅度降低成本，如福特汽车公司通过传送带实现了流水生产方式而大幅度降低了汽车生产成本，进而实现了让汽车进入千家万户的梦想。河南莲花味精集团围绕味精生产先后进行了十几次技术改造，每一次改造都伴随着生产效率的提高、能源及原材料的节约。以用玉米代替大米为代表的替代工程的实施及发酵与提取技术的提高同样取得了降低成本的效果。

（6）利用领先优势，选准时机，打好“价格战”。一提起价格战，不少人就感到恐慌，似乎价格战是什么不祥之物，究其本质，价格战只是成本领先战略的外在表现而已。发动价格战的企业一定是具有成本领先优势的企业，在它还未形成垄断，占据绝对优势之前，它绝不会满足于把自己的成本领先优势束之高阁。的确，当和竞争对手使用同样的价格时，成本较低的企业可以获得较高的利润率，但是，那并不代表它可以获得绝对较大的利润，因为它的市场份额不一定比对手大，还可能不如对手。要真正超过竞争对手，除了在差异化等方面努力外，价格战的确是一把开拓市场的利器，但是价格战也不是随随便便就能成功的，长虹1999年的降价未能收到预期效果即是一例。打价格战也要选好时机，衡量自己的产品是否适合价格战，还要考虑价格战会对自己的企业产生什么影响等。

值得强调的一点是，我国企业以往依靠廉价的劳动力和土地资源建立起来的成本优势是不持久的。从世界范围来看，当初日本企业与欧美企业竞争靠的是劳动力成本的低廉，但这一竞争优势很快为东南亚“四小龙”所取代，“四小龙”在劳动密集型产品上的成本优势继而又被中国内地所取代，因为后者较前者劳动力和土地成本更低。鉴于此，只有建立在规模经济、供应商营销、管理与文化、生产技术创新等基础上的成本领先才是企业可持续的竞争优势。

4. 成本领先战略的优缺点

实施成本领先战略具有如下优点：①企业处于低成本地位上，可以抵挡住现有竞争对手的对抗，即在竞争对手不能获得利润只能保本的情况下，企业仍能获利。②面对强有力的购买商要求降低产品价格的压力时，处于低成本地位的企业在进行交易时握有更大的主动权，可以抵御购买商讨价还价的能力。③当强有力的供应商抬高企业所需资源价格时，处于低成本地位的企业可以更灵活地解决困境。④企业已经建立起庞大的生产规模和成本优势，使欲加入该行业的新进入者望而却步，形成进入障碍。⑤在与替代品竞争时，低成本的企业往往比本行业中的其他企业处于更有利的地位。

成本领先战略也存在以下缺点：①生产技术的变化或新技术的出现可能使企业过去的设备投资或产品学习经验变得无效，成为无效用的资源。②行业中新加入者通过模仿、总结前人经验或购买更先进的生产设备，使得他们的成本更低，以更低的成本起点参与竞争，从而后来居上。这样，企业就会丧失成本领先地位。③由于采用成本领先战略的企业其力量集中于降低产品成本，从而使它们丧失了预见产品市场变化的能力。企业可能发现所生产的产品即使价格低廉，也不为顾客所欣赏和需要，这是成本领先战略的最危险之处。④企业受通货膨胀的影响，生产投入成本升高，产品成本提高，失去了价格优势，从而不能与采用其他竞争战略的企业相竞争。

成本领先战略带来风险的一个典型例子是 20 世纪 20 年代的福特汽车公司。福特公司曾经通过限制车型及种类、采用高度自动化的设备、积极实行后向一体化，以及通过严格推行低成本措施等取得过所向无敌的成本领先地位。然而，当许多收入高、同时已购置了一辆车的买主考虑再买第二辆车时，开始更偏爱具有风格的、车型有变化的、舒适的和封闭型的汽车而非敞篷型的 T 型车。通用汽车公司看到了这种趋势，准备投资开发一套完整的车型。福特公司由于为把被淘汰车型的生产成本降至最低而付出了巨额投资，这些投资成为一种顽固障碍，使福特公司的战略调整面临极大代价。

6.1.2 差异化战略

1. 差异化战略的内涵

所谓差异化战略，是指为使企业产品、服务、企业形象等与竞争对手有明显区别，以获得竞争优势而采取的战略。

实现差异化战略可以有许多方式：设计名牌形象、独特技术、性能特点、顾客服务、商业网络及其他方面的独特性。差异化战略是企业通过树立品牌形象、提供独特服务及优势技术等手段来强化产品特点，让消费者感觉其支付的费用尽管高于同类产品，但仍然是物有所值，甚至物超所值，这样，企业也就有合理的利润空间进一步加强在产品质量、新技术开发和附加值服务方面的投入，从而实现企业成长的良性循环。对同一行业的竞争对手来说，产品的核心价值是基本相同的，所不同的是性能和质量。在满足顾客基本需要的情况下，为顾客提供独特的产品和服务是差异化战略追求的目标，而实现这一目标的根本在于不断创新。

只要我们认真分析一下一些来华投资的大跨国公司的做法就会发现，通过创新活动来创造和开发产品、市场，管理和组织的差别化，不断提升产品和服务的新价值创造能力，是这些成熟的大跨国公司广泛采用的市场竞争战略。因此，差异化战略是使企业获得高于同行业平均水平利润的一种有效的竞争战略。由价格战向差异化战略转变应是我国下一步产品转型升级的方向。差异化战略要借助于高超的质量、非凡的服务、创新的设计、技术性专长，或者不同凡响的品牌形象培养顾客忠诚，获得溢价。采取差异化战略是企业必需的、首要的发展战略。当一个企业向其客户提供某种独特的、有价值的产品而不仅仅是价格低廉的产品时，它就把自己与其竞争对手区别开来了。差异化可以使企业获得溢价，即使在周期性或季节性经济萧条时，也会有大量忠诚的客户。如果实现的溢价超出了为使产品独特而追加的成本，则差异化就会带来更高的效益。小鸭集团提出的市场差异化战略竞争路线，就是依靠技术创新保持产品个性化、差异化，避免与其他品牌的产品同质化。小鸭集团利用杀菌技术、纳米技术等十二大健康技术打造小鸭空调"改善室内空气质量专家"的形象。另外，根据空调细分市场需求，在国内推出"儿童成长空调"和"IC 卡空调"，努力营造自己的一片天空。

2. 差异化战略的实施条件

企业实施差异化战略要具备以下六个条件：①具有很强的研究与开发能力，研究人员要有创造性的眼光；②具有以其产品质量或技术领先的声望；③在这一行业有悠久的历史，或者吸取其他企业的技能并自成一体；④具有很强的市场营销能力。⑤产品研究、产品开发及市场营销等职能部门之间要具有很强的协调性。⑥要具备能吸引高级研究人员、创造性人才和高技能职员的物质设施。

3. 实现差异化战略的途径

（1）产品的差异化。实体产品在差异化过程中变化多端，在某一点上，人们会发现一些产品很难差异化，如鸡蛋，但是只要认真分析，就会发现它还是可以有效地进行差异化的。一般来说，可以从外形、特点、品质、可靠性与耐用性、可维修性、风格、设计等方面来分析如何进行产品的差异化。

（2）服务差异化。当产品非常难以实现差异化时，可以考虑服务的差异化。它主要体现在以下几个方面：一是订购便利，指如何使顾客能方便地向公司订货。现在银行提供的许多服务都可以帮助顾客更方便地订货，有些服装店甚至于让顾客足不出户就可以订货。它的意义在于方便顾客，为顾客提供更良好的服务，增加订单。二是交货，指如何将产品或服务送达顾客，包括速度、准确性和完好性。今天的顾客都希望高效的递送速度。三是安装便捷，指为确保产品在计划地点正常使用而必须做的工作，尤其是重型设备的购买者。如今安装便捷已经成为产品的一个很好卖点。四是客户培训，指对客户单位的员工进行培训，使他们能正确地使用供应商的设备。五是维修保养，指建立服务项目以确保出售的产品正常运作。六是客户咨询，指卖方向买方提供有关资料和建议等服务。七是服务方式多样化。此外，公司还可能通过奖励、产品担保等方式来实现服务差异化。

(3) 形象差异化。购买者对公司和品牌形象的忠诚度能解释某些大公司异乎寻常的市场份额。一个有效的形象应具备以下三点：一是建立产品的特点和价值；二是通过与众不同的途径来传递这一特点；三是产生某种感染力，触动顾客的内心感受。

(4) 人员差异化。公司可以通过培养训练有素的人员来获得强大的竞争优势，如新加坡航空公司、迪士尼乐园都是通过优秀的员工而享誉全球的。经过严格训练的员工应当具备以下六个特征：一是能力，即员工具备工作所需的技能和知识；二是谦和，即员工应当热情友好、尊重别人、体贴周到；三是诚信，即员工应当诚实可信；四是可靠，即员工能始终如一，正确无误地提供服务；五是负责，即员工能对顾客的请求快速反应；六是交流，即员工力求理解顾客并清楚地为顾客传递相关信息。

(5) 分销渠道差异化。公司可以通过设计分销渠道来获取竞争优势，其中最为著名的是戴尔公司，它将其直销方式引入亚洲，同时面向企业与消费者，通过削减中间渠道节省开支并降低价格，增强竞争力，运作非常精简高效。以至于联想集团也模仿了它的直销模式，并逐步靠近戴尔的即时交货模式，将存货时间从20天减少至6天。

4. 差异化战略的优缺点

差异化战略具有如下优点。

(1) 建立起顾客对产品或服务的认识和信赖，当产品或服务的价格发生变化时，顾客的敏感程度就会降低。这样，差异化战略可为企业在同行业竞争中形成一个隔离地带，避免竞争对手的侵害。

(2) 顾客对商标的信赖和忠实形成了强有力的行业进入障碍。如果行业新的进入者参与竞争，就必须扭转顾客对原产品的信赖和克服原产品独特性的影响，这就增加了新进入者进入该行业的难度。

(3) 差异化战略产生的高边际收益增强了企业对付供应商讨价还价的能力。

(4) 企业通过差异化战略使得购买商缺乏与之可比较的产品选择，降低购买商对价格的敏感度。另外，通过产品差异化使购买商具有较高的转换成本，使其依赖于企业。这些都可削弱购买商的讨价还价能力。

(5) 企业通过差异化战略建立起顾客对本产品的信赖，使得替代产品无法在性能上与之竞争。

差异化战略也存在以下缺点：

(1) 实行差异化战略的企业其生产成本可能很高，因为它要增加设计和研究费用、选用高档原材料等。如果采取差异化战略的产品成本与追求成本领先战略竞争者的产品成本差距过大，可能会使得购买者宁愿牺牲差异化产品的性能、质量、服务和形象，而去追求降低采购成本。

(2) 购买者变得更加精明，他们降低了对产品或服务差异化的要求。

(3) 随着企业所处行业进入成熟期，差异产品的优点很可能为竞争对手所模仿，削弱产品的优势。

6.1.3　集中化战略

1. 集中化战略的内涵

集中化战略并不是一种独立的竞争战略，它是企业因受到资源和能力的约束而采取的一种折中战略。集中化战略是通过设计一整套行动来生产并提供产品或服务，以满足某一特定竞争性细分市场的需求，包括某一特定的购买群体、某一特定的产品细分市场，或者某一特定的地理市场。

与采用成本领先战略和差异化战略的企业不同，实行集中化战略的企业通过利用其核心竞争力以满足某一特定行业细分市场的需求。采用这一战略的前提是：公司业务的集中化能够以更高的效率、更好的效果为某一狭窄的战略对象服务，从而超过在较广阔范围内的竞争对手。这样做的结果是公司通过满足特殊对象的需要而实现了差别化，或者在为这一对象服务时实现了低成本，或者二者兼得，如网景公司（用来浏览万维网的专业软件生产厂商）和劳斯莱斯（为高级购买者提供产品）。

2. 集中化战略的实施条件

企业实施集中化战略要具备以下四个条件：①具有完全不同的用户群；②在相同的目标市场群中，其他竞争对手不打算实行重点集中的战略；③企业的资源不允许其追求广泛的细分市场；④行业中各细分部分在规模、成长率、获得能力方面存在很大的差异。

3. 实现集中化战略的途径

(1) 行业聚焦。行业聚焦也就是要寻找一个属于自己的领地，放弃不属于自己的领地，判断标准如下：一是自己可以做好，竞争对手做不好；二是拥有做好这个领地的资源；三是用户有需求，市场空间大。万科公司在 1984～1997 年涉足四个领域，拥有 13 个门类的产品，为了稳健、规范发展，毅然决然地放弃了除房地产外的其他行业产品，专注于房地产行业。

(2) 产品聚焦。产品聚焦可以建立在产品资源分析之上。企业可对正在生产的产品品种，按销售收入和盈亏情况进行评价和选择，根据其经营的全部产品的销售收入和盈利水平，将它们由高到低进行排序，保留销售收入、盈利水平均居前的产品。对于销售收入居前但盈利水平靠后的产品，企业应采取一些措施降低成本；对于盈利水平居前但销售收入居后的产品，企业应查出销售收入不高的原因，如果其市场需求很小，应予以放弃；对于盈利水平和销售收入均居后的产品，应予以淘汰。通过分析我们可以知道，80％的利润来源于20％的产品，我们只要做好这部分产品即可。

(3) 区域聚焦。万科从1992年开始发展全中国的业务，从深圳做到了北京和上海。1993～1995年，万科全面扩张其业务范围，最多的时候扩张到了13个城市。但是后来，万科遇到了宏观调控和管理跨度等问题，因此作了整个业务上的调整，将城市的个数压缩到了5个。到1997年完全确立了以中国内地市场为目标的跨地域经营，重点投资在中国的区域经济中心，以深、京、津、沪为投资重点的业务格局。

(4) 资金聚焦。目前，中国一些企业有如此现象：赚钱的速度总赶不上“事业心”膨胀的速度，左手的钱还没有赚进来，右手早已有许多个更大的投资项目等着用钱了，举债、借钱铺摊子，追求产值、销量、资产和规模。企业总是处于缺钱的饥饿状态，企业家成了社会中最缺钱的一个群体，一天到晚到处融资、贷款。而万科裁减了商业零售、工业、证券投资和文化等业务门类，保证了房地产业发展的资金需求。

(5) 概念聚焦。企业要集中精力做好一样业务，从而在顾客心目中树立一个概念。一旦企业在此方面占得先机，别的企业就永难超越，因为顾客的认识很难发生改变。万科从最初的多元化发展逐步走向专业化，最终只专注于顾客诉求一个概念——城市居民住宅，成为了中国最大的城市居民住宅开发商。

(6) 客户聚焦。企业80％的销售收入和利润来源于20％的客户。万科只服务区域经济中心的城市居民，而不是其他建筑的客户。这保证了主业——城市居民住宅设计、开发、建设物资供应、销售、售后服务流程的规范运作，从而为客户提供了更加优质的产品和服务。

(7) 品牌聚焦。将成功的品牌扩展到新产品上会给企业带来危害，危害包括两个方面：会减弱成功的品牌，使之模糊化；会分散企业的精力，结果是什么都做不好。万科聚焦品牌，集中城市居民住宅，使其获得了这一领域中国第一品牌的形象。反观巨人集团，它本是做计算机起家的，成功之后向房地产、医药及保健品进行品牌延伸，巨人汉卡、巨人大厦、巨人脑黄金、巨人吃饭香等，有一百多种产品全部以巨人冠之，结果既损害了计算机高科技的企业形象，又造成了延伸品牌不专业的形象，还分散了精力，导致巨人集团遭受阶段性重大挫折，走到破产边缘。此后，巨人集团总结失败教训，调整发展战略，核心发展网游行业，并以巨人网络名称成功登陆纽约证券交易所，使巨人集团获得了重生。

4. 集中化战略的优缺点

企业实施集中化战略具有如下优点。

（1）集中化战略便于集中使用整个企业的力量和资源，更好地服务于某一特定目标。

（2）将目标集中于特定的部分市场，企业可以更好地调查研究与产品有关的技术、市场、顾客及竞争对手等各方面的情况，做到“知彼”。

（3）战略目标集中明确，则易于评价经济成果，也容易控制战略管理过程，从而带来管理上的简便。根据中小型企业在规模、资源等方面所固有的一些特点，以及集中化战略的特性，可以说集中化战略对中小型企业可能是最适宜的战略。

集中化战略存在的主要缺点如下。

（1）因为企业把全部力量和资源都投入到了一种产品或服务、一个特定的市场，所以当顾客偏好发生变化，技术出现创新或有新的替代品出现时，企业就会发现这部分市场对产品或服务的需求下降，企业也就会受到很大的冲击。

（2）竞争者打入了企业特定的市场部分，并且采取了优于企业的更集中化的战略，导致企业的优势受到冲击。

（3）产品销量可能变少，产品要求不断更新造成生产费用的增加，使得采取集中化战略企业的成本优势得以削弱。

6.2　不同行业环境中的企业竞争战略

基本竞争战略使企业建立了自己的竞争优势，从而有力量抗击五种竞争力，在行业中处于有利地位。但不同行业在其特点、竞争状况等方面的差异使企业在竞争战略制定、选择时要以具体的行业环境为依据。同一竞争战略在不同行业环境中的实施效果是不同的。

6.2.1　新兴行业中的竞争战略

新兴行业是新形成的或重新形成的行业，其形成的原因是技术创新、相对成本关系的变化、新的消费需求的出现，或者其他经济和社会变化将某个新产品或服务提高到一种潜在可行的商业机会的水平上。例如，由于技术创新而产生了计算机、电信、家用电器等行业；新的需求促使搬家公司、快递公司、礼仪公司等行业的产生。社会、技术、文化的进步使新兴行业可以在任何时候不断被创造出来。

从战略制定的观点看，新兴行业的基本特征是没有游戏规则，新兴行业的竞争问题是全部规则都必须建立，使企业可以遵循，并在这些原则下发展繁荣。缺乏规则既是风险又是机会。

1. 新兴行业的结构特征

(1) 技术上的不确定性。新兴行业中通常存在着很高程度的技术不确定性。因为企业的生产技术还不成熟，有待于继续创新和完善；企业的生产和经营也没有形成一整套的方法和规程，什么产品结构是最好的，何种生产技术将是最有效的等都无法确定。

(2) 战略上的不确定性。行业内的企业对竞争对手、顾客特点和处于新兴阶段的行业条件等了解得较少，没有企业知道所有的竞争者是谁，也没有企业能够经常得到可靠的行业销售量和市场份额的信息。因此，在产品市场定位、市场营销和服务等方面不同的企业经常采用不同的战略方法，没有被行业认可的正确的战略。

(3) 萌芽企业和另立门户。行业新兴阶段伴随着极大比例的新成立企业，因为此阶段没有成型的游戏规则和规模经济的障碍。萌芽企业是相对于已立足企业新成立的企业。另外，还存在许多另立门户企业，即从那些已立足企业中出去的雇员创立的新企业。另立门户现象源于许多因素：一是在迅速发展和充满机会的环境中，与在立足企业的工资相比，权益投资的收益更具有吸引力；二是新兴阶段技术和战略的流动性，使立足企业的雇员具有良好的条件去获得新的、更好的想法，并能充分利用其对行业的了解。这些想法在原有企业可能由于转换成本过高而无法实现，如可能会与不愿意采用他们想法的上级发生冲突，或者可能会对企业过去已投资的资金造成损失。

(4) 初始成本虽高但成本急剧下降。初始成本高是因为生产企业的产量较低，没有可行的学习曲线以降低成本，然而，随着工艺的改进，工厂布置的合理化，成熟的经验曲线的学习和工人熟练程度的提高，在生产规模扩大的同时，生产成本会迅速下降。

2. 新兴行业的发展障碍

(1) 原材料、零部件短缺。一个新兴行业的发展要求出现新供应商或现存的供应商增加产出，或者修改原材料和零部件以满足行业需要，在这一过程中就会出现原材料和零部件短缺。另外，在行业发展早期阶段，由于行业发展的需要和不能适应的供给，重要原材料价格会大幅度上涨。一方面是由于供给和需求之间的作用，另一方面是由于供应商认识到产品对于行业的价值结果。但当供应商扩展时，原材料的价格会迅速下降。

(2) 产品、技术标准等缺乏。新兴行业中仍存在产品和技术高水平的不确定性，产品和技术没有统一标准，这就加剧了原材料供应和互补产品的问题，并可能阻碍成本下降。同时，新兴行业经常面临由于缺乏基础设施而引起的问题，如分销渠道、服务设施、专业技巧等。

(3) 顾客困惑。新兴行业经常会遇到顾客困惑的问题，原因在于新兴行业存在众多产品方案、技术种类及竞争者互相冲突或相反的宣传。这些现象的出现是由于技术不确定及缺乏技术标准等，这种混乱可能增加顾客的购买风险感并限制行业的销售额。同时，由于许多新建企业存在缺乏标准、技术不确定等现象，所以新兴行业的产品质量经常不稳定，即使是少数现象也会给全行业的形象和信誉造成不利影响。这些现象又会影响新行业在金融业的形象和可信任度，进而影响企业取得低成本融资的能力及取得信用的能力。

（4）被替代产品的反应。在面临新产品替代威胁时，老产品生产企业会采取各种有效的方法降低替代产品的威胁。其最佳战略可能是增加投资降低成本，迫使新兴行业中与学习和规模相关的价格下降目标还需改变，这给新兴行业的发展增加了难度。

一方面，由于新兴行业的发展存在许多障碍，进入新兴行业经营的企业失败率较高；但另一方面，新兴行业的结构环境也为企业发展带来了机遇。

3. 新兴行业的竞争战略

（1）促进行业结构的形成。在新兴行业的战略问题上，压倒其他战略的选择是，企业是否有能力促进行业结构趋于稳定而且成型，这种战略选择使企业能够在产品决策、营销方法及价格策略上建立一套有利于自身发展的竞争规则，从而有利于企业建立长远的行业地位。

（2）改变供应商和销售渠道。随着行业规模的成长，新兴行业的重点企业必须在战略上准备应付供应商和销售渠道可能出现的方向性转移。例如，供应商可能越来越趋向于满足行业的特殊要求，而销售渠道可能对一体化感兴趣等，这些方向性的转移，在很大程度上会使企业改变战略。

（3）正确对待行业发展的外在因素。所谓外在因素，即企业效率和社会效率之间的不一致。新兴行业企业必须在行业利益和企业自身利益之间取得平衡。企业的生产经营状况与行业的整体形象、信誉、吸引力，以及政府和其他行业的关系等息息相关。企业的发展离不开同业的协调及整个行业的发展。当前，互联网行业尚处于初级发展阶段，在技术、法规建设、行业自律等方面相对滞后，风险较大。在这种状况下，互联网企业应当具有大局意识，避免过度的趋利性，要把促进行业发展、促进互联网业的发展作为企业战略的重要组成部分。

（4）适应行业门槛的转变。新兴行业门槛的构成因素会随着产业规模的成长和技术的成熟而发生变化。早期的进入障碍主要源于承担风险的能力、技术上的创造性以及作出前瞻性的决策，而巨大资源的掌握是次要的；当产业在规模上发展和在技术上成熟时，这些进入障碍会被不同的其他因素所代替，企业必须为维持其行业地位而创新，而不能只固守过去获得的成功。互联网造就了一批知识财富，也让许多风险投资商赚得几乎成了真正意义上的“疯投”，但是随着产业规模的成长，互联网业在为广告公司和媒体作出了重大的贡献之后，却迷失了方向，不知道该如何合理地利用那些轻易到手的资金。就这样，“烧钱”成了网络公司的共同特征。

(5) 选择适当的时机和领域进入。何时进入新兴行业是一个战略选择。早期进入面临的是高风险、低障碍，并可获得很高收益。一般来说，当消费者重视企业形象和企业信誉，同时企业能够因为是行业的开发者而形成较强的信誉时，可以较早地进入；当行业的经验曲线效应强、较早地进入能引导和诱发学习过程、经验很难模仿也不易因后续技术发展而冲淡时，企业可以较早地进入；在消费者的忠诚度较高的行业中，企业较早进入更有机会争取消费者；当较早与供应商及分销商建立关系能获得明显的成本优势时，企业应该争取较早地进入。但是，最先进入的企业也会面临巨大的风险。例如，早期行业竞争和市场细分可能会与行业发展的情况不同，企业在技术结构与产品结构等方面如果投资过大，在转变时就要付出高额的调整费用。技术变更也使先进入企业的投资过时，后来的企业则可能拥有最新的技术和产品。

6.2.2 成熟行业中的竞争战略

行业从高速发展期逐渐进入稳定发展阶段，进而进入成熟期，在这一时期，行业竞争环境会发生根本变化，企业要适应行业发展，就要作出战略性转变。

1. 成熟行业的特征

(1) 市场竞争更激烈。当企业原有市场饱和时，企业无法保持其市场份额或增长速度，此时竞争就会转向行业内部，促使企业去争夺其他企业的市场份额。竞争的加剧要求企业对自身市场占有率、市场地位等目标作根本性的重新定位，并重新分析、评价竞争对手的反应及行动。不仅竞争者可能变得更具攻击性，而且还可能发生非理性竞争。广告、服务、促销、价格战等在成熟行业是常见的。

(2) 竞争趋向成本和服务。产品在质量、性能等各方面都已稳定，技术日益成熟；客户在知识和经验方面也日益丰富，已经购买或多次购买过，客户的注意力从决定是否购买产品转向在不同品牌之间进行选择。这种市场需求的变化使竞争趋向成本导向和服务导向，企业要重新评价其竞争战略的适应性。

(3) 行业利润下降。成熟行业需求稳定、增长缓慢，企业面临战略转变的不确定性，这意味着行业利润在短期内将会下降。利润下降使企业现金流量减少，股票价格下跌，融资困难。市场份额小的企业受影响最大。

(4) 收购兼并增多。在行业成熟阶段，一些企业利用自己的优势进行收购和兼并，从而产生行业集团。同时，这种行业集团也迫使一些企业退出该经营领域。伴随着行业的不断成熟，即使是一些能力较强的企业也常因战略与环境的不适应而遭到淘汰。所有这些变化都迫使企业重新审视其经营战略，并进行战略调整。

2. 成熟时期的战略陷阱

(1) 自我感觉良好的陷阱。许多企业在市场中迅速发展壮大，有些甚至成为了著名的大企业。在企业自我形象和能力不断提高时，一些企业管理者就有些飘飘然，自信心迅速膨胀，觉得自己似乎无所不能，成功似乎是易如反掌的事情。在这样的情况下，企业领导者往往看不清当前的市场形势，经常大张旗鼓地盲目扩张，进入多个行业，尤其是在民营和私营企业，这种现象屡见不鲜，如三株、太阳神在市场上刮起了一阵保健品旋风，产品一时供不应求，财源滚滚而来。在市场成熟的大好形势面前，这些企业没有深入市场，乘胜追击，而是把赚到的丰厚利润投入到许多不相关的产业，结果经营不善，企业很快就被拖垮了。

(2) 缺乏明确战略的陷阱。在市场成熟时期，市场上产品种类繁多，顾客也变得更加挑剔，企业过去的战略得以实行的宽松环境不复存在，企业容易陷于战略不明确的中间状态。特别是一些中等规模的企业容易陷于中间状态，因为它既不像大公司那样拥有强大的实力能采用成本领先战略，又不像小企业那样灵活能采用差异化战略或目标集中战略，结果导致利润率很低。

(3) 价格战的陷阱。在市场成熟时期，价格战是不可避免的。面对价格战，企业可能会陷于两种陷阱。一是回避价格战。有些管理人员认为价格战不体面或有失身份，而不屑于对竞争者作出反应，这种做法是很危险的，尤其是当企业在只有采取进攻姿态制定价格策略才能占领市场的时候。二是坚持以高质量为借口而不去适应竞争对手侵略性的定价或营销行为。高质量可能是企业的重要力量，但是当一个产业成熟时，质量差异有受侵蚀的表现，有经验的顾客也可能购买价格更低的产品代替高质量的产品。现在高科技产品更新换代速度加快，一种新产品在市场上很可能昙花一现便很快被更新的产品代替，在这种情况下，价格战更是在所难免。日本索尼公司新推出一种产品时，价格开始定得往往比较高，当市场上出现同类产品时，它就很快推出更优良的产品，而将原来的产品降价销售，这样就牢牢地抓住了顾客。

(4) 生产能力过剩的陷阱。市场走向成熟，企业生产能力不断加强，某些企业可能拥有过剩的生产能力。由于有了强大的生产能力，企业可能想物尽其用，而在其他方面又很难一下子配套跟上，这时公司可能会遇到两种问题：一是可能造成管理压力从而陷于资金陷阱；二是可能会损害企业原先的战略。

(5) 市场份额的陷阱。市场份额陷阱有两种情况。一种是为了追求市场份额而在成熟的市场上投入资金。在市场进入成熟期时，企业增长速度缓慢，不利于企业长期提高或保持利润率，一般这时是回收现金时期。企业为了追求市场份额而投入大量资金将事倍功半，特别是当一个企业地位并不强，却企图提高市场占有率时更加困难。另一种是为了短期利润轻易放弃市场份额。当产业合理化发展时，一段低利润时期在所难免。有些企业比较短视，为了保持过去的获利能力，不惜采取杀鸡取卵的做法——放弃部分市场份额，或者放弃市场营销、研究活动和其他需要的投入，这势必损害企业日后的市场地位。采取这种急功近利的做法无异于自杀。

（6）新产品的陷阱。在市场成熟期，企业的生产能力比较强，市场上产品种类较多，企业很可能热衷于推出新产品而忽视对原产品的改进。实际上，在市场成熟期，企业可以充分利用强大的生产能力对原产品进行改进，既能增加产品附加值，又能加强企业的品牌，有利于保持企业的声誉。而开创新产品不仅要投入大量的研发费用，而且要投入新的广告费和管理费用，风险也比较大。

3. 成熟行业的竞争战略

（1）审视现行的企业战略。行业的高速增长可能会掩盖企业战略上的错误，而且也会使行业内绝大多数的公司成长起来，这时各种各样的战略似乎都会取得成功。然而，当行业趋向成熟时，部分企业的战略缺陷会暴露出来，每个企业都需要在三种一般的竞争战略之间作出选择。

（2）产品组合合理化。在行业的成长期，企业会扩大产品线、增加产品的种类、不断推出新产品以提高企业的形象和竞争能力。然而，一旦行业进入成熟期，成本竞争和市场占有率的争夺会极其激烈，众多的产品线将会使成本提高。为此，企业应调整产品线，减少亏损产品的生产，集中精力生产利润高的产品，以形成产品的竞争优势。

（3）技术和工艺流程的创新。市场的成熟加剧了行业竞争，从而要求企业更加注重技术和工艺流程的创新。例如，改进产品的设计、生产方式、创新销售系统等措施都具有很高的竞争价值。

（4）注重降低成本。价格竞争激烈是行业成熟阶段的基本特征。企业通过采用更经济的产品设计、使用更低廉的零部件、提高生产和销售的效率及削减管理费用等方法，可以获得低成本优势，从而在竞争中发挥价格优势。

（5）扩大现有客户的购买范围。行业内部争夺市场占有率的竞争使企业寻求新的客户十分困难，理想的措施是扩大企业现有客户的购买范围来增加销售。具体的方式有：增加外围设备的供应与服务、提高产品的档次及增加产品的种类等。

（6）横向并购战略。所谓横向并购就是并购同行业的其他企业。行业的成熟和竞争的加剧导致一部分企业出现亏损，为成功企业提供了横向并购的契机。这种战略的好处是既可以“消灭”竞争者，从而降低竞争程度，又可以获得市场份额，使企业可以在更大程度上获得规模优势。例如，海尔公司提出的吃“休克鱼”的战略就使企业得到了快速成长和发展。

（7）国际化经营。随着国内市场的成熟，企业可以积极地开拓国际市场。由于各个国家内部市场的发展状况不一致，在国内市场饱和的产品在国外市场却可能拥有巨大的需求。同时，企业也可以把生产转移到不发达国家和地区，以降低生产成本和费用，提高产品的国际市场竞争能力。

（8）向相关行业转移。在行业成熟阶段，进行行业转移是不少企业采用的有效战略之一。企业向相关行业转移有利于其利用已经拥有的技术和其他核心专长。在这一转移过程中，以原有成熟业务为新业务的发展提供了稳定的现金来源的企业用新产品淘汰原有产品，提前结束原有产品的生命周期，同时分散资本风险。而那些既没有技术优势又没有资本优势的企业，则可以通过合资的方式利用自己在市场或其他某些资源方面的优势，迅速转入其他地区或其他行业。同时，在行业成熟阶段，由于不少企业具备较强的实力，承受变革的能力也较大，所以企业战略上的重大变革往往发生在这个阶段。

6.2.3　衰退行业中的竞争战略

在产品生命周期中，衰退阶段的特征是市场销售量降低、产品种类减少、研发和广告费用降低及竞争者减少。产品和市场衰退使行业衰退。衰退行业是指在持续的一段时间内产品销量绝对下降的行业。这种衰退可能是缓慢的，也可能是迅速的。针对衰退行业，企业一般应采取的战略思想是：不要在增长缓慢或负增长的不利市场投资，而应从中抽取现金。实际上，此阶段的行业环境使企业的战略选择较复杂，不同行业、不同企业有不同的竞争战略。

1. 衰退行业的特征

（1）竞争的不稳定性。衰退行业的需求状况使竞争更加激烈，集中体现为价格战。其决定因素有许多方面，如固定成本很高、企业被行业退出壁垒束缚、企业意识到在行业中保留位置的重要性、剩余企业的实力较为平均。

（2）市场需求量的变化具有不确定性。企业无法确定其发展趋势，而且不同企业对需求变化的认识也不相同。企业在行业中的位置和它的退出壁垒影响它对行业需求下降可能性的认识。有些企业预计市场需求将回升或平稳而继续坚持，在销售量下降的情况下努力保持现有地位。如果大部分企业都确信市场需求肯定继续下降，企业从行业撤出的速度将加快。

（3）退出壁垒。任何衰退行业都存在退出壁垒，它直接影响企业的战略选择。退出壁垒使企业在衰退行业里继续竞争，即使只能从投资中获得低于正常标准的收益。

2. 衰退时期的战略陷阱

（1）未能确认衰退。有些企业不能客观地认识衰退的前景，对行业的认同感或对替代产品过于狭隘的眼光使他们对行业复苏的前景过于乐观。高退出壁垒的存在也不知不觉地影响了管理者对环境的认识——既然悲观的信号令人苦恼，他们总是寻找乐观的信号。面对行业的衰退，最能客观地处理衰退过程的企业是那些同时参与替代行业的企业，它们对替代产品的前景和衰退的威胁有着更清醒的认识。

(2) 一场消耗战。与具有高退出壁垒的竞争对手开战通常导致灾难。这种竞争对手被迫对变化作出有力的反应，而且没有足够的投资它们无法取得应有的地位。

(3) 缺乏明显优势的收获战略。在衰退阶段，除非行业结构极为有利，否则缺乏明显优势的企业采用收获战略常常会导致惨败。因为，一旦服务恶化或价格上涨，客户们将迅速转移业务。

3. 衰退行业的竞争战略

衰退行业企业选择战略的关键问题是将企业的相对地位与留在行业中的价值相匹配，如表 6-1 所示。

表 6-1 企业在衰退行业中的战略选择

企业相对地位与留在行业中的价值	在剩余需求上有对竞争对手的相对优势	在剩余需求上没有对竞争对手的相对优势
行业结构有利于衰退	领导或局部领导战略	收割或迅速撤资战略
行业结构不利于衰退	局部领导或收割战略	迅速撤资战略

(1) 领导战略，即在市场份额方面争取领导地位。其目标是从衰退行业中获利，这种行业的结构特点是使剩余企业有潜力获取超出平均水平的利润，而且可以在竞争者中占据领导地位。采取这种战略的条件：一方面是行业结构十分有利，如预期市场销售的不确定性比较小，退出的障碍极小等；另一方面是企业在与竞争对手竞争的过程中实力较强。企业可通过如下措施增强领导地位：在产品定价、营销等方面采取积极办法提高市场占有率；兼并某些竞争对手的资产，加强自身的生产能力；降低竞争对手的退出障碍；通过新产品的开发或工艺创新扩大投资，进一步提高企业的竞争力。

(2) 局部领导战略，即创造或捍卫在某一特定细分市场中的优势地位。这种细分市场不但将保持稳定需求或使需求缓慢下降，而且拥有结构特色能带来高收益。为此，企业可以在对现有市场进行细分的基础上，选择一两个特定细分市场作为企业的目标市场，以保持稳定的需求或延缓衰败，获取较高的收益。

(3) 收割战略，即实施有控制的撤出投资，从优势中获利。采用收割战略，企业会力图优化业务现金流，取消或大幅度削减新的投资，减少设备投资，在后续销售中从业务拥有的任何残留优势上谋取利益，以提高价格或从过去的商誉中获利。收割战略的前提是，企业过去存在其能赖以生存的真正优势，同时衰退阶段的行业环境不至于恶化为战争，如果不具备任何优势，提高价格、降低质量、减少广告就会使销售下降。从管理角度，此战略是最有利的。

(4) 撤资战略，即在衰退行业中尽早清算投资。其前提是，企业只有在衰退早期出售业务才能使净投资的回收最大化，而不是实施收割战略后再采用其他战略。因为出售越早，需求是否随后下降的不确定性越大，资产的其他市场未饱和的可能性就越大。

6.2.4　零散行业中的竞争战略

零散型行业是一种重要的结构环境，在这种行业中，竞争企业很多，行业集中度很低，没有任何企业占有显著的市场份额，也没有任何一个企业能对整个行业的发展具有重大的影响，即不存在具有左右整个行业活动的市场领袖。一般情况下，零散型企业由很多中小型企业构成，存在于许多领域，如服务业、零售业、农产品、汽车修理、饭店、计算机软件开发、服装制造和服装零售等，其范围很广，在技术尖端性方面的差别也很大，包括从高技术的太阳能加热设备到酒零售业。

1. 行业零散的原因

(1) 总的进入壁垒低或存在退出障碍。低的进入壁垒使大量的中小企业涌入，这几乎成为所有零散型行业形成的前提。同时，如果行业存在退出障碍，则收入持平的企业倾向于在行业中维持。除经济性的退出障碍外，还存在管理性退出障碍，因为有些竞争者的目标可能不是利润导向的，某些行业的独特吸引力使一些竞争者进入，即使是无利可图。

(2) 多种市场需求使产品高度差异化。在某些行业中，顾客的需求是零散的，顾客不愿意接受更标准化的产品，希望产品有不同式样，愿意也能够为此付出。这种需求的多样性在大众日常消费行业中表现得非常明显，如餐饮、理发、女性时装等行业。另外，市场需求区域或地区的差异也产生需求零散。因此，需求零散导致产品高度差异化，顾客对某一特定产品式样的需求很小，这种数量不足以支持某种程度的生产和营销，不足以使大企业发挥优势。

(3) 不存在规模经济。大部分零散行业在其运营活动的每个主要环节，如制造、市场、研究与开发等都不存在规模经济。有些行业即使存在规模经济，也由于各种原因难以达到经济规模，如在水泥、化工行业中，高运输成本限制了高效率企业的规模及生产地点，决定了其市场及服务范围，抵消了规模经济性。库存成本过高或市场销售不稳定使企业产量波动而不能实现规模经济，此时大规模企业的灵活性不如小规模、低专业化的企业。另外，高度的产品差异化及快速的产品变化也可能产生规模不经济。

(4) 除行业经济特性外，非经济原因也会导致行业零散。一是现有企业缺乏资源或技能。有时企业具有克服零散的潜力，如可以发展规模经济但缺乏资金或专业技能等战略资源，无法建立大规模设备体系，以及发展分销机构、服务网络、设备等可能促进行业集中的手段。二是现有企业眼光短浅或自我满足。即使企业具有促进行业集中的资源条件，也可能仍然留恋支持零散结构的传统行业实践，或感觉不到行业变化的机会。三是未被其他外部企业注意。尽管行业内存在集中的对象和条件，但外部企业并没有发现向行业注入资源展示新的前景以促进集中的机会。

2. 零散行业的战略陷阱

(1) 寻求支配地位。零散行业的基本结构决定了寻求支配性市场份额是无效的，除非可以从根本上出现变化。形成行业零散的基本经济原因一般会使企业在增加市场份额的同时要面对低效率、失去产品差异性及供应商和顾客的各种想法。当企业企图在零散行业中对所有的人在所有方面占优势时，会导致竞争力量的脆弱性达到最大值。波特以美国 Prelude 公司的例子说明了此种支配战略是失败的。该公司曾宣布其目标是成为龙虾业的“通用汽车公司”。它建立了一只昂贵的具有先进技术装备的庞大龙虾船队及内部维修和船坞设施，实现了包括运输车队和餐馆在内的纵向整合。龙虾捕捞行业的经济性决定了它的船队比其他捕捞者并没有明显的优势，而高额管理费用和固定成本引起了小捕捞者的价格竞争，小捕捞者对于相当低的收益感到满意，并不寻求较高的投资收益率。

(2) 缺乏战略约束力。企业在零散行业中进行有效竞争，保持极其有效的战略约束力是必需的。零散行业的竞争结构要求市场集中或专注于某些严格的战略原则，执行这些原则要求企业有充分的勇气舍弃某些业务，也要求组织内部的资源配置具有相对的稳定性。一项无约束力的或机会主义的战略可能在短期内发生作用，但从长期发展看，会降低竞争力。

(3) 过分集中化。许多零散行业的竞争本质在于人员服务、当地联系、近距离控制、对波动及式样变化的反应能力等方面。在许多情况下，集权化组织结构与生产效率背道而驰，因为它会延缓反应时间、降低地区水平的激励，造成多种个人服务必需的熟练人员流失。同时，零散行业的经济结构经常造成集中的生产或市场营销组织不存在规模经济，甚至是不经济。因此，这些领域的集中削弱了企业的竞争力。

(4) 竞争者具有同样的目标和管理费用。零散行业的特殊环境决定了其中有许多小型企业和私营企业，且它们的经营与管理是在家里进行的，使用家庭劳动力，管理费用很低，其目标也很低，或者与股份制公司不同。因此，对价格变动或其他行业事件的反应与一般企业极不相同。

(5) 对新产品过度反应。在零散行业中，巨大的竞争者数量几乎总是使买方具有强大的力量，使一种新产品成为激烈竞争的救星。但是，由于零散行业需求的多样性与缺乏规模经济，企业对新产品作出的大量投资在该产品的成熟期并不容易收回或很难获得较高收益。这样就存在着对新产品过度反应的危险，可能使成本和管理费用上升，使企业在零散行业的价格竞争中处于不利地位。

3. 零散行业的竞争战略

（1）通过收购获得临界批量。在某些产业中，获得显著的市场份额最终可得到某些利益，但因为造成零散因素的存在，增加市场份额极端困难。例如，如果当地联系在销售方面非常重要，则企业入侵其他企业的领地以寻求扩张就极端困难；然而，如果企业能达到某一市场份额界限，就可开始获得任何重要的规模优势，那么在这种情况下，假如收购能够实现并可以与本身合一，则收购当地企业的战略可能是最成功的。

（2）尽早发现产业趋势。有时，产业在成熟时会自然发生集中。例如，计算机服务部门正面临小型机或微型机的竞争，这种新技术意味着小型或中型企业可以拥有自己的计算机。这样，计算机服务部门必须对大企业提供服务，以求不断发展，或者在最初仅提供机器的基础上提供复杂的程序或其他服务。这种发展导致了计算机服务产业的集中。

（3）严格管理下的零散化。零散产业经济具有如下特点：需要严密协调、本地化管理趋向、重个人服务和近距控制等。因此，一种重要的竞争方法是紧密管理下的零散化，与其在一个或少数几个地点增加经营规模，不如采用保持个别的小规模并尽可能地自治。这种方法采用严格的中心控制和当地经理的业绩导向补贴。英代尔公司采用这种战略在加拿大的铝成型和铝结构产业中取得了极大成功。

（4）增加附加价值。许多零散行业生产的产品或服务是一般性的商品，或者是很难实现差异化的商品，如许多分销商的库存如果不是相同，就是很接近其竞争对手的产品链。在这种情况下，一种有效的战略可能是给经营产品增加附加价值，如对销售提供更多服务，从事产品的最终构造，或者在产品卖给顾客前对零部件进行分装或装配等。提高产品差异化会产生更高的利润，这些在基本产品或服务中不能实现的功能在这些战略行动中将得到实现。

（5）产品类型或产品细分的专门化。当产品链中存在多项不同产品时，一种有效地实现高于平均水平结果的方法是使一组严格限制的产品专门化。它可以使企业通过使其产品达到足够大的规模来增加与供应商的价格谈判实力。它还可以通过专家们具有的专门技巧而提高针对顾客的差异化，并提高在某一产品领域的形象。集中差异化战略使企业在产品领域信息更灵，并可使企业引导顾客的能力得到提高。但这种战略可能会限制企业的发展前景。

（6）顾客类型专门化。如果零散结构造成激烈竞争，企业就可专注于产业中的一部分特定顾客并从中获得潜在效益，因为这些顾客可能因购买量小或规模小而造成讨价还价能力低下。或者企业也可专注于一部分对价格很不敏感的顾客或需要企业随基本产品或服务而提供附加价值的顾客。

(7) 订货类型专门化。在零散产业中，企业可以专注某一特殊订货类型去应付严峻的竞争压力。一种方法是仅服务于小订单，而顾客要求立即交货并对价格不甚敏感；另一种方法是企业接受定做产品的订货。与前述一样，专门化的代价是产品销售量的限制。

6.3 同一行业不同竞争地位的竞争战略

一般一个行业内都会存在行业领导企业、中游企业和弱小企业，其规模、经营状况、竞争优势及市场竞争力决定了其在行业中的竞争地位。显然，不同竞争地位的企业应依据自身特点选择竞争战略。

6.3.1 行业领导者的竞争战略

行业领导者已取得市场地位与竞争优势，但仍然面临众多竞争对手（特别是资源能力强的企业）的挑战。因此，行业领导者要依据环境状况进一步采取合适的竞争战略。行业领导者的竞争战略主要有以下三种。

1. 积极进攻战略

行业领导者采用积极进攻战略的目的是保持公司的竞争优势，加强竞争地位。因此，其进攻战略的实质是不断地进行改进和革新。率先推出新产品、提高产品的性能、改善服务质量及降低成本不仅可以帮助一家行业领导者避免自满，而且可以使竞争对手因产品和生产工艺过时而始终处于被动的防守位置。同时，积极进攻战略还包括扩大整个行业需求的战略措施，如发现公司新产品的新的用途、吸引产品的新用户、促进用户更加频繁地使用以及在竞争对手的核心地区新建大型的生产工厂，以扩大产品线。保持竞争优势的最佳战略选择是低成本或差异化战略。积极追求成本降低或者不断采取新的措施开发有特色的产品，使自己的产品同竞争对手的产品相区别；或者开发出独特的竞争能力，如更好的技术诀窍及提高对变化的顾客需求作出反应的灵敏性。

如果一个行业领导者所占有的市场份额还不足以给公司带来政府采取反托拉斯行动的威胁，那么行业领导者所采取的进攻战略就应该是竭尽全力做到公司的增长率比整个行业的增长率要高，并且从竞争对手手中夺取市场份额。如果行业领导者的增长率低于行业平均水平，则它就会把自己的地位让给竞争对手。

2. 加强和防卫战略

加强和防卫战略的核心是增加新公司的进入难度，增加挑战者提高地位的难度。防御战略的目的在于紧紧把握现有的市场份额，加强现有的市场地位，保护公司所拥有的一切优势。具体的防卫措施有以下几点。

(1) 通过增加广告费用，改善顾客服务，以提高研究与开发的费用，从而尽量提高挑战者和新进入者的成本；

(2) 推出更多的产品型号或模型跟上竞争品牌的产品属性，或者弥补竞争对手可能会忽略的市场点；

(3) 增加个性化的服务及其他能够提高顾客忠诚度的额外项目，从而使顾客转向竞争对手的难度增加、成本增加；

(4) 使产品和服务的价格合理、质量诱人；

(5) 赶在市场需求前面建立新的供应能力，从而阻碍比较小的竞争厂商增加生产能力；

(6) 投入足够的资本保持成本优势和技术进步性；

(7) 对可行的诱人技术申报专利；

(8) 同最好的供应商、分销商和特约经销商签订独占合同。

加强和防卫战略比较适合具有领导地位的公司，它们已经获得了行业的统治地位，同时也不希望触犯政府的反垄断法。这种战略在下列情况下也能够奏效：从现在的地位上榨取利润和现金流，因为行业的成长前景很低；或者进一步扩大市场份额似乎无利可图，不值得追求。但是执行加强和防卫战略在所有的情况下都要求尽量获得和整个行业一致的增长率，从而避免市场份额的下滑，而且要求在业务中投入足够的资金以保护行业领导者的竞争能力。

3. 鼓励追随战略

执行这个战略的时候，行业领导者利用它的竞争力量（符合伦理道德规范并且采用公平手段），鼓励二流公司做一个满足的追随者而不是积极的挑战者。当比较小的竞争对手通过削价或者采取威胁行业领导者地位的新市场进攻行动来搅乱市场竞争的时候，行业领导者会竭尽全力予以反击。行业领导者可以采取的反应措施有：快速跟上甚至在有些时候超过竞争对手的削价，利用大规模的促销行动来反击挑战者所采取的旨在获取市场份额的行动，为那些特别的公司提供更加优越的条款；还可以“讨好分销商”，阻止它们分销竞争对手的产品，为销售人员提供有关进攻者产品缺陷的历史信息；通过给出局的竞争对手的优秀经理人员提供更好的条件，从而尽量弥补自己公司的空缺位置。

6.3.2　一般公司的竞争战略

一般公司是指，在一个行业中，竞争力位于领导者之后、居于中游的企业，其市场份额比行业领导者小，也称二流公司。其中一些公司是未来的市场挑战者，努力实施进攻性的战略夺取市场份额以建立强大的市场地位；其余的公司则满意于现有的状况，愿意保持现有的市场地位。我们根据两种行业特征分析竞争战略。

1. 行业具有规模经济的竞争战略

如果一个行业具有规模经济，就会降低其单位成本，从而为占有大市场份额的企业带来竞争优势。处于此行业中的企业有两种战略选择。

（1）实施低成本战略。企业可以采取联合行动降低成本，同时降低价格；整合价值链；更好地管理成本驱动因素，提高经营运作效率；同竞争对手合并或并购等。

（2）实施以高质量、技术卓越性、更好的顾客服务、最优成本、革新等因素为基础的差别化战略。在此类行业中，如果规模经济是成功的关键因素，则市场份额低的公司要提高竞争地位就会遇到一些障碍。一是在制造、分销或促销活动中获得经济性的可能性比较小；二是很难获得顾客的认知；三是不能大规模地提供大众媒体广告；四是在资金要求方面有困难。在这种情况下，公司可以通过以下措施建立竞争地位：将力量集中在能产生竞争优势的细分市场上，开展可能被顾客高度重视的专有技能，推出新产品，树立产品领导者的形象以及增强公司的创新性、适应性。

2. 行业不具有规模经济的竞争战略

如果一个行业具有的规模经济很小，则二流企业在战略选择上有更大的灵活性。

（1）空缺市场点战略。空缺市场点战略实质是将公司的精力集中到行业领导者忽略的顾客或产品领域。一个最理想的空缺市场点应该有足够的规模和范围为公司赢得利润，且有一定的成长潜力，能适应公司自己的资源和能力，同时又不足以激起行业领导者的兴趣。

（2）专业战略。专业战略一般将公司的竞争行动集中在一个细分市场上，如需求比较特殊的购买者，其目的在于利用公司在满足顾客特殊目的产品方面所拥有的专业技能，提供独特产品，从而获得竞争优势。

（3）卓越产品战略。卓越产品战略的基础是卓越的产品质量或者独特的属性，企业选择的消费群体是对质量敏感和以性能为导向的购买者。精湛的技艺、卓越的质量、频繁的产品革新、同顾客签订紧密的合同以吸引它们参与公司开发出更好的产品，是此战略实施成功的关键。

（4）跟随者战略。跟随者战略的具体内容是特意不去模仿领导者的战略行动，也不积极从领导者手中争夺顾客，而是采用不至于激起报复行动的策略，常常采用聚焦和差别化战略而不人领导者主流。公司往往只是作出被动反应而不去模仿和进行挑战，它们更喜欢防御而不是进攻。公司有意识地将其能力集中于特定顾客群的特定产品用途上、集中于研究与开发上、集中于利润而不是市场份额上，以及集中于谨慎而有效的管理上从而保持已有的竞争地位。

（5）购并战略。公司并购更小的公司，组建一个有更大市场份额和更强竞争优势的公司，实现低成本快速成长，巩固和加强公司的地位。

(6) 利用竞争对手弱点的战略。公司在竞争者市场份额很小或竞争力量很小的区域集中自己的竞争力量；特别关注对手不能为之提供更好的服务的消费群体；努力争取产品质量、特色或产品性能滞后的竞争对手的顾客转向自己的品牌；以强大攻势进攻广告及品牌认知度很弱的竞争对手。

(7) 特异形象战略。制定战略措施使公司形象突出于竞争对手，如创造价格最低的声誉、设计独特的产品属性、在新产品推出方面成为领导者、设计独特的创造性广告等。

6.3.3　弱小公司的竞争战略

竞争力量薄弱或经营困难的小公司根据不同状况有四种战略选择：进攻性的转变战略、防御战略、购并战略和收尾战略。防御战略是竭尽全力保持现有水平的销售额、市场份额、盈利水平及竞争地位。购并战略实质是放弃战略，其方式是把公司卖给其他公司。四种战略中进攻性的转变战略与收尾战略相对较复杂，选择时需要分析考虑各方面因素，在此将重点分析。

1. 进攻性的转变战略

如果公司有一定的资源条件，当公司业务陷入危机时，可以采取转变战略，尽可能快地遏止和逆转公司的竞争和财务劣势。首先分析造成危机的根源。公司经营不良的主要原因有债务过重，对市场发展估计过于乐观，忽略了通过降价提高市场份额而导致的对利润的影响，不能充分利用生产能力而导致固定费用过高，投入大量资金用于研究与开发以提高竞争地位和盈利能力却无成果，对公司进入新市场的努力估计过于乐观，频繁变动战略等。转变战略可以采取以下方式实现。

(1) 改变战略。如果由于战略失误引起公司衰退，就需要重新分析制定战略。根据行业环境、公司的资源强势和弱势、竞争能力及危机的严重程度具体可采取以下策略：一是转向一个新的竞争途径，重新建立公司的市场位置；二是彻底检查企业内部活动、资源能力及职能战略，以便更好地支持原来的业务战略；三是与同行业公司合并，制定新战略；四是实施收缩战略，关闭工厂、减少员工，从而减少产品和顾客，更加紧密地与公司资源能力、优势相匹配。

(2) 提高销售收入。提高销售收入可以通过降价达到薄利多销来实现，但如果因为产品差别化而使顾客对价格不太敏感，则提高短期收入的最快途径是提高价格而不是降价。此外，还可以通过加大促销力度、扩大销售队伍、增强顾客服务、加快产品更新等措施提高销售收入。

(3) 削减成本。削减成本的主要措施包括削减管理费用，清除非关键和低附加值的活动，对现有的设备实现现代化以提高生产效率，推迟非关键性资本支出，进行债务重组，减少利息成本和延长偿付期等。此战略适合以下状况：不景气公司的价值链和成本结构有足够的灵活性允许进行大的手术；公司可以确定并矫正经营运作的缺陷；公司的成本明显过高；成本节约空间很大；公司相对比较接近平衡点。

(4) 变卖资产。如果现金流很关键，公司可以变卖一部分资产或缩小规模，以遏止现金的流失，从而支持和加强其他业务活动。

2. 收尾战略

收尾战略是一个渐渐退出所在行业的战略，是处于维持现有状况和尽快退出该行业之间的一种状态。它牺牲市场地位以获取更大的近期现金流或利润，其根本财务目标是收回尽可能大的现金流以便用于开拓其他业务。

公司采用收尾战略的具体实施措施有：把经营预算削减到最低程度；把原来业务中的再投资降低到最低程度；应采取一定的措施尽量延长现有设备的寿命；慢慢提高价格，渐渐降低促销费用；不明显地降低产品质量，减少非关键性的服务等。收尾战略可以使原来业务逐渐萎缩。

收尾战略的适用条件是：行业长期前景没有吸引力；搞活原来业务的成本和代价很大，或者只能获得很薄的利润；维持或保护公司的市场份额所付出的代价在上升；竞争上的松懈不会导致销售很快和直接下降；公司可将回收的资源投入到回报更高的行业中去；对于多元化公司，原来的业务不是其整体业务组合线的关键或核心部分，或者原来的业务并没有给公司的业务组合作出独特的贡献。

【本章精要】

企业的基本竞争战略有三种：成本领先战略、差异化战略、集中化战略。

成本领先战略是指企业通过降低成本，使本企业的总成本低于竞争对手的成本以构建竞争优势的战略。实现途径主要有规模经济、降低输入成本、充分利用生产能力、塑造企业成本文化、加强生产技术创新、实现生产设备的现代化和利用领先优势等。

差异化战略是指为使企业产品、服务、企业形象等与竞争对手有明显的区别，以获得竞争优势而采取的战略。实现途径主要有产品的差异化、服务差异化、形象差异化、人员差异化和分销渠道差异化。

集中化战略是通过设计一整套行动来生产并提供产品或服务，以满足某一特定竞争性细分市场的需求。实现途径主要有行业聚焦、产品聚焦、区域聚焦、资金聚焦等。

本章根据行业特点分别指出了新兴行业、成熟行业、衰退行业可实施的主要竞争战略。还根据企业在行业中的地位指出了行业领导者、行业具有规模经济的公司、行业不具有规模经济的公司、弱小公司应采取的主要战略。

【思考题】

1. 什么是成本领先战略？企业如何实行成本领先战略？
2. 什么是差异化战略？企业如何实行差异化战略？
3. 什么是集中化战略？企业如何实行集中化战略？
4. 新兴行业应选择什么样的企业竞争战略？
5. 分散性行业应选择什么样的企业竞争战略？
6. 成熟行业应选择什么样的企业竞争战略？
7. 行业领导者可采取哪些竞争战略？
8. 弱小公司应选择什么样的竞争战略？

【综合案例】

"山泉、纯净水之战"与"默多克的纸老虎"①

1. 山泉、纯净水之战

"在水一方"是一家生产销售山泉水的企业，该企业似乎非常热衷于攻击性市场策略。这些年来，出于拓展自己天然山泉水市场的需要，该企业重点对纯净水这一产品领域展开进攻，如曾请专家做代言人，说山泉水如何比纯净水更有益健康，而自己的产品"天然水"取自某某湖，于是在1998年媒体出现了某某湖湖水污染严重的报道。1999年，该企业又因为其在中央电视台播放的一则攻击纯净水的广告而被北京某纯净水公司告上法庭，最终，法庭一审判决该企业败诉。

尽管屡屡招来竞争对手的反击，但"在水一方"的攻击性策略并未止步。2000年，该企业再次出击，先是宣布由于纯净水无益于人体健康而决定停止自己的纯净水生产，随后又在中央电视台播放了一则广告——水仙花实验，该实验以两株水仙花为参照，一株浇注该山泉纯净水，一株浇注该山泉天然水，结果两个花的成长不一样——浇注天然水的水仙花长势明显好于浇注纯净水的。这两大举动立即在饮用水行业掀起了轩然大波，该企业遭到全国纯净水企业的集体围攻。广西、四川、广东等地的纯净水厂家先后集体申讨该企业，纷纷提出将采取法律手段对该企业予以回击。随后，全国六十多家最大的纯净水厂家在某市召开会议申讨该企业，并指出该企业的行为完全是一种不正当竞争行为，呼吁有关部门进行查处。

虽然"在水一方"一再声称并没有说过纯净水有害，但有关纯净水无益于健康的言论却通过媒体大面积传播，这个时候，政府有关部门就不得不站出来说话

---

① 魏江：战略管理概念、方法与案例，杭州：浙江大学出版社，2003年。

了。中国饮料工业协会发表声明纯净水按国标生产可放心饮用；全国食品工业标准化技术委员会在一个“关于天然水的答复”中称，目前国际、国内尚未对“天然水”给出定义，还说目前对泉水也无标准的定义，因此很难判断市场上销售的泉水、山泉水是真是假。全国食品工业标准化技术委员会的说法立即激怒了该企业，于是，企业把炮口对准了食品工业标准化技术委员会，对诸多问题提出异议，并限食品工业标准化技术委员会在一周内做出明确答复，否则将“自动进入法律程序以维护自身的合法权益”。全国食品工业标准化技术委员会随即答复，十分不客气地在文中指责该企业“是不是过于嚣张、狂妄了”，并正告：“世间的事物往往是机关算尽太聪明，反误了卿卿性命；善有善报，恶有恶报，不是不报，时间未到。”“你们有胆量就将此文在报上发表，不要再干那种色厉内荏的蠢事……”

平心而论，“在水一方”的策划还是很巧妙的，许多纯净水企业老总也表示，抛开道义及法律因素，该企业在营销策划方面的智慧很令人佩服。但是，现在该企业的前景也实在无法让人看好，因为这一招攻击性策略已经使它陷入了四面受敌的境地，而且在这场水战中，该企业几乎不太可能会取胜，因为它至少还要面对以下几个问题。

(1) 如何面对行业主管？国家行业主管部门似乎不可能发一个文指出纯净水有害，似乎也不可能立即出台一个新的“天然水”标准。既然不会出台一个新的标准，企业生产的合法化问题始终得不到解决。

(2) 如何面对竞争对手？即使水战打到最后，人们认可了所谓“天然水”的概念，竞争对手们也不会轻易“放过”“在水一方”。因为“天然水”可能是好的，但你的取自某某湖的天然水却未必好。媒体早在1998年就报道该湖湖水污染严重的问题。

(3) 如何面对消费者？虽然“在水一方”在各种场合都没有明确指出纯净水“有害”，但拿出的事实全部耸人听闻，如果消费者集体诉讼要求赔偿又该如何？法律专家完全可以指出，你明明在1999年10月就明确知道纯净水无益，为什么却在2000年4月才停止生产？

(4) 如何面对公众评价？此次水战，“在水一方”的知名度是上去了，但绝没有获得一个好的名声。一个没有名声的品牌，特别是食品，是很难形成消费者忠诚的。而且，从目前不顾一切搅乱水市的做法来看，该企业不像是在经营一个长久的品牌，如果这个印象传递给消费者，对企业来说是十分危险的。

对于“在水一方”来说，现在已经很难全身而退了。现在退就意味着败，继续打下去，至少会拼个两败俱伤。

2. 默多克的纸老虎

在商业游戏中，我们经常需要通过自己的战术来减少迷雾，以影响竞争对手对游戏的认知，从而改变对手的战术。著名的世界传媒巨子——罗伯特·默多克就曾经成功地运用自己的战术改变了竞争对手的战术，使游戏向有利于自己的方向改变。当然，从长远来看，对竞争双方都是有利的。

1994年夏天，默多克的《纽约邮报》试验性地在Staten岛把报纸零售价降到了25美分，其主要对手《每日新闻》作出的反应是把价格从40美分提到了50美分。这件事看起来很奇怪。《纽约时报》发表评论说，看起来好像《每日新闻》是在刺激《纽约邮报》继续在全纽约降价。事情并不只是《纽约时报》所意识到的这样。在降价到25美分前，《纽约邮报》的价格曾提高到50美分。而《每日新闻》则借机把价格停留在40美分上。结果《纽约邮报》失去了一些订户及由此带来的广告收入。当时，《纽约邮报》认为这种情况不会持续太久，而《每日新闻》却没发现问题，或者至少看上去暂时还没有。这是一团有利的迷雾。《每日新闻》显然认为《纽约邮报》会坚持10美分的加价，而且它不会也没有理由把这个差价当做是《每日新闻》的投机行为，因此不会对自己进行报复。

《纽约邮报》需要采取适当的战术来减少游戏的迷雾，它需要显示自己的力量告诉《每日新闻》，如果有必要，它有财力发动一场报复性的价格战。最可信的证明就是真的发动一场价格战，但那也会对自己造成损失。因此，它的目标是既要让《每日新闻》信服，又不投入真正战斗的费用。《纽约邮报》是怎么做的呢?

《纽约邮报》进行了一次力量的显示——在Staten岛上把价格降到了25美分，结果是《纽约邮报》的销量迅速上升，而《每日新闻》也发现其读者很愿意为了节省15美分而买别人的报纸。很明显，如果《纽约邮报》在整个纽约州范围内降价，那么灾难性的后果就会降临到《每日新闻》的头上。同样很明显的是，《纽约邮报》是有决心这样做的。显然，《纽约邮报》有能力应付在Staten岛上降价造成的损失，但在Staten岛上实力的展示实际上说明了更多的事情。价格战的风险总是存在的，即使是有控制的降价，也会在无意间引发针锋相对的报复，从而导致全面战争。《纽约邮报》在Staten岛上的实力展示，表明了它愿意而且能够冒这个风险。《纽约邮报》采取了一个应付紧急措施的战术，向对手表明它有能力应付一场战争。

如果对《纽约邮报》的决心存有怀疑的话，《每日新闻》只要看看在伦敦默多克的《时代》和康拉德·布莱克的《每日电讯》之间发生的价格战的可怕后果就足够了。1993年9月，《时代》从45美分降到30美分，迫使《每日电讯》也降价，结果《每日电讯》的利润大幅下跌。

《纽约邮报》在Staten岛的行为并非虚张声势。纽约的迷雾散开了，《每日新闻》看到了阳光。这就是为什么它把价格从40美分上调到50美分的原因，只有《纽约时报》还处于迷雾之中。默多克从来没有想过要把价格降到25美分。

即使全面降价到25美分，他也不希望《每日新闻》的价格会停留在40美分上，在Staten岛的实验仅仅是设计用来让《每日新闻》提价的一种战术。价格一致了，《纽约邮报》就不会再失去订户，两种报纸的利润都要比它们定价在25美分甚至是40美分上的时候更高。《纽约邮报》首先提价到50美分作为第一次出击，而这时《每日新闻》由于投机心理而没有跟进，默多克让它看到了前景。《每日新闻》根本就不敢激怒默多克，而当它提价之后，只是把自己及默多克从一场价格战的危险中拯救出来。

当然，从这个故事我们也得出了这样的经验：信誉不是凭空得来的，你不得不在必要的时间和地点去花钱证明。默多克在Staten岛上用钱表明了自己的立场，考虑到价格战升级的危险，他甚至还准备投入更多的金钱来冒险，从而显示了他并不喜欢空谈。当你要使顾客或者供应商相信你言行一致的时候，这个逻辑同样也适用。这时，战术就是展示自己，使别人感觉到只有你才是真正的人选。这种展示是任何虚张声势的人不可能或者不愿意使用的，这就是为什么这种展示具有重大的意义，并且能成功地改变认知的原因。

综合案例思考题：

1. 本案例用正反两个例子来说明竞争与合作之间的关系。请分别结合以上两个案例讨论同行竞争企业之间合作的必要性和可能性。
2. 要解决案例“山泉与纯净水之战”所提出的“至少还要面对的几个问题”，企业应采取什么策略？
3. 请根据“默多克的纸老虎”这一案例，分析同行竞争企业之间合作的基础有哪些？
4. 通过比较这两个例子，请总结企业之间合作取得成功的条件。

企业职能战略

> 我们的成功表明，我们的竞争者的管理层对下层的介入未能坚持下去他们缺乏对细节的深层关注。
>
> ——麦当劳前总裁　特纳

【引导案例】

哈啤——品牌战略卓尔不群①

哈尔滨啤酒集团有限公司是中国最早的啤酒制造商，其历史可追溯至1900年，当时，俄国人在哈尔滨建立了乌卢布列夫斯基啤酒厂，并开始生产哈尔滨啤酒，从此，哈尔滨的民风中浸淫着一个多世纪的啤酒文化。

哈啤的品牌战略贯穿于企业发展的每一个环节，渗透到每一层面。

"一个品牌，多个品种"，企业决策者在设计产品组合时采取集中策略，使哈啤品牌迅速传播。他们不是被动地适应细分市场，而是站在消费潮流的前头引导消费，每次新推出的产品都与现有的产品迥然不同，都带有鲜明的个性，都会刮起一场消费的旋风。尤其是大哈啤的提档升级产品"冰生态·清爽"一上市就好评如潮，成为哈啤的当家花旦，在全国食品行业评比中，哈啤小麦王和纯生啤酒分别获得金牌和银牌。令人称奇的是，哈啤在原料选用上并未走高端路线，而是通过有效的原料组合来精工细作，达到了曲径通幽的效果，体现出酿造技术和艺术的完美结合。

① 王爱中：啤酒企业竞争战略成功案例解读，中国食品招商网，2006年12月22日。

2004 年 6 月，在由中国质量协会等组织根据产品质量用户满意度指标评价方法对全国主要啤酒品牌评价的结果中，“哈尔滨啤酒”分别荣获“总体满意度评价”和“品牌形象评价”第一名。哈啤的品牌价值在市场营销上得到了充分的展现，2003 年完成啤酒产量 116.8 万吨，同比增长 22%；实现利润 2.04 亿元，同比增长 21%。

本章学习目标：

- 了解产品开发战略的概念与类型；
- 掌握生产运作战略的内容；
- 了解生产运作战略的基本类型；
- 掌握市场营销战略的概念及内容；
- 了解市场营销战略的步骤；
- 掌握财务战略的概念及内容；
- 了解财务战略的类型；
- 掌握人力资源战略的概念及内容；
- 了解人力资源战略的层次及基本类型。

企业在确立了战略目标，并为此选择了企业总体战略和竞争战略之后，接着应该为企业的每一职能部门制定出职能战略，而且这些职能战略必须互相支持和补充，用以保证企业总体战略和竞争战略的实现。职能战略描述了在执行企业总体战略和竞争战略的过程中，企业的每一职能部门所采用的方法和手段。但职能战略不同于企业总体战略和竞争战略，主要体现在如下几个方面：首先，职能战略的时间跨度较公司战略短得多。其次，职能战略要较公司战略更具体化和专门化，且具有行动导向性。企业总体战略只是给出企业发展的一般方向，而职能战略必须指明比较具体的方向。最后，职能战略的制定需要较低层管理人员的积极参与。事实上，职能战略在制定阶段要吸收较低层管理人员的意见，对其成功地实施是非常重要的。根据企业部门的不同，职能战略有产品开发战略、生产运作战略、市场营销战略、财务战略和人力资源战略等。

7.1 产品开发战略

7.1.1 产品开发战略概述

1. 产品开发战略的内涵

产品开发战略是指在现有市场上通过改良现有产品或开发新产品来扩大销售

量的战略。例如，原来只生产化妆品，现在增加生产洗涤用品。产品开发战略是建立在市场观念和社会观念的基础上，企业向现有市场提供新产品，以满足顾客需要，增加销售的一种战略。这种战略的核心内容是激发顾客的新需求，以高质量的新产品引导消费潮流，并保护人类及一切生物赖以生存的环境和实现可持续发展所必需的资源。企业将现有顾客作为其新产品的销售市场，应特别注意了解他们对现有绿色食品的意见和建议，根据他们的需要去开发新的绿色食品，增加产品性能或者开发不同质量、不同规格的绿色食品系列产品，充分满足他们的需要，达到扩大销售的目的。

产品开发战略是对企业现有市场投放新产品或利用新技术增加产量的种类，以扩大市场占有率和增加销售额的企业发展战略。

产品开发战略是企业对市场机遇与挑战、内部资源能力的优势和劣势所进行的全面的、前瞻性的思考和认识，也是企业作出的深思熟虑的选择和决定。产品开发战略能避免企业临时地、随意地、盲目地开发一些没有市场价值的产品，而忽视了那些真正能够提升市场竞争力产品的机会。产品开发战略是企业产品开发的军事路线图，指引产品开发的方向和路标。

2. 产品开发战略的特征

(1) 全局性。产品开发战略是指导整个企业全部产品开发活动的总谋划。

(2) 未来性。从企业发展的角度来看，企业现在的行动是在执行过去的战略，企业现在制定的战略正是为了未来更好地行动。

(3) 系统性。企业产品开发战略是一个庞大的系统，纵向上可以分解为不同层次的子系统。

(4) 竞争性。制定产品开发战略的目的就是要使企业在激烈的市场竞争中不断发展，在与竞争对手争夺市场时有相对优势。

7.1.2 产品开发战略的基本类型

(1) 领先型开发战略。采取这种战略的企业努力追求产品技术水平和最终用途的新颖性，保持技术上的持续优势和市场竞争中的领先地位。当然它要求企业有很强的研究与开发能力和雄厚的资源。例如，美国摩托罗拉公司是创建于1929年的高科技电子公司，现已成为在全世界五十多个国家和地区有分支机构的大型跨国公司。它主要生产移动电话、寻呼机、半导体、计算机和无线电通信设备，并且在这些领域处于世界领先地位，多年来一直支配着世界无线电市场。该公司1988年的销售收入为85亿美元，纯利润为4.5亿美元；1993年销售收入增至170亿美元，纯利润达10亿美元；1995年的销售收入进一步增至270亿美元。该公司始终将提高市场占有率作为基本方针，摩托罗拉品牌移动电话的世界市场占有率高达40%。该公司贯彻高度开拓型的产品开发战略，其主要对策有技术领先，不断推出让顾客惊讶的新产品，公司进行持续性的研究与开发，投资建设高新技术基地；新产品开发必须注意速度时效问题，研制速度快，开发周期短；以顾客需求为导向，产品质量务求完美，将顾客怨言减少到零为止；有效降低成本，以价格优势竞逐市场；高度重视研究与开发投资，由新技术中创造出差异化的新产品领先上市，而占领市场；实施著名的G9组织设计策略。该公司的半导体事业群成立G9组织，由该事业群的四个地区的高阶主管，所属四个事业部的高阶主管，再加上一个负责研究与开发的高阶主管，共同组成横跨地区业务、产品事业及研究开发专门业务的“九人特别小组”，负责研究与开发的组织协调工作，定期开会及追踪工作进度，并快速、机动地作出决策；运用政治技巧。该公司在各主要国家市场中，均派有负责与该国政府相关单位进行长期沟通与协调的专业代表，使这些政府官员能够理解正确的科技变革与合理的法规限制。该公司能进入中国、俄罗斯市场，就得益于这种技巧的应用及重视教育训练。

(2) 追随型开发战略。采取这种战略的企业并不抢先研究新产品，而是当市场上出现较好的新产品时，进行仿制并加以改进，迅速占领市场。这种战略要求企业具有较强的跟踪竞争对手情况与动态的技术信息的机构与人员，具有很强的消化、吸收与创新能力，但容易受到专利的威胁。

(3) 替代型开发战略。采取这种战略的企业有偿运用其他单位的研究与开发成果，替代自己研究与开发新产品。研究与开发力量不强、资源有限的企业宜采用这种战略。

(4) 混合型开发战略。混合型开发战略以提高产品市场占有率和企业经济效益为准则，企业依据自身实际情况，混合使用上述几种产品开发战略。

7.1.3 产品开发战略的层次

(1) 产品战略愿景。产品战略愿景是企业关于产品定位和市场目标的理念和愿景，它对下一层次产品平台的性质、演化和竞争地位提供指导。产品战略愿景是“瓜种”，它从本质上决定了长什么样的藤，结什么样的瓜。

(2) 产品平台。产品平台是企业核心技术的集合，是使企业所有产品线和产品根植于此的公共平台。产品平台开发包括产品平台概念评估、产品平台规划和产品平台开发。产品平台是“瓜的主藤”，它为支藤和瓜提供养分。

(3) 产品线。产品线是基于产品平台的同类产品集合。产品线规划是一个分时段的，基于市场、竞争要求和资源状况的有条件的产品开发计划，它决定具体产品的开发路标和升级替代策略。产品线是“瓜的支藤”，它将结出瓜。

(4) 产品开发项目。产品开发项目是基于产品线规划的单项新产品的开发，产品线规划的具体实施是最终的“瓜”。

7.1.4　新产品开发战略

1. 新产品开发战略遵循的原则

(1) 从消费者需求出发的原则。企业通过问题分析、缺口分析、细分市场、相关品牌归类等方法，以顾客为焦点来分析，从而满足顾客的现实需求、潜在需求和未来需求。例如，市场补缺战略就是满足特殊顾客的要求，或者是顾客的特殊要求。著名的运动鞋制造商耐克公司，通过市场调查不断开发适合不同运动项目的特殊运动鞋，如登山鞋、旅游鞋、自行车鞋、冲浪鞋等，这样，就开辟了无数的补缺市场。

(2) 从挖掘产品功能出发的原则。所谓挖掘产品功能，就是通过功能分析、用途分析、品质扩展、系统分析、独特性能分析、等级设计、弱点分析等方法，来分析企业现有产品存在的问题，挖掘产品新的功能、新的用途。在现成产品的基础上挖掘新的产品功能，无疑是一种风险较小的、能迅速获得市场认同的途径。这是典型的开发改进新产品的方法，既可以在技术上得心应手，又可以利用原有的产品商标来推广新产品。例如，在收音机的基础上采用自用录音技术开发出收录两用机；在随身听上增加一些新的功能，如自动倒带功能等。

(3) 从提高新产品竞争力出发的原则。新产品的竞争力除了取决于产品的质量、功能及市场的客观需求外，还受其他因素的影响，企业也可以采取一些其他策略来提高新产品的竞争力如，抢先策略、紧跟策略及低成本策略等。

2. 实施新产品开发战略需要解决的几个问题

1) 新产品的创意问题

发现市场机会、寻求新产品创意、提出新观点的可能有各种人员。企业内部的各个部门是一大来源，但更为广泛的来源在企业外部，如中间商、专业咨询机构、教学和科研机构、政府部门，特别是广大消费者，他们的意见直接反映了市场需求的变化倾向。因此，企业必须注意和各方面保持密切的联系，经常倾听他们的意见，并将这些意见进行归纳和分析，以发现新的市场机会。企业在这方面经常采取的方法有询问调查法、德尔菲法、召开座谈会、课题招标（承包）法及头脑风暴法等。

2) 新产品的营销问题

新产品的营销问题主要包括三个方面，即新产品定价、促销新产品和把新产品送到消费者手中。

(1) 新产品定价，分为受专利保护的创新产品的定价和仿制新产品的定价。受专利保护的创新产品的定价策略有撇脂定价和渗透定价。撇脂定价是指在产品生命周期的最初阶段，把产品的价格定得很高，以攫取最大利润，犹如从鲜奶中撇取奶油。企业之所以能这样做，是因为有些购买者主观认为某些高价商品具有很高价值。渗透定价，即企业把它的创新产品的价格定得相对较低，以吸引大量顾客，提高市场占有率。仿制新产品的定价战略：要开发某种仿制的新产品的企业面临着产品定位问题，它需要决定，在产品质量或价格上，其产品应定位于何处。就新产品质量和价格而言，有九种可供企业选择的策略，即优质高价策略、优质中价策略、优质低价策略、中质高价策略、中质中价策略、中质低价策略、低质高价策略、低质中价策略和低质低价策略。如果市场领导者正采取优质高价策略，新来者就应采取其他策略。

（2）促销新产品，制定一个营销计划，说明你将如何把新产品投放到目标市场并加以促销。该计划应包括媒体、采购点、邮寄点或其他计划使用的广告方法。如果通过销售队伍销售产品，那么需要制定一些销售战略，需要为销售人员提供新产品所需要的促销工具和有关信息，这些工具包括销售手册、最新的价目表等。如果利用营销代理或广告代理，那么在你作出开发新产品的决定之后，应让他们参与以后的一些过程。他们能帮助你决定什么方法是推销你新产品的最佳方法。

（3）把新产品送到消费者手中。企业需要制定一个把产品送到顾客手中的交货计划。如果你是向零售商销售，这时你需要事先拿到他们的订单，并确立一个交货的方法。如果企业提供的是新的服务，一定要确保员工都受到足够的培训，能有效地提供服务。简而言之，你需要针对把新产品交到市场会面临的所有后勤问题制订一个详细计划。

3）新产品商业化问题

在新产品上市以前，企业应做好以下决策。

（1）何时推出新产品，指企业高层管理者要决定在什么时间将新产品投放市场最适宜。例如，如果某种新产品是来替代老产品的，就应等到老产品的存货被处理掉时再将这种新产品投放市场，以免冲击老产品的销售，从而造成损失。

（2）何地推出新产品，指企业高层管理者要决定在什么地方（某一地区、某些地区、全国市场或国际市场）推出新产品最适宜。选择市场时要考察这样几个方面：市场潜力、企业在该地区的声誉、投放成本、该地区调查资料质量的高低、对其他地区的影响力及竞争渗透能力。此外，竞争情况也十分重要，它同样可以影响到新产品商业化的成功。

（3）向谁推出新产品，指企业高层管理者要把分销和促销目标面向最优秀的顾客群。这样做的目的是要利用最优秀的顾客群带动一般顾客，以最快的速度、最少的费用扩大新产品的市场占有率。

（4）如何推出新产品，指企业管理部门要制定开始投放市场的市场营销战略。这里，首先要给各项市场营销活动分配预算，然后规定各项活动的先后顺序，从而有计划地开展市场营销管理。企业应选择一个最适宜新产品上市的时间，在最适宜的地点、向最需要新产品的顾客、以最恰当的方式推出新产品，如法国白兰地通过给艾豪威尔总统做寿，借势生势，集广告、公关等手段于一体，将市场渗透、开拓、扩张并行，成功地进入并占领了相当份额的美国市场。

7.2　生产运作战略

7.2.1　生产运作战略概述

1. 生产运作战略的内涵

生产运作战略是指企业在总体战略或业务战略的指导下，制定企业生产活动的战略目标及实现该目标的途径和手段，从而指导企业生产活动，以实现企业的战略目标，获取竞争优势。

生产运作战略对企业能否满足顾客要求、能否实现总体战略起着决定性的作用，其目的和任务是通过一系列相互关系并内在连贯的选择或决策，构造一个有效的生产运作系统，优质、高效、低耗地生产出满足市场需求的产品或服务，使企业获得竞争优势，从而保障企业战略的顺利实施和企业目标的实现。

2. 生产运作战略的特征

（1）目的性。生产运作战略以提高企业竞争优势为目的。它通过对产品和服务目标的明细化，使企业生产运作系统具有优先级而保证竞争优势的突出，为企业竞争提供了坚实的产品基础和后援保证。

（2）一致性。生产运作战略强调生产运作系统与企业要求的一致性，同时也强调生产运作系统内部结构与非结构要求的一致、协调关系，以此来保证整个生产运作系统的目标及其优先级。

（3）操作性。生产运作战略强调战略既是一种计划思想，又要便于贯彻实施。因此，它注重各项决策的目标分解、传递和转化过程，以便各级人员达成共识并参与，同时，注重各项决策的内涵及其相互一致性，以保证决策的明确性、可行性。

7.2.2　生产运作战略的基本类型

1. 基于成本的生产运作战略

基于成本的生产运作战略是指企业为赢得竞争优势，通过发挥生产系统的规模经济优势，以及实行设计和生产的标准化，使产品成本大大低于竞争对手的成本，从而获取价格竞争优势，并形成一定的市场进入障碍。

基于成本的生产运作战略是企业最基本的生产运作战略之一，其实现措施主要有采用大量生产方式、成组生产技术及进行库存控制等。

2. 基于质量的生产运作战略

基于质量的生产运作战略是指企业以提高顾客满意度为目标，以质量为中心，通过制定质量方针目标和质量计划、建立质量管理体系、实施质量控制等活动提高其产品或服务质量，从而获取持续质量竞争优势的一系列决策规划、程序和方法。

基于质量的生产运作战略，其实现措施主要有开展全面质量管理及采用精细生产方式等。

3. 基于柔性的生产运作战略

基于柔性的生产运作战略是指企业面对复杂多变的内外环境，以满足顾客多品种、中小批量需求为目标，综合运用现代信息技术与生产技术，通过企业资源和系统整合来增强企业生产运作系统的柔性，提高企业适应市场变化能力的一系列决策规划、程序和方法。

基于柔性的生产运作战略，其实现措施主要有应用柔性制造系统（FMS）、物料需求计划（MRP）和制造资源计划（MRPII）、企业资源计划（ERP）等。

4. 基于时间的生产运作战略

基于时间的生产运作战略是指企业以高质量、低成本、快速响应顾客需求为目标，把时间转化为一种关键的竞争优势来源，通过缩短产品开发周期和制造周期来提高对市场需求的反应速度，从而获取时间竞争优势的一系列决策规划、程序和方法。

基于时间的生产运作战略，其实现措施主要有运用敏捷制造、供应链管理和并行工程等。

5. 基于服务的生产运作战略

基于服务的生产运作战略是指企业以提高信誉、培养顾客忠诚为目标，针对不同的顾客需求，快速响应并提供高质量、价格合适的个性化产品和服务，以提高企业信誉竞争优势的一系列决策规划、程序和方法。

基于服务的生产运作战略，其实现措施主要有建立面向顾客的全新生产方式——大量定制生产方式。

6. 基于环保的生产运作战略

基于环保的生产运作战略则是一次新的飞跃，它将改变以市场为导向的战略思维方式，改变顾客“主宰”一切的局面，因为顾客的消费有时也不一定是理智的，企业的生产运作战略必须结合环境进行理智的思考，并对顾客消费进行引导，这样生产运作才是一种高境界的、可持续发展的运作方式。

7.2.3 生产运作战略的内容

1. 生产运作的总体战略

（1）自制或购买。企业如果决定制造某种产品或由本企业提供某种服务，则需要建造相应的设施，采购所需要的设备，配备相应的工人、技术人员和管理人员。社会分工大大提高了生产效率，一般在作自制或购买决策时，不可能全部产品和零部件都自制。

（2）低成本和大批量。采用这种策略，企业需要选择标准化的产品或服务，而不是顾客化的产品和服务。这种策略往往需要较高的投资来购买专用高效设备。需要注意的是，这种策略应该用于需求量很大的产品或服务。

（3）多品种和小批量。对于顾客化的产品，只能采取多品种和小批量生产策略。当今世界消费多样化、个性化，企业只有采用这种策略才能立于不败之地，但是多品种和小批量生产的效率难以提高，对大众化的产品不应该采取这种策略，否则，遇到采用低成本和大批量策略的企业就无法去竞争。

（4）高质量。质量问题日益重要。企业无论是采取低成本策略、大批量策略，还是多品种和小批量策略，都必须保证质量。在当今世界，价廉质劣的产品是没有销路的。

（5）混合策略。企业将上述几种策略综合运用，实现多品种、低成本、高质量，进而取得竞争优势。现在人们提出的“顾客化大量生产”，也称“大量定制生产”和“大规模定制生产”，既可以满足用户多种多样的需求，又具有大量生产的高效率，是一种新的生产方式。

2. 产品或服务的选择、开发与设计

（1）产品或服务的选择。企业要提供何种产品或服务，最初来自各种设想。在对各种设想进行论证的基础上，确定本企业要提供的产品或服务，这是一个十分重要而又困难的决策。一种好的产品或服务可以使一个小企业发展成一个国际著名的大公司；相反，一种不合市场需要的产品或服务也可以使一个大企业亏损甚至倒闭。

（2）产品或服务的开发与设计。产品或服务的开发与设计是相当复杂且影响深远的运作战略活动，主要有四种策略：做跟随者还是领导者、自己设计还是请外单位设计、花钱买技术或专利、做基础研究还是应用研究。

3. 生产运作系统的设计

（1）设施选址。生产服务设施建在什么地点，对企业的运行效率和效果有先天的影响。它不仅关系到设施的建设投资和建设速度，而且在很大程度上决定了所提供产品或服务的成本，影响到企业的生产运作管理活动和经济效益，特别是服务设施，直接关系到营业额的多少。企业建成运行以后，有时也需要扩大生产能力，设施还有一个集中还是分散的问题。

（2）设施布置。设施布置对生产运作效率有很大的影响。不同生产类型的设施布置形式不同。大量大批生产一般采用流水线布置，多品种小批量生产一般按功能布置。

（3）工作设计。工作设计是制定与每个员工工作有关的活动的说明。工作设计有两种不同的指导思想和方案，一种是进行细致分工，另一种是进行粗略分工。工作设计要做到人、机、环境相融合，使机、环境适应人。

（4）工作考核和报酬。企业要对员工的工作业绩进行考核，并将考核结果与薪酬挂钩，这样才能激励员工发挥主观能动性，从而提高工作效率。

7.3 市场营销战略

7.3.1 市场营销战略概述

1. 市场营销战略的内涵

市场营销战略是指基于企业既定的战略目标，向市场转化过程中必须要关注客户需求的确定、市场机会的分析，自身优势的分析、自身劣势的反思、市场竞争因素的考虑、可能存在的问题预测、团队的培养和提升等综合因素，最终确定出增长型、防御型、扭转型、综合型的战略，作为企业从既定战略向市场转化的方向和准则。

2. 市场营销战略的特征

（1）市场营销的第一目的是创造、获取和维持顾客。

（2）要从长远的角度来考虑如何有效地战胜竞争对手，使自已立于不败之地。

（3）注重市场调研，收集并分析大量的信息，只有这样，才能在环境和市场的变化有很大不确定性的情况下作出正确的决策。

（4）积极推行革新，其程度与效果成正比。

（5）在变化中进行决策，要求其决策者要有很强的能力，要有像企业家一样的洞察力、识别力和决断力。

7.3.2 市场营销战略的内容

1. 产品战略

产品战略是企业对其所生产与经营的产品进行的全局性谋划。在市场营销活动中，产品战略是核心，它对营销组合的其他战略，如价格战略、促销战略、渠道战略等起着统驭作用，在很大程度上决定或影响着这些战略的制定与实施。

产品战略包括产品定位、产品组合、产品包装等。产品定位的实质就是让自己的产品与市场上所有其他同类产品有所不同，差别越大越好，特色越明显越好。企业应以市场需求为依据，先进行产品定位，经论证可行后再进行开发、生产和销售的定位。产品组合就是一个企业生产经营的全部产品结构，即各种产品线及产品项目。产品包装是产品在运输、存储和销售过程中，为保存其价值和使用价值，为保护产品和美化产品而采用的容器和包扎物。

2. 价格战略

价格战略是指企业以总体战略和效益目标为依据，为实现占领目标市场的要求而对产品价格目标、价格水平、价格手段等作出的谋划与方略。

价格战略大体可以分为新产品定价战略、价格管理战略和价格竞争战略。价格竞争战略的重点是知己知彼和掌握主动，避免恶性价格竞争。价格是营销计划的重要问题。决定价格战略的因素有营销目标、成本结构、竞争、替代品、消费者态度、企业或产品形象、分销渠道，以及法律约束、经济环境等。

3. 渠道战略

营销渠道就是商品和服务从生产者向消费者转移的具体通道或路径。企业有没有合理的、完善的营销渠道战略将直接关系到企业的兴衰成败。渠道营销主要有直复营销、分销渠道、代理和加盟连锁四种。

(1) 直复营销。直复营销对于“回复”非常重视，“回复”可以导致客户的立即行动。常见的直复营销活动中经常配合号召立即行动的信息，常见的包括折扣、赠礼、抵价券、加量、抽奖等。

(2) 分销渠道。分销渠道包括经销制渠道、代理制渠道和电子分销渠道三种。经销制渠道实质是企业与企业之间的一种买卖关系，这种买卖是建立在互利互惠基础之上的。厂家借助经销商迅速占领市场，而经销商通过经销厂家的产品获得利益。代理制渠道是企业通过委托、代理、代销等形式，与外部独立的企业建立长期的供销合作关系。电子分销渠道是企业利用计算机网络等形式与外部建立供销合作关系。它不仅减少了中间环节，降低了中间分销成本，还可以节约库存、降低售后服务成本。

(3) 代理。代理经营的代理商没有商品的所有权，他们不是在经营商品，而只是代表买方寻找卖方，或代表卖方寻找买方。

(4) 连锁加盟。连锁加盟目前在国内是一种比较成熟的商业运作策略，这种策略一般都是预先运营好某个项目，然后再在全国各地找加盟商。

4. 促销战略

产品促销越来越受到企业的重视。现代市场营销不仅要求企业开发出优秀的产品，为其制定有吸引力的价格，并使之易于为消费者买到，而且更重要的是必须要与现有的和潜在的消费者沟通。

促销往往是终端推广、资料库营销等直接营销的推动力。在国内市场上，促销是符合本土策略及国内市场情形的一种重要策略。企业在市场营销中，应该将促销提升到战略高度上来。人们经常将促销比喻为“商品销售的临门一脚”，可见促销对市场营销工作的重要程度。促销的形式多种多样，主要有广告促销、公关促销、人员推销和直接营销。

5. 品牌战略

品牌战略主要由品牌定位、品牌形象、品牌管理和品牌推广四部分构成。

(1) 品牌定位。品牌定位的目的是有效地建立品牌与竞争者的差异性，在消费者心目中占据一个与众不同的位置。因此，品牌定位要遵循四个基本原则：执行品牌识别、切中目标消费者、积极传播品牌形象、创造品牌的差异化优势。

(2) 品牌形象。品牌形象给产品附加了虚幻的形象、个性和象征，使人们对同样的产品产生不同的感觉和情感，这正是品牌形象发生作用的心理基础。奥格威认为，对于那些相互之间差异很小的产品，如香烟、啤酒等，可以将产品差异的表现转化为对品牌形象的表现，通过树立品牌形象和培植产品威望，使消费者对产品保持长期的认同和好感。

(3) 品牌管理。品牌管理的基础包括思想基础、管理基础和产品基础。思想基础，即一个企业应该具备的品牌理念和意识，这是实行品牌管理的根本。管理基础是优秀品牌得以建立的保证，它为品牌的建立搭筑了实施的构架。产品基础是品牌的载体，是品牌生存的基础。

(4) 品牌推广。消费者在没有被激发出强烈的购买欲望时，不会主动采取购买行动。因此，寻找、发现、明确消费者选择产品的内在情感需求，通过宣传和沟通点燃其内在的欲望，协助消费者为自己的购买下定决心，才是品牌推广的基本出发点。

6. 市场定位战略

定位是营销领域一个重要的战略概念。市场定位战略，即根据市场竞争情况和本企业自身条件，确定本企业及其产品在目标市场的位置，也就是为企业或产品在目标市场上树立一定特色，塑造预定形象，并争取客户的认同。它需要向目标市场说明本企业及产品与现有的、潜在的竞争者有什么区别。这种策划企业及其产品形象和所提供的价值，从而使目标客户理解并正确认识本企业有别于竞争者的象征性行为就是市场定位。

7. 关系营销战略

关系营销就是把营销活动看做一个企业与消费者、竞争者、供应商、政府机构及其他公众发生互动作用的过程。企业营销活动的核心是建立、发展、维持并巩固与这些公众的良好关系。

在国内，关系营销更具有特殊的土壤。中华民族的优良理念和道德规范，如信、义、仁爱、和能生财等价值观念，为关系营销的应用打下了坚实的思想基础，对处理和协调各方的利益关系至关重要。关系营销能使企业树立良好的形象，培养客户和关系各方的忠诚度与信赖感，使企业形成稳定的客户群；也利于企业跟随市场变化，从而提高竞争力，不断开发新产品，满足客户需求。更重要的是，关系能够创造价值，利于与关系方达成双赢，实现各方利益的最大化。关系营销主要指与竞争者的关系、与客户的关系、与供应商的关系等。

8. 服务战略

随着科技的迅猛发展，产品间的技术差异越来越小，如何在众多的产品中脱颖而出成了众多企业最为关注的问题。因此，服务就成为企业制胜的有力武器。服务是产品整体概念的有机组成部分，服务营销为企业提供了一个解决客户满意度问题的新思路。

从我国企业的实际情况来看，近些年来的价格大战、广告大战、渠道大战等均未取得长期竞争优势，反而导致了“内伤”。只有实施服务营销战略才能获得竞争力，赢得客户满意，如国美、海尔、春兰等就是成功的实证。服务战略的主要方法有服务个性化、服务差异化、服务标准化和服务品牌化等。

9. 文化营销战略

文化营销是指充分运用文化力量实现企业战略目标的市场营销活动，即在市场调研、环境预测、选择目标市场、市场定位、产品开发、定价、渠道选择、促销、提供服务等营销活动流程中均应进行文化渗透，提供文化含量，以文化为媒介与客户及社会公众构建全新的利益共同体关系。

文化营销的本质在于营建企业新型文化价值链，用文化亲和力将各种利益关系群体紧密维系在一起，发挥协同效应，以增强企业整体竞争优势。

7.3.3　市场营销战略的实施步骤

（1）分析市场机会。企业应该善于通过发现消费者现实和潜在的需求，寻找各种环境机会，即市场机会；而且应当具备通过对各种环境机会进行的评估，确定本企业最适当的企业机会的能力。对企业市场机会进行分析、评估，首先要了解有关营销部门对市场结构的分析、消费者行为的认识和对市场营销环境的研究；其次需要对企业自身能力、市场竞争地位、企业优势与弱点等进行全面、客观的评价；最后还要检查市场机会与企业的宗旨、目标与任务的一致性。

（2）目标市场的选择。对市场机会进行评估后，企业对要进入哪个市场或者某个市场的哪个部分要进行研究和选择。目标市场的选择是企业营销战略性的策略，是市场营销研究的重要内容。企业首先应该对进入的市场进行细分，分析每个细分市场的特点、需求趋势和竞争状况，并根据本公司优势，选择自己的目标市场。

（3）确定市场营销策略。在企业营销管理过程中，制定企业营销策略是关键环节。企业营销策略的制定体现在市场营销组合的设计上。为了满足目标市场的需要，企业对自身可以控制的各种营销要素，如质量、包装、价格、广告、销售渠道等进行优化组合，重点考虑产品策略、价格策略、渠道策略和促销策略，即4Ps 营销组合。随着市场营销学研究的不断深入，市场营销组合的内容也在发生着变化，从经典的4Ps到大营销的6Ps，到服务营销的7Ps，再演变到包含战略营销的10Ps，以及更加注重顾客导向的4Cs，一直到目前关系营销的4Rs。

（4）市场营销活动管理。营销管理离不开营销管理系统的支持。营销管理系统包括三个方面：①市场营销计划。企业既要制定较长期的战略规划，决定企业的发展方向和目标，又要有具体的市场营销计划和具体实施战略计划目标。②市场营销组织。营销计划需要有一个强有力的营销组织来执行。根据计划目标，企业需要组建一个高效的营销组织结构，需要对组织人员实施筛选、培训、激励和评估等一系列管理活动。③市场营销控制。在营销计划实施过程中，需要控制系统来保证市场营销目标的实施。营销控制主要有企业年度计划控制、企业盈利控制、营销战略控制等。营销管理的三个系统是相互联系、相互制约的。市场营销计划是营销组织活动的指导，营销组织负责实施营销计划，计划实施需要控制，才能保证计划得以实现。

7.4 财务战略

7.4.1 财务战略概述

1. 财务战略的内涵

财务战略是指企业在分析理财环境的基础上，在服务于企业战略的前提下，对企业资源筹集和投资活动进行的全局性和长远性的谋划，它是战略理论在财务管理领域的应用与延伸。

财务战略管理是为实现企业战略目标和加强企业竞争优势，运用财务战略管理的分析工具确认企业的竞争地位，对财务战略的决策与选择、实施与控制、计量与评价等活动进行全局性、长期性和创造性的谋划过程。财务战略管理既是企业战略管理不可或缺的组成部分，也是企业财务管理十分重要的方面。因此，财务战略管理既要体现企业战略管理的原则要求，又要遵循企业财务活动的基本规律。

2. 财务战略的特征

（1）动态性。由于财务战略管理以理财环境和企业战略为逻辑起点，理财环境和企业战略的动态性特征也就决定了财务战略管理的动态性。财务战略管理的动态性主要体现在四个方面：一是财务战略管理过程具有连续性；二是财务战略管理具有循环性；三是财务战略管理具有适时性；四是财务战略管理对象具有权变性。正确把握企业财务战略管理的动态性特征非常关键，美国邓恩·布拉德斯特里特公司经过对美国企业长期观察后总结出六条导致企业破产的原因，其中之一就是：企业思想僵化，缺乏随环境变化而变化战略及战略管理的灵活性。

(2) 全局性。财务战略管理面向的是复杂多变的理财环境，从企业战略管理的高度出发，其涉及范围更加广泛。财务战略管理不仅重视有形资产的管理，更重视无形资产的管理；既重视非人力资产的管理，也重视人力资产的管理。传统财务管理所提供的信息多是财务信息，而财务战略由于视野开阔，提供大量诸如质量、市场需求量、市场占有率等极为重要的非财务信息。

(3) 外向性。现代企业经营的实质就是在复杂多变的内外环境条件下，解决企业外部环境、内部条件和经营目标三者之间的动态平衡问题。财务战略管理把企业与外部环境融为一体，观察分析外部环境的变化为企业财务管理活动可能带来的机会与威胁，增强了对外部环境的应变性，从而大大提高了企业的市场竞争能力。

(4) 长期性。财务战略管理以战略管理为指导，要求财务决策者树立战略意识，以利益相关者财富最大化为理财目标，从战略角度来考虑企业的理财活动，制定财务管理发展的长远目标，充分发挥财务管理的资源配置和预警功能，从而增强企业在复杂环境中的应变能力，不断提高企业的持续竞争力。

7.4.2 财务战略的基本类型

(1) 快速扩张型财务战略。该战略是以实现企业资产规模快速扩张为目的的一种财务战略。为了实施这种财务战略，企业往往需要在将绝大部分乃至全部利润留存的同时，大量地进行外部筹资，更多地利用负债。大量筹措外部资金，是为了弥补内部积累相对于企业扩张需要的不足；更多地利用负债而不是股权筹资，是因为负债筹资既能为企业带来财务杠杆效应，又能防止净资产收益率和每股收益的稀释。企业资产规模的快速扩张，也往往会使企业资产收益率在一个较长时期内表现出相对的低水平，因为收益的增长相对于资产的增长总是具有一定的滞后性。总之，快速扩张型财务战略一般会表现出高负债、低收益、少分配的特征。

(2) 稳健发展型财务战略。该战略是指以实现企业财务绩效的稳定增长和资产规模的平稳扩张为目的的一种财务战略。实施稳健发展型财务战略的企业，一般将尽可能优化现有资源的配置、提高现有资源的使用效率及效益作为首要任务，将利润积累作为实现企业资产规模扩张的基本资金来源。为了防止过重的利息负担，这类企业对利用负债实现企业资产规模和经营规模的扩张往往持十分谨慎的态度。所以，实施稳健发展型财务战略的企业的一般财务特征是低负债、高收益、中分配。

(3) 防御收缩型财务战略。该战略是指以预防出现财务危机和求得生存及新的发展为目的的一种财务战略。实施防御收缩型财务战略的企业，一般将尽可能减少现金流出和尽可能增加现金流入作为首要任务，通过采取削减分部和精简机构等措施盘活存量资产，节约成本支出，集中一切可以集中的人力，用于企业的主导业务，以增强企业主导业务的市场竞争力。由于这类企业多在以往的发展过程中曾经遭遇挫折，也很可能曾经实施过快速扩张的财务战略，所以，历史上所形成的负债包袱和当前经营上所面临的困难，就成为其采取防御收缩型财务战略的两个重要原因。高负债、低收益、少分配是实施这种财务战略的企业的基本财务特征。

7.4.3 财务战略的内容

1. 筹资战略

筹资战略是指根据企业的整体发展规划和内外财务环境的状况和走势，对资金筹措的目标、结构、渠道和方式等进行长期和系统的谋划。要解决的问题是如何取得企业经营发展过程中所需要的资金，包括向谁、在何时、筹集多少资金。筹资战略主要包括两个方面的内容。

（1）筹资结构分析。企业在实施大型项目时，往往需要多渠道、多形式地筹集资金，为降低投资风险，在此之前企业必须要对企业的筹资结构进行分析。筹资结构分析的重点是企业自有资金与贷款构成的比例对企业自有资金收益率和企业风险大小的影响，企业自有资金一般可以通过发行股票或使用留存收益筹集，而企业贷款则可通过发行债券或向各种金融机构借款筹集。贷款与自有资金的比例不同，自有资金收益率和其离差是不同的。投资资金中负债比例越高，期望自有资金收益率和其离差也越大，企业承担的风险也越大。换言之，投资资金中负债比例越高，如果企业亏损的话，亏损额也越大。因此，企业如果认准某项投资具有很高的盈利性，应该尽量负债经营。但是，如果该项目具有很大的风险性，为保险起见，应该尽量避免负债经营。企业可以根据投资项目的预计收益能力、风险大小和企业承担风险的能力，选择合适的筹资策略，进行必要的筹资结构组合，以求较高的投资报酬率和较小的企业风险。在筹资手段上，选择股票筹资或者是债券、贷款筹资建立适当的负债比例，同时根据资金市场的状况，选择适当的筹资组合，以求资金成本最低。

（2）筹资方法选择。企业选择筹资方案必须有两个前提条件：假设所有企业都是有效经营的；要有比较完善的资金市场。一般来说，筹资方法的选择大致有以下三种。一是比较筹资代价。企业在筹资活动中，为获得资金必须付出一定的代价，比较筹资代价法有三方面的内容：比较各种资金来源的资金成本；比较各种投资人的附加条件；比较筹资的时间代价。二是比较筹资机会。筹资机会的比较包含两方面的内容：要对迅速变化的资金市场上的时机进行选择。它包括筹资时间的比较和定价时间的比较，筹资的实施机会选择主要由主管财务人员在投资银行的帮助下，根据当时的市场情况作出决定；对筹资风险程度的比较。企业筹资面临着两方面的风险，除了企业自身经营上的风险外，还有资金市场上的风险。进行筹资决策时，必须将不同筹资方案的综合风险进行比较，选择最优方案。三是筹资代价与收益比较。将筹资代价与项目生产的效益进行比较，是筹资决策的主要内容。如果企业筹资项目的预计收益大于筹资的代价，则筹资方案是可行的。

2. 投资战略

投资战略是企业财务战略的核心内容，决定着能否把有限的资金和资源合理配置并有效利用。投资战略是指根据企业总体战略要求，为维持和扩大生产经营规模，对有关投资活动所作的全局性谋划。它是将有限的企业投资资金，根据企业战略目标评价、比较、选择投资方案或项目，为获取最佳的投资效果所作的选择。投资战略需要进行科学研究和应用规模经济原理，综合运用最佳生产曲线、成本函数等现代经济理论模型，探索最佳的投资规模，获取最优的投资效益。另外，还应该合理运用SWOT分析法、波士顿矩阵法和行业结构分析法等进行投资策略的制定。

企业投资有三种基本选择：一是投资战略类型选择。企业投资战略类型依赖于企业在竞争中的弱强、市场时机和市场占有率这三个因素，可选择的投资战略有扩大现有生产能力、寻求规模经济、联合型、兼并型、盈利型、垂直扩张型、水平扩张型、开发型等。二是投资时机选择。经营成功的企业投资一般是将多种产品分布在寿命周期的不同阶段进行组合，主要模式有四种，即投资侧重于导入期产品，兼顾成长期和成熟期；投资侧重于成长期和成熟期，几乎放弃导入期和衰退期；投资均衡分布于四个阶段；投资侧重于导入期和成长期而放弃成熟期、衰退期。三是投资规模选择。投资规模选择包括两层意思，即单个投资项目的规模选择和企业总体投资规模的确定。物质技术条件决定企业能够达到的规模；社会需要决定投资项目需要达到的规模；经济效益决定投资项目实际达到的规模。

3. 收益分配战略

收益分配战略是指以战略眼光确定企业净利润留存与分配的比例，以保证企业和股东的长远利益。收益分配是利用价值形式对社会剩余产品所进行的分配。企业的收益分配战略应遵循既有利于股东又有利于企业的原则。收益分配战略主要包括：资本收益的管理、股利分配政策等。未来企业的收益应在其利益相关者之间进行分配，包括债权人、企业员工、国家与股东。然而前三者对收益的分配大都比较固定，只有股东对收益的分配富有弹性，所以股利战略也就成为收益分配战略的重点。股利战略要解决的主要问题是确定股利战略目标、是否发放股利、发放多少股利及何时发放股利等重大问题。从战略角度考虑，股利战略目标为：促进公司长远发展；保障股东权益；稳定股价，保证公司股价在较长时期内基本稳定。公司应根据股利战略目标的要求，通过制定恰当的股利政策来确定是否发放股利、发放多少股利及何时发放股利等重大方针政策问题。

收益分配战略的制定必须以投资战略和筹资战略为依据，必须为企业整体战略服务。一方面，企业要满足营销及产品质量发展的需要，全力支持企业的扩张型发展战略，在内部来部分满足企业高速发展过程中对资金的饥渴问题；另一方面，企业还应最大限度满足企业培育与提升核心竞争力对权益资本的需要，积极探索知识、技术、专利、管理等要素参与收益分配的有效办法，制定有利于留住人才和人尽其才的收益分配政策。

7.5 人力资源战略

7.5.1 人力资源战略概述

1. 人力资源战略的内涵

所谓人力资源战略，就是组织为了适应外部环境日益变化的需要和人力资源开发与管理自身日益发展的需要，根据组织的发展战略，在充分考虑了员工的期望之后，制定的人力资源开发与管理的纲领性长远规划。它对人力资源管理活动有着重要的指导作用，是组织发展战略的重要组成部分，也是组织战略实施的有效保障。

21 世纪，随着知识经济向广度、深度发展，企业的竞争越来越成为人才的竞争。人力资源随之真正成为企业的战略性资源，人力资源的价格逐渐成为衡量企业竞争力的标志，越来越多的企业开始从战略的角度考虑人力资源的管理问题，把它和企业的总体经营战略联系在一起，人力资源管理部门也逐步成为能够创造价值并维持企业核心竞争力的战略性部门。作为整个企业战略的重要组成部分，人力资源战略就是确定一个企业如何进行人员管理以实现企业战略目标的方向性指导计划。

实际上，人力资源战略就是企业为适应外部环境变化和内部人力资源开发与管理自身发展的需要，根据企业的总体战略制定的人力资源开发与管理的方向性规划。它提供了一种通过人力资源开发与管理获得和保持企业竞争优势的行动思路，即在变化的环境中将企业管理的重点放在对人力资源的管理上。可见，人力资源战略是连接企业人力资源开发与管理活动与企业总体战略的纽带，它确定了如何能通过一种合理的、一致的、以战略为核心的过程去进行人力资源开发与管理，而且随着企业经营环境的变革，人力资源战略的重要性越来越受到企业的重视。

2. 人力资源战略的特征

（1）提出总体方向。根据公司的发展战略提出人力资源管理的总体方向，包括方案和行动，涉及多种职能，并且时限可能不止一年。

（2）适应外部环境变化的需要。根据人力资源战略的以上特征，可以看出人力资源战略就是企业为适应外部环境变化的需要、人力资源开发和管理自身发展的需要。

(3) 考虑员工的期望。根据企业的发展战略，充分考虑员工的期望而制定的人力资源开发与管理的纲领性的长远规划。它对人力资源开发与管理活动有着重要的指导作用，是企业发展战略的重要组成部分，也是企业战略实施的有效保障。

7.5.2 人力资源战略的层次

(1) 生理需求。生理需求体现在企业的人力资源战略上就是要建立合理的薪酬、福利待遇体系，使员工寝食无忧，只有这样员工才能够全身心地投入工作。沃尔玛的人力资源战略就非常重视员工生理需求的充分满足，并将此种需求与企业利益挂钩，实现双赢。其利润分享计划：每个在沃尔玛工作两年以上并每年工作1000小时的员工都有资格分享公司当年的利润。此项计划使员工的工作热情空前高涨。之后，其创始人山姆又推出了雇员购股计划，让员工通过工资扣除的方式，以低于市值15%的价格购买股票。这样，员工利益与公司利益休戚相关，实现了真正意义上的"合伙"。

(2) 安全需求。人们在满足了基本的生理需求后，就会产生新的需求——安全需求，主要包括安全，稳定，依赖，免受恐吓、焦躁与混乱的折磨，对体制法律、秩序、界限的依赖等。其体现在人力资源战略中，就是要为员工建立一个相对安全、稳定的工作大环境，这个大环境既包括物质环境也包括精神环境。例如，公司的各种安全防护措施要完善，工作环境要尽量保证员工的身体健康；制度的建立与实施要考虑到员工的感受；保证一个相对稳定的员工队伍，频繁裁人的企业会让员工失去稳定感，从而诱发主动跳槽等。

(3) 归属需求。现代社会中各方面压力的增大加剧了人们对于归属感的渴望，人们希望能够真正团结起来，共同应对外来危险，共同面对同一件事情，并在别人对自己的协助中获得满足。广大的足球球迷在观看比赛中所表现出的巨大热情、同仇敌忾的凝聚力，正是现代人追求归属感的有力证据。作为企业的人力资源战略，要想最大限度激发员工的工作热情，就必须通过各种方式让员工在企业中找到归属感。例如，丰田公司建立的"公司内的团体活动"就使员工找到了归属感。它设立了"亲睦团体"，让同学、同乡或具有相同兴趣爱好的人加入到其中，为了避免机构庞大，还按照各种条件分成更小的团体，这样可以使参加者更加随意、亲近地接触，这增加了员工的归属感，培养了团队意识。每个人都可以同时属于多个团体，为了这种聚会，公司建造了体育馆、集会大厅、会议室等设施，供自由使用，在这种团体中领导人是互选的，且采取轮换制。这些团体都有一个共同的条件，那就是把这些团体作为会员相互之间沟通亲睦、自我启发、有效地利用业余时间和不同职务的会员相互交流的场所。这些团体都认识到，通过企业的繁荣，公司内团体才有发展，进而员工才会有极强的归属感。

(4) 尊重需要。社会上绝大多数人都渴望受到尊重，包括外界对自己的尊重和自己对自己的尊重（自尊）。外界对自己的尊重来源于地位、声望、荣誉或一种良好的、相互尊重的人际氛围，企业的人力资源战略应努力地营造这种氛围。例如，在沃尔玛，管理人员和员工之间是良好的合伙关系。公司经理人员的纽扣刻着“我们关心我们的员工”字样，管理者亲切对待员工，尊重和赞赏他们，关心他们，认真倾听他们的意见，真诚地帮助他们成长和发展。合伙关系在沃尔玛公司内部处处都能体现出来，它使沃尔玛凝聚为一个整体。而自尊需要的满足是指由于实力、成就、适当、优势、用途等自身内在因素而形成的个人面对世界时的自信、独立。企业的人力资源战略应通过各种方式提高员工的自尊感。例如，沃尔玛建立的终身培训机制，并投入大量的资金予以保证。各国际公司必须在每年的九月份与总公司的国际部共同制订并审核年度培训计划。培训项目分为任职培训、升职培训、转职培训、全球最佳实践交流培训和各种专题培训。在每一个培训项目中又包括 30 天、60 天、90 天的回顾培训，以巩固培训成果。培训又分为不同的层次，有在岗技术培训、专业知识培训、企业文化培训等，更重要的是沃尔玛根据不同员工的潜能对管理人员进行领导艺术和管理技能培训，这些人将成为沃尔玛的中坚力量。终身培训机制使员工的能力不断得到提升，使员工对自己时刻充满自信，为员工的自我实现提供了充分的条件，这是一种高层次需求的满足。

(5) 自我实现需要。一个人在其他基本需要都得到满足以后，自我实现的需要便开始突出。这时候他会很乐意去工作，对他而言，这时候的工作不是生活所迫，不是为了金钱，也不是为了荣誉，而是一种兴趣。不同的个体满足这一需要所采取的方式大不相同，在这一层次上，个人的独特性表现得淋漓尽致。从这一点上，企业需要切实地了解和关心员工，知道他们想要什么，为他们搭建自我实现的舞台。例如，有的员工希望展现自己的领导才能，希望通过自己的努力为企业创造价值，那么企业就应该提供这种机会；经过一段时间训练后，如果员工表现良好，具有管理员工的能力，企业就可以给他们一试身手的机会，先做部门经理助理等，然后如果干得不错，就有机会单独管理一个部门。量体裁衣，给员工提供自我实现的舞台，是企业人力资源战略的高层次体现。

7.5.3 人力资源战略的基本类型

人力资源战略属于企业的职能战略，用以支持企业总战略和业务战略，因此，任何人力资源战略的制定都要考虑与企业战略的配合。人力资源战略可分为诱引战略、投资战略和参与战略三种基本类型。

(1) 诱引战略。该战略主要是通过丰厚的薪酬制度去诱引和培养人才，从而形成一支稳定的高素质员工队伍。常用的薪酬制度包括利润分享计划、奖励政策、绩效奖酬、附加福利等。由于薪酬较高，人工成本势必增加。为了控制人工成本，企业在实行高薪酬的诱引战略时，往往严格控制员工数量，所吸引的员工通常具有高度专业化技能，这样，招聘和培训的费用相对较低；管理上则采取以单纯利益交换为基础的严密的科学管理模式。

（2）投资战略。该战略主要是通过聘用数量较多的员工，形成一个备用人才库，以提高企业的灵活性，并储备多种专业技能人才。这种战略注重员工的开发和培训，注意培育良好的劳动关系。在这方面，管理人员担负了较重的责任，要确保员工得到所需的资源、培训和支持。企业采取投资战略的目的是要与员工建立长期的工作关系，故企业十分注重员工，视员工为投资对象，使员工感到有较高的工作保障。

（3）参与战略。该战略是谋求员工有较大的决策参与机会和权力，使员工在工作中有自主权。管理人员更像教练一样为员工提供必要的咨询和帮助。采取这种战略的企业很注重团队建设、自我管理和授权管理。在对员工的培训上，企业也较重视员工的沟通技巧、解决问题的方法、团队工作等能力的培养。日本企业开创的小组就是这种战略的典型。

7.5.4 人力资源战略与企业竞争战略的匹配

人力资源战略是职能战略中的一种。企业任何战略目标的完成都离不开其人力资源战略的配合，人力资源战略也必须与企业的基本经营战略、发展战略和文化战略等相互配合、相互支持，才可能发挥最大效用。

中国台湾地区学者唐郁靖在其论文研究中将人力资源战略与波特竞争战略之间的整合进行了总结，将它们的关系进行了细分，如表7-1所示。

表7-1 人力资源战略与波特竞争战略的整合

竞争战略		成本领先战略	差异化战略	集中战略
人力资源战略		诱引战略	投资战略	参与战略
人力资源管理运营工作流程	效率或者创新	有效率的生产	创新	确定效率与创新
	控制程度	强调控制	弹性	强调控制与弹性
	工作说明	明确的工作说明书	工作类别广泛	二者结合
	工作规程	详尽的工作规划	松散的工作规划	二者结合
招聘	员工来源	外在劳动市场	内在劳动市场	两者兼用
	晋升阶梯	狭窄、不易转换	广泛、灵活	狭窄、不易转换

续表

竞争战略		成本领先战略	差异化战略	集中战略
人力资源战略		诱引战略	投资战略	参与战略
甄选决策		由人力资源部门负责甄选的决策	由部门主管负责甄选的决策	结合二者
	所强调的甄选标准	强调技能	强调应征者与组织文化的契合	结合二者
	雇佣与社会化过程	正式的雇佣和社会化过程	非正式的雇佣和社会化过程	
绩效评估	时间性观念	短	长	短
	行为/结果导向	结果导向	行为与结果导向	结果导向
	个人/小组导向	个人导向	小组导向	结合二者
	评估程序	一致性的评估程序	特制的评估程序	结合二者
	评估之用途	利用绩效评估作为控制方法	利用绩效评估作为员工发展的工具	结合二者
	评估范围	评估范围狭窄	多重目的的评估	结合二者
	评估者	高度依赖上司评估	从多方面的投入进行评估	结合二者
培训	内容	应用范围局限的知识与技巧	应用范围广泛的知识与技巧	应用范围适中的知识与技巧
	个人或团队为基础	个人训练	以团队为基础或跨功能的训练	结合二者
	在职或者外部训练	在职训练	外部训练	结合二者
	自行培养或购买所需技能	公司自己培养所需技能	从公司外部购买技能	结合二者
薪酬	公平原则	对外公平	对内公平	对内公平
	基本薪酬	低	高	中
	归属感	低	高	高
	雇佣保障	低	高	高
	固定或变动薪酬	固定薪酬	变动薪酬	结合二者
	薪酬计算基础	强调以工作或年资为基础的计薪方式	强调以个人能力或绩效为基础的计薪方式	结合二者
	集权或分权	集权的薪酬决策	分权的薪酬决策	结合二者

7.5.5 人力资源战略的内容

1. 人力资源规划战略

人力资源规划战略是指企业从战略规划和发展目标出发，根据其内外部环境的变化，预测企业未来发展对人力资源的需求，以及为满足这种需要所提供人力资源活动的全局性、根本性、方向性的谋划与安排。人力资源规划战略主要包括人力资源总体规划、组织规划、制度规划、人员规划和费用规划五个方面。

（1）人力资源总体规划。人力资源总体规划是根据企业总体发展战略的目标，对企业人力资源开发和利用的方针、政策和策略的规定，是各种人力资源具体计划的核心，是事关全局的关键性计划。

（2）人力资源组织规划。人力资源组织规划是对企业整体框架的设计，主要包括组织信息的采集、处理和应用，组织结构图的绘制，组织调查、诊断和评价，组织设计与调整，以及组织机构的设置等。

（3）人力资源制度规划。人力资源制度规划是人力资源总规划目标得以实现的重要保证，包括人力资源管理制度体系建设的程序、制度化管理等。

（4）人力资源人员规划。人力资源人员规划是对企业人员总量、构成、流动的整体规划，包括人力资源现状分析、企业定员、人员需求、供给预测及人员供需平衡等。

（5）人力资源费用规划。人力资源费用规划是对企业人工成本和人力资源管理费用的整体规划，包括人力资源费用的预算、核算、结算，以及人力资源费用控制。

2. 招聘战略

招聘战略是指企业从战略规划和发展目标、人力资源管理规划出发，从组织内部和外部吸收人力资源的全局性、根本性和方向性的谋划与安排。招聘战略主要包括员工招募、甄选和聘用等内容。

（1）员工招募。员工招募是通过一定的方式寻找与吸引一群可从其中选出职位空缺应聘者的过程。主要应考虑：应聘人员的来源、谁应参与招募过程、如何招募到这些应聘人员、企业用什么来吸引应聘人员等。

（2）员工甄选。员工甄选指通过运用一定的工具和手段对已经招募到的应聘者进行鉴别和考察，区分他们的人格特点和知识技能水平，预测他们的未来工作绩效，从而最终挑选出企业所需要的、恰当的职位空缺填补者。一般包括对所有应聘者的情况进行初步审查、知识与心理素质测试、面试，以确定最终的录用者。

（3）员工聘用。员工聘用过程一般可分为试用合同的签订、新员工的安置、岗前培训、试用、正式录用等几个阶段。试用就是企业对新上岗员工的尝试性使用，这是对员工的能力与潜力、个人品质与心理素质的进一步考核。员工的正式录用是指试用期满后，对表现良好、符合组织要求的新员工，使其成为组织正式成员的过程。一般由用人部门根据新员工在试用期间的具体表现对其进行考核，作出鉴定，并提交人力资源管理部门。人力资源管理部门正式录用考核合格的员工，并且代表组织与员工签订正式录用合同，正式明确双方的责任、义务与权利。

3. 培训战略

培训工作的目标来源于企业和职工个人这两个方面。培训目标能否实现取决于企业的管理风格、工作性质、外部条件等多种因素。在诸多因素的作用下，企业培训工作要想顺利进行就应接受其中培训战略的指导。培训战略是企业对较长时期内的培训工作所作的全局性、根本性、方向性的谋划与安排。它能有助于企业在较长时期内排除多种变动因素给培训工作带来的影响，使培训工作有条不紊地顺利开展。归纳起来，企业培训战略主要包括五个方面内容。

(1) 强调学习型文化为先导的培训战略。企业员工培训的最终目的是形成一种自上而下的全员学习型文化，进而提高员工学习能力和创新能力。学习是企业创新思想的来源，要构建 21 世纪的企业文化，其关键要从转变观念入手，通过观念的转变来形成企业高层、普通员工对培训重要性的深刻认识，进行系统化的培训机制建设，对培训过程进行科学的设计，对培训结果进行有效的利用。

(2) 多层面、系统的员工培训需求评估战略。为作好培训需求评估，应从企业整体发展战略层面、工作层面及员工个人层面进行分析。企业整体发展战略层面分析指的是确定整个企业的培训需求，以保证培训计划符合企业整体发展目标与战略要求。工作层面分析要分析员工达到理想工作绩效所必须掌握的技能和能力。个人层面分析是将员工目前的工作绩效与企业的员工绩效标准进行比较，寻找两者的差距，并针对这些差距进行培训。

(3) 培训方式的选择与培训目标、受训者情况构成匹配战略。在企业培训中，培训方式的选择是决定培训绩效的一个重要环节。由于培训手段的不断开发，层出不穷的培训方式出现在我们面前。每一种培训方式都有自己的特色和适用场合，如何根据具体情形对各种培训方式进行科学选择，在实际培训工作中常常困扰着培训者。培训目标、受训者情况（其中包括学员构成、工作压力等）是影响培训方式选择的关键因素。

(4) 深度培训战略。企业的深度培训战略主要包括两个方面：一是企业深度培训战略的实施不是临时的，而是一个与企业远景、发展目标和价值观相吻合的长期培训战略计划；二是企业的深度培训战略要求对培训结果进行科学、严肃地考评，根据考评结果决定员工的奖金、晋升，并对培训内容的设计、培训方式的选择进行积极的反馈，并且不断优化，从而激发员工的学习热情。企业高层领导应起积极的倡导作用，要有明确的培训目标、内容和方式，并将培训与实践紧密结合，提高培训的针对性和实用性，随时评价培训绩效，根据需要随时调整培训战略与内容。

(5) 员工培训与组织创新有机整合战略。员工培训与组织创新有机整合战略主要包括五个方面：组织结构的设计有利于提高员工的技能；实行以低度分工、适度规范化和决策权下放为特点的劳动组织结构；进行以提高员工知识技能为基础的创新设计，如职业生涯训练制度、岗位轮换制度、团队学习制度、企业内部沟通制度等；建立有效的培训激励制度，调动员工接受培训的积极性；建立学习型组织，营造企业的创新氛围。

4. 绩效战略

绩效战略是企业在经营战略目标指导下，对较长时期内的绩效管理所作的全局性、根本性、方向性的谋划与安排，具体包括绩效计划、绩效沟通、绩效考核与绩效结果应用四个方面。

（1）绩效计划。绩效计划是企业与员工在明晰责、权、利的基础上签订的一个内部协议。绩效计划的设计从企业最高层开始，将绩效目标层层分解到各级单位及部门，最终落实到个人。一般包括本单位（部门、岗位）在绩效周期内的工作要项、衡量工作要项的关键业绩指标、关键业绩指标的权重、工作结果的预期目标、工作结果的测量方法、关键业绩指标的计算公式、关键业绩指标的计分方法、关键业绩指标统计的计分来源、关键业绩指标的考评周期等内容。

（2）绩效沟通。绩效沟通是绩效管理的核心，是指考核者与被考核者就绩效考评反映出的问题及考核机制本身存在的问题等展开实质性的面谈，并着力于寻求应对之策，服务于以后企业与员工绩效改善和提高的一种管理方法。绩效沟通在整个人力资源管理中占据着相当重要的地位。可以说，要是企业的绩效管理缺乏了有效的绩效沟通，那企业的绩效管理就不能称之为绩效管理，至少从某种程度上讲是不完整的绩效管理。通过妥善有效的绩效沟通将有助于及时了解企业内外部管理上存在的问题，并可为之采取应对之策，防患于未然，降低企业的管理风险。同时，也有助于帮助员工优化后一阶段的工作绩效，提高工作满意度，从中推动企业整体战略目标的达成。而且，和谐的企业文化的构建，优秀的人力资源品牌也离不开有效的绩效沟通的助推作用。

（3）绩效考核。绩效考核是企业为了实现生产经营目的，运用特定的标准和指标，采取科学的方法，对承担生产经营过程及结果的各级管理人员完成指定任务的工作实绩和由此带来的诸多效果作出价值判断的过程。一般包括绩效考核的主体、客体、目的、原则、内容、标准、方法及时间等。

（4）绩效结果应用。如果绩效评价结果得不到很好的应用，整个绩效管理活动的效果就会大打折扣，但如果我们仅仅把绩效评价结果的应用定位在薪酬决策上，那就仍然是片面的。薪酬仅仅是一种“保健”因素，现代大部分的企业其实更加看重激励因素，如培训和自我提高的机会。因此，绩效评价结果的应用也应该是多方面的，如可用于报酬的分配和调整，这是绩效评估结果的一种非常普遍的用途。一般来说，为了增强报酬的激励作用，在员工的报酬体系中有一部分报酬是与绩效挂钩的：绩效评估的结果可以为职位的变动提供一定的信息，员工在某些方向的绩效突出，就可以让其在此方面承担更多的责任；可用于员工的培训与发展，这是绩效评估最重要的用途，通过绩效评估，员工可以知道自己哪些地方做得好，哪些地方做得不好，为今后培训和发展指明正确的方向；可作为员工选择和培训的效标，所谓效标，简单地说，就是衡量某个事物的有效指标。绩效评估的结果还可以用来衡量招聘选拔和培训的有效性。

5. 薪酬战略

薪酬战略是企业在经营战略目标指导下，制定的一系列薪酬选择，以帮助企业赢得并保持竞争优势，具体包括薪酬决定标准、薪酬结构和薪酬管理制度三个方面。

(1) 薪酬决定标准战略。薪酬决定标准战略是决定薪酬高低依据方面的战略。岗位、技能、资历、绩效和市场状况等都可能是决定薪酬的依据。究竟按照什么依据来决定薪酬，这取决于有关依据的特征和企业的具体状况。这里简要介绍以下三种：一是基于岗位或技能。传统薪酬制度通常按岗位来决定薪酬，但由于岗位是流动和变化的，企业无法用过去的岗位分析结果来衡量现在的岗位对企业的贡献。此外，同一岗位，工作人员不同，其绩效也不同。技能薪酬观认为，员工尤其是掌握多种技能的员工是企业竞争力的源泉，企业应该根据员工的技能水平来决定员工的薪酬。但是，技能薪酬往往依据员工的潜在能力，而不是对企业的实际贡献来决定员工的薪酬。二是基于绩效或资历。依据组织目标和企业衡量绩效的能力来决定是根据绩效还是资历来确定薪酬。如果企业确实能够精确地衡量绩效，并且相应地支付薪酬，那么这种薪酬制度就是公平的，并且也是有作用的。根据资历支付薪酬的一个假设前提是，员工的资历越丰富，为企业创造价值的能力就越大。同时，员工的资历比较直观，容易确定，实施起来也比较容易。许多企业希望能根据绩效来决定员工薪酬，但由于无法客观衡量绩效，最终还是根据资历来支付薪酬。三是基本薪酬高于或低于市场标准。一般而言，企业的基本薪酬高于市场标准能够提高企业吸引和留住员工的能力，并让员工感觉到自己属于一个层次较高的团体。然而，要使基本薪酬居于市场领先地位的一个前提就是考虑企业未来的现金流状况。其实，基本薪酬低于市场标准的企业也可以具有很强的激励性。例如，新成立的高技术企业可能在刚开业时支付低于市场标准的基本薪酬，但是其员工有可能在未来的几年里因高激励薪酬而成为百万富翁。

(2) 薪酬结构。薪酬结构是指薪酬的各个构成部分及其比重，通常指固定薪酬和变动薪酬、短期薪酬和长期薪酬、非经济薪酬和经济薪酬两两之间的比重。选择什么样的薪酬结构这也取决于每一种结构的特征和具体的企业状况。简要介绍以下三种：一是固定薪酬和变动薪酬。一般而言，对于偏好风险的员工，低固定薪酬、高变动薪酬的激励作用大；对规避风险的员工，高固定薪酬、低变动薪酬的激励作用大。除了要考虑员工特征外，还要考虑企业的外部环境、组织特征等因素。企业在竞争激烈、支付能力较强时，应该支付高比例的固定薪酬。二是短期激励和长期激励。一些观点赞同向经理提供短期激励，使他们关注组织的短期绩效，尽管这些绩效和企业的长期目标可能不一致。同时，完全关注企业的长期目标就意味着放弃短期薪酬所能够产生的激励，而这些激励往往有助于使经理的行为和企业目标保持一致。不过，具有企业家精神的管理者，往往愿意接受长期激励，因为这使得他们和企业成为命运共同体，增强企业对其的信任，使其在经营企业的过程中具有更大的权力空间。三是非经济薪酬和经济薪酬。Lawler等认为，企业要获取更有竞争力的地位应该重视非经济薪酬，如成就、认可、培训机会、工作环境、职业发展前景等，以满足员工的精神需要。但是，就需求层次而言，员工只有在对经济薪酬基本满意的基础上，才会重视非经济薪酬。

(3) 薪酬管理制度。薪酬管理制度是指制定和调整薪酬制度的行为方式和决策标准，包括授权程度、员工参与方式、薪酬内外导向性、薪酬等级状况、薪酬支付方式及薪酬制度的调整频率。选择什么样的薪酬战略取决于企业的内外环境和自身的战略愿景。

本章主要介绍了职能战略中的产品开发战略、生产运作战略、市场营销战略、财务战略和人力资源战略等内容。

【本章精要】

产品开发战略是考虑在现有市场中通过改良现有产品或开发新产品来扩大销售量的战略，包括领先型开发战略、追随型开发战略、替代型开发战略和混合型开发战略四种基本类型。新产品开发战略应该遵循三项原则，需要解决三个方面的问题。

生产运作战略是企业在总体战略或业务战略的指导下，制定企业生产活动的战略目标及实现该目标的途径和手段。主要分析了生产运作战略的六种基本类型和主要内容。

市场营销战略是作为指导企业从既定战略向市场转化的方向和准则，包括产品战略、价格战略和文化战略等九个方面的内容和实施市场营销策略的四个步骤。

财务战略管理是企业在分析理财环境的基础上，在服务于企业战略的前提下，对企业资源筹集和投资活动进行的全局性和长远性的谋划，它是战略理论在财务管理领域的应用与延伸，包括三种战略类型和三方面内容。

人力资源战略是组织为了适应外部环境日益变化的需要和人力资源开发与管理自身日益发展的需要，根据组织的发展战略，在充分考虑了员工的期望之后，制定的人力资源开发与管理的纲领性长远规划，分为三种基本类型和五个方面的内容。

【思考题】

1. 什么是产品开发战略？它包括哪些基本类型？
2. 新产品开发战略应该遵循哪些原则？需要解决哪些问题？
3. 什么是生产运作战略？它包括哪些基本类型？
4. 生产运作战略的主要内容是什么？
5. 什么是市场营销战略？其步骤是什么？
6. 市场营销战略的主要内容是什么？
7. 什么是财务战略？它包括哪些基本类型？
8. 财务战略的主要内容是什么？
9. 什么是人力资源战略？它的主要内容是什么？

【综合案例】

五金制品公司的人力资源规划[①]

冯如生几天前才调到五金制品公司的人力资源部当助理，就接受了一项紧迫的任务，要求他在10天内提交一份本公司5年的人力资源规划。虽然老冯从事人力资源管理工作已经多年，但面对桌上那一大堆文件、报表，还是一筹莫展。经过几天的整理和苦思，他觉得要编制好这个规划，必须考虑下列各项关键因素。

首先是本公司现状。本公司共有生产与维修工人825人，行政和文秘性白领职员143人，基层与中层管理干部79人，工作技术人员38人，销售员23人。其次是离职率。据统计，近5年来职工的平均离职率为4%，没理由预计会有什么改变。不过，不同类别的职工的离职率并不一样，生产工人的离职率高达8%，而技术人员和管理干部则只有3%。最后，按照既定的扩产计划，白领职员和销售员要新增10%～15%，工程技术人员要增5%～6%，中、基层干部不增也不减，而生产与维修的蓝领工人要增加5%。有一点特殊情况要考虑，即最近本地政府颁布了一项政策，要求当地企业招收新职工时，要优先照顾妇女和下岗职工。本公司一直未曾有意排斥妇女或下岗职工，只要他们来申请，就会按同一种标准进行选拔，不会歧视，但也不会给予特殊照顾。如今的事实却是，销售员除一人是女性外全是男性；中、基层管理干部除两人是女性外，其余也都是男性；工程师里只有3名女性；蓝领工人中约有11%的职工是女性或下岗职工，

① 于秀芝：人力资源管理，北京：经济管理出版社，2003年。

而且都集中在最底层的劳动岗位上。

冯如生还有 5 天就得交出计划，其中包括各类干部和职工的人数、从外界招收的各类人员的人数及如何贯彻市政府关于照顾妇女与下岗人员政策的计划。此外，五金制品公司刚开发出几种有吸引力的新产品，所以预计公司销售额 5 年内会翻一番，冯如生还得提出一项应变计划以备应付这类快速增长。

综合案例思考题：

1. 老冯在编制人力资源规划时要考虑哪些情况和因素?
2. 老冯该制定一项什么样的招工方案?
3. 在预测公司人力资源需求时，老冯能采用哪些战略?

第8章

企业战略评价与选择

> 没有“尽善尽美”的战略决策。人们总要付出代价。对相互矛盾的目标、相互矛盾的观点及相互矛盾的重点，人们总要进行平衡。
>
> ——波得·德鲁克

【引导案例】

格兰仕的战略选择①

广东格兰仕（集团）公司以生产羽绒制品起家，1993年进入微波炉行业，从家电、轻纺等产业多元化走向微波炉小家电生产的专业化，迅速成为微波炉世界的“巨无霸”，依托规模经济、实施低成本战略大幅度降低销售价格。1995年，格兰仕集团在微波炉市场的占有率跃居第一，并保持至今，成为全球最大的家电生产企业之一。总公司面积60万米^2，现有员工11 000人，2000年销售收入达到50亿元。产品畅销全球八十多个国家和地区，2000年出口创汇2.5亿美元，列中国家电行业前列。

格兰仕集团拥有1500万台微波炉的年产生能力，是目前全球最大的微波炉生产基地，占全球市场近35%、中国市场近70%的市场份额。格兰仕集团还拥有全球最大的豪华电饭煲生产基地之一，具备1200万个豪华电饭煲的年生产能力，市场占有率已经位列国内三甲。格兰仕有上百个微波炉品种，有全世界最先

① 谢洪明，李卫宁：中国企业管理案例研究学术研讨会论文集，广州：华南理工大学出版社，2001年。

进的多系统遥控遥感高智能化微波炉、豪华型“金刚”系列及“迷你”型微波炉等系列产品。

世纪之交，格兰仕通过实施专业化和规模化战略，将微波炉的价格降低了一半以上，大大提升了微波炉在我国的普及率，同时也迫使许多微波炉生产厂家退出微波炉的竞争。格兰仕已成为我国微波炉市场上的真正霸主，连续 5 年获得市场占有率第一。然而，在 21 世纪即将来临之际，格兰仕宣布将投资 20 亿元进军空调及其他大家电行业，消息一出，业界顿时一片哗然，讨伐之声不绝于耳。在当前空调需求过剩的情况下，格兰仕进入空调行业将意味着什么？格兰仕为什么要在这个时候进入空调业？格兰仕还能在空调业创造微波炉神话吗？格兰仕的这个战略选择又将把格兰仕带到什么境地？

本章学习目标：

- 了解企业战略评价与选择的基本原则；
- 掌握企业战略评价和选择的方法；
- 了解企业对战略进行选择的过程；
- 了解企业对战略进行评价的过程。

企业战略对企业经营发展有着重要影响，理论研究虽然起步较晚但成果丰硕，新理论、新观点、新方法不断涌现。面对纷繁复杂的战略管理理论和方法，企业该如何进行有效选择？

8.1　企业战略评价与战略选择概述

8.1.1　企业战略评价的内涵

企业战略评价（enterprise's strategic evaluation）是检测战略实施的进展，评价战略执行业绩，不断修正战略决策，以期达到预期目标的过程。企业战略评价包括三项基本活动：检验企业的战略基础；将预期结果与实际结果进行比较；采取纠正措施以保证行动与计划一致。

企业在制定战略的时候有多种方案可以选择，在众多战略方案中选择哪一种或哪几种较为合适，这就需要企业进行战略方案评价。企业战略评价是战略管理的重要环节，其主要的职能是在战略实施的过程中发现问题和纠正问题。不言而喻，不同的企业战略评价方法，会对这一职能的实现产生不同的效果。因此，应该根据现实需要来选择恰当的企业战略评价方法。

企业战略评价的重点在于判断战略管理的相关内容是否有价值和价值的大

小。企业战略评价有很宽的外延，而不仅仅限于企业战略评价这一个范畴，本章针对企业战略评价进行阐述。企业战略评价的目的是为了确保企业战略管理的成功进行，它要形成规范的评价标准，同时在其评价的过程中需要坚持评价原则。

8.1.2 企业战略选择的内涵

企业战略选择（enterprise's strategic selecting）的实质是企业选择适当的战略，从而扬长避短、趋利避害，并更好地服务顾客。波特认为，竞争优势归根结底产生于企业为顾客所创造的价值：提供同等效益时给出较低的价格，或者以其独特的效益来补偿溢价而有余。也就是说，企业可以综合考虑内部和外部环境来选择不同的战略以提升自身的竞争优势。

日本战略学家伊丹敬之认为，优秀的战略是一种适应战略，它要求战略适应外部环境因素、内部资源和组织结构。因此，作为动态控制的战略选择应贯穿于战略管理全过程。企业战略规划过程是经过构建战略选择模型，分析内外部环境，形成战略目标，制定战略措施，产生战略方案的过程。因此，能否从几种方案中选择出最佳方案是能否形成科学合理的规划文本的重要一环。同样，战略在实施过程中应随着形势的变化，对原有的战略进行修正，甚至可能选择新的战略去替换已有战略，以形成最佳的新战略重点。

企业战略选择从方法论看，源于构建、选择矩阵模型，求解战略矩阵，形成多个战略选择方案的过程；从所要解决的问题看，体现在战略目标、战略方案、战略重点的确定上；从控制论的角度看，战略管理需要多方案择优，其前提就是战略选择。因此，透析战略选择是有效实施战略管理的前提和基础。

8.1.3 企业战略评价与选择的原则

优秀的企业战略要适应外部环境因素，包括技术、竞争和顾客等；也要适应企业的内部资源，如企业的资产、人才等；还要适应企业的组织结构。企业家在制定优秀的战略时应该权衡七个方面的战略思想：①实行差别化；②战略要集中；③把握好时机；④利用波及效果；⑤企业战略要能够激发员工的士气；⑥战略要有不平衡性；⑦战略要巧妙组合。

美国战略学家斯坦纳·麦纳认为，评价战略时应考虑六个要素：①战略要有环境的适应性；②战略要有目标的一致性；③战略要有竞争的优势性；④战略要有预期的收益性；⑤战略要有资源的配套性；⑥战略要注意规避其风险性。

战略学家鲁梅尔特认为，对战略进行评价与选择要满足四条基本原则：①战略的一致性；②战略的协调性；③战略的可行性；④战略的优越性。

综合考虑以上战略学家的学术观点，本书认为战略评价与选择要遵循以下五项基本原则。

1. 战略的适用性

适用性是指企业所选的战略方案是否是基于对企业内外部环境的分析；企业的技术发展战略是否与技术进步、市场需求等的发展变化相适应，能否有效支撑企业整体战略及与企业的技术能力相协调。评估适应性的重要意义在于预先对技术发展战略的未来适应性作出判断，而不是判断其当前是否适应，以便在发现技术发展战略将不适应时有充足的时间进行调整。战略的适应性具体包括两个方面。

（1）外部经营环境适应性，主要考虑技术环境是否已经发生或将发生重大变化，尤其是行业技术是否发生重大变革；相关基础技术的发展是否使本企业一直以来的技术丧失先进性；顾客的价值需求是否正在发生转移；新技术有没有潜在的市场需求等。

（2）内部资源条件适应性，主要考察企业的技术发展战略与整体战略目标是否一致，能否促进整体战略目标的实现；企业的技术、人才、资金能否保障技术发展战略的有效实施。

2. 战略的可行性

可行性是指组织是否有能力成功地实施所选的战略方案。一个好的战略必须做到既不过度耗费可利用资源，又不会造成无法解决的派生问题。也就是说，一个可行的战略应该是组织能够依靠当前拥有的内外部资源和能力顺利实施并能达到既定目标的战略。战略的最终检验标准是其可行性，即企业是否可以依靠自身的物力、人力及财力资源来实施这一战略。它衡量的是可选方案与组织的环境、资源的匹配程度，以及该方案能在多大程度上发挥竞争优势。

建立组织战略选择与评价体系的目的是为了应用和可用，所以组织者应该考虑到自身所具有的能力。做到量力选择和评价而不是勉力选择和评价，做力所能及的评价工作而不是照抄照搬其他组织使用的选择评价模式，适合自己使用最重要，这是可行性的基本要求。在评价战略的可行性时，需注意以下问题：①企业是否拥有足够的资源（资金、技术、设备、人才等）支持该战略的实施；②战略执行者是否具有足够的管理能力，如灵活应对环境变化的能力、应付竞争对手行为的能力；③企业是否能够取得所需的相对竞争地位。

3. 战略的一致性

一致性是用来衡量企业的备选战略方案是否与企业的自身情况，包括战略使用和目标、资源状况及问题的解决程度等相一致的。如果备选方案不能充分利用企业的现有资源以较好地提升企业的市场竞争力，那么放弃是最好的选择。

一致性强调的是一个组织的战略方案中不能出现不一致的目标和政策，即使内部人员发生变化，也不能影响到目标与政策的统一性。目标和政策可以根据现实情况进行适宜的调整，但无特殊情况，对已制定的目标和政策不应该作出否定或原则性的改动，这样才符合战略性的特点。据此进行战略评价时，把握组织战略的一致性与组织战略管理活动的一致性是重要原则，此外，战略评价方法、工具一经确定也不应该轻易变动，这样才可以确保战略评价结论的完整性和有效性。在评估战略的一致性时，应主要考虑以下三点：①该战略是否与组织的使命和目标一致；②该战略是否充分利用了组织的核心优势或环境所提供的机会；③该战略对于战略分析中所发现的问题解决到什么程度，如是否克服了企业在资源、能力和技术方面的劣势，是否增强了企业的外部竞争力。

4. 战略的可接受性

可接受性与人们的期望密切相关，因此带有更多的主观性。有些人认为可接受性的战略对另一些人来说可能是不能接受的。因此，在很多情况下，企业所选定的某种战略方案实际上是不同利益集团讨价还价和折中的产物。在评估战略的可接受性时，应注意以下问题：①实施该战略会引起企业或组织的财务状况发生怎样的变化，这种变化对资本结构和利益相关者的利益将产生怎样的影响；②相关各部门、团体的执行人员或个人是否充分理解企业的战略目标，该目标是否会引起他们之间的矛盾和冲突，这种矛盾和冲突是否易于解决；③该战略是否符合公众的期望，公众是否有能力阻止该战略的实施。

5. 战略的优越性

企业战略的选择必须能够在特定的业务领域使企业创造和保持竞争优势。竞争优势通常来自如下两方面的优越性：资源和能力。在评估战略的优越性时，应注意以下问题：①战略是否会被竞争对手轻易模仿；②企业是否建立起保护自身竞争能力的壁垒；③企业是否能通过提供值得信赖的产品或服务来给企业带来一定的声誉。

8.2 企业战略评价的过程、内容与方法

8.2.1 企业战略的评价的过程

对企业战略评价过程的分析，实际上涉及整个战略的制定和选择，而且不同类型的战略可能使企业战略评价过程呈现不同的特征。因此，本节以多元化经营企业为例来分析企业战略评价。评价一家多元化经营公司的战略过程包括评价该公司多元化的动机、评估公司业务的竞争力和绩效潜力，具体步骤如下。

(1) 识别当前的公司战略，公司是否在寻求相关或不相关多元化（或二者混合），最近的购并和剥离行动的本质和目的是什么，公司管理层试图创建的多元化经营公司的种类有哪些。

(2) 应用行业吸引力检验，评价公司所在每一行业的长期吸引力。

(3) 应用竞争力检验，评价公司业务单元的竞争力，以明确在它们各自所处的行业中，哪些是强大的竞争者。

(4) 应用战略协同检验，确定现在业务单元中任何价值链关系和战略协同关系的竞争优势潜力。

(5) 应用资源匹配检验，确定公司的资源力量是否能满足公司现在业务集合对资源的要求。

(6) 在历史绩效和未来预期的基础上将业务从最高到最低进行排序。

(7) 根据资源配置的优先权将业务进行排名，并决定每一业务单元的战略姿态应是侵略性的扩张、设防还是保卫、彻底休整和重新定位，或者是收割或剥离。为提高业务单元的竞争地位而制定特别业务经营战略的任务由经营层次的经理完成；而在单一经营公司，公司层和经营层是同一层次，公司层经理可以提供建议并最后决定是否通过。

(8) 制定新的战略，以提高公司整体绩效——通过购并或剥离改变业务组合的构成，加强相关业务单元的活动协作以获得更大的成本分担和技术转移利益，将公司资源转至有最大机会的领域。

8.2.2　企业战略评价的内容

企业战略评价是战略管理过程的最后阶段。管理者通过企业战略评价识别企业战略实施中出现的问题，及时采取措施，调整战略，快速适应企业内外环境的变化。对于制定战略的所有企业，战略评价都是必不可少的。企业战略评价包括三项基本活动，即检查战略基础、衡量企业绩效和采取纠正措施，其具体过程如图 8-1所示。

(1) 检查战略基础。企业用外部因素评价矩阵和内部因素评价矩阵的方法检查企业战略的潜在基础。

(2) 衡量企业绩效。衡量企业绩效是企业战略评价活动中的一项重要内容。它包括将预期结果与实际结果进行比较，研究实际进程对计划的偏离，评价企业在实现既定目标过程中已取得的进展。

(3) 采取纠正措施。所谓纠正措施就是通过变革使企业重新进行更有竞争力的战略定位，从而促进企业的长远发展。纠正措施包括对企业组织结构的调整、建立或修改目标、制定新的政策、重新配置资源等。但无论如何，企业所采取的纠正措施应当能够使企业更好地发挥内部优势和利用外部机会，更好地回避、减少或缓和外部威胁，以及更好地弥补内部弱点。采取纠正措施是保证企业按既定目标前进的必要措施。

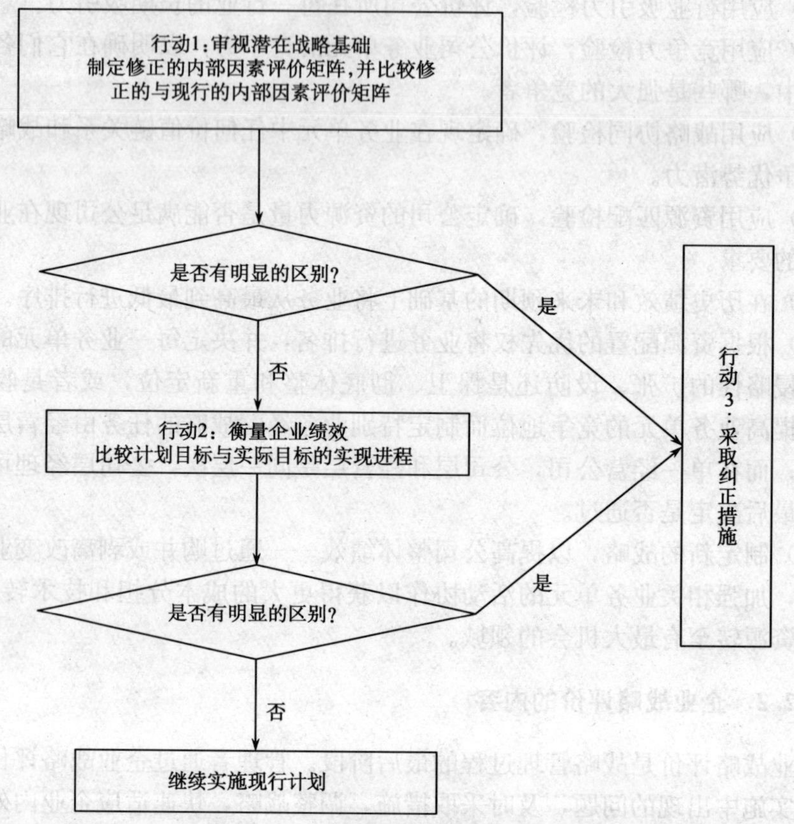

图 8-1 企业战略评价框架图①

8.2.3 企业战略评价方法

目前，比较有代表性的企业战略评价方法主要有普兰与诺顿提出的平衡记分卡方法；罗伯特·霍尔德的四尺度评价法和德鲁克以改革为核心的观点。此外，乔治·斯坦纳提出了几种衡量战略规划系统效率的方法：根据有效规划系统的要求制作的综合调查表法，用战略制定及实施中存在的经验性问题来检查规划系统的方法，以及用系统应达到的具体目标来评价战略的方法。这些方法多侧重于定性分析，都是通过一系列分析过程，选择企业适宜的战略方案，但这些方法都具有一定的主观性，进而降低了评价结果的客观性。

企业战略的评价结果是根据评价指标综合分析得到的，评价指标包括定量指标和定性指标。定量指标涉及产品生产、市场销售、经营成果等方面，主要

① 谭谊：成都飞机工业公司航空产品发展战略评价，西南财经大学硕士学位论文，2003 年。

有销售量、市场占有率、销售收入、实现利润和人均利润率等。定量指标的评价标准一般有三种类型：①以历史数据为基础拟定的标准，如把上年的实际数据作为标准，或者把历史最好水平作为标准，或者把前几年的平均数作为标准等。②以同行的平均水平、先进水平，或者竞争对手所达到的水平作为标准。③按照一定的准则以大家所公认的标准作为评价标准。例如，一般认为，资产负债率小于 0.6 为宜，销售增长率超过 10％就说明这种产品发展前途良好等。然而，仅仅依赖定量财务指标来衡量是不够的，新的企业战略实施评价系统在通过财务指标了解企业经营业绩的基础上，还会进行定性分析。企业战略评价定性指标有：①评价战略与环境的适应性；②战略执行中的风险性；③战略执行中的时间性；④战略与资源的配套性；⑤战略内部的一致性。距离法（Euclid）是近几年新出现的一种多因素战略选择评价模型，该模型认为环境是影响战略成败的关键，环境对战略产生有利和不利两个方面的影响，通过评价环境对每种战略方案的影响来衡量备选战略的吸引力。这种方法将定性分析和定量评价相结合，具有简单、易操作的特点，是一种很好的战略选择决策工具。

一般来说，战略评价可以分为适应性战略评价方法和可行性与可接受性评价方法。

1. 适应性战略评价方法

适应性战略评价方法主要是对战略逻辑、环境适应性和案例进行研究。

（1）战略逻辑研究可以通过产品生命周期法、价值链分析等方法，从现有业务的发展动态的合理性、组织的均衡性、成本结构的合理性、各项管理工作的利润贡献等方面，评价竞争战略对公司现有业务、组织机构、各项管理工作的影响。

（2）环境适应性研究是研究公司内外部环境对竞争战略的影响，如竞争战略对用户利益的影响、对社会公众的影响、与公司历史的一致性、与公司使命的一致性、对部门利益的冲击及对员工的影响。

（3）案例研究是通过对过去案例的研究来分析目前的竞争战略是否可行，如 PIM 分析，通过对市场占有率，相对市场占有率，相对于竞争对手的产品质量、产品价格、员工报酬水平、营销努力程度，以及市场细分模式等历史数据的分析来评价战略。

2. 可行性与可接受性评价方法

可行性与可接受性评价方法主要包括投资收益分析、风险分析、利益相关者分析、资金流分析、盈亏平衡分析和资源配置分析等。

（1）投资收益分析是通过对公司获利、成本或效益、所有者利益等方面的分析，对特定的战略可能产生的收益进行评价。

（2）风险分析主要分析竞争战略可能带来的风险，通过分析不同战略选择使公司资本结构产生的变化，来评估财务风险，分析竞争战略引起的各种可能变化对公司的影响。

（3）利益相关者分析主要用于分析与客户利益相关的所有个人和组织，帮助客户在制定战略时分清重大利益相关者对于战略的影响。

（4）资金流分析主要是预测竞争战略的资本投资、积累收益、运营资本应付税款、红利及资金的短缺情况。

（5）盈亏平衡分析是一种静态分析方法，分析各种战略对市场占有率的要求、对产品质量和成本的要求、对资金保证的要求，并且与竞争对手进行对比分析。

（6）资源配置分析反映各种可能的竞争战略对资源的要求。

8.3 企业战略选择

8.3.1 影响企业战略选择的因素

企业战略方案的选择是企业一项重大的战略决策，是战略决策者通过对若干可供选择的战略方案进行比较和优选，从中选择出一种最满意的战略方案的过程。但很多情况下未必如此，由于企业的实际情况不能支撑所选择的满意方案，所以企业不得不选择次级满意方案而将最满意的方案作为今后更长远的目标去争取。

企业战略方案的选择是在民主协商的基础上，综合考虑实施战略方案所付出的成本、所能获得的利益及风险程度三个因素，来选择最适合企业目前的发展战略。

在大多数情况下，战略评价过程提供给决策者的不是一种方案，而是多种可接受的方案。战略决策者必须根据自己的专业知识、工作能力、业务水平、实际经验等从中取舍。由于企业制定的经营战略是企业生存发展的关键，所以一个企业在一定时期内必须根据自身的资源等实际情况，有重点地实施一种战略或一种战略组合，如果盲目地实施某一战略，势必会极大地影响企业的经营发展方向，甚至会导致企业的灭亡。

总体而言，影响企业战略选择的因素可以分为外部因素和内部因素。外部因素是一个企业进行战略选择的间接因素，而内部因素却是企业进行战略选择的直接因素。一个企业最终的战略选择往往是内外部因素共同作用的结果。

1. 企业战略决策者的影响

1）战略决策者对外部环境的态度

没有任何企业能够离开外部环境而独立存在，因此，企业的战略选择必然要受到股东、竞争对手、顾客、政府、社会等外部环境的影响。由于外部环境中的关键要素会对企业各战略方案的相对吸引力产生较大的影响，所以企业战略决策者在进行最终战略方案的选择时，不得不考虑来自企业外部环境中各利益集团的压力，考虑企业的顾客与股东、职工、地方社团、一般公众、供应商、政府机构等对企业的期望和态度。

同时，外部环境这一客观因素又依赖于决策者的主观理解，因此，决策者对外部环境的态度影响着战略的选择。处于同一环境中的同一公司，如果由不同的决策者来进行战略选择，战略方案的选择就可能会截然不同。

2）企业战略决策者对待风险的态度

由于战略是对未来的一种规划，所以未来的不确定性便决定了任何战略在实施、完成之前都会有风险，企业战略决策者对风险的态度也影响着战略选择的决策。

有的决策者不愿意承担风险，而有的决策者却乐于承担风险。不同的风险态度会导致不同的战略选择，对风险持不同态度的公司特征如表 8-1 所示。如果决策者认为风险对于成功是必不可少的，并乐于承担风险的话，则企业通常采用进攻型的战略，接受或寄希望于高风险项目，在他们被迫对环境变化作出反应之前就已经作出了反应，这类决策者就会考虑较广泛的战略选择方案；如果决策者认为风险已经实际存在，并敢承担某些风险的话，那么决策者就会试图在高风险战略和低风险战略之间寻求某种程度的平衡，以分散一定的风险；若决策者认为冒较高风险将毁灭整个企业，需要减低或回避风险的话，就会考虑很少的战略选择方案，可能采取防御型的或维持型的战略，拒绝承担那些风险项目，乐于在稳定的环境中经营。

表 8-1　对风险持不同态度的公司特征①

风险承担型公司	风险回避型公司
适于在变化的环境中运行	适于在稳定的环境中运行
寻求高风险、高潜力的投资机会	寻求低风险的投资机会
倾向于进攻型、快速增长战略	倾向于防御型、稳定（维持型）增长战略
选择战略方案的范围较宽	选择战略方案的范围较窄
喜欢做行业的领先者	喜欢做行业的追随者

3）企业战略决策者的需求和价值观

企业战略决策者的需求和价值观对企业战略方案的选择也起着重要的作用。

① 王平换：企业战略管理，重庆：重庆大学出版社，2002 年。

大部分的管理者尤其是战略决策者都有自己对发展战略的观点和看法，这些观点在很大程度上是与管理者的价值观和需求相联系的。

一个极有吸引力的战略方案如果不能满足战略决策者的需求或违背了其价值观，被选中的可能性就很小；相反，即便是一个较差的战略方案，如果能很好地满足战略决策者的需求或与其价值观相符，也有可能被选中。

2. 企业过去战略的影响

对大多数企业而言，新的战略往往是在过去战略的基础上形成的，由于企业在实施原有战略时，曾投入了大量的时间、精力和资源，所以，在选择新的战略时会自然地倾向于选择与过去战略相似的战略。也就是说，过去的战略是新战略的起点，新战略是过去战略的延续。如果不是基于过去的战略而选择新战略，那么决策者不仅要承担历史风险，而且会以牺牲企业整体利益及资源优势为代价，置企业于一个具有极大风险的环境之中。

当然也不排除有极少数企业会基本否定原有战略而选择一种全新的战略。但它必须满足两个基本前提：一是要有较充足数量和较高质量的资源支持新战略的实施；二是组织结构调整和人事变动必须符合新战略的要求。

3. 企业文化的影响

企业所选择的战略方案与企业文化是否能够很好的相互匹配，对于该战略方案的成功实施关系重大。在定量战略计划矩阵（QSPM）中，权重的确定就渗透了大量组织文化的因素，同时也反映了企业对待战略问题的价值观。文化对战略的影响可以归纳为以下三个方面。

（1）文化不仅影响企业在选择战略时所使用的分析方法，而且影响企业中流行的思维方式，因而也就影响整个战略的形成过程。具有不同文化的企业在同一环境中，会以完全不同的方式来认知环境。

（2）当战略得到企业价值观、信仰、仪式、礼仪等文化因素的支持时，决策者往往可以迅速而容易地实施变革。如果支持性文化不存在，或没有被建立，那么战略的变革就可能是无效的，甚至是有害的。

（3）文化因素对战略选择的影响还表现在，文化作为一种重要的战略资源能够为企业带来某种难以模仿的竞争优势。从这一意义上看，文化不仅是影响战略选择的外在因素，还是战略选择的一个组成部分。

4. 企业利益相关者的影响

企业是一个由多个利益主体组合起来的组织，其战略的选择必然要考虑到企业内外利益相关者的相关利益。

从企业外部讲，政府和其他社会团体希望其承担更多的社会责任；顾客希望得到物美价廉的产品和服务。

从企业内部讲，股东们希望采取扩张型的战略来获得更优厚的分红；高层管理者希望采取保守型的战略来使企业稳步发展，他们追求的是最大的合理效用，希望付出一分劳动便得到一分报酬；中层管理人员往往受到其个人事业以及其所在单位目标和使命的影响，通过推荐那些低风险、渐进式推进的战略来获得升迁的机会；职能人员追求的是改善劳动条件、提高工资待遇、增加福利，所以他们的选择总是更适合于自身的目标，上报那些可能被上司接受的方案而扣下那些不易通过的方案，而且在进行战略评价时，处于不同部门的人也会从自身利益的角度出发来评价战略方案。

事实上，不同的利益主体在一定程度上都会利用自己手中的权力来影响最后的战略选择，最后选定的战略是一个各利益相关者权力均衡的结果。在高度集权的企业里，一个权力很大的高层管理者往往会利用手中的权力来促使其倾向的战略方案的实施，有时很多关键的决定都是由一把手力排众议而作出来的；而在分权程度较高的企业中，战略的选择通常都会广泛地参考各方面的意见。

此外，围绕战略决策的关键问题将会形成很多不同的基于共同利益的正式与非正式团体，这些团体在战略的选择上往往首先关心小团体目标，其次甚至再次考虑企业的整体目标。这样，原有的战略方案经过讨价还价，形成一个新的方案后，在企业内部也便形成了一个新的力量均衡点。

最后，各种内外压力都集中在企业战略管理者身上，从而影响他们对战略的选择。

8.3.2　企业战略选择的过程

战略决策者必须从众多的战略方案和实施途径中确定一组具有吸引力的备选战略，以及各自的优势、劣势、成本和收益。

在充分掌握了公司的内外部信息后，参加者通过若干次会议来考虑和讨论所建立的备选方案，并根据自己的综合判断来对这些备选战略进行排序，最后得出一个综合的、按重要程度排序的最佳战略组合。战略选择过程中的参加者应包括先前参与过企业任务制定和企业内外部分析的管理者和一线员工。这样不仅可以增进相互了解，而且可以产生激励作用。

战略制定框架（strategy-formulation framework）可以帮助企业战略决策者在若干个可供选择的战略方案中进行确定、评价和选择。战略制定技术可以整合在一个三阶段的决策制定框架体系之中，如图 8-2 所示。该框架中包含的方法适用于所有规模和类型的组织，并能够帮助战略决策者确定、评价和选择战略方案。

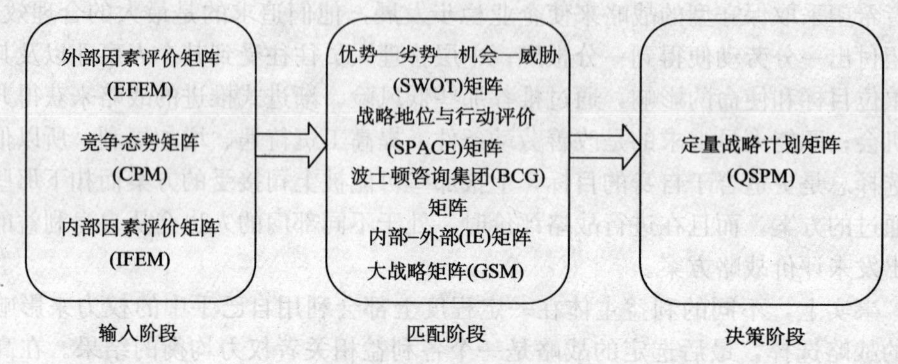

图 8-2 战略制定分析框架①

战略制定框架第一阶段主要由如下分析方法组成：外部因素评价矩阵、竞争态势矩阵和内部因素评价矩阵。该阶段被称为信息输入阶段（input stage），它概括了制定战略需要的基本输入信息。第二阶段被称为匹配阶段（matching stage），着重通过内部及外部关键因素产生出可行的备选战略方案。第二阶段的方法有：优势—劣势—机会—威胁（SWOT）矩阵、战略地位与行动评价（strategic position and action evaluation，SPACE）矩阵、波士顿咨询集团（boston consulting group，BCG）矩阵、内部-外部（internal external，IE）矩阵和大战略矩阵（grand strategy matrix，GSM）。第三阶段被称为决策阶段（decision stage），主要包括一种技术方法，即定量战略计划矩阵（quantitative strategic planning matrix，QSPM）。QSPM 利用第一阶段的输入信息对第二阶段提出的可行战略方案作出客观评价，它能够揭示出各个备选战略的相对吸引力，从而为选择特定的战略方案提供客观依据。

战略制定框架中提出的九种方法，都需要将直觉性判断和分析性判断有机结合。企业中自主经营的各个事业部，通常也会采用上述方法制定战略与目标。事业部层次的分析判断，同时可以为公司层次战略的制定、评价和选择提供基础。

对战略决策承担责任并负责相关工作的是战略决策者而不是各种分析方法。伦兹（Lenz）强调，文字导向计划向数字导向计划的转变，纠正了人们确定性的错误感受。作为促进理解、检验假设和推动组织学习的工具，数字导向的计划有利于减少对话、讨论和争执。战略决策者必须认识到分析的方法能有效地加强企业内部的相互了解。如果没有客观的信息与分析作支持，个人偏见、政治因素、情绪、个性及晕轮错误（halo error，过度倚重某一单个因素而导致的错误）有可能会干扰战略的制定。

① 弗雷德·R. 戴维：战略管理，李克宁译，北京：经济科学出版社，2003 年。

8.3.3　企业战略选择的方法

企业战略选择的三个阶段有各自不同的分析方法。其中，匹配阶段和决策阶段是战略选择的核心，对方法的选择要求比较高。匹配阶段常用的方法有 SWOT 矩阵分析法、SPACE 矩阵分析法、BCG 矩阵分析法、GSM 分析法、QSPM 分析法等。

1. SWOT 矩阵分析法

SWOT 矩阵分析法是综合考虑了企业所面临的外部环境因素和内部资源能力因素后，进而分析企业的优势、劣势及其所面临的机会和威胁的一种方法。其中，优劣势分析主要将注意力放在企业自身的实力与其竞争对手的比较上，而机会和威胁分析主要着眼于外部环境的变化或对企业自身的影响。在本书第 4 章有详细介绍，在本章就不作详细说明。

2. SPACE 矩阵分析法

SPACE 矩阵是战略匹配阶段的另一个重要分析方法。该矩阵的轴线分别代表了两个内部因素——财务优势（FS）和竞争优势（CA），以及两个外部因素——环境稳定性（ES）和产业优势（IS）。它们将矩阵分割成进攻、防御、保守和竞争这四个象限，如图 8-3 所示。

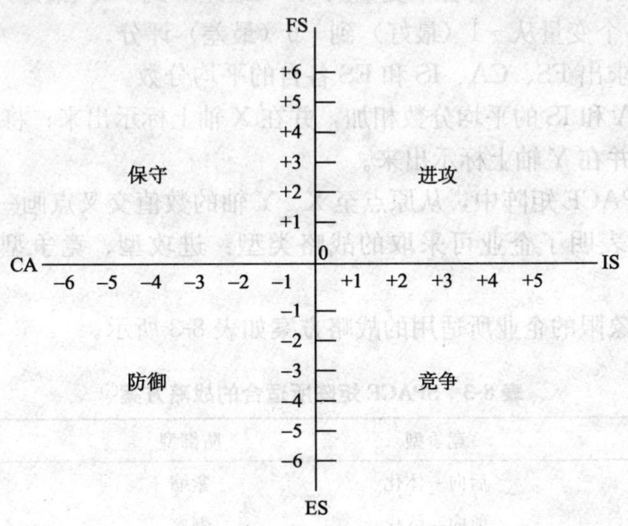

图 8-3　战略地位与行动评价矩阵

根据企业类型的不同，SPACE 矩阵的轴线代表多种不同的变量。一些普遍采用的变量如表 8-2 所示。正如 SWOT 矩阵一样，SPACE 矩阵也要按照企业的实际情况来制定。

表 8-2 SPACE 矩阵列入因素实例①

内部战略地位		外部战略地位	
财务优势（ES）	竞争优势（CA）	环境稳定性（ES）	产业优势（IS）
投资收益	市场份额	技术变化	增长潜力
杠杆比率	产品质量	通货膨胀率	盈利能力
偿债能力	产品生命周期	需求变化性	财务稳定性
流动资金	用户忠诚度	竞争产品的价格范围	专有技术知识
现金流动	竞争能力利用率	市场进入壁垒	资源利用
退出市场的方便性	专有技术知识	竞争压力	资本密集性
业务风险	对供应商和经销商的控制	价格需求弹性	进入市场的便利性
			生产效率和生产能力利用率

建立 SPACE 矩阵通常包括以下五个步骤。

（1）选定构成 FS、CA、ES 和 IS 的因素，即构成变量。

（2）对构成 FS 和 IS 的各个变量从＋1（最差）到＋6（最好）评分；对构成 ES 和 CA 的各个变量从－1（最好）到－6（最差）评分。

（3）分别求出 FS、CA、IS 和 ES 各自的平均分数。

（4）将 CA 和 IS 的平均分数相加，并在 X 轴上标示出来；将 FS 和 ES 的平均分数相加，并在 Y 轴上标示出来。

（5）在 SPACE 矩阵中，从原点至 X、Y 轴的数值交叉点画一条向量。该向量所在的象限表明了企业可采取的战略类型：进攻型、竞争型、防御型和保守型。

处于各个象限的企业所适用的战略方案如表 8-3 所示。

表 8-3 SPACE 矩阵所适合的战略方案②

进攻型	竞争型	防御型	保守型
市场渗透	后向一体化	紧缩	市场渗透
市场开发	前向一体化	剥离	市场开发
产品开发	横向一体化	清算	产品开发
后向一体化	市场渗透	集中多元化	集中多元化

①② 黄旭：战略管理思维与要径，北京：机械工业出版社，2007 年。

续表

进攻型	竞争型	防御型	保守型
前向一体化	市场开发		
横向一体化	产品开发		
混合多元化	合资		
集中多元化			
横向多元化			
组合式			

SPACE 矩阵将风险因素从财务优势和环境稳定性这一对指标中独立出来，对风险予以了特别的关注，因此非常适合风险较大的行业或对风险非常敏感的企业使用。

3. BCG 矩阵分析法

企业各自主经营的业务部门共同组成了企业的业务组合单元（business portfolio)。当企业的业务部门在不同的产业中进行竞争时，每个业务部门都必须分别制定各自的战略。BCG 矩阵就是为帮助多部门企业制定战略而专门设计的。

BCG 矩阵将市场增长率和相对市场占有率作为公司每个业务部门战略选择的依据，并将它们分为高低两个档次，从而划为具有四个象限的矩阵。横坐标表示相对市场占有率，通常以 0.5 为界限划分为高、低两个区域，表示公司该产品的市场占有率为最大竞争对手产品市场占有率的一半；纵坐标表示市场增长率，通常以 10%作为高低市场增长率的分界点。当然，这些数字可以根据所研究的实际问题作相应的修改。

BCG 矩阵将公司的业务分为四种类型：问题（question marks)、明星（starts)、现金牛（cash cow）和瘦狗（dogs)，如图 8-4 所示。一个企业的所有业务部门都可以列入任意的象限中，并依据它所处的位置制定不同的战略。

问题，位于第Ⅰ象限的业务部门，处于高速增长产业中，相对市场份额较低。通常，这类业务部门的现金需求量大而现金创造能力差。这类业务之所以被称为问题是因为公司必须在决定通过采用强化战略（市场渗透、市场开发或产品开发）来扶植他们或者将其出售之间做出选择。

明星，第Ⅱ象限的业务部门，表明该业务部门正处于能够长期增长和获利的机会时期。业务在高速增长产业中，并且具有相对较高市场份额。该业务部门需要得到大量的投资以便保持或加强其在市场上的主导地位。这类业务部门可以采用前向一体化、后向一体化、市场渗透、市场开发、产品开发及合资经营战略。

现金牛，位于第Ⅲ象限的业务部门，相对市场份额很高，但在低增长产业中

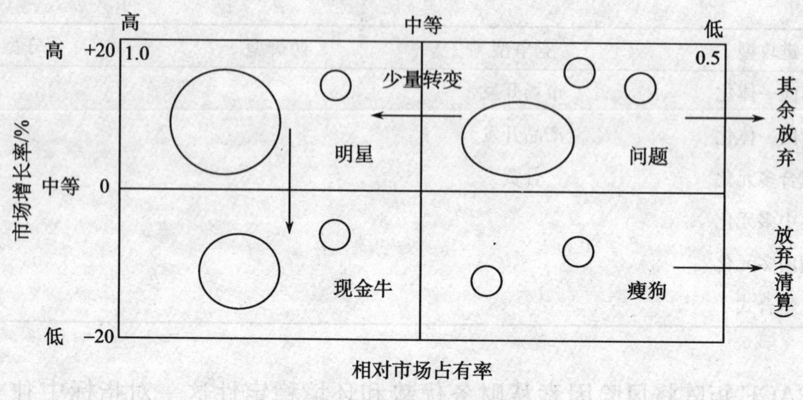

图 8-4 BCG 矩阵

进行竞争。这类业务之所以被称为现金牛是因为其带来的现金收入超过所需的现金投入，因而往往被“揩脂”。许多今天的现金牛正是由昨日的明星演化而来的。现金牛部门应开展有效的管理，以求尽可能长时期地保持其强势地位。产品开发或相关多元化战略有可能有利于提高处于强势地位的现金牛业务部门的吸引力。但是，当现金牛业务部门转而处于弱势时，企业应当考虑采用收缩或剥离战略。

瘦狗，位于第Ⅳ象限的业务部门，相对市场份额低，并且在低增长或零增长的产业中竞争。由于无论在企业内部，还是在外部市场，这类业务部门都处于不受重视的地位，所以往往是企业进行清算、剥离或通过收缩而被削减的对象。如果业务部门首次沦为瘦狗，收缩战略可能是最佳选择，因为在大规模的资产和成本削减之后，许多瘦狗业务往往又获得了新的生命力，成为富有活力的盈利部门。

建立 BCG 矩阵通常包括以下三个步骤：①将公司分成不同的业务部门，并用圆圈在矩阵中表示出来。圆圈的位置表示这个业务部门的市场增长和相对市场占有率的高低；面积的大小可以用该业务部门的收入占公司总业务收入的比例或业务部门的资产在公司总资产中所占的比例来表示。②确定每个业务部门的市场增长率和相对市场占有率。③依据每个业务部门在整个业务组合中的位置选择适宜的战略。

BCG 矩阵以两个具体指标的量化分析来反映企业的外部环境与内部条件，与 SWOT 矩阵分析法相比有了进步，并且有利于业务部门和企业管理人员之间的沟通，便于及时调整公司的业务投资组合，收获或放弃萎缩业务。但是 BCG 矩阵分析法也存在一定的局限性：①象限的划分过于简单，不能全面地考虑企业内外部的各项影响因素；②计算相对市场占有率时只考虑了最大的竞争对手，而忽视了那些市场占有率在迅速增长的较小竞争者；③市场占有率与盈利率不一定有显著的正相关关系，低市场占有率也可能高盈利；④由于评分等级带有折中性，使很多业务位于矩阵的中间区域，难以确定使用何种战略，同时也难以兼顾到两项或多项业务的平衡。

4. GSM 分析法

GSM，又称战略聚类模型，是由汤姆森（A. A. Thompson）和斯特里克兰（A. J. Strickland）根据波士顿矩阵修改而成的一种战略选择模型。它以市场增长率和企业竞争状况作为评价参数，把矩阵分为四个象限，各个企业可以按照评价的数值来确定其所处的象限，从而选择合适的发展战略，如图 8-5 所示。

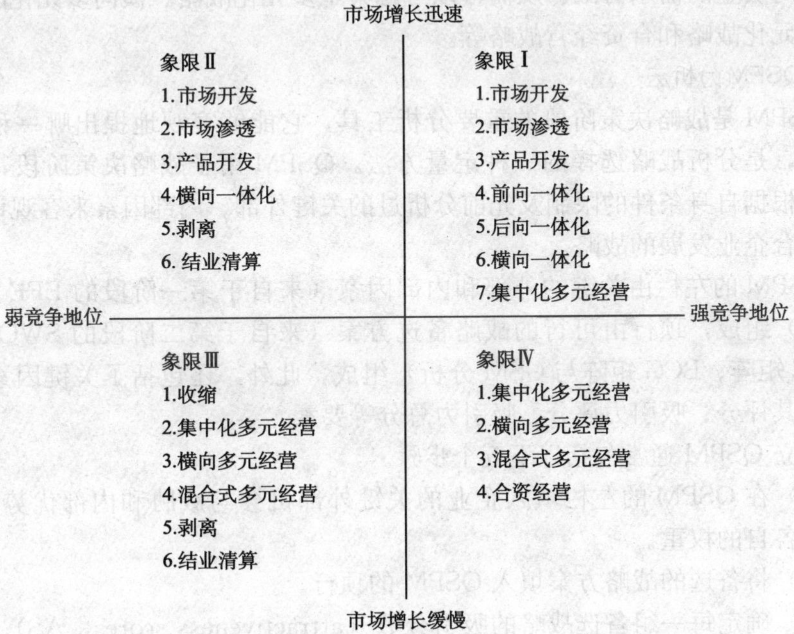

市场增长迅速

象限Ⅱ	象限Ⅰ
1.市场开发 2.市场渗透 3.产品开发 4.横向一体化 5.剥离 6. 结业清算	1.市场开发 2.市场渗透 3.产品开发 4.前向一体化 5.后向一体化 6.横向一体化 7.集中化多元经营
象限Ⅲ	**象限Ⅳ**
1.收缩 2.集中化多元经营 3.横向多元经营 4.混合式多元经营 5.剥离 6.结业清算	1.集中化多元经营 2.横向多元经营 3.混合式多元经营 4.合资经营

弱竞争地位（左）—— 强竞争地位（右）

市场增长缓慢

图 8-5　大战略矩阵

位于第Ⅰ象限的企业处于最佳的战略地位。对于这些企业来说，继续集中于当前的市场（市场渗透和市场开发）和产品（产品开发）是适当的选择。第Ⅰ象限的企业如果大幅偏离已经建立好的竞争优势是非常不明智的。当它们拥有过剩的资源时，可以考虑前向一体化、后向一体化或横向一体化战略；当它们过分偏重于某一产品时，可以考虑采用集中化多元经营来规避单一产品线可能带来的风险。而且，第Ⅰ象限的企业有能力在多个领域充分利用外部机遇，在必要时可以激进地承担风险。

位于第Ⅱ象限的企业需要认真评价其当前参与市场竞争的方法。虽然目前它们所处的市场还是迅速增长的，但是企业的竞争能力较弱。如果企业选择继续加强此类业务的经营，则可以选择加强型的战略（市场渗透、市场开发或产品开发）；如果企业选择放弃此项业务，则可以选择剥离和结业清算的战略。

位于第Ⅲ象限的企业在增长缓慢的市场中处于不利的竞争地位。这类企业需要迅速进行改革，以免情况进一步恶化而不得不面临结业清算。该类企业可以考虑收缩、集中化多元经营、横向多元经营、混合式多元经营、剥离或结业清算等战略。

位于第Ⅳ象限的企业有较强的竞争力，但是它们所处的市场增长缓慢。这类企业有能力在有发展前景的领域进行多元化经营。它们的特点是具有较大的现金流量并对资金的需求有限，从而可以考虑集中多元化战略、横向多元化战略、混合式多元化战略和合资经营战略等。

5. QSPM 分析法

QSPM 是战略决策阶段的重要分析工具。它能够客观地提出哪一种战略是最佳的，是分析战略选择的一种定量方法。QSPM 用于战略决策阶段，可以帮助企业根据自身条件的限制及先前分析过的关键外部、内部因素来客观评价和选择最适合企业发展的战略。

QSPM 的左栏由关键的外部和内部因素（来自于第一阶段的 EFE、IFE 矩阵分析）组成，顶行由可行的战略备选方案（来自于第二阶段的 SWOT 分析、SPACE 矩阵、BCG 矩阵与 GSM 分析）组成，此外，还包括了关键因素分析的权重及其评分、吸引力评分、吸引力总分等要素。

建立 QSPM 通常包括以下五个步骤。

(1) 在 QSPM 的左栏填入企业的关键外部机会与威胁和内部优势与劣势，并给出各自的权重。

(2) 将备选的战略方案填入 QSPM 的顶行。

(3) 确定每一组备选战略的吸引分数（attractiveness scores，AS）。根据所考察的关键因素与备选战略的关系给出评分。评分为 1～5。

(4) 吸引力总分（total attractiveness scores，TAS）。它由关键因素的权重、评分与吸引力评分三者的乘积得出的。吸引力总分越高，战略的吸引力越大。

(5) 计算吸引力总分（sum total attractiveness scores，STAS）。它是由 QSPM 中的各个备选战略的 TAS 总分相加得出的。分数越高，表明战略越具吸引力。

QSPM 可以依次或同时审查一组战略，并综合考虑了相关的内外部因素。但它也存在一定的局限性，即矩阵中的权重和吸引力评分完全依赖主观决断，缺乏客观性，并且该方法的应用结果在很大程度上取决于先前的信息输入和匹配阶段的分析结果，所以与前两个阶段的分析结果差异不大。

【本章精要】

本章主要介绍了战略评价与选择的相关内容，其中涉及战略评价与选择的基本内涵、战略评价与选择的标准、战略评价与选择的过程、战略评价的方法、影响战略选择的因素等。

战略评价与战略选择的五项基本原则：适用性、可行性、一致性、可接受性和优越性。

战略评价的三项基本活动：检查战略基础、衡量企业绩效和采取纠正措施。

战略评价的方法：适应性战略评价方法和可行性与可接受性评价方法。

战略选择的影响因素：企业战略决策者、企业过去战略、企业文化和企业利益相关者。

战略选择的过程分为输入阶段、匹配阶段和决策阶段。

战略选择常用的方法：优势—劣势—机会—威胁矩阵分析法（SWOT 矩阵分析法）、战略地位与行动评价矩阵分析法（SPACE 矩阵分析法）、波士顿咨询集团矩阵分析法（BCG 矩阵分析法）、大战略矩阵分析法（GSM 分析法）和定量战略矩阵分析法（QSPM 分析法）等。

【思考题】

1. 企业为什么要进行战略评价与选择？
2. 战略评价与选择有哪些原则？
3. 企业战略评价与选择的内容是什么？
4. 企业实施战略评价与选择的常用方法有哪些？并分析各种方法的适用范围？
5. 任意选择一家企业，对企业现阶段所面临的战略状况进行评价，并作出合适的战略选择。

【综合案例】

什么成就了联想①

2009 年 2 月 5 日，联想集团公布了截至 12 月 31 日的 2008～2009 财年第三财季（自然季度为 2008 年第四季度）业绩报告。本季度中，联想集团销售额为 35.91 亿美元，较去年同期的 44.93 亿美元下跌了 20%，同时亏损 9671.9 万美元，其中每股亏损 1.09 美分。联想集团去年同期则盈利 1.72 亿美元，这也是联想集团 11 个季度以来首次亏损。截至 2008 年 12 月 31 日，联想集团净现金储备

① 张韬：联想重回低端战略　柳传志预计明年扭亏，上海证券报，2009 年 2 月 13 日。

为 15.59 亿美元，总体业绩 11 个季度以来首次出现亏损。

联想集团 2008～2009 财年第三季度的销售额为 35.91 亿美元，同比环比均出现下跌，较去年同期的 44.93 亿美元下跌了 20%，负增长率大幅提高。联想集团运营亏损 1.01 亿美元，出现了 11 个季度以来的首次亏损，且亏损情况严重，与之前 11 个季度中盈利最佳的 2007～2008 财年第三财季总盈利额度的差距巨大。在营业额下降的同时，联想集团毛利率也下降到 9.8%。联想集团表示，市场持续向入门级个人计算机转换、激烈的价格竞争和汇率波动影响了集团的毛利率。市场需求不足导致经营活动减少，客观上联想集团成本费用有所下降。

（一）联想集团新的组织架构和产品组织

2009 年 1 月 8 日，联想集团将原亚太区、大中华和俄罗斯区合并成亚太和俄罗斯区，包括中国区、俄罗斯区、港台韩区、印度区、东盟国家区五个平行的区域。3 月 25 日，联想集团宣布了新的组织架构：成立两个新的业务集团，一个专注于成熟市场客户，另一个专注于新兴市场客户。成熟市场集团覆盖澳大利亚（包括新西兰）、加拿大、以色列、日本、美国、西欧等地，以及全球大客户。新兴市场集团覆盖中国内地、中国香港、中国澳门、中国台湾、韩国、东盟、印度、土耳其、东欧、中东、巴基斯坦、埃及、非洲（包括南非）、俄罗斯及中亚。

这种架构将取代原有的地理大区。此举是为了更好地服务客户，也使这种架构与公司战略方向及市场特性更加匹配。

联想集团同时还宣布调整了其产品组织，分为新的 Think 产品集团和新的 idea产品集团。新的 Think 产品集团主要专注于关系型业务及高端的交易型中小企业市场，新的 idea 产品集团专注于新兴市场和成熟市场的主流消费者，以及交易型中小企业商用客户，Think 和 idea 产品集团同时也将负责其产品端到端的业务模式。

作为中国走出去的企业，联想集团的发展代表了中国企业国际化道路的一种发展模式与方法。当然，这种尝试并非是一帆风顺的，如联想集团现在的困境。本文研究的目的在于分析联想集团的现状，找出联想集团实现其短期目标（尽快扭亏为盈）的途径，设计其发展中长期战略。

（二）对策与建议[①]

1. 关注新兴市场

1）推广低端计算机

在新兴市场，联想成功地进入了东盟的二十多个国家和地区，已经迅速成为了市场上的主流个人计算机（PC）市场厂商。他们在俄罗斯仅用三个季度的时

① 陈绍鹏：联想 Idea 重新定义中国制造这四个字，http: //www. enet. com. cn，2009 年 4 月 3 日。

间就进入了前六名，在印度用了不到一年的时间，就位列生产第三位。联想在中国的市场份额高达30%；在印度便携式计算机销售中，新联想约占33%，在整个PC市场，新联想（包括便携式计算机和台式机）所占份额超过10%，位列第二；在中东地区，新联想目前情况差一些，只占不到5%的市场份额。

新兴市场的第一个特征是市场潜力大，增长空间广阔。新兴市场占全球市场80%的份额，人口的数量意味着巨大的增长潜力。同时，新兴市场的PC的普及率也非常低，目前来说只有12%，而成熟的市场已经到了50%～70%，应该说这个差距就是联想未来所具有的巨大增长空间。根据互联网数据中心（IDC）的预测，未来4～5年，整个新兴市场的PC市场的增速会是成熟市场的两倍以上，而且全世界PC的增量里面，70%来自于新兴市场，其中消费PC、家庭中小企业PC将要占到整个市场的80%。

新兴市场的第二个特点是用户越来越年轻化，而且对价格非常敏感。我们看到大部分的新兴市场国家人口呈现年轻化的趋势。例如，印度50%的人年龄低于25岁；在马来西亚、越南和菲律宾这些国家，他们人口的平均年龄也低于30岁。年轻化的人口结构使那里的用户更加青睐时尚潮流的设计。同时，新兴市场国家的文化差异使得用户对产品的偏好有很大的不同。例如，在泰国，人们对于颜色的需求是随着时间的变化而变化的，礼拜天喜欢红色，礼拜一就喜欢黄色，所以联想一款采用了彩色包装设计的产品在泰国就非常畅销。由于人均收入比较低，新兴市场的用户对产品价格非常敏感。2008年，由于便携式计算机价格的快速下降，800美元以下的便携式计算机在整个新兴市场占有的比例从年初的35%上升到年终的50%，这一比例在2009年将要达到60%左右。

因此，联想应该放弃自收购IBM PC以来四年间采用的高端品牌战略，推广低价计算机。

2）加强市场渠道开拓

新兴市场集团覆盖中国内地、中国香港、中国澳门、中国台湾、韩国、东盟、印度、土耳其、东欧、中东、巴基斯坦、埃及、非洲（包括南非）、俄罗斯及中亚。这些快速成长的经济体已经成为整个新兴PC市场快速增长的引擎。但由于市场不够成熟，快速变化的商业环境，比如说关税、法律和基础设施都非常不同，同时这些新兴市场由于他们都处在不同的社会经济发展阶段，这就使得我们特别要关注差异性来提升我们的本地化能力，去拓展这些地区的业务和市场。

多年来，联想能够在中国市场持续领跑的一个重要原因就是，拥有牢固的大联想合作伙伴体系。在新兴市场拓展渠道的时候，联想应借鉴在中国的发展经验，与合作伙伴共同打造贴近市场、专业高效、合作共赢的渠道体系，建立联想的长久竞争力。同时，加大对年轻白领、游戏玩家、大学生和农村用户四类最具代表性细分人群的个性化产品的投入。

3）倾力消费产品开发

消费业务是近几年PC市场的新增长点，在中国市场，联想消费产品开发一直是强项，贡献了大部分的利润。但是在海外，不论是新兴市场还是成熟市场，联想消费业务一直没有做起来，这在一定程度上也与收购IBM PC部门的历史遗留因素有关。联想应朝着创新设计、影音娱乐、数字生活、一体计算机和移动便携五大方向加速产品创新研发，上网本、3G等细分市场也是联想消费类产品应重点关注的对象。3G时代的到来将使移动互联成为可能，成为最大的热点。通过和移动运营商加强合作，移动运营商的3G服务可以被直接安装在全系列联想ThinkPad、ideaPad笔记本电脑中。这样能大幅降低内置移动宽带技术相关价格，从而降低产品价格。同时在移动运营商推广其产品时，可进一步提高联想的市场份额。例如，用户购买任意一款嵌入式移动宽带服务的联想笔记本电脑，并在相应的移动运营商开立账户，就可免费享受两个月的3G服务。

2. 加大中国市场开发，以大中华区为突破口

通过对联想集团的市场表现分析，我们发现，大中华区一直是联想集团的大本营和最主要的利润来源，近期出现了增长放缓的迹象。但是，较其他区的业绩，大中华区的市场依旧有较为明显的优势。为了实现联想集团的近期目标——尽快实现盈亏平衡，重拾资本市场对其的信心，我们的建议是以中国市场为突破口，加大在中国市场的开发力度，力图尽早实现扭亏为盈。

联想新三大区域占集团总销售额比例：亚太和俄罗斯区55%，美洲区25%，EMEA（欧洲、中东和非洲）区20%（根据联想2008～2009财年第2季度财报整理）。联想在亚太区PC出货量排名第一。联想是亚太区领头羊，占有18.9%的市场份额，惠普以14.5%排第二，戴尔、宏碁和华硕分列三至五位，占有率分别为9%、7.8%和4.7%。（2008年第三季度IDC数据）。联想以中国区（亚太区主要构成部分）为突破口可以实现规模效益，同时，其较为成熟的市场运作有助于联想对市场进行进一步的深度开发。

综合案例思考题：

1. 针对联想集团，用SWOT矩阵分析法分别对欧美市场和中国市场进行分析。
2. 除了上述的对策和建议外，你有什么更好的想法？

第9章 企业战略的实施

> 战略制定者的绝大多数时间不应该花费在制定战略上，而应该花费在实施既定战略上。
>
> ——管理学家　亨利·明茨伯格

【引导案例】

春兰衰败揭秘[①]

春兰股价从1998年的最高价64.3元到2008年的不足6元，从1998年到2008年的十年间缩水十倍。2006年，ST春兰仅实现主营业务收入22亿元，较2005年下降了十多个亿，2007年预计亏损达2亿多元。

对于春兰的衰败，外界给予的关注较多。关于的衰败原因，各种说法大都将其归结为春兰的多元化战略。春兰的多元化战略从1994年开始，最早进入的是摩托车行业，春兰当时投资二十多亿元兴建了年产100万辆摩托车和100万辆摩托车发动机的生产线。可以说，春兰在摩托车行业的起步应该算是很高的。例如，力帆实业（集团）股份有限公司成立于1992年，当年销售收入只有747万元，到1997年销售收入仅6.5亿元，这一年力帆才开始生产摩托车整车，以前一直生产和销售零部件，一直到2002年，力帆的销售收入才达到40.2亿元。而春兰在1997年，工业产值达120亿元，销售收入已经突破了百亿，达到110亿元，这时就是海尔、联想的规模都不及春兰。而且在1995年，春兰就推出了自

① 江庆来：春兰衰败揭秘，中国中小企业，2008年，第5期。

主品牌的摩托车。因此，这时的春兰摩托从各方面都占据相当的优势。

而在这期间，我国的摩托车行业也正处于快速增长阶段。据统计，1993～1998年，我国摩托车产量平均每年以29.5%的速度递增。1993年，我国摩托车产量为335万辆；1995年，我国摩托车产量为783万辆；1997年，我国摩托车产量首次突破千万辆（1003万辆），约占当年世界摩托车总产量（2300万辆）的43%。摩托车行业的快速发展给这一时期春兰的摩托车业务提供了难得的发展机会。

企业与企业之间的竞争是系统的竞争，是比较优势的竞争。当企业间战略制定的质量都相对均衡时，企业间的竞争其实也就是战略执行层面的竞争。春兰在资金、发展机会、技术能力上都没有落后于同行，更没有给战略实施带来障碍，因此，在战略方向的选择上春兰应该是正确的。但是，春兰摩托业务最后的发展却不尽如人意，就只能归结为春兰在战略执行上没有做好，而不是战略方向选择的错误。因此，多元化战略没有得到有效的实施是春兰衰败的真正原因。

本章学习目标：

- 学习战略实施的概念、任务及基本思路；
- 理解战略实施的原则和影响因素；
- 掌握如何进行资源配置；
- 掌握如何构建学习型企业文化；
- 了解战略实施的模式；
- 了解基于流程再造的战略实施模式。

战略学家明茨伯格（Minzberg）曾说，企业应该重视既定战略的实施，而不是仅仅关注战略的制定，由此可以看出战略实施的重要性。为了更有效地实施既定战略，企业应该了解战略实施的思路及任务等基本内容。

9.1 企业战略实施概述

从20世纪60年代开始，欧美一些企业开始实行战略管理，自此，企业进入了战略管理时代。战略管理已经成为企业在瞬息万变的市场竞争环境中立于不败之地的有效管理工具。制定战略势在必行，但如果制定的战略不能实施，那么战略制定对企业来说就没有任何价值。

9.1.1 战略实施与战略执行

在很多管理类文献中，经常出现将“战略实施”（strategic implementation）

等同于“战略执行”或将两者相互混淆使用的情况。实际上，两者的范畴是不一样的。

1. 战略实施的内涵

著名战略家安索夫（1976）将战略实施定义为管理层为贯彻战略计划所采取的行动，这个定义简明扼要地指出了战略实施的核心。战略实施与控制是密不可分、相互交叉的两个方面，实施过程中需要控制手段的配合，控制的目的是保障实施的顺利进行。因此，从广义上理解，战略实施是指通过战略性变革，辅以严密的控制手段将战略计划转化为具体行动，达到战略计划所要求的各项目标，最终达到全局制胜的动态过程。

安德鲁斯区分了战略制定和实施，认为战略制定是分析性的，战略实施是管理性的。可是，由于战略规划没有充分考虑环境变化对战略实施的影响，既定战略的实施变成了林德布罗姆所谓的“摸着石头过河”，是个不断试错的过程。

总之，战略实施是战略管理的行动阶段，是将企业的既定战略转化为实际行动并取得成果的过程。战略实施完全是以行动为导向的，它的全部工作就是要让企业的经营活动在设定的时间和地点按照既定的战略进行。战略实施的关键在于执行能力。战略实施的成败取决于能否把实施战略所必需的组织、资金、人员、技术等资源，以及各项管理功能有效地调动起来并加以合理配置。在整个战略管理的循环中，战略实施居于核心地位，与制定完美的战略相比，战略实施显得更加困难。

2. 战略执行

按照安索夫对战略管理的分类，战略管理包括战略制定和战略实施。战略制定固然重要，战略实施却是把战略变为现实的战略管理过程。自美国学者博西迪（Bossidy）和查兰（Charan）所著的《执行——如何完成任务的学问》的中文版本出版以来，国内掀起了一股执行风潮，企业界和学术界对执行与执行力的关注达到了难以复加的程度，2003 年也因此被称为“执行年”，这样，战略实施已经逐渐被战略执行所替代。

从学理上讲，战略实施与战略执行是词义相近的一对词，但实际上两者的范畴是不一样的。

所谓战略执行就是如何把一个企业的战略规划转变成现实，或者说把企业的愿景变成现实。战略执行的核心流程是人员流程、战略流程、运营流程。而战略实施是将战略构想转化为战略行动的过程。战略实施是一项系统工程，处理好战略资源匹配、战略计划细化、战术和策略的运用、有效的战略沟通及战略调整与更新等多方面的工作是保证战略实施的关键。

综上所述，战略实施所包含的内容也正是战略执行的必要环节和活动，两者具有相似性。同时，由于战略执行必须顺应环境的变化，具有一定的动态调整能力，即有效的战略执行应不断检测、修订、优化战略。因此，战略执行与战略控制也具有密切关系。可以看出，战略实施的范围要小于战略执行，也就是说，战略实施是战略执行的一部分。

9.1.2 战略实施的基本原则

在企业战略的实施过程中，企业常常会遇到许多在制定战略时未能预计到的或者不可能完全估计到的问题，因此，为了更好地实施企业战略，在企业战略实施过程中应该遵循以下四个基本原则。

（1）适度合理原则。在战略制定和战略实施过程中，受到信息、决策时限及认识能力等因素的限制，所制定的战略可能不是最优的，而且在实施过程中，由于企业外部环境和内部条件在不断发生变化，会使得战略不能完全按照预定计划进行，这时需要遵循适度合理原则。此原则认为，只要战略目标基本达到了预定的战略目标，就应当认为这一战略的制定及实施是合理的。

（2）统一领导、统一指挥原则。一般来说，企业的高层领导人员比企业的中下层管理人员及一般员工掌握的信息要多，对战略意图体会得要深。因此，战略的实施应当在高层领导人员的统一领导、统一指挥下进行，只有这样，战略实施所需的战略资源的配备、组织机构的调整、企业文化的建设、信息的沟通及控制、激励制度的建立等各方面才能相互协调，才能使企业为实现战略目标而卓有成效地运行。

（3）权变原则。战略实施的权变原则是指战略的实施进展与原来预想的进展会有所偏离，并且当这种偏离不可避免时，企业应该对原有的战略进行调整。权变的观念要求管理者识别战略实施中的关键变量，并对其作出灵敏度分析；当这些关键变量的变化超出一定范围时，应当对原有战略进行适当调整，并准备相应的替代方案。战略权变贯穿于整个战略实施过程。不仅战略目标可以进行权变调整，战略实施的方式、时间、人员及资源的配置等也需要视情况的变化而进行权衡变通。

（4）阶段目标原则。阶段目标原则就是把企业的总体战略或长期目标分解为一个个具体而又明确的短期目标，并且明确这些目标应该完成的时间和标准，以便对其进行评估、检查和纠正偏差。在目标分解时应该注意各个分目标之间的协调性与连贯性。此外，制定阶段目标有利于激励员工。奇瑞公司总裁尹同耀曾经说过，如果将研发人员的研发时间一开始就定在一年，那么研发人员可能在还没有研发完一个模块时就已经没有了动力。针对这种情况，我们应该将整个研发分解为一个个小模块，在员工完成每一个模块时就进行激励。这样，可以持续地发挥员工的积极性和创造性，从而有利于企业整体战略的实施。

9.1.3　战略实施的基本思路

企业战略实施过程可以分为四个阶段，即战略发动阶段、战略计划阶段、战略实施阶段和战略控制与评价阶段，如图 9-1 所示。

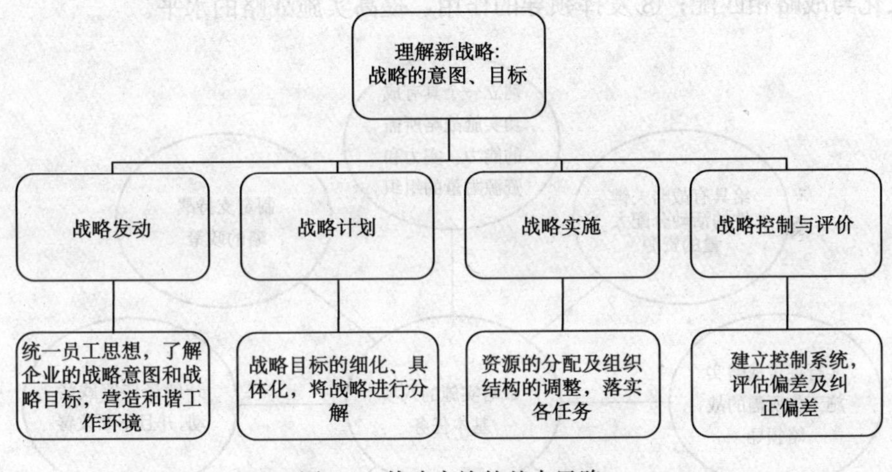

图 9-1　战略实施的基本思路

（1）战略发动阶段的主要任务是统一企业员工的思想，使他们充分理解企业的战略意图和战略目标，为新战略的实施营造和谐的工作环境。

（2）战略计划阶段的主要任务是将战略细化、具体化，将新战略分解成几个具体的、可以操作的子战略。每个分阶段都有自己的政策措施、策略及方针、进度。但应该注意的是，各个分阶段要统筹安排、相互衔接。

（3）战略实施阶段主要涉及战略资源的分配、资金预算、组织结构的调整，以及落实各职能部门的任务和策略等。

（4）战略的控制和评价阶段的主要任务是建立控制系统、监控效益和评估偏差、控制及纠正偏差，主要目的是对战略的实施过程进行控制及对实施结果进行反馈，从而找出偏差并及时纠正，保证战略目标的顺利实现。

对于每个战略实施阶段，都需要有明确的阶段目标、实施计划及部门分工，从而保证战略执行过程中的长期性、完整性和系统性。

需要强调指出的是，战略发动是战略实施中的重要步骤。许多企业由于忽视了战略发动，使得战略的责任人和执行部门缺乏统一的战略思想，这也是战略实施缺乏有效性的重要原因之一。

9.1.4　战略实施的任务

尽管每个企业的战略实施过程千差万别，但每个企业的战略实施都要完成八项基本任务（图 9-2）：①建立一个具有成功实施战略所需的能力、实力和资源力量的组织；②给具有战略关键性的活动分配大量的资源；③制定支持战略的政策；④开展最佳实践活动，并且不断改善；⑤安装信息和运作系统以使公司员工可以更好地完成战略任务；⑥将激励机制同战略目标相关联；⑦使工作环境、企业文化与战略相匹配；⑧发挥领导的作用，提高实施战略的水平。

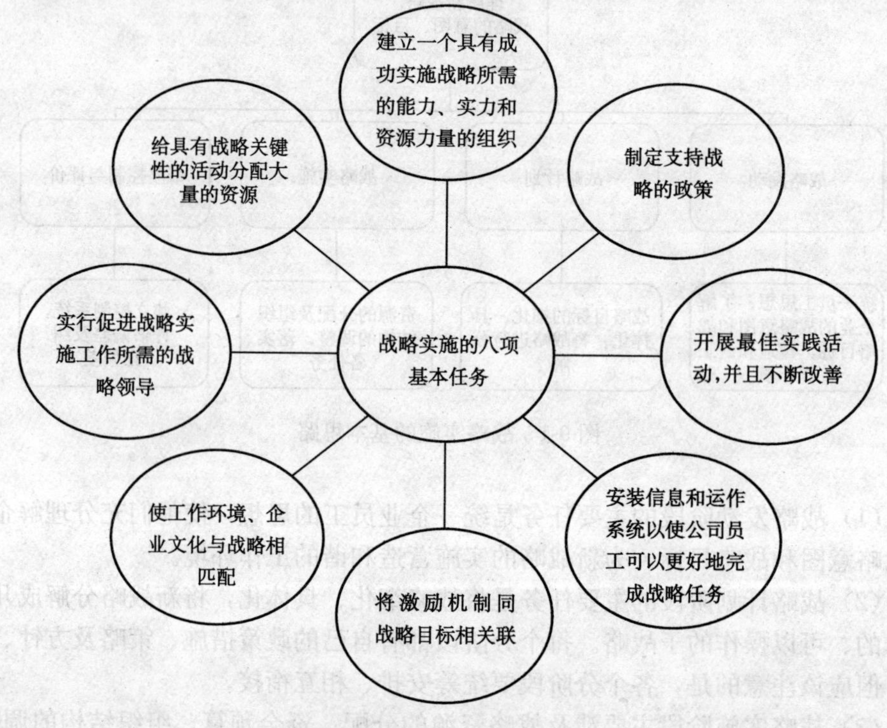

图 9-2 战略实施的八项任务

不论企业的战略如何特殊，以上八项基本任务将会反复出现在战略实施过程中。同时，由于企业的实际情况和需要不同，这些任务中的一项或几项任务通常比其他任务显得更加关键。

9.2 企业战略实施的影响因素

企业战略实施是贯彻既定战略的实践活动，它是将战略转化为有组织、有领导地落实战略计划、完成战略任务、实现战略目的的实际行动，最终将战略构想转化为现实生产力的过程。企业战略实施的影响因素主要有战略的自身因素、外部因素和内部因素。

9.2.1　战略的自身因素

（1）战略本身的错误。企业战略是企业在一定时期对各种活动和决策的基本指导，它涵盖了企业的组织目标和行动方向。在竞争越来越激烈的市场中，可行的战略是企业走向成功的第一步。谋定而后动，成功的几率自然大大增加。战略是企业的灯塔，战略实施的成功是企业最大的成功，战略的失误往往会使企业陷入困境。在中国，企业战略的缺位直接表现为战略的趋同性，即如果把企业的名字抹去，那么各个企业的战略几乎不用修改就可以彼此互换使用。这也是联想、金蝶等企业把战略放在最重要位置的原因。

（2）战略制定与战略实施的脱节。借助"外脑"制定企业战略是当前国内企业的主要做法，但在项目咨询过程中，高层管理者通常认为企业战略就是撰写战略方案和咨询报告，从而对咨询团队过分依赖，不能真正深入思考本企业所需要的战略，容易产生企业对战略方案"拥有感"不足的问题，结果在对战略方案达成共识时，缺乏对战略实施的深入考虑。尤其是在战略制定与实施的责任主体分离时，战略目标就很难实现。企业经营目标的制定和战略的选择并不能确保企业经营的成功；只有经过战略实施，目标才能变为现实。企业成功经营最终依靠的是企业自身的内在修炼，外部咨询公司只是"助动者"，只能起到锦上添花的作用，如实达电脑集团公司与麦肯锡咨询公司的合作就是典型的例子。

（3）战略目标分解得不当。战略目标具有宏观、全面的特点，它本身就是一个有机整体。战略目标作为企业的总目标、总任务，可以分解成某些具体目标和具体任务。管理者只有把战略目标加以分解，才能使其成为可操作的具体目标。这样，战略才能得以逐步实施。然而，企业在分解战略目标时，往往只注重分解的结果，而不重视分解的过程，致使每个具体目标之间脱节，结果是"1＋1＜2"。整体战略没有得到有效实施，也就不能完成既定的战略目标。

9.2.2　外部因素

企业作为经济运行的主体，在进行战略实施时，并不会一帆风顺，它会受到各种外部因素的影响，如宏观经济环境、政府、产业政策、竞争环境及客户等。

（1）宏观经济环境。宏观经济环境是企业赖以生存的外在条件，它的变化会影响企业战略的实施。有利的宏观环境有助于企业战略的实施，反之则会给企业战略的实施产生阻力，甚至使企业的既定战略失败。例如，金融危机使国内经济环境受到一定的冲击，进而使许多企业的发展受到阻碍，导致许多中小型企业破产。当然也有成功的例子。例如，20 世纪 70 年代初，西方石油危机对汽车行业产生了影响，然而日本丰田汽车公司早在 60 年代就预测到未来世界能源的紧张可能对汽车需求产生影响，从而致力于发展排量为 1.5 升左右的小型车。在 70

年代初西方石油危机爆发时，美国、英国、法国的汽车工业在石油危机的冲击下节节败退，而丰田车的销量却直线上升，并成功进入西方汽车市场，成为世界三大汽车公司之一。

(2) 政府政策环境。中国的市场经济体制使得政府在经济运行中发挥着重要作用，也可以说在中国，企业和政府都是经济中的主角，如政府出台的政策法规会影响甚至左右企业的战略决策和实施。

(3) 产业政策环境。在战略实施过程中，各种产业政策，如政府补贴、促进出口、改组产业结构、企业国有化、修改税法、建立环保标准及建立进口配额等内容与措施的变迁，会对企业既定战略的有效实施产生不同程度的影响。例如，中国2009年出台的电动自行车条例给电动自行车企业带来了致命的打击，致使许多企业的既定战略破灭。同时，新政策从侧面推动了摩托车企业战略的实施。

(4) 市场竞争环境。随着国内市场的国际化，企业面临的竞争环境、竞争对手及竞争规则都发生了巨大的变化，其竞争结果必然也会发生意想不到的变化。这使所有企业都陷入一种两难的境地：一方面，企业有了前所未有的接触新市场的良机；另一方面，传统的市场正在经历巨大的转型，要么是竞争空前激烈，要么是疲软萎缩。此外，消费者越来越挑剔，越来越追求高质量的产品和服务，导致经营者的利润越来越稀薄，这也给企业的生存带来了沉重的压力。同时，对企业战略的实施也会产生不确定性的影响，这也就要求企业在实施战略的过程中全面把握市场环境，最大可能地利用有利因素，克服不利因素，保证战略的有效实施。

(5) 客户的新需求。客户是企业最重要的资源，然而要赢得这一宝贵资源是很困难的，尤其是在剧变的市场环境下，就更难把握顾客行为。随着现代科学技术的飞跃发展，技术周期、产品周期、企业生命周期都在逐渐缩短，企业竞争的残酷性在增加，管理的反应与行为正在趋向同步，对交货期的要求越来越短，这些变化都要求企业准确把握消费者需求和市场变化，以便作出更敏捷的反应。企业需要积极与顾客保持联系，敏锐地洞察到顾客的需求，提高对需求的响应能力。要做到这一点，就要求企业在实施战略过程中，根据客户的新需求及时调整战略、完善战略。例如，海尔集团研发“小神童洗衣机”的概念就来自于商务人士这部分特殊群体的需求。2009年，海尔集团的经营理念是“顾客创造价值”，这一理念要求各个事业部在实施战略时，都要以此为目标。

9.2.3 内部因素

人们通过实践认识到，只有当企业的各种因素相互适应和匹配时，战略才有可能取得成功。企业想要有效地实施战略，实现既定的战略目标，就应使企业内部各资源与战略相匹配。这些影响因素与战略的匹配程度越高，为战略实施提供的条件就越充分，战略就越能顺利地实施。按照罗伯特·H. 小沃特曼的观点，企业的战略匹配包含七个因素，如图 9-3 所示，这七个因素又称为麦肯锡 7s 模型。7s 模型表明，只有当这些因素相互匹配时，企业才能有效地实施既定的战略。

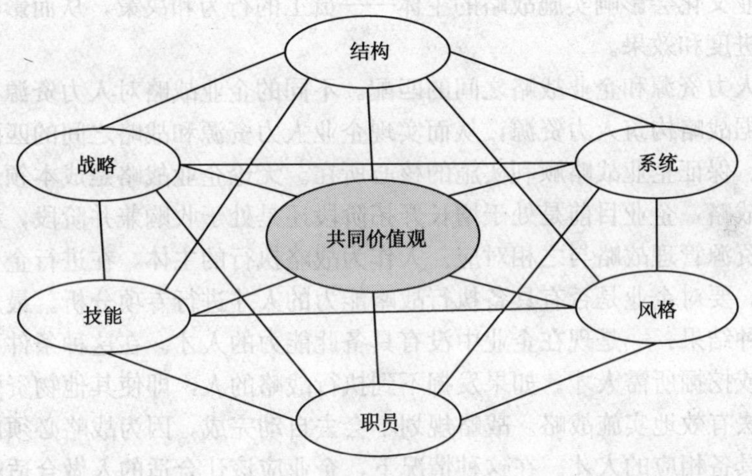

图 9-3 麦肯锡 7s 模型

(1) 领导能力与战略的匹配。能力不匹配、企业文化不匹配、资产配置不完善、执行力度不够等都会影响到企业战略的实施，都会阻碍企业战略目标的实现。但如果企业领导能力与所执行战略的不匹配，可能会使一个成功的战略走向失败。如果企业缺失一个合适的领导，即便是最好的战略也可能失败，因此，企业领导与企业战略的匹配显得尤为重要。在战略实施中，战略与领导的匹配构成战略与企业内部因素配合的一个主要方面。由于不同的战略对战略实施者的知识、技能及个人素质等方面有不同要求，所以，战略要发挥出最大的功效就要任用与企业战略相匹配的领导，这样才能发挥带动战略实施所需的内部作用，不断提高实施战略的水平。因此，战略实施要求领导能力与战略做到有效匹配。

(2) 组织结构与战略的匹配。战略的成功实施需要组织的保证。组织结构的功能在于分工和协调，合理的组织结构是保证战略顺利实施的必要手段。企业组织结构是实施战略的一项重要工具，一个好的企业战略需要通过与其相适应的组织结构去完成。实践证明，一个不合时宜的组织结构必将对企业战略实施产生巨大的阻碍作用，它会使完美的既定战略变得无济于事。因此，企业组织结构是随着战略而定的，它必须根据战略进行变革，必须按照目标的变化而进行及时调整。在战略实施中，采取何种组织结构，主要取决于企业决策者和执行者对组织战略结构含义的理解，同时，组织结构的调整必须结合企业自身的条件和企业所要实施战略的类型。

（3）企业文化对战略的支撑。这里所指的企业文化也就是7s模型中的共享价值。文化与战略密不可分，企业要有与战略实施所需要的价值观和行为准则相一致的文化，这样就有助于发挥员工的积极性，进而支持企业战略的顺利实施。总之，企业文化会影响实施战略的主体——员工的行为和决策，从而影响企业战略的实施进度和效果。

（4）人力资源和企业战略之间的匹配。不同的企业战略对人力资源有不同的要求，根据战略构筑人力资源，从而实现企业人力资源和战略之间的匹配是保持竞争优势、保证企业战略顺利实施的核心所在。无论企业战略是成本领先战略还是差异化战略，企业目前是处于增长开拓阶段还是处于收购兼并阶段，都需要不同的人力资源管理战略与之相对应。人作为战略执行的主体，在进行企业人力资源分析时，要对企业是否有具备执行战略能力的人才进行专项分析。最后，可能会出现两种结果：一是现在企业中没有具备此能力的人才。在这种条件下，企业需要补充或挖掘所需人才。如果发掘不到执行战略的人，即使其他物资资源投入再多也无法有效地实施战略。战略规划不会去自动完成，因为战略必须由人去执行。二是具备相应的人才。在这种情况下，企业应该让合适的人做合适的事，从而保证战略的有效实施。由此可以看出，为战略配备合适的执行者远比开发一项新战略重要得多、困难得多。

（5）企业能力与战略的匹配。企业能力是战略目标顺利实现的重要基础。企业能力与企业能否有效地利用各种资源，从而有效地实施企业战略是密切相关的。企业的能力能够对影响企业发展的所有战略因素起到放大或缩小作用。优越的战略执行力能够优化企业各种资源和其他因素的结构，从而带来效应上的放大作用。相反，如果企业的战略执行力不强，企业的各种资源和要素就如同一盘散沙，企业的竞争力也就大打折扣。资源要通过能力去实现增值，如果企业能在现有资源的基础上发现并抓住机会，而且能利用现有资源去创造机会，就能够对战略的实施起到推动作用。企业能力往往首先体现在职能领域，如营销能力、制造能力、研究开发能力等。例如，海尔的研究开发能力强，长虹的生产制造能力强，而三株在市场上遭受重创前的营销能力也是被广泛认可的。

影响企业战略实施的因素中，外部环境因素对战略实施的影响具有不确定性，企业不能控制外部环境，只能通过趋利避害使企业的行为适应客观环境的状态。对企业内部条件的利用需要依靠人的主观能动性，这类因素是可控的，企业可通过调整、控制来实现其与既定战略的高度匹配，为既定战略实施提供充分的条件，从而有利于战略的顺利实施。

9.3　企业战略实施的资源配置

企业在实施战略时，除了用计划推行和适应战略的组织调整之外，战略资源配置的优劣将直接影响战略目标的实现。企业战略资源是指企业用于战略行动及其计划推行的人力、财力、物力等资财的总和。这其中也包括时间与信息，因为它们是无形的，因此很少被人关注，而时间和信息在某种条件下可能会成为影响企业战略实施的关键性战略资源。这些企业战略资源是战略转化为行为的前提条件和物资保证。

9.3.1　企业战略实施的资源保障

资源配置是企业战略实施过程中的一项重要的管理活动。资源配置不合理会阻碍企业战略的顺利实施。所有企业至少拥有四种用来实现预定目标的资源，即财力资源、物力资源、人力资源和技术资源。将资源配置到特定的事业部或职能部门，并不意味着战略就可以成功实施。因此，合理配置资源在战略实施过程中具有重要作用。

1. 战略资源的特点

为了更好地进行资源配置，企业应该了解相应战略资源的特点，进而从资源方面对战略的实施提供保障。具体来说，战略资源有以下四个特点。

(1) 战略资源的流动方向和流动速度取决于战略规划的确定。

(2) 企业中可支配的资源总量和结构具有一定的不确定性，在战略实施的过程中，资源的稀缺程度、结构会发生各种变化。

(3) 战略资源的可替代程度高。由于战略实施周期长，随着科学技术的进步，原来稀缺的资源可能会变得十分丰富，但是有些资源也可能发生相反的变化。

(4) 无形资源的影响程度难以准确的预计。例如，企业的信誉资源对企业获取公众的支持、政府的帮助会产生很大的影响。正因为如此，企业的战略管理者在实施战略时，必须充分了解这些战略资源的内在特质，并作出适当的预防措施。只有这样，才能保证战略的平稳运行。

2. 战略资源的种类

从企业角度来看，战略资源主要涉及采购与供应实力、生产能力与产品实力、市场营销与促销实力、财务实力、人力资源实力、技术开发实力、管理经营能力，以及时间、信息等无形资源。

(1) 采购与供应实力，主要是指企业是否具备有利的供应地位；与供应厂家的关系是否协调；是否有足够的渠道保证；能否以合理的价格来获取所需的资源，即企业议价能力。

(2) 生产能力与产品实力，主要指企业的生产规模是否合理，生产设备、工艺是符合产品的生产要求，企业产品的质量、性能是否具有竞争力，以及产品结构是否合理。

(3) 市场营销与促销实力，主要指企业是否具备了开发市场的强大实力，是否有一支精干的销售队伍，市场策略是否有效等。

(4) 财务实力，主要指企业的获利能力与经济效益是否处于同行前列，企业的利润来源、分布及趋势是否合理，各项财务指标及成本状况是否正常，融资能力是否强大等。

(5) 人力资源的实力，即企业的领导者、管理人员，技术人员等是否具备一流的素质，其知识水准、经验技能是否有利于企业的发展，其意识是否先进，企业的内聚力如何等。

(6) 技术开发的实力，主要指企业是否具备产品开发和技术改造的力量，企业与科研单位、高校的合作是否广泛，企业的技术储备是否在同行业中处于领先地位。如果具备了较强的技术开发实力，那么会为企业战略的顺利实施奠定坚实的堡垒。

(7) 管理经营的实力，主要指企业是否拥有一个运行有效、适应广泛的管理体系，企业对新鲜事物的灵敏度如何，反应是否及时、正确，企业内是否有良好的文化氛围，企业内是否形成了良好的分工与合作机制，企业能否进行有力的组织等。

(8) 时间、信息等无形资源的把握能力，主要指企业是否能充分去获取、储备和应用各种信息，时间管理是否合理等，这些都会影响企业战略的实施步伐。

3. 战略与资源的关系

影响战略实施的因素有很多，不能有效、合理地配置资源是原因之一。同时，资源和战略之间相互促进的关系使合理配置资源显得更加重要。

(1) 资源对战略起保证作用。战略与资源相适应的最基本关系，是指企业在战略实施的过程中，应当有必要的资源保证。而在现实中，其战略没有资源保证，而又没有充分认识到其危险性的企业不在少数。其原因主要有以下三点：①战略制定在思考程序上存在缺陷，企业没有注意到确保资源的必要性，从而制定了“空洞”的战略；②必要的资源难以预测而导致偏差，由于预测不准，导致战略缺乏资源保证；③没有全面把握本企业的资源，尤其是忽视了对无形资源的管理。

(2) 战略可以促使资源的有效利用。即使企业拥有充足的资源，也不可以为所欲为。过度滥用企业资源不仅会使企业丧失既得利益，而且会使企业丧失应该得到更多利益的机会。因此，为了顺利实施企业战略，管理者不得不充分利用现有资源，并发挥其最大效用。另外，在实施战略的过程中，战略可以促使企业充分挖掘并发挥各种资源的潜力，特别是在人力资源方面的看不见的智力资本。

(3) 战略可以促使资源的有效储备。由于资源是变化的，所以，企业在实施战略的过程中，通过现有资源的良好组合，可以在变化中创造出新资源，从而为企业储备更有效的资源。所谓有效储备，是使必要的资源以低成本、快速度、在适宜的时机进行储备。战略可以通过两种途径来实现这一目的：战略推行的结果可以附带产生新的资源；这些新资源可以成为其他战略实施中必要的资源而被使用。

9.3.2 企业战略资源的分配

企业战略资源的分配是指按战略资源的原则方案，对企业所拥有战略资源进行的具体分配。企业在推进战略的过程中的战略转换往往就是通过资源分配的变化来实现的。由于在企业战略资源中，无形资源很难把握，而除人力资源之外的有形资产均可以用价值形态来衡量，所以，企业战略资源的分配一般是指人力资源和资金的分配。

1. 人力资源的分配

人力资源就是企业所拥有的人才队伍及人才和未来要发展的业务之间的匹配程度。人力资源的多少和人力资源与战略匹配程度的高低，将在很大程度上影响企业的发展趋势和发展速度。人力资源的分配一般包含三方面的内容。

(1) 为各个战略岗位配备管理和技术人才，要特别注重对关键岗位的关键人物的选择。正如钢铁大王卡耐基所说，你可以把我的工厂、设备及资金全部拿走，但只要保留我的组织人员，那么，四年后我将仍然是个钢铁大王。从这句话中可以看出卡耐基对人才的重视。因此，为了更好、更有效地达到战略目标，企业应该重视人才的作用，在战略实施过程中，在影响战略成败的关键岗位设置合适的人才，从而为战略的顺利实施提供保障。

(2) 为战略实施建立人才及技术储备，不断为战略实施输送有效人才。一个完美的战略，如果没有与之相匹配的人才进行实施，那么这个战略也将是个失败的战略。因此，在战略实施过程中，企业应该注意对人才的培养，使之可以更好地实施战略。

(3) 在战略实施的过程中，注意整个队伍综合力量的搭配和权衡。战略的实施往往会涉及团队合作，而在合作中如何使用和搭配人才将会影响团队的效能。

2. 资金的分配

企业一般采用预算的方法来分配各种资金资源，而预算是一种通过财务指标或数量指标来显示企业目标、战略的文件。企业通常采用的预算方式有以下四种。

(1) 零基预算。零基预算不是根据上年度的预算编制，而是将一切经营活动都从彻底的成本—效益分析开始，以防止预算无效。

(2) 规划预算。规划预算是按规划项目而非职能来分配资源，而且期限较长，常与项目规划期同步，以便直接考察一项规划对资源的需求和成效。

(3) 灵活预算。灵活预算允许费用随产出指标而变动，有助于克服“预算游戏”及增加预算的灵活性。

(4) 产品生命周期预算。产品在不同生命周期中对资金的需求不同，而且各阶段的资金需求有不同的费用项目，这时产品生命周期预算就根据不同阶段的特征来编制各项资金的支出计划及原则。

在资金的分配中，企业应该遵循两项基本原则：一是根据各单位、各项目对整个战略的重要性来设置资金分配的优先权，以实现资源的有偿高效利用；二是努力开发资金在各战略单位的潜在协同功能。

小案例思考

迪斯尼的战略资源分配①

1985～1987 年，瓦尔特·迪斯尼（Walt. Disney）一直没有什么重大的、新的战略举措。他们扩大营业的主要方法是充分利用迪斯尼的现有财产和发挥其创造性。为了充分开发和利用其主题公园、电影摄制厅、保留的土地及迪斯尼的盛名等已有资源，迪斯尼后来进行了重大的战略调整。迪斯尼在复兴其电影制作能力方面投了巨资，并且大量投资于发掘创造性智能方面，包括聘请导演、剧作家、卡通专家等。它对 Arvida 公司的兼并，使其获得了房地产开发的卓越技能，为更好地开发利用迪斯尼的巨大地产提供了保障。而且，为给迪斯尼乐园和迪斯尼世界招徕游客而新组建了一个广告推销队伍。

9.3.3 企业战略与资源的动态组合

企业需要在不同的发展阶段对其战略进行调整，相应地，战略资源也需要不断地积累，这样才能保证企业战略的顺利实施。在制定现行战略时，企业需要充分预测未来环境、资源的变化，并对资源进行必要的、合理的配置。在这个过程中应当注意，资源的配置并不是单纯的资源配置，而是依托战略，根据企业战略在实施过程中的实际需要进行配置。因此，这里所提及的战略资源的配置实际上就是指企业战略与资源的动态组合。

伴随着战略的实施，资源被不断储备，新的资源与现有资源的储备交织在一起，形成了未来的战略资源储备。企业的这些新储备为企业战略的顺利实施奠定了坚实的基石。因此，处于现在战略和未来战略之间的这些新的资源储备，也就成了连接这两个战略的桥梁。当现有战略为未来战略进行有效的资源积累时，未

① 和金生：企业战略管理，天津：天津大学出版社，2003 年。

来战略在实施过程中也能够有效地利用这些积累资源，这就是企业中的战略与资源的动态组合过程。为了实现这个动态组合过程，企业首先必须考虑两个问题：①企业现在应该选择什么样的战略；②未来战略应该是怎样的。然后企业才能在二者之间进行有效的资源调配。而所需的战略资源在这个过程中将会实现动态相辅和动态相乘两个效应。

1. 动态相辅效应

动态相辅效应可以划分为物的动态相辅效应和资金的动态相辅效应。物的动态相辅效应，是指企业的现有战略与未来战略能在多大程度上共同利用物的资源，或者是指现在战略运行中所储备的战略资源能在多大程度上作用于未来战略。从这个意义上讲，有转化可能的物的资源储备是较好的。企业在选择现有产品和市场战略时，应预先设定能使这种转化成为可能的某个相关的未来战略，这时采取与未来联系较多的战略是十分必要的。为了实现资金流动的动态相辅效应，企业在现有产品和市场机制基础上，必须同时具有不同类型的资金流动产品与市场领域，以此实现资金的流动平衡。

2. 动态相乘效应

所谓动态相乘效应是指企业的未来战略能有效地利用现在战略运行中所产生的无形资源的效果。也就是说，企业现在在某个领域中所使用与产生无形资源的期间，如果能够和将来领域利用此资源的期间重叠，就能够形成强有力的动态相乘效应。

9.4　企业战略实施与企业文化的关系

企业文化是企业员工普遍认同的价值观念和行为准则的总和。企业文化的形成同企业的战略目标和具体战略有关，对企业战略实施有着极为重要的影响力。

9.4.1　企业文化的类型

根据企业战略实施与企业文化的一致性程度，可以把企业文化分为三类，即战略支持型文化、战略制约型文化和战略非相关型文化。

(1) 战略支持型文化，即企业文化的导向完全和战略一致，企业职工的基本假设、价值观念和行为准则与企业的战略目标十分和谐。可以说，每一个成功的企业都有一种战略支持型的文化。因为只有这样，企业的全体员工才能精诚合作，自觉献身于企业的战略目标。此外，企业的文化氛围能够使员工产生亲和力、自豪感和责任感。

(2) 战略制约型文化，是指企业文化与企业战略相抵触，成为战略实施的一个障碍。这种情况在企业实施新战略或进行战略转变时尤为明显。因为，企业若要实施一项新的战略，必将引起组织结构、考核机制等一系列管理制度的变化，而企业的行为、价值准则却是在过去形成的，所以，这样的企业文化往往会成为新战略实施的制约因素。这一情况在中国企业转型时期表现得尤为突出。在传统体制下，中国企业已形成了很多与市场经济格格不入的文化因素，这些因素已构成了旧体制下的企业文化，在一定程度上增加了企业文化变革的困难，这也是国有企业改革困难的原因之一。

(3) 战略非相关型文化，即企业文化对企业战略的影响不明显。这里有两种原因，一是企业比较年轻，还未形成一种主导型文化；二是由于管理层忽视对本企业文化的培育，使企业文化的作用力非常弱小。在这种情况下，企业文化有可能向战略支持型发展，也可能向战略制约型发展。因此，为了形成战略支持型的企业文化，企业高层管理者应该加强对企业文化的培养、倡导及管理，从而塑造与本企业战略相一致的企业文化。

企业文化既可以成为战略成功的动力，也可能成为战略实施的阻力。因为，企业战略支持型文化可以以其深层性、统一性、普遍性和潜在的规定性成为激发人们热情、统一员工意志的重要手段。同时，企业文化的特征也会影响企业战略实施的效果。例如，将节俭作为共同价值观的企业文化可能非常有利于低成本战略的实施，而以革新、变化为特点的企业文化则可以使追求技术革新、创建技术领先地位的战略得以顺利实施。寻求和塑造企业文化与战略的匹配对于战略的实施非常关键。当然，企业文化并不是总是适应战略的。当企业制定了新的战略，并要求企业文化与之相配合时，却往往由于企业文化的刚性、连续性及继承性，使企业的员工难以很快适应新战略并作出相应的变革。这时，原有企业文化就可能成为实施企业新战略的主要障碍，战略制约型文化就形成了。因此，企业内部新旧文化的更替和协调是战略实施获得成功的保证。

9.4.2 企业战略实施与企业文化的关系图

企业战略实施与企业文化的关系如图 9-4 所示。在矩阵中，纵轴表示企业在实施一个新战略时，企业的结构、技能、核心价值、企业经营哲学等各种战略资源要素所发生的变化。横轴表示战略实施与企业目前文化匹配的程度。

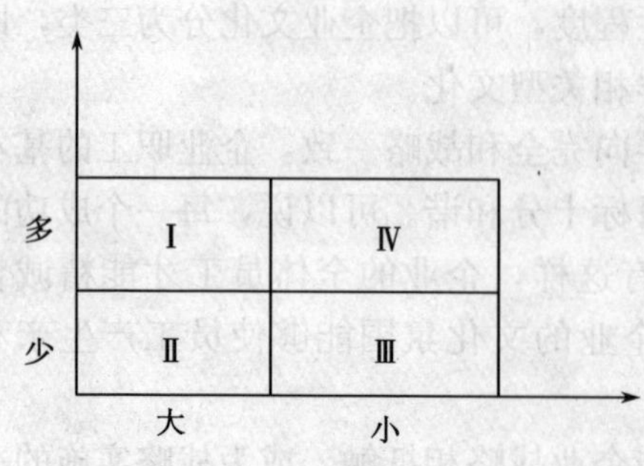

图 9-4 战略实施与企业文化的关系

1. 以企业使命为基础的管理

在第Ⅰ象限里，形成的是战略支持型的企业文化。企业实施一个新战略时，重要的组织要素会发生很大的变化，但这些变化大多与企业目前的文化有潜在的一致性。这种企业多是那些以往效益比较好的企业，可以根据自己的实力寻找可以利用的机会，或者试图改变自己的主要产品和市场以适应新的要求。这种企业由于有企业固有文化的大力支持，实施新战略没有很大困难，一般处于有前途的地位。处理企业战略与文化关系的重点是：

(1) 企业进行重大变革时，必须考虑与企业基本使命的关系。在企业中，企业使命是企业文化的基础。高层管理人员在管理过程中，一定要注意变革与企业使命内在的不可分割的联系。

(2) 要发挥企业现有人员的作用。现有员工之间有着共同的价值观念和行为准则，可以保证企业在文化一致的条件下实施变革。

(3) 在调整企业绩效考核系统时，必须注意与企业组织目前的奖励行为保持一致。

(4) 要考虑进行与企业组织目前的文化相适应的变革，不要破坏企业已有的行为准则和价值观念。

2. 加强协同作用管理

在第Ⅱ象限里，在企业实施一个新战略时，组织要素发生的变化不大，又多与企业目前的文化一致。处于这种地位的企业要考虑两个问题：第一，利用企业目前的有利条件，巩固和加强企业战略与企业文化的匹配，加强各职能部门之间的合作与协调，顺利开展各项活动，特别是那些对企业战略实施至关重要的职能活动，从而有效地促进企业战略的成功实施；第二，利用企业文化相对稳定的有利时机，解决企业经营活动中的问题。

3. 按照企业文化的要求进行管理

在第Ⅲ象限里，在企业实施一个新战略时，主要的组织要素变化不大，但多与企业组织目前的文化不太一致。此时，企业需要研究这些变化是否可能给企业带来成功的机会。处在这种地位的企业，要处理好两个问题。

(1) 企业可以根据经营的需要，在不影响企业总体文化一致的前提下，对某种经营业务实行不同的文化管理。例如，美国瑞奇百货企业是一家长期以来专门为高收入阶层服务的百货企业，但在20世纪70年代，企业决定开拓收入较低的中下层利益相关者市场，而这个市场的文化要求与企业以往取得成功的价值观念和行为准则极不一致，因此，阻力很大。为此，企业决定在零售业中新开一个联号商店，培育不同的企业文化，独立经营。结果，企业在两个市场上都获得了成功。究其原因，就是成功地变战略制约型的企业文化为战略支持型的企业文化，使企业的新战略得以有效实施。

(2) 企业在对组织机构这些与企业文化密切相关的因素进行变革时，也需要根据企业文化进行管理。

4. 重新制定战略

第Ⅳ象限中形成的是制约型的企业文化，由于新的战略的实施，组织要素会发生重大变化，而这种变化又与目前的企业文化不一致，或者受到现有文化的强有力抵制。在这种情况下，企业在处理战略与文化的关系时会遇到极大的挑战。为了解决这一问题，企业首先要考察是否有必要实施这个新战略。如果没必要，企业需要考虑重新制定战略。这就是说，企业在现实中能够实施的战略应是与企业现有行为准则和实践相一致的战略。反之，在企业外部环境发生重大变化，企业的文化也需要相应作出重大变化的情况下，企业考虑到自身长远利益，不能为了迎合企业现有文化而将企业新的战略修订成与现行文化标准相一致，这也不符合企业的长远利益。为了处理这种重大变革，企业需要从四个方面采取管理行动。

(1) 高层管理人员要痛下决心进行变革，并向全体员工阐明变革的意义和重要性。

(2) 为了形成新的与战略相适应的企业文化，企业需要通过外部招聘或从内部提拔一批与新文化相适应的管理人员。

(3) 改变企业原有的考核机制，使奖励的重点放在具有新文化意识的事业部或个人身上，促进现有文化的转变。

(4) 通过有效措施使管理人员和员工明确新文化所需要的行为，使其形成一定的规范，保证新战略的顺利实施。

在战略实施过程中，企业需要明确自己新制定的战略与目前企业文化的关系，看两者是否匹配。如果实施的战略和企业文化不一致，会危害企业的经营绩效，并有可能导致战略实施的失败。因此，企业高层管理者应充分认识到改变组织的基本要素，特别是企业文化，是一个循序渐进的过程。这就要求企业应该抓住每一个可以促成变革或有利于形成新的企业文化的机会，同时，要从心理上和态度上使员工理解新的战略，最终使新战略的使命与员工的价值观达成一致，这样才能保证企业战略的有效实施。

9.4.3 构建学习型企业文化

当企业进行战略调整，新的战略与企业现有文化不相适应时，企业就应主动地改变企业既定的文化，使其适应新战略实施的需要，提高企业的战略适应力。值得注意的是，有些企业在被动地改变企业文化时存在一定的风险和阻力，同时所产生的结果有可能是无效的。但是，如果一个企业的文化是学习型的，当企业的战略调整后，企业的员工就会以一种积极态度去应对这种改变，努力改变自己的战略行为方式，顺应企业的战略调整，从而形成企业的战略适应力，而不是以一种消极、抵触的情绪来抵抗这种改变。因此，为了降低风险和减少阻力，提高员工的战略适应能力，企业必须打造学习型企业文化，变被动为主动，保证企业在不同时期的各种新战略能够成功实施。

我们可以从不同的角度去理解学习型企业文化。首先，企业文化所倡导的价值观念和行为准则必须有利于企业组织及其成员的学习；其次，企业文化本身就是企业不断学习、长期积累的文化积淀，企业文化所体现的不仅仅是企业组织过去的成功经验，而且也能够适应企业战略调整，以及战略实施的企业核心价值观念或战略思维方式；最后，随着企业国际化进程步伐的加快，学习型企业文化应是开放性和包容性的跨文化管理，这有利于企业实施国际化经营战略。

打造学习型的企业文化，要求对与企业文化密切相关的企业组织结构进行相应的变革。目前，我国大多数企业的组织结构仍是诸如直线制、事业部制等层级结构。这种层级结构可以保证企业行动迅速，促进企业效率的提高及企业活动的有序性，但是这种组织结构阻碍了企业战略有效性的学习。例如，分工细致使员工知识面狭窄，正式的角色关系限制了组织成员的沟通。因此，为了促进组织的学习，适应新战略的要求，企业应该采用网络结构来改造现行的层级结构，让层级结构中的基层单位成为具有相当自主权的网络中的结点。同时，同一层次及不同层级结点之间又保持着广泛的联系。在这种经过网络化改造的组织中，层级支持着组织活动的有序性，而网络则促进着网络结点上各组织成员的个人学习，同时也有利于这些结点共享他们已经形成的知识。

此外，学习型的企业文化应该是多元的，应该在强调主导价值观和行为准则的同时，允许异质价值观和行为准则的存在，这对企业战略的实施是非常重要的。不同的企业战略需要不同的文化支持，一个企业的文化如果是多元的，当企业根据内外部环境的变化调整自己的战略时，就比较容易获得文化的支持。因此，企业在塑造学习型的企业文化时，应该容忍、允许，甚至鼓励多元价值观的存在。这是繁荣企业文化、构建企业的战略适应力、顺利实现企业战略的前提。

建立战略支持型的企业文化，即学习型文化，要求我们必须在企业组织内部建立基于战略支持型的战略实施组织，使企业自身的文化成为执行组织成员所共享的价值观念、组织信念和战略实施行为规范，使企业愿景成为执行组织成员不懈努力的动力。在执行力强的组织中，企业的经营哲学、企业家精神及企业的战略影响着员工的战略行为，同时也影响着战略实施过程中企业整体战略的适应能力。因此，在塑造学习型文化的同时，企业需要建立战略支持型的组织。

9.5　企业战略实施的模式

9.5.1　企业战略实施模式

战略实施模式是指企业管理人员在战略实施过程中所采用的手段。一般来说，在企业的战略经营实践中，战略实施有五种不同的模式，分别是指挥型模式、变革型模式、合作型模式、文化型模式和增长型模式。

1. 指挥型模式

在指挥型模式里，企业管理人员运用严密的逻辑分析方法重点考虑战略制定问题。高层管理人员自己制定战略，或者授权战略计划人员去决定企业所要采取的战略行动，一旦企业制定出满意的战略，高层管理人员便让下层管理人员去执行战略，而自己并不介入战略实施的问题。这种模式的运用有以下四个约束条件。

（1）企业高层，特别是总经理要有较高的权威，靠其权威通过发布各项指令来推动战略的实施。

（2）指挥型模式只能在战略比较容易实施的条件下运用。一般要求企业组织结构具有高度集权，企业环境稳定，能够收集大量信息，多元化程度较高，资源较为宽裕，且处于强有力的竞争地位。

（3）指挥型模式要求企业能够准确有效地收集信息，并且能够及时有效地汇总到企业高层管理者手中。

（4）指挥型模式要有较为客观的计划人员。在权力分散的企业中，各业务单位常常因为强调自身的利益而影响企业总体战略的实施。因此，企业需要配备一定数量的、有全局眼光的计划人员来协调跟进业务单位的计划，使其更加符合企业总体战略的要求。

指挥型模式的优点是在原有战略或常规战略变化的条件下，企业在实施战略时不需要有较大的变化，实施的结果也比较明显缺陷则是员工认为自己在战略制定上没有发言权，处于一种被动执行状态，因此，不利于调动企业员工的积极性。

2. 变革型模式

与指挥型模式相反，在变革型模式中，企业高层管理人员重点研究如何在企业内实施战略。为此，高层管理人员在其他各个方面的帮助下，进行一系列变革，如建立新的组织结构、新的信息系统、合并经营范围，以增加战略成功的机会。变革型模式实施的条件和路径是：

（1）建立新的组织机构和信息系统，同时需要变更人事；

（2）兼并或合并经营范围；

（3）建立战略规划系统、效益评价系统及激励机制。

变革型模式的优点是从企业行为角度出发考虑战略实施问题，可以实施较为困难的战略。但是，这种模式也有它的局限性，即只能应用于稳定行业中的小型企业。如果企业环境变化过快，企业来不及改变自己内部的状况，这种模式便发挥不出作用，同时，这种模式也是自上而下地实施战略，同样也不利于调动职工的积极性。

变革型管理模式在许多企业中比指挥型模式的应用更加有效，但这种模式并没有解决指挥型模式存在的一些不足。例如，如何获得准确的信息、各业务单位与个人利益对战略计划的影响，以及战略实施的动力问题。而且，在这种管理模式下，还会产生一些新的问题，即企业通过建立新的组织结构及控制系统来支持战略实施的同时，也会失去战略的灵活性，在外界环境变化时，战略的变化更为困难。从长远来看，在环境具有不确定性的企业中，应该避免使用变革型模式。

3. 合作型模式

在合作型模式里，负责制定战略的高层管理人员通过启发其他的管理人员，利用集体的智慧，去考虑战略制定与实施的问题。管理人员可以充分发表自己的意见，提出各种不同的方案。在此模式中，高层管理人员的角色是一个协调员，其主要任务是确保其他管理人员所提出的好想法都能够得到充分的讨论分析和调查研究。

合作型模式的优点是可以克服指挥型和变革型两个模式的不足之处。这是因为高层管理人员在作决策时，可以直接听取来自基层管理人员的意见，并将他们的意见加以讨论并综合分析，形成比较一致的意见，从而保证了在决策过程中所使用信息的准确性。在这个基础上，企业可以提高战略实施的有效性。在使用合作型模式时，总经理的任务是组织好一支合格并且能够胜任制定及实施战略的管理人员队伍。

合作型模式的缺点是，由于战略是不同观点、不同目的的参与者相互协商折中的产物，有可能会使战略的经济合理性有所降低。同时，仍然存在着制定者与执行者的区别，因此不能充分调动全体管理人员的智慧和积极性。

4. 文化型模式

文化型模式扩大了战略型合作的范围，将企业基层的职工也包括了进来。在这种模式里，负责战略制定与实施的高层管理人员首先提出自己对企业使命的看法，然后鼓励企业职工根据企业使命去设计自己的工作活动。

文化型模式的特点是企业总经理考虑的是如何动员全体员工都参与战略实施活动，即企业总经理运用企业文化的手段，不断向企业全体成员灌输战略思想，以建立共同的价值观和行为准则，使所有成员在共同的文化基础上参与战略的实施活动。因为这种模式打破了战略制定者与执行者的界限，力图使每一个员工都参与制定、实施企业战略，所以，企业各部分人员都在共同的战略目标下工作，使企业战略能迅速实施，而且风险小，从而使企业发展迅速。

文化型模式的优点是高层管理人员的任务就是指引总的方向，而在战略执行上则放手让每个人作出自己的决策，这是前三个模式所没有的特点。但是，这种模式也有它的局限性。它要求企业里的职工有较高的素质，受过较好的教育，否则很难使企业战略获得成功。同时，企业文化一旦形成自己的特色，又很难接受外界的新生事物。

5. 增长型模式

在增长型模式里，为了使企业获得更好的增长，企业高层管理人员鼓励中下层管理人员制定与实施自己的战略。这种模式与其他模式的区别之处在于它不是自上而下地灌输企业战略，而是自下而上地提出战略。这种战略集中了来自实践第一线的管理人员的经验与智慧，而高层管理人员只是在这些战略中作出自己的判断，并不将自己的意见强加在下级身上。这种模式比较适合大型的多种经营的企业。因为在这些企业里，高层管理人员要面对众多的部门，不可能真正了解每个部门所面临的战略问题和作业问题，不如放权给各部门，以保证成功地实施战略。

增长型模式的优点是给中层管理人员一定的自主权，鼓励他们制定有效的战略并使他们有机会按照自己的计划实施战略。同时，由于中下层管理人员和职工更直接面对战略，可以及时地把握时机，自行调解并顺利执行战略。因此，这种模式适合于变化较大的行业中的大型联合企业。

在20世纪60年代以前，企业界认为管理需要绝对的权威，在这种情况下，指挥型模式是必要的。钱德勒研究指出，为了有效地实施战略，需要调整企业组织结构，此时变革型模式应运而生。合作型、文化型及增长型三种模式出现较晚，但从这三种模式中可以看出，战略的实施充满了矛盾和问题，在战略实施过程中只有充分调动各种积极因素，才能保证完成既定的战略目标。五种战略实施模式各有优缺点，并且在制定和实施战略上的侧重点不同，指挥型和合作型更侧重于战略的制定，而把战略实施作为事后行为，而文化型以及增长型则更多地考虑战略实施问题。实际上，在企业中，上述五种模式往往是交叉或交错使用的。

值得注意的是，每种战略的实施所关注的内容是有所差别的，战略实施成功的条件也是千差万别的。同时，由于每个企业的实际情况也存在差异，所以企业应该根据具体的内外部环境，尤其是企业内部环境，结合自身的有利条件，选择采用哪种模式来实施企业的战略，这样才能更有效地保证企业战略的顺利实施，从而有利于企业完成预期目标。

9.5.2 战略实施模型的新发展

随着竞争环境和不确定性因素的日益加剧，企业在战略实施的过程中迫切需要根据多变的环境及时作出战略调整。然而，受到复杂竞争环境的影响，许多企业不能有效地实施既定战略。但是，为了能快速应对市场的变化，增强企业的竞争力，实现企业的可持续发展，企业必须有效地实施自己的既定战略。在这个过程中，将企业战略转化为实际结果的基石并不是最终的产品和市场，而是流程，企业的成功取决于组织的关键流程转换为为顾客提供较高价值的能力。

1. 流程再造的含义

迈克尔·哈默和詹姆斯·钱皮首次提出了业务流程再造的概念，并将其定义为：对企业业务流程进行根本性的再思考和彻底性的再设计，以取得企业在成本、质量、服务和速度等衡量企业绩效的关键指标上的显著性的进展。

企业流程再造刚刚兴起的时候，企业管理者和学者们普遍认为，流程再造是一种深层次变革，彻底从零开始重新构造是其核心观点之一。后来，部分学者对业务流程再造的思路进行反思，提出了不同于哈默和钱皮的业务流程再造的路径。其中，比较有代表性的有佩伯德和罗兰，他们认为业务流程再造有两种途径：一是激进的改革，即从零开始彻底抛弃原有流程，重新设计新流程；二是系统的改进，即在现有流程的基础上进行不断地改善。关于流程再造的两种途径企业界有不同的观点，如海尔集团内部对于选择哪种途径进行流程再造就存在很大的争议。

2. 流程再造对战略实施的作用

（1）通过流程再造建立与战略实施相匹配的组织结构，既是战略实施的内容，也是战略实施的保障。按照流程导向进行组织架构的设计和调整，可以促使组织架构的扁平化，减少管理层级，让流程在最大程度上运作顺畅，提高企业组织的效率。

（2）流程为我们提供了提高和管理企业绩效强有力的杠杆。对企业来说，内部流程是提高企业绩效最有力的驱动因素。因此，考核每个流程的绩效是衡量企业绩效的一个重要方面。企业运用基于流程的绩效考核方法考核每个流程的绩效，可以更直观地考核每个流程输出的结果，从而更好地对企业战略实施效果作出评价。

3. 基于流程再造的战略实施模式

流程再造可以使组织结构设计得更加合理，而组织结构又是战略实施的保障。同样，绩效考核机制是战略控制的手段，对战略实施起着反馈和调控作用。考虑到流程再造、组织结构、绩效考核机制与战略实施的关系，本书认为基于流程再造的战略实施模式有着非常重要的意义。在此简单介绍此模式①，如图 9-5 所示。

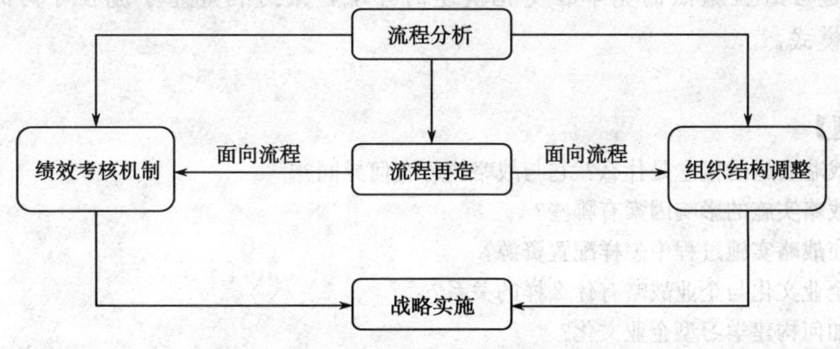

图 9-5　基于流程再造的战略实施模式

① 曾启玲．基于流程再造的战略实施研究．暨南大学硕士学位论文，2009 年。

流程再造的目标简单地说就是：推动组织战略的实现，提高组织绩效，满足顾客多样化的需求，适应日益激烈的竞争和变化快速的环境，最终构建基于流程导向的企业。

企业在运用流程再造模式时应该注意以下两点。

(1) 流程再造应该是以企业战略为前提和基础的，流程再造实际上是战略制定后指导企业如何达成战略目标的工具。

(2) 流程再造是持续的，并不是一次性方案。企业再造方案的实施并不意味着企业流程再造的终结。在社会发展日益加快的时代，企业总是不断面临新的挑战，这就需要企业再造方案不断进行改进，从而适应新形势的需要，进一步保持企业的持续竞争能力。

【本章精要】

本章节中主要介绍了影响战略实施的自身、外部和内部因素。所谓战略实施就是解决“由谁做”和“怎么做更好”的问题。外部因素是不可控的，因此，企业的主要工作就是分析内部因素。内部因素主要有企业资源的配置、组织机构及企业文化，只有这些因素与企业战略相匹配时，战略的实施才会更有效。这里所谓的资源配置主要指人力资源的配置及资金的合理配置。

企业文化是指企业员工普遍认同的价值观念和行为准则的总和。企业文化对战略实施主要有三项功能，即导向功能、激励功能和协调功能。

企业战略实施的五种基本模式，即指挥型模式、变革型模式、合作型模式、文化型模式和增长型模式。企业应该根据具体的内外部环境，选择采用哪种模式来实施企业的战略。

流程再造的目的是推动组织战略的实现，提高组织绩效，满足顾客多样化的需求，适应日益激烈的竞争和变化快速的环境，最终构建基于流程导向的企业战略实施模式。

【思考题】

1. 战略实施的概念是什么？它与战略执行有何异同？
2. 战略实施的影响因素有哪些？
3. 在战略实施过程中怎样配置资源？
4. 企业文化与企业战略有什么样的关系？
5. 如何构建学习型企业文化？
6. 战略实施的五种基本模式是怎样的？
7. 流程再造对战略实施有何作用？

【综合案例】

康佳的“驰名之路”①

康佳的前身是光明华侨电工厂，与港商合资之初，他们就有一个信念：要研发自己的产品，创造自己的品牌。引进资金、技术、设备和管理，是为了创造自己的品牌服务。1982年5月，当第一台收音机开发出来后，他们没用港方的品牌，而是注册了一个闪亮的新名字——康佳。如今，康佳集团依靠自己的品牌效应，已使自己原本不足百人的来料加工小厂，发展成为一家年收入达50亿元，综合产量303万台的大型骨干企业集团，被列入国家300家重点企业集团。康佳创建至今，奇迹般地创造了20多个全国第一，已为国家赚回了130个康佳。

为了更好地利用“康佳”的牌子创造效益，他们在努力使康佳成为消费者叫得响的名牌的同时，及时做好商标注册工作。目前，康佳国内核准的注册商标分8类共58个，从而全方位地保护了商标的使用权。他们还适时注册、使用康佳二级商标，在康佳总商标下，将彩电、音响、通信产品分别冠以“彩霸”、“劲力”、“好运通”等二级商标，以适应不同系列、不同品种的多元化产品结构。1995年，康佳集团向国家商标总局申报了马德里国际注册商标，注册领土延伸至22个国家。另外，还单独在英国、南非、泰国、越南、老挝5个国家注册，使得康佳商标保护范围扩展至世界各地。

康佳集团的总经理陈伟荣说：“企业想在商海中破浪远航，质量之船必须坚实，名牌之帆才能高。”公司将“忽视质量等于自杀和犯罪”、“制造质量不高的产品无异于抢劫”的醒目标语挂在员工打卡通道上，让全体员工每天上下班都目诵一遍，使质量意识深入人心，警钟长鸣。他们把产品质量、服务质量和人员素质紧密联系起来，创造了“全员、全企业、全过程、全系统、全天候”的“五全”质保体系，编写了特区企业第一本《质量管理手册》，使企业从设计、生产到服务等各项质量活动都处于受控状态。同时，他们把质量关口前移到配件企业的生产环节中去，以保证终端产品的高质量。

1992年底，康佳一次性通过了国家质量权威认证机构DNV和国际认证机构FCC的联合认证，成为全国首家获得ISO9001证书的电视生产企业。这不仅标志着我国彩电行业的质量管理上了一个新台阶，而且表明了康佳在与国际先进企业管理接轨上再次发挥了领头羊的作用。之后康佳集团在1994年实施了“循环质量整改”，1995年开展了“质量提高年”的活动，使公司的质量管理和产品质量年年上新台阶。由于不懈地坚持“质量第一”的原则，康佳产品先后获得美国

① 许晓明：企业战略管理教学案例精选，上海：复旦大学出版社，2003年。

UL、加拿大 CSA、德国 FTZ、英国 BS、澳大利亚 SAA 等标准认证，彩电免检进入国际市场，年均出口彩电约占全国总额的 1/5。在国内市场，康佳产品成为国货精品一族，连续 5 年被评为消费者最喜爱产品和中国消费者协会推荐产品。

与此同时，康佳集团决策层始终把搞好售后服务工作放到“参与市场第二竞争”的高度来认识，实施“顾客满意工程”、“康佳产品达四方，售后服务到府上”，这就是康佳集团向 1900 万用户做出的郑重承诺。康佳集团在总部建立了高效、有序的售后服务中心，对用户的来电、来访、来信、邮购服务、委托维修等业务全部是新计算机化管理。并建立了遍及全国的售后服务站和特约维修点，确保每个康佳用户都能及时地得到优质便捷的服务。

争创名牌需要强大的科技开发实力做后盾。1987 年年底，靠来料加工起家的康佳才得到国家批准，成为国内 57 个彩电定点生产厂商。

先天不足后天补。康佳人说，不怕起步晚，就怕起步低。他们自己提出目标：“领先国内，赶超世界!”

从 20 世纪 90 年代起，康佳每年以 20％的速度更新仪器、设备，在 20 多条生产线上，引进各种先进设备达 2000 多套，其中 SCI 工作站、电脑插排系统、国际全制式信号源系统、精密模具设计和加工中心等设备，都具有世界 20 世纪 90 年代先进水平。仅“八五”期间，康佳就投入技改资金 8513 万元，技术开发资金10 880万元。

把高技术的落脚点放在提高自主开发能力上，使得康佳牢牢掌握住了市场制高点，新产品更新换代始终保持国内最高水平。彩电近年流行“画中画”技术，国内有的企业投资上千万元引进，而康佳立足自主开发，只花了 500 万元，以价格优势顶住了“洋货”的强大冲击，赢得了市场。1996 年推出的 T2988P、T3488P 大屏幕彩电，都是首次完全由国内科技人员自行开发的大屏幕彩电，开国内之先河。近两年来，康佳新产品产值率达 85％以上，彩电国产化率达 95％，大屏幕彩电国产化率达 90％居国内领先地位。1994 年，康佳集团被国家经贸委授予“全国工业技术开发实力百强企业”的称号。

把依靠品牌上规模与依靠规模创品牌统一起来，运用股份化体制进行规模迅速扩张来提高市场竞争力，是康佳集团近几年探索的成功发展道路。

跨入 20 世纪 90 年代，康佳提出了运用股份化体制，进行多元化经营，走外向型国际化道路的发展战略。根据这一思路，康佳集团首期投资 1.2 亿元，独立兴建东莞康佳电子城，作为康佳的主要生产和出口基地，其生产能力是深圳总部的 3 倍。同时，以合资控股的方式，北上牡丹江，建立了牡丹江康佳实业有限公司；西进西安，建立了陕西康佳电子有限公司；东联滁州，建立了安徽康佳电子有限公司，均获得成功。构建了华南—华东—东北—西北“四面出击”的生产经营格局，为康佳集团的扩大再生产，形成规模效应奠定了坚实的基础。

康佳集团随着4个生产基地的建立成型，全国各地的经营机构也在不断地发展壮大。目前，康佳已在全国建立33个营销分公司，使康佳在全国的经营风格日趋强劲。1996年，康佳彩电的国内市场占有率从1995年的9%提高到了13%，列居全国同行业第2位。

为了开阔更广阔的市场，康佳集团正确处理市场与利润的关系，把占有市场放在第一位，主动出击，巧用价格杠杆，及时启动精品优价工程，不断推出适合城乡大众消费水平的物美价廉的产品。长期以来，康佳集团坚持树立良好的企业形象，形成了导入CI、热心公益、广告宣传三驾齐驱的态势。

康佳集团股份有限公司从十几年前一家仅有百来人的来料加工小厂，发展成中国最大的电视机生产企业之一，走出了一条民族工业振兴之路。最近“康佳”成为中华人民共和国国家工商行政管理总局认定的47个中国驰名商标之一。

有“品牌”意识只是必要条件，康佳人还实施了名牌战略。靠自主开发出来的产品，再靠“五保”体系保证高质量商品，最终依靠完整的服务体系把商品送到用户手里。

随着市场竞争的日趋激烈，国外产品紧逼家门，康佳人意识到要保持和提高自己品牌的知名度还是要靠实力、靠规模。他们把集团化发展与创名牌成功地结合在一起，取得了辉煌成就。

综合案例思考题：

1. 康佳集团是怎样一步步推进品牌战略实施的？
2. 康佳集团品牌战略实施成功的关键因素是什么？
3. 康佳集团战略实施的成功对中国其他企业的战略实施有什么启示？

第10章 企业战略控制

> 战略调整必须有坚实的管理基础，这是企业组织能力的核心，在联想体现为“搭班子、定战略、带队伍”三个方面。
>
> ——联想董事局主席　柳传志

【引导案例】

并购陷阱①

“我们目前的精力主要放在如何减亏和扭亏上”。2001年10月24日，北京通泰大厦17层，北京控股集团有限公司执行董事副总裁白金荣对旗下控股公司燕京啤酒的前景露出一脸急迫。

2001年，一向被北京控股集团有限公司引以为豪的“宝贵一族”燕京啤酒遭遇资本尴尬：虽最终净利润为1.9亿港元，但比2000年下降了23.4%。在白金荣看来，燕京啤酒2001年的业绩受损，与山东的三家企业有直接的联系。

2001年1月，燕京啤酒股份有限公司与山东曲阜三孔啤酒鉴定协议，投资12亿元控股52%，成立燕京啤酒曲阜三孔有限责任公司。这是燕京啤酒继2000年8月建立山东莱州啤酒有限公司和12月底建立燕京啤酒山东无名股份有限公司后，在山东建立的第三家啤酒厂。

燕京此举是为牵制青岛啤酒，但是燕京啤酒却为此付出了“两败俱伤”的代价。三孔和无名仅仅是个县级市，市场容量有限，但燕京啤酒却在这里大规模地

① 韦三水：山东并购遭遇巨亏，21世纪经济导报，2002年11月18日。

扩建，导致生产过剩。据不完全统计，燕京啤酒并购三孔和无名共投入 2.15 亿元，并承担了 5 亿元的债务。一位知情人士透露，燕京啤酒投资建设三孔的一个新车间就花费了 1 亿元的巨资。结果，2001 年三孔亏损 1500 万元，无名亏损 1600 万元，莱州亏损 1900 万元，总计 5000 万元。

白金荣透露，北京控股集团有限公司要求燕京啤酒今年至少减少亏损 3500 万元，其中三孔达到不亏，无名减亏 1000 万元，莱州减亏 1000 万元。

燕京啤酒 2002 年年中报告显示，燕京啤酒在山东的主营业务收入还未占到其主营业务收入的 10%以上，而且山东业界人士反映，燕京啤酒与青岛啤酒的价格战还在继续。这多少表明，燕京啤酒要想达到减亏 3500 万元的目标还有很长一段路要走。

本章学习目标：

- 了解企业战略控制的含义与特征；
- 理解企业战略控制的类型与原则；
- 掌握企业战略控制的过程与系统；
- 理解企业战略调整。

战略的基本假设是所选定的战略能实现公司的总体目标。然而，在战略的实施过程中，一方面企业缺乏必要的能力、认识和信息，从而造成结果和目标出现偏差；另一方面由于外部环境的不确定性和复杂性，造成战略的局部或整体已经不适合于企业。这时，一个完整的战略管理过程就必须具有战略控制，以保证完成的实际成果符合预先的目标要求。

10.1 企业战略控制概述

战略制定的有效性并不能保证战略的有效实施，也不能保证企业组织的高效运行。外部环境的变化，以及战略方案的局部或整体调整与内部条件的不符等各种不确定因素的存在，使得企业战略的实施面临众多问题。为了保证企业战略的有效实施，使企业在既定的战略轨道上顺利运行，企业必须进行战略控制。在企业战略的实际管理过程中，随着外部环境的变化，此时的企业战略何去何从？如何保证企业既定战略按照正确的轨道前行？这些问题都涉及战略控制的内容。

10.1.1 企业战略控制的内涵

控制的目的是使企业的行动和一般的经济活动转入正常的运行轨道。然而，战略控制不同于一般的经营控制，它不是具体地对战略执行情况进行检验，而是关注战略实施的有效性、战略前提制定的可靠性、战略方案修正的必要性、战略方案优化的可能性及战略方案调整的重要性等问题。而成功控制的一个关键部分是可行的企业战略的制定和实施。企业战略提供了方向、目的和期望的结果；而战略控制确保战略实施按照正确的轨道前行，以保证企业获得持续竞争优势。

战略控制中的基本矛盾是既定的战略与变化着的环境之间的矛盾。战略实施过程中难免会出现一系列问题，使得企业战略实施的结果并不一定与预定的战略目标和绩效标准相一致。战略控制主要受环境、战略自身及实施者等因素的影响，在战略控制的执行过程中不仅要处理不确定性因素，还要处理不可预知因素。在制定企业战略时，没有哪位分析家能精确地预测所有有关的因素将如何相互作用从而影响企业战略的制定。因此，任何战略都只有相对的适应性。也正因为这样，战略控制就显得尤为重要。

所谓战略控制是指在企业战略实施的过程中，将企业经营过程中反馈回来的结果同既定的战略目标和绩效标准进行比较，发现问题，分析问题产生的原因，纠正偏差，使企业战略实施更好地与企业当前所处的内外部环境及企业既定目标协调一致，最终使企业战略得以实现。它实际上是对企业经营范围、经营模式、组织结构、激励制度、重要人事调整和长期投资所进行的全局性、长期性的控制，是战略管理的最后一个步骤。企业战略控制模式如图 10-1 所示。

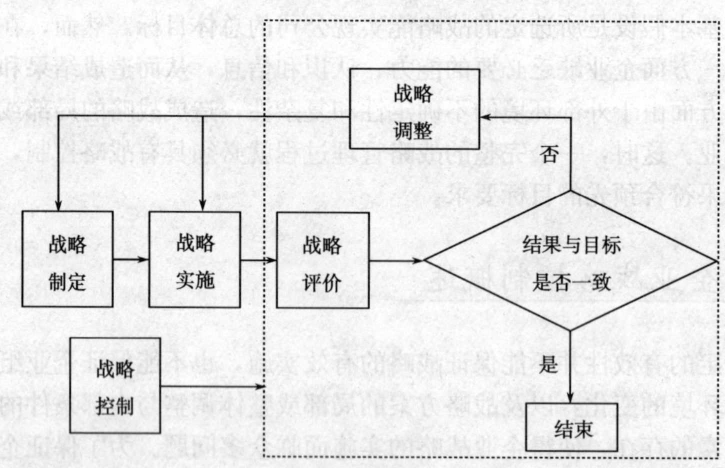

图 10-1 企业战略控制模式

10.1.2 企业战略控制的特征

企业战略控制的基本特征就是对企业战略控制的基本要求，主要体现在以下六个方面。

(1) 战略控制的开放性。由于企业的既定战略与外部环境是紧密联系的，战略控制必须考虑到企业外部环境对企业所造成的影响，并根据这些外部条件的变化来调整企业战略，以使企业能够适应新的环境变化，保证企业的健康发展。

(2) 战略控制的阶段性。战略控制的标准应该与其经营目标具有一致性，同时，战略控制必须分阶段进行。每一阶段的控制标准应该是这一阶段的经营实施目标，只有最后阶段的标准才是最终的战略目标。

(3) 战略控制的灵活性。战略控制在一定时间范围内有其相对稳定性，但在必要的时候需要对战略进行必要的调整和修正。尤其在某些外部环境发生变化的情况下，企业的原来战略可能丧失了其正确性和可行性。在这种情况下，企业战略就需要作出相应的改变来适应新的环境。

(4) 战略控制的多样性和不确定性。美国著名管理学家罗伯特·沃特曼认为战略具有不确定性。在他看来，战略是一个方向，其路途曲折多变，这时的战略也就具有多样性。同时，虽然战略应当是明确的、稳定的且具有权威性的，但在实施过程中由于环境变化，战略必须适时地调整和修正，因而也必须因时因地具体提出控制措施。这就是说战略控制具有多样性和不确定性。

(5) 战略控制的双重性。战略控制的双重性可以从两方面解释：一是在一定的范围内，允许实际情况与预期目标之间有一定的差异，从而需要对战略进行调整；二是由于外部环境的变化使得实际情况与预期目标之间的差别较大，即超过了一定的允许范围，这时就需要放弃原有的战略，重新制定新的战略。

(6) 战略控制的弹性与伸缩性。战略控制并非层层控制，级级控制，如果频繁干预已经制定的战略，可能会起到消极作用。因此，战略控制有时需严格，有时则应适度，具有相应的伸缩性。只要能够保持与战略目标的一致性，其伸缩性还是比较大的。因此，战略控制的要点在于保持战略方向的正确性，在稳定范围内，应尽可能地减少干预；在小范围内，尽可能地授权；对于低层次、小范围的问题不要在高层次、大范围上解决，这样会取得更佳的控制效果。

10.2　企业战略控制的类型与原则

10.2.1　战略控制的类型

企业战略控制的类型，从不同的角度有多种不同的分法。

1. 从战略控制的状态角度，可划分为避免型控制和开关型控制

(1) 避免型控制，即采用适当的手段，使不适当的行为没有产生的机会，从而达到不需要进行控制的目的。例如，通过自动化使工作的稳定性得以保持，按照企业的预期目标正确地工作；通过与外部组织共担风险减少控制；转移或放弃某项战略活动，以此来消除有关的控制活动。

(2) 开关型控制，又称为事中控制或行与不行的控制。其原理是：在战略实施过程中，按照既定的标准检查战略行动，确定行与不行，类似于开关的接通和停止。开关型控制的具体操作有多种形式：①直接领导。管理者对战略活动进行直接指挥和指导，发现错误及时纠正，使其行为符合既定标准。②自我调节。执行者通过非正式、平等的沟通，按照既定的标准自行调节自己的行为，以便和协作者配合默契。③共同愿景。组织成员对目标、战略宗旨的认识一致，在战略行动中表现出一定的方向性、使命感，从而达到殊途同归、和谐一致，并实现目标。开关型控制一般适用于实施过程标准化的战略实施控制，或者某些过程中标准化战略项目的实施控制。

2. 从战略控制的时间和进程角度，可划分为事前控制、事中控制和事后控制

(1) 事前控制，又称前馈控制、跟踪控制。其原理是：在战略实施过程中，对战略行动的结果趋势进行预测，并将预测值与既定的标准进行比较和评价，发现可能会出现的偏差，从而提前采取纠偏措施，使战略推进始终不偏离正确的轨道，保证企业战略目标的实现。

事前控制是在战略行动成果尚未实现之前，通过预测，发现战略行动的结果可能会偏离既定标准。因此，管理者必须对预测因素进行分析与研究，一般有三种类型的预测因素：①投入因素，即战略实施投入因素的种类、数量和质量，将影响产出的结果；②早期成果因素，即依据早期的结果，可预见未来的结果；③外部环境和内部条件的变化，对战略实施的制约因素。

事前控制能够对战略实施中的趋势进行预测，对其后续行动起调节作用，能防患于未然，因此是一种卓有成效的战略控制方法。

(2) 事中控制，又称过程控制。它指的是企业高层管理者要对企业经营过程中的关键过程予以控制，并随时纠正这一过程中所出现的偏差，从而引导企业朝着正确的方向发展，这种控制方式主要是对关键性的业务流程进行实时控制。事中控制具有监督和指导两项职能。监督是按照预定的标准检查正在进行的工作；指导是管理者针对工作中出现的偏差，根据制定的工作标准和自己的经验指导下属改进工作，管理者可以在发生重大损失之前及时纠正问题。

(3) 事后控制，又称为后馈控制。其原理是：在战略推进和转移过程中首先要对行动的结果与期望的标准进行衡量，然后根据偏差大小及其发生的原因，对行动过程采取校正措施，以使最终结果能符合既定的标准。事后控制方法在战略控制推进过程中控制监测的是结果，纠正的是资源分配和人的战略行动；根据行动的结果，总结经验教训来指导未来的行动，将战略推进保持在正确的轨道上。但是，事后控制往往由于纠偏不及时，而给企业带来一定的损失，其运用大都局限在企业经营环境比较稳定的条件下的战略实施控制。事后控制方法的具体操作形式有：①联系行为，即对员工的战略行动的评价与控制，直接同他们的工作行

为联系、挂钩。员工比较容易接受，并能明确战略行动的努力方向，使个人行为导向和企业经营战略导向接轨；同时，通过行动评价的反馈信息修正战略实施行动，使之更加符合战略的要求；通过行动评价，实行合理的分配，从而强化员工的战略意识。②目标导向，即让员工参与战略行动目标的制定和工作业绩的评价，既可看到个人行为对实现企业战略目标的作用和意义，从中得到肯定和鼓励，为战略推进增添动力，又可从工作业绩的评价中看到成绩的不足。

3. 从战略控制的组织体制角度，可划分为集权控制和分权控制

(1) 集权控制，也被称为直接控制，指的是高层管理者接触下级的层次多，亲自到下面甚至现场检查指导工作的次数多，几乎所有的事情都亲力亲为。

(2) 分权控制，也称间接控制，其特点是该层管理者对下级予以授权，只接触直接领导的下级，听取汇报的内容也比较粗略，一般不直接到基层指导工作。

4. 从战略控制的程序角度，可划分为结果控制和过程控制

(1) 结果控制，指的是对工作的结果进行控制，并以最终的结果作为考核评价的依据。

(2) 过程控制，其侧重点在于在工作的每一阶段，过程控制比结果控制更加详细、具体和深入，不仅要对工作的结果进行控制，而且还要对产生结果的全过程进行控制。

10.2.2 企业战略控制的原则

企业战略控制的原则是战略控制的基本要求，企业战略控制主要有以下六个方面的原则。

1. 确保目标原则

企业的战略目标是根据企业使命、战略理念和经营方针而规定的在一定期限内应达到的预期目的。战略目标由市场商品构成目标、组织构造目标、企业规模及设备投资目标、业绩目标四个方面构成。战略目标为企业在一定时期内达到一定水准的经营目标指引方向，在战略控制过程中，控制必须与企业的战略目标、总体目标相一致。公司的生产、财务、市场等战略控制必须以实现企业的长远目标为导向，提升企业的核心竞争力，使企业高效有序地运行。

2. 适度控制原则

战略控制的基本思想应该是在问题发生或变得严重以前，提醒管理者去注意现实问题或潜在问题。而就战略实施过程中的控制而言，是将实际的战略执行情况与预先确定的目标和绩效标准相比较，发现相互之间的差距，并及时采取相应措施来纠正这种偏差，适度的控制有利于战略实施，而过度的控制则会对战略实施产生不利的影响。

过度的控制被称为“控制陷阱”，在许多情况下，管理人员越是试图获得并

实施对组织中其他人的行为控制，结果越事与愿违，往往还会反过来削弱他们的控制能力。适时控制既有利于战略实施的有效性，又有利于组织的高效运行。

3. 渐进性原则

真正的战略是在公司内部的一系列决策和一系列外部事件中逐步得到发展和控制的，是在高层领导班子中的主要成员对行动有了新的共同看法和观念时逐步形成的。在管理规范的企业中，管理人员会积极有效地把这一系列行动和实践逐步概括成思想中的战略目标。另外，由于外部环境的不确定性，常有某些事件会影响企业未来战略的决策，一旦外部发生突发事件，公司也就没有足够时间和能力来进行正规的战略分析。基于上述情况，为了改善战略控制过程，高层管理人员应谨慎地、有意识地以渐进的方法加以处理，以便尽可能推迟作出战略决策，使其与新出现的必要信息相吻合。因此，在战略控制过程中，要按照渐进的原则来逐步实施控制确保战略控制的成功实施。

4. 互动性原则

企业面临的外部环境的不确定性和企业与环境的相互依赖性，决定了企业必须与外界信息来源进行高度适应性的相互交流。对企业战略而言，首要条件是要确定明确的目标，以便确定主要的行动范围，然后要使外界公众对企业形成积极评价。要达到此目标就需要公司积极地、源源不断地投入各种资源，与外界形成互动，确保各种信息收集、分析，为企业进行战略控制提供各种有利的信息。

5. 系统性原则

有效的战略一般是各个子系统有机结合产生的。子系统主要是指为实现某一重要的战略目标而相互作用的一系列活动和决策。每一子系统均有自己的限制因素，但这些子系统往往在某些方面同其他子系统相互依赖。子系统各自有组织地针对全公司的某个具体问题（如技术革新、产品的多元化经营、与外界公众的公共关系、国际化战略之路等）作出科学、具体的战略决策，且逻辑形式十分完善，这是企业总体战略有效实施的保证。然而，每个战略子系统在时间等要素上往往很少能同时满足其他子系统的需要，因此，必须采取有目的、有效果的管理技巧把各个子系统整合起来，产生协同作用。

6. 层次性原则

战略控制系统中有三个基本控制层次，即战略控制、战术控制与作业控制。战略控制以企业高层领导为主体，涉及企业同外部环境关系的基本战略方向的控制，从企业总体考虑，着重于长期（一般是一年以上）业绩；战术控制指企业的主要下属单位，包括战略经营单位和职能部门两个层次，主要处理战略规划实施过程中的局部、短期性问题，着重于短期（一般指近期）业绩；作业控制则是对具体负责作业的工作人员的近期活动进行控制，由各级主管人员进行控制，如日常的产品质量控制。这三个不同层面有四个基本的区别。

(1) 执行的主体不同，战略控制主要是由高层管理者进行控制，而战术控制和作业控制则由优秀中层管理者进行。

(2) 战略控制具有开放性，战术控制和作业控制具有封闭性。战略控制既要考虑外部环境因素，又要考虑企业内部因素，而作业控制主要考虑企业内部因素。

(3) 战略控制的目标比较定性、不确定、不具体，而战术和战略控制的目标比较定量、确定、具体。

(4) 控制目的不同，战略控制主要解决企业的效能问题，战术控制及作业控制主要解决效率问题。

10.3　企业战略控制的过程

企业战略控制的对象一般都是人员、财务、作业、信息及组织的总体绩效，无论哪种控制对象，其所采用的控制系统和控制技术实质上是相同的。企业战略控制过程有四项基本的要素：一是确定评价标准；二是衡量工作绩效；三是反馈；四是采取纠正措施。战略控制过程的四个基本要素相辅相成，缺一不可，对于保证有效的战略控制是必不可少的。企业战略控制过程如图 10-2 所示。

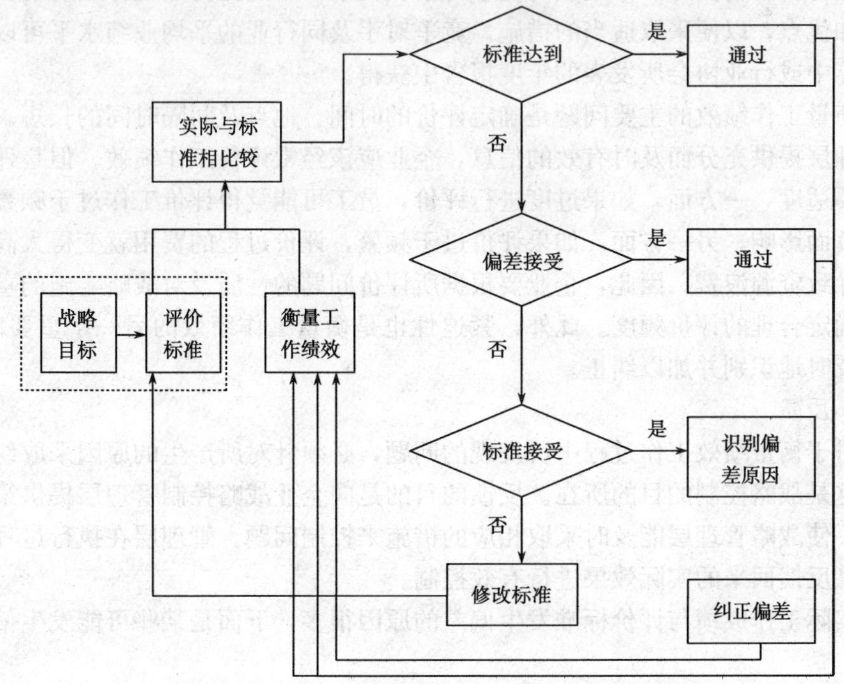

图 10-2　企业战略控制过程图

1. 确定评价标准

评价标准是企业工作的规范，它用来确定战略措施或计划是否达到预先制定的战略目标。评价标准必须从计划中产生，计划必须先于控制。换言之，计划是管理者设计控制工作和进行控制工作的准绳，所以，控制工作的第一步是制定计划；同时，因为计划的详细程度和复杂程度各不相同，而管理人员不可能事事过问，所以就要制定战略评价标准。所谓标准就是衡量实际工作绩效的尺度。

然而，因为不同的企业和不同部门的特殊性，以及有待衡量的产品与服务种类的不同，所以控制的衡量标准不是唯一的。但标准大致可分为实物标准、成本标准、资本标准、收益标准、计划标准、无形标准等，然而不论采取何种类型的标准，都需要按照控制对象的特点来决定。

2. 衡量工作绩效

衡量工作绩效是指将实际的工作成绩（即控制系统的输出）与事先确定的评价标准相比较，找出实际活动成绩与评价标准的差距及差距产生的原因。衡量工作绩效是为了发现战略实施过程中存在的问题及发生这些问题的原因，在接下来的过程中也能够控制此类问题的发生。

在评价工作绩效时，企业不仅将实际工作绩效与评价标准或目标相比较，而且也应将自己的实际工作成绩与竞争对手相比较，目的是为了更好地发现自身的缺点和优点，以便采取适当的措施。竞争对手及同行业的平均业绩水平可以从统计年鉴中或行业协会所发表的年度报告中获得。

衡量工作绩效的主要问题是确定评价的时间、地点及间隔时间的长短。为了为管理层提供充分而及时有效的信息，企业应该经常评价工作绩效。但是评价工作也要适度，一方面，如果过度进行评价，员工可能觉得评价工作过于频繁，会产生负面影响；另一方面，如果评价过于频繁，评价过程的费用就变得太高，从而会导致资源浪费。因此，企业要根据所评价问题的性质及对战略实施的重要程度，确定合理的评价频度。此外，紧迫性也是衡量工作绩效的另一个重要问题，必须及时地识别并加以纠正。

3. 反馈

对于衡量绩效工作过程中所发现的问题，必须针对所产生的原因采取纠正措施，这是战略控制的目的所在。反馈的目的是向企业战略控制管理层提供第一手信息，使战略管理层能及时采取相应的措施来控制问题。管理层在执行过程中通过信息反馈回来的实际效果进行有效控制。

实际工作成绩与评价标准发生偏差的原因很多，下面是某些可能发生偏差的原因。

（1）战略目标不合适；

（2）为实现既定的战略目标选择的战略错误；

(3) 战略与组织结构不匹配；

(4) 战略实施人员或管理层不负责任导致战略实施失败；

(5) 缺乏必要的激励措施；

(6) 环境的不确定性；

(7) 信息通道不顺畅导致决策失误。

上述原因表明，战略控制过程的输出结果影响着战略过程的其他阶段。例如，某一汽车销售单位某月的销售利润低于预期水平，则需要重新检查该销售单位的战略目标制定及实施过程：如果是销售人员或主管人员玩忽职守，在此种情况下必须撤销这些人员；如果是战略目标制定得不合适，则应及时修正战略目标。这样，整个企业的战略管理过程实际上是一个反馈系统，必须根据外部环境及时进行调整，采取纠正措施。

4. 采取纠正措施

控制的最后一个步骤就是根据衡量和分析的工作绩效问题采取适当的措施。管理者应该在维持原状、纠正偏差、修订标准的方案中选择一个。当衡量的工作绩效比较满意时，可以选择第一种方案；如果衡量的工作绩效与事先确定的战略目标存在很大差距，这时就要分析偏差产生的原因，有可能是人员的不负责任或技术条件的落后造成的，对不同的情况采取不同的更正行动。本章重点介绍后两种方案。

(1) 纠正偏差。如果偏差是由于某些可控因素导致的绩效不足产生的，这时管理者就应该采取纠正措施。具体方式有管理策略的调整、战略目标的调整、及时采取扑救措施、进行人事调整等；

(2) 修订标准。工作中的偏差也可能是由于制定的标准不合理，导致员工无法完成预定的任务，这时应进行标准调整而不是绩效的调整。

控制过程可以看做整个管理系统的一个组成部分，并且和其他管理职能紧密相连。控制活动和其他管理职能交错重叠，说明了在管理者的职务中，各项工作是统一的，管理过程是一个完整的系统。

10.4　企业战略控制系统

企业战略控制系统以企业高层领导为主体，关注的是与外部环境有关的因素和企业内部的绩效。下面主要介绍传统战略控制系统和复杂环境中的战略控制系统，并对两者进行比较。

1. 传统战略控制系统

战略控制是指企业在战略执行过程中将所产生的实际效果与预定的战略目标和评价标准进行比较，评价工作成绩，发现偏差，采取措施以达到预期战略目标的过程。传统战略控制的特征是根据预先确定的控制标准，对实际的工作结果进行比较、分析和评价，然后采取行动纠偏或修订不适当的标准。传统战略控制活动过程是由“制定战略控制标准、评价工作成绩、信息反馈”三个基本要素构成的。传统战略控制系统如图 10-3 所示。

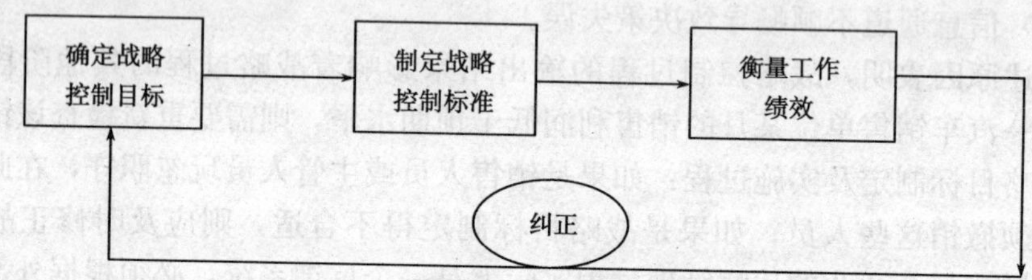

图 10-3 传统企业战略控制系统①

传统战略控制系统存在明显的缺陷：第一，它假定指定的战略目标是正确的。但事实上，许多企业开始制定战略时，可能由于一些失误导致战略决策错误。这时战略实施和控制越有效，企业偏离正确方向的程度会越来越高，付出的代价也会越来越高。即使初期的战略目标是正确的，但也有可能后期由于环境的变化造成其正确性丧失。第二，需要测量结果，并将实际执行结果与事先制定的战略目标进行比较，然后找出并控制偏差。这一做法对短时间的操作性任务或质量控制是适应的，但战略管理过程往往时间比较长，因此，有时需要很长时间才能提供可供评价的结果，这样就很难对战略目标进行及时评价和及时纠偏。

总之，传统战略控制主要采用反馈手段进行事后控制，这一控制方式不再适合于迅速变化的、不确定性日益增加的复杂环境，因此需要采用反馈与前馈相结合的方法进行战略控制。为了克服传统战略控制的缺陷，战略控制应从源头抓起。在环境预测的基础上，重点控制战略制定的前提条件；通过评价企业所处的内外部环境因素的变化，来调整原有的企业战略和制定新的企业战略，从而保证企业平稳健康的发展。

2. 复杂环境中的企业战略控制系统

传统战略控制的基点是企业所处的环境相对稳定，强调的是企业战略与环境的适应性，且多属事后控制。但是外部环境并不是客观、独立的，而是主要参与者相互作用交织而形成的综合复杂体系。随着经济全球化的迅速发展、政府解除管制等因素的影响，企业所处的环境越来越复杂，而且越来越难预测，必须加强对战略控制的前瞻性。因此，构造面向复杂环境的战略控制系统迫在眉睫。

但目前理论界尚未对此问题形成系统的研究成果，现在的战略控制不确定性

① 王玉，王琴：企业战略——谋取长期竞争优势，上海：复旦大学出版社，2005 年。

研究大多限于特征分析，指出这些特征可以用什么方法来解决。例如，可以借鉴分叉理论、吸引子理论、分形原理、奇异性理论的观点，结合已有的战略研究成果，建立适合复杂系统的战略控制研究框架等，但是，这些研究目前尚未涉及人事层面，实际指导意义并不大。

这里借鉴西蒙斯的管理控制杠杆系统的分析框架，来构造在复杂环境中的战略控制系统。其主要思想是通过管理控制杠杆调整与改善组织战略，实现管理目标。西蒙斯管理控制杠杆系统的分析框架有四种管理控制杠杆：信念控制杠杆、边界控制杠杆、诊断控制杠杆和交互控制杠杆。每一种杠杆都有能力调整或改变企业的战略，由此产生了四种管理控制系统，即信念控制系统、边界控制系统、诊断控制系统和交互控制系统。这四大系统与复杂环境下战略控制模型的对应关系为：信念控制对应企业文化控制；边界控制对应前提控制；诊断控制对应执行控制；交互控制对应战略监控，如图 10-4 所示。

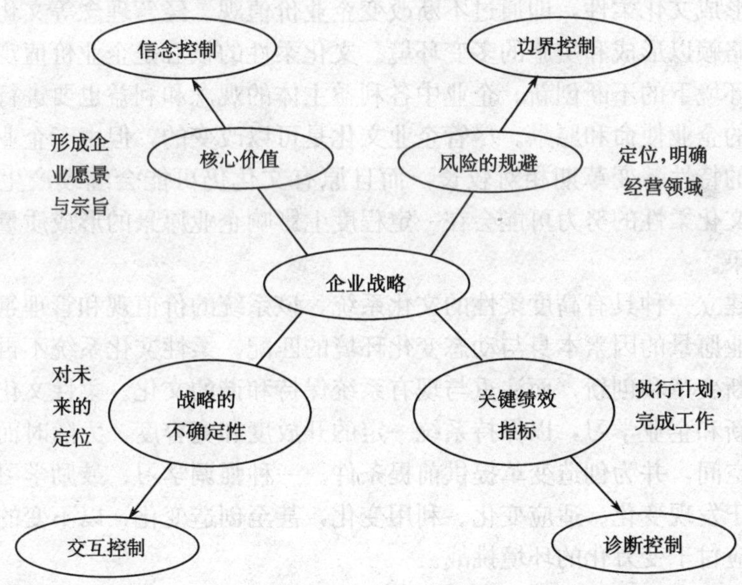

图 10-4 复杂环境下企业战略控制系统图①

1）信念控制系统

信念控制系统是管理者以任务宣言及政策方式表达的愿景和宗旨等，激励员工不断寻找和创造机遇，以实现企业的目标。

信念系统源于组织成员固有的愿望，是员工必须共同遵守的一系列核心价值

① 罗伯特·S. 开普兰，大卫·P. 诺顿：战略中心型组织，周大勇等译，北京：人民邮电出版社，2004 年。

观。核心价值是对基本原则、目标和指导的明确定义。核心价值明确规定了管理人员如何在短期行为表现和长期责任之间进行取舍，也给普通员工提供了规范，以确保员工行动的准确性。因为员工可以通过信念控制系统理解企业的目标及为实现目标所作出贡献的方式，所以，信念控制系统是一种能激励员工创造新机会，寻求创造价值的新方法。

构建信念控制系统的核心是企业文化建设，企业文化的核心部分是企业员工在长期合作过程中所形成的共有价值观、道德风尚与行为准则，其中价值观是人们对事物的深层次认识，是形成企业文化的基石。

任何战略的制定和执行过程都是在一定的企业文化环境和氛围中进行的，企业文化系统会在一定程度上影响到企业愿景和宗旨的形成，进而影响到企业战略的制定质量乃至战略实施效果。在复杂多变的环境中，为解决企业文化与环境的适应性问题，可以选择两种不同的方案。

一是形成文化柔性，即通过不断改变企业价值观、经营理念等文化因素，适应企业战略赖以形成和实施的多变环境。文化柔性的核心是企业价值观及经营理念在动态环境下的不断创新。企业中各利益主体的观念和利益也要进行调整，以形成相应的企业使命和愿景。尽管企业文化是可以改变的，但由于企业文化具有根深蒂固的特性，变革期相对较长，而且原有文化仍可能会继续产生影响，所以，构建文化柔性的努力可能会在一定程度上影响企业愿景的形成质量乃至战略实施的效果。

二是建立一种具有高度柔性的文化系统，该系统的价值观和管理氛围等有利于形成企业愿景的因素本身与动态变化环境的匹配。柔性文化系统不再刻意强求文化的不断变革和创新，而注重与现有系统保持和谐的文化。柔性文化强调和鼓励个体创新和企业学习，以保持系统一定的开放度和宽容度，为随时而至的变革准备应变空间，并为创造变革提供前提条件。一种强调学习、鼓励学习的企业文化，有利于发现变化、适应变化、利用变化，甚至创造变化，以不变的学习和适应能力来应付千变万化的环境挑战。

2）边界控制系统

边界系统阐明了公司所要避免的特殊风险。边界控制是保证企业中所有人员都要明确哪些是不能做的事，哪些是有助于企业战略目标实现的正确的事。边界控制系统的主要目的是进行战略定位，确保战略的实现处于既定环境和企业可接受的风险水平之内，避免寻找创新机会的行为和试验耗费企业过大的资源。边界控制就像是企业的刹车，发展速度越快的企业，越需要有最好的控制。

边界控制系统由两个部分组成。一是企业的战略边界。有效的战略边界就是通过目标市场定位阐明和宣传企业的战略选择的，随着企业的发展壮大，这种宣传和沟通也必须逐渐的正规化，包括消费者类型、竞争地位、财务状况、技术要求等，这些条件是保证企业战略决策正确性的前提条件，应由高层管理者定期进行检验。二是企业的行为边界，包括法律、行业或专业委员会行为规范、企业行为规范等，规定了所有员工必须执行的行为准则，这里不存在例外政策，有利于建立企业良好的信誉。在中国，90％的大中型企业都有自己正式的公司行为准则，这些准则就是为了防止员工做出一些损坏公司利益和违法的行为。

设计边界系统可以找出能够被规避的风险并减少可能使企业风险大到不可控制水平的行为，有效的边界能够保证战略前提的正确性，有利于规避战略决策风险。

根据对边界控制系统的认识，有效的边界控制主要来源于两个方面。

一是要重视环境扫描。环境扫描是指获取关于事件、趋势，以及企业与环境关系的信息，确认那些将引发重新思考战略的环境趋势、问题、事件或信号，这些信息将有助于高层管理者识别、理解战略性的威胁与机会。环境扫描的重要性产生于所涉及的战略决策的重要性，由环境扫描所获取的信息对战略和长期计划决策有重要作用。频率和范围是环境扫描的两个重要属性。扫描频率是指在一定时间内企业进行环境分析活动的次数；扫描范围表示受企业跟踪的不同环境因素的数目。在复杂多变的环境下，对环境的大范围、频繁扫描能为企业提供最新的信息，使企业能检验信息的准确性，更快地识别出有利的机会以适应不断变化的环境条件，同时还能使企业及时了解威胁其生存的环境事件与变化趋势。但随着扫描频率和范围的增大，尽管所获取信息的准确性有所提高，但所需付出的成本也增加了。只要扫描频率和范围超过一定幅度，所产生的成本将超过信息准确性带来的价值。因此，环境扫描的频率和范围并非越大越好，必须在成本与信息准确性之间进行适当的权衡。

二是要加强内部管理制度建设，如基础管理工作规范、操作流程等，以确定企业的行为边界。

3）诊断控制系统

诊断控制系统是用于监督结果、纠正偏差的控制系统，是将预期战略转变为已实现战略的重要管理工具，侧重于经营目标和企业内个人目标的实现。诊断控制系统的工作如同飞行驾驶室的仪表刻度盘，飞行员通过它观察不正常迹象，及时操作以保证飞机不偏离正确航线。企业经营中的诊断控制系统帮助管理者追踪各部门和员工的行为是否偏离预定轨迹，从而监控企业目标的实现。

诊断控制系统的实质是传统战略控制系统的原型，因而要求具备以下条件：①预先确定目标；②评估产出；③分析偏差；④纠偏及调整有关输入或过程参数，使业绩回到预先设定的目标和标准。

为了有效操作诊断控制系统，管理者首先应设定业绩指标，特别是影响企业战略的关键业绩指标，作为企业资源和员工精力的投入方向，这是诊断控制系统的基础。其次确定业绩评价标准，保证业绩评价标准能够正确反映战略目标和优先领域，保证与企业战略的“对接”。再次设计激励机制，将员工的最终业绩和奖惩联系在一起，使员工关注战略实施。最后关注和跟踪重大例外事件。如果业绩评价系统和激励系统的设计恰当，并得到严格执行，管理者只需快速扫描大量的例行报告，重点关注重大例外事件及发展态势，就能迅速采取行动，使事态尽快回归正常。

4）交互控制系统

交互控制系统是一种战略反馈系统，重视未来和变化。交互控制系统追踪的是企业战略的不确定性，使高层管理者保持高度清醒的头脑；同时还注重收集与战略不确定性相关的、持续变化的信息，使高层管理者不断考虑潜在战略的制定和调整。随着控制环境的迅速变化会出现新的机会和威胁，为管理者制定新战略或进行战略调整提供依据。因此，交互控制系统不仅仅是战略执行的控制，也是调整战略的控制。

交互控制系统具有三方面的特征：一是要求企业中各层次管理人员重点控制关键指标；二是要通过上下级及同事间面对面的讨论来理解控制过程所涉及的数据；三是要不断挑战和争论相关的基本数据、假设和行动方案。因此，交互控制系统实质上是一种团队学习与对话机制，它将高级管理层对诸如竞争对手的活动、新技术及其他潜在威胁和机会等战略不确定性的压力分解到企业的基层，通过经常性的对话与沟通，将学习与信息流从基层反馈到高层，从而将自上而下与自下而上的战略管理过程结合在一起，一定程度上克服了传统战略控制模式中存在的控制僵化问题及平衡计分卡中因果关系控制滞后性问题。

有效的交互控制可以借助于战略审视加以实现。任何一个企业都处在复杂的环境中，其战略决策不可避免地受到环境的制约。当企业所处的战略环境发生变化时，可能会导致战略决策本身的错误和不合理，所以企业应根据前期战略实施的结果，结合环境的变化，进行战略审视，评估战略失效的可能性，及时采取适当的应对措施。战略审视常采用因素评价法，即列出企业内外部环境评价表，将企业内外部环境因素的变化与战略制定时的环境因素进行比较，必要时适当调整战略或者制定新的战略。

信念控制系统源于企业的核心价值观，而价值观是形成企业文化的基石，企业文化会在一定程度上影响企业愿景和宗旨的形成，进而影响企业战略的制定质量（边界控制系统）乃至战略实施效果（诊断控制系统）。企业文化的变化还可能会影响企业战略的不确定性。交互控制系统注重收集与战略不确定性相关的、持续变化的信息，为管理者制定新战略或进行战略调整提供基础资料和依据。交互控制系统不仅仅是对战略执行的控制，也是对战略调整的控制。这不仅会影响企业战略的制定和实施，甚至还会影响企业价值观的变化。

总之，随着企业战略地位的提高及外部环境不确定性的增加，战略控制将成为新型管理控制的导向，研究复杂性环境中的战略控制将更具有实践意义。四个系统之间相互依存、相互影响，在战略控制的过程中，只有同时运用、互为补充，才能发挥出最佳效果。

10.5　企业战略调整

10.5.1　企业战略调整的影响因素及其路径依赖特征

任何事物的产生、发展和灭亡都有其决定因素。然而，外部环境的复杂性和动态性、企业的内在成长需求和企业的文化等因素要求企业战略必须适时进行调整。企业在复杂和动态的环境中寻求成长的过程中会遇到许多未知因素的影响，这时只有深刻地了解战略调整的决定因素并选择合适的方法和措施，才能保证战略调整的成功。

战略调整是一种特殊的决策，是对企业过去决策的追踪。这种追踪决策受到企业核心能力、企业家的行为及企业文化等因素的影响；企业经营过程是某种核心能力的形成和利用过程，企业核心能力的拥有及其利用不仅决定着企业活动的效率，而且首先决定着企业的战略调整方向与线路的选择；决策的本质特征决定了战略调整也是在一系列的备选方案中进行选择的，这种选择在一定意义上说是经营者行为选择的直接映照，企业文化则对上述选择过程及选择确定后的实施过程中人的行为产生着重要的影响。而这些影响企业战略调整的决定性因素又明显地表现出路径依赖特征，这种特征的存在会导致该体制沿着既定的方向不断地自我强化。一般来说，影响企业战略调整的决定性因素及其路径依赖特征可以分为以下三个方面。

1. 企业的核心能力

改变或调整企业的经营领域或方向，首先需要分析企业已经形成的核心能力及其利用情况。在市场经济条件下，同一种产品的生产与销售通常是由多家企业完成的，企业面对的是竞争性的市场。在竞争市场上，企业为了及时实现自己的产品销售并不断扩大自己的市场份额，必须形成并充分利用某种或某些竞争优势。是什么因素决定了企业能够形成某种竞争优势？普拉·哈拉德和哈梅尔认为是企业的核心竞争能力。核心竞争能力是企业“在一系列产品或服务中必须依赖的那些能力”。这种能力不局限于个别产品，而是对一系列产品或服务的竞争优势都有促进作用。核心能力的生命力要比任何产品或服务都长。由于核心竞争力可以增强一系列产品或服务的竞争优势，所以能否建立比竞争对手领先的核心竞争能力会对企业的长期发展产生根本性的影响。核心能力的刚性与这种能力的改变或调整的难度有关。不论企业具体的核心能力是什么，其载体无非包括企业的人力资本和作为非人力资本的企业无形资产和企业有形资产。企业非人力资本的刚性特征是非常明显的。作为有形资产的机器设备总是有一定专用性的，企业投资形成的、物化为一定机器设备的生产能力，总是和特定产品的生产制造联系在一起的，经营或市场服务方向的调整可能意味着这些有形资产的完全放弃；表现为品牌、商誉的无形资产也总是和一定的产品，至少是特定领域的产品相联系的。SONY 使人想起电器，CocaCola 使人想起饮料，而 Compaq 则更多地使人想起计算机。CocaCola 去开发计算机，或 SONY 去生产饮料，消费者可能会很难适应的。实际上，不仅非人力资本，人力资本也表现出类似的特征，即某个领域的长期经营实践使得企业经营管理人员、技术人员及生产作业人员形成了与特定领域相关的知识与技能。这种知识与技能的专门性也决定了企业经营领域、方向或线路调整的困难。产业经济研究的理论告诉我们，人力资本和非人力资本的专门性决定了企业在特定领域的退出障碍。实际上，这种障碍反映的正是我们所说的企业核心能力的刚性特征。

企业战略调整的路径依赖特征与企业核心能力的刚性成正比。企业核心能力的刚性愈强，战略调整受其过去选择的影响程度愈高；反之，战略调整受企业过去选择的影响程度愈低。

2. 企业家的行为倾向

企业是在企业家的领导下从事某种生产经营活动的，企业家的行为选择对企业的绩效和发展起着至关重要的作用。这种作用主要体现在两个方面。

首先，企业家的行为选择直接制约着企业的行为选择。企业行为选择不仅是企业家行为选择的直接映照，甚至是企业家行为选择的直接结果，从而直接决定着企业未来的行动是否有意义。从某种意义上说，企业经营领域与方向的选择或调整主要是企业家的事。企业家行为对企业经营绩效及战略调整的影响还可以从企业家行为特点对企业行为选择影响的角度来进行分析。这种影响也主要表现在两个方面：其一，企业家行为的长期化或短期化特征的影响；其二，企业家的价值观念导致的行为偏好的影响。企业家行为长期化或短期化的特点会影响企业是强调现有生产经营能力的利用，还是偏重未来经营能力的再造或创造，从而影响企业的持续发展；企业家的价值观念和行为偏好不仅会影响企业对不同经营领域或方向的评价与选择，还会影响企业在既定方向下技术路径与水平，以及职能活动重点的选择，这不仅影响企业对市场环境的适应，而且影响企业在适应过程中的活动效率。

其次，由于企业家行为具有路径依赖特征，所以企业家行为受过去经验的制约，企业行为选择是企业家行为选择的直接结果。企业战略调整是企业家为企业所确定的。企业战略调整须以变化后的外部环境特征及企业内部可调动的经营资源为依据。但影响企业经营的，从来都不是客观的环境或资源，而是人们所认识到的环境和资源。企业家正是根据他们对环境特征及其变化的认识，根据他们对企业拥有的经营资源的质和量的认识来制定和比较不同决策方案的。企业家的职能背景和经验背景在企业战略调整决策的制定与选择中起着非常重要的作用。

作为人的集合体的企业，其过去的战略总会以不同的形式影响着今天的战略调整或明天的战略选择。这种影响可以从两个层面去分析。首先，企业战略调整可能是通过原先决策实施过程中的微调来实现的。这些微调经常是处理一些突发事件所引起的。解决突发事件通常对时间要求是非常高的，决策的时间要求越是紧迫，决策时人们根据直觉进行判断和选择的成分越大。企业家的直觉在很大程度上受到其职能背景和经验背景的影响。其次，即便企业有足够的时间去分析和制定战略调整的决策，被职能背景和过去经验所影响的企业家的价值判断在调整方案的制定和选择中也会产生非常重要的作用。不同方案可以从不同角度去评价，这些方案在不同目标的实现过程中有着不同的贡献。因此，企业家的价值偏好影响着他们对不同方案的评价和选择。

3. 企业文化

企业文化是企业员工普遍认同的价值观念和行为准则的总和，这些观念和准则的特点透过企业及其员工的日常行为表现出来。

文化对企业经营业绩及战略发展的影响主要体现在它的三个基本功能上：导向功能、协调功能和激励功能。文化的导向功能是指共同接受的价值观念引导着企业员工，特别是企业的战略管理者自觉地选择符合企业长期利益的决策，并在决策的组织实施过程中自觉地表现出符合企业利益的日常行为；文化的协调功能主要指在相同的价值观和行为准则的引导下，企业各层次和部门的员工选择的行为不仅是符合企业的长期和短期利益的，而且必然是相互协调的；文化的激励功能主要指员工在日常经营活动中自觉地根据企业文化所倡导的价值观念和行为准则的要求调整自己的行为。企业文化的这些功能影响着企业员工，特别是影响着企业高层管理者的行为选择，从而影响着企业战略调整方向的选择及其组织实施。从这个意义上说，文化是企业战略管理最为经济的有效手段。正如前面所提到的，企业文化经常被定义为“企业成员广泛接受的价值观念，以及由这种价值观念所决定的行为准则和行为方式”，这种价值观和行为准则可能未被明确宣布，但它们通常隐含于企业成员作为其行为前提的思维模式的假设中，已经被企业成员无意识地普遍认可。由于企业文化组织记忆特征的存在，企业成员的行为会自觉地，甚至会不自觉地受到这些价值观和行为准则的影响。

20 世纪 70 年代末，在对日美企业经营方式及美国不同企业经营方式比较研究的基础上，美国的一些学者得出了“凡成功的企业都有一个强有力的企业文化起支持作用”的结论，但这些成功的企业文化都不是企业刻意追求的结果，而是企业经营者甚至是几代经营者在企业实践中通过自己的领导风格与行为方式对企业员工的行为产生了潜移默化的影响，从而促成了一种被企业员工广泛认同的价值观念和行为准则。

企业家在企业文化形成过程中的这种作用，使得企业文化基本上反映了企业组织的记忆。文化是一个历史的概念，是在企业经营的过程中经过岁月流逝逐渐积累而成的。在历史上形成的企业文化，是在企业经营过程中被实践证明的一种成功的行为方式，以及这种行为方式所体现的行为准则和价值观念。因此，用企业文化来引导员工的行为，实际上是用过去的经验来指导员工今天的行动。

文化所倡导的价值观和行为准则是企业员工普遍认可、广泛赞同的，异质价值观基本上是不被接受的。企业文化愈强有力，价值观与行为准则的统一性愈被强调，异质价值观则愈受排斥。显然，作为组织记忆的一元企业文化，制约着企业员工的思维方式，并通过对员工思维方式的影响，限制着企业员工及企业的行为选择，从而制约着企业经营战略的调整。

小案例思考

路径依赖的实验①

科学家将5只猴子放在一个笼子里，并在笼子中间吊上一串香蕉，只要有猴子伸手去拿香蕉，就用高压水教训所有的猴子，直到没有一只猴子再敢动手。

然后用一只新猴子替换出笼子里的一只猴子，新来的猴子不知这里的“规矩”，竟又伸出上肢去拿香蕉，结果触怒了原来笼子里的4只猴子，于是它们代替人执行惩罚任务，把新来的猴子暴打一顿，直到它服从这里的“规矩”为止。

试验人员如此不断地将最初经历过高压水惩戒的猴子换出来，最后笼子里的猴子全是新的，但没有一只猴子再敢去碰香蕉。

起初，猴子怕受到“株连”，不允许其他猴子去碰香蕉，这是合理的。

但后来人和高压水都不再介入，而新来的猴子却固守着“不许拿香蕉”的制度不变，这就是路径依赖的自我强化效应。

10.5.2 企业战略调整的原则

企业作为市场的主体，其所处的环境具有不确定性，那么，企业在这种环境下进行战略调整应遵循的原则有以下四种。

（1）及时反应原则。由于环境是不断变化并具有不确定性的，企业战略必须针对环境变化及时进行调整。企业战略调整的这种决策能力不同于一般的决策能

---

① 黄伯达．http://baike.baidu.com/view/397443.htm，2006年10月9日。

力，它不仅要求保证决策的正确性而且要求有较大的决策范围和速度，滞后的战略调整会让企业遭遇较高的风险。

（2）有效控制原则。企业的控制性是指在一定环境变化条件下，企业能通过控制内部管理系统的方法影响和控制环境系统，以达到企业预期战略目标的能力。因为，企业与环境实际上是互相影响、相互制约的关系。当企业对自己进行了积极改变的时候，将使企业在环境的变化中处于比较主动的地位，对环境的变化将有更好的预测，进而有助于企业战略调整的成功。

（3）动态适应原则。在战略调整过程中，企业需要增加战略决策的柔性，使其可以根据新信息加以修正。因为环境的快速变化使企业不断地接受新的信息，所以要求企业战略既有一定的稳定性，又有一定的适应性，进而要求战略具有动态适应的能力，即战略方案要具有一定的柔性。

（4）局部调整原则。企业可以根据具体的需要对战略进行局部调整。由于战略决策本身要求具有较强的稳定性，随时进行全面的调整将使企业的工作完全陷入战略调整之中，无法进行正常的经营活动。同时，各种环境因素对企业的影响往往也是从一个个方面开始的，因此，企业应该先对影响最大的方面进行调整，如企业的战略可以分为总体经营战略、业务单元战略和职能战略。企业可以先对其职能战略进行调整，当需要调整的内容增加了，并达到一定的程度时，再对其业务单元战略和总体经营战略进行调整。

10.5.3 企业战略调整的目标

战略目标是企业在实现其使命过程中所追求的长期结果。战略目标的设定，同时也是企业宗旨的展开和具体化，是对企业宗旨中确认的企业经营目的、社会使命的进一步阐明和界定，也是企业在既定的战略经营领域展开战略经营活动所要达到的水平的具体规定。然而，由于受环境变化等因素的影响，企业需要不断进行战略调整，总的来说，企业战略调整的目标有以下两个方面。

（1）获取企业持续竞争优势。企业为了在日趋激烈的未来竞争中获取持续竞争优势，保持"基业长青"，适时进行恰当的战略调整是一种明智选择。企业成功的战略调整能够克服植根于自身现有战略中的惯性力量，获取和保持自身的持续竞争优势。而为了实现这一目的，企业高层管理者必须经常监督偏离组织战略目标的活动和信息，及时纠正偏离的活动和信息，这样可以使公司适应于积极变化的外部环境，获得持续竞争优势。不同性质企业可能存在着不同的战略调整策略，且不同战略调整策略各自的背景因素相应也有所不同。因此，企业在寻求持续竞争优势时，应视其自身的业务特点、发展阶段及所处环境的不同，采取不同的战略调整策略以获得持续的竞争优势。

（2）企业价值最大化。从动态性角度来考察，更全面、更综合、更深刻的企业目标应该是追求企业价值最大化。因为，企业价值是企业资产存量与增量之和，同时包含了时间价值和风险因素。企业价值最大化目标能够较好地兼顾企业中各相关利益主体的目标和企业的其他目标，是一个综合性的目标。企业价值最大化并非仅指利润最大化，因为在利润最大化目标中，利润仅指经济利润，在现代市场经济条件下，这种目标是狭窄的。而价值最大化目标则能较好地涵盖和综合每股盈余最大化、收入最大化、市场份额最大化及履行社会责任等目标。企业在追求上述具体目标的过程中，不断提升自己，最终实现企业价值最大化，从而保证企业战略调整目标的正确性，实现企业的长远发展目标。

10.5.4 企业战略调整的策略

核心能力的刚性特点限制着企业调整方案的制定与选择，企业家的职能或经验背景可能使其自觉或不自觉地以过去的经历作为今天行为选择的参照系，作为组织记忆的文化则对上述因素产生着综合作用，企业的战略调整可能因此而表现出明显的路径依赖特征。要超越影响因素在战略调整过程中表现的路径依赖特征，使企业成长与发展摆脱过去的阴影，企业必须在遵循战略调整的原则和目标的前提下采取一系列行之有效的措施。超越路径依赖的措施具体分为以下五个方面。

(1) 建立战略预警机制，提高战略调整的预见性。企业对环境的变化作出正确的反应并正确感知环境的变化是需要一些时间的，这就需要企业建立战略预警系统。战略预警系统是企业管理和决策的一个重要组成部分，它的建立有助于降低不确定性环境给企业战略实施带来的影响。

(2) 组织知识创新，更新和发展核心竞争能力。竞争优势的基础是核心能力，而核心能力是某种独特知识运用的结果。克服企业战略调整中路径依赖的特征，要求不断更新和发展企业的核心能力。核心能力的发展则是以企业的知识创新为基础的。以核心知识为基础形成的竞争优势的维持与发展要求企业有效组织知识的创新。知识创新是企业学习的结果，企业学习是与企业生产经营有关的知识的生成、利用、创新和积累的过程，这个过程是与企业生产经营活动本身交织在一起的，甚至就是这种活动本身。因此，组织企业的知识创新并不是要另建一套系统，而是要以有利于知识创新的方式来组织企业学习，更准确地说，是要组织企业的经营与管理活动。

(3) 改造企业文化，促进组织学习。发展核心能力需要组织知识创新；知识创新是组织学习的结果，因此，为了促进企业核心能力的发展，克服战略调整中的路径依赖特征，必须塑造学习型的企业文化。学习型的企业文化可以从两个不同角度去理解。首先，企业文化所倡导的价值观念和行为准则必须有利于企业组织及其成员的学习；其次，企业文化本身必须是不断学习的产物，文化所体现的不再仅仅是企业组织过去的成功经验，而且与战略调整所需适应的当时的企业内外环境中的价值观念或思维方式相一致。倡导学习的企业文化必须是允许失败的文化。人类是在失败中不断总结、不断提高、不断前进的，错误和教训可能使人变得更加聪明。允许失败的文化是一种鼓励尝试的文化，在这种文化中，人们强调的可能不是结果，或者至少不仅仅是结果，而是努力的过程。与这种文化相适应的报酬制度不仅鼓励成功的创新，而且奖励结局虽是失败但在过程中不懈努力的探索，只要组织中的每一个人都孜孜不倦地去探索创新，所希望的结果最终必然会出现。

（4）完善公司治理结构，促进经营者行为合理化，保证经营者的正常更替。同企业中的其他决策一样，企业战略调整是企业经营者行为选择的结果。经营者的行为偏好对企业战略调整的影响可以从两方面去考察：是否需要调整；如何进行调整。战略调整对象过去的决策可能是经营者以往行为选择的结果，由于不愿承认过去决策对目前环境的不适应，或者出于对自己决策能力及其应用的过于自信，经营者不愿意对过去决策进行调整，或者没有认识到这种调整的必要性。在已经认识到调整的必要性并进行决策调整的情况下，企业经营者对企业战略调整方向与内容的选择仍然可能受到其过去的职能背景或经验背景的影响。因此，为了克服经营者个人行为特征对企业战略调整可能带来的不利影响，一方面需要改进企业的激励制度以诱导经营者表现出符合企业和个人利益的合理行为，同时更要完善公司的治理结构，以使企业能够在经营者不愿意进行必要的战略调整时及时对经营者本身进行更换。另一方面要通过完善公司治理结构，对经营者及其行为实施有效的控制和约束。公司治理结构解决的主要是决策权在企业所有者与经营者间的配置问题。完善公司治理结构就是要通过相关权力在股东大会、董事会及企业经营管理机构间的分配，一方面，使经营者有足够的行动空间去自主组织企业日常的经营活动；另一方面，保证股东所有者对经营者的有效监督和控制。因此，当企业战略必须进行战略调整，而经营者一味坚持原先的战略选择时，所有者或其代表能够借助公司治理机构对其进行及时撤换，以保证企业的健康成长与发展。

（5）运用平衡记分卡，构建战略管理系统。平衡计分卡是指从财务、客户、内部业务流程、学习和创新四个方面来考察企业战略绩效的系统，利用它可以对关键过程进行有效控制，对资源进行优化配置，使考评和战略有效衔接起来，从而解决传统管理体系中公司长期战略与短期行为脱节的问题。企业运用平衡计分卡构建战略管理系统，首先，可以在现有资源和外部因素的基础之上制定企业的愿景规划和战略目标，然后把战略目标转化为关键成功因素和关键业绩指标，根据这些指标来制定战略行动方案；其次，根据战略行动方案，根据各部门工作的重要性分配资源，并尽量使部门间的资源产生协同效应；最后，在外部环境发生变化时，对战略进行反馈和调整，并调整其考核指标体系。通过以上各个环节的实施，确保企业的战略目标、战略行为、战略资源和绩效管理成为一个联系紧密的整体，使企业的战略调整和战略决策获得成功。

【本章精要】

本章主要讲述了企业战略控制的内涵、类型、原则、过程与系统及战略调整的相关内容。

战略控制包括对企业经营范围、经营模式、组织结构、激励制度、重要人事调整和长期投资所进行的具有全局性、长期性特点的控制，是战略管理的最后一个步骤。传统战略控制多属事后控制。但是，企业所处的环境越来越复杂，而且越来越难预测，必须加强对战略控制的前瞻性分析，因此，构造复杂环境下的信念控制系统、交互控制系统、边界控制系统、诊断控制系统对于企业战略控制具有重要意义。

企业经营战略实施的控制还可以促进企业文化等企业基础建设，为战略决策奠定良好的基础，对于提高战略决策的适应性和水平具有重要作用。而战略调整保证了战略实施方向的正确性，使企业在战略轨道上顺利运行，保证企业总体目标的实现。

【思考题】

1. 战略控制实施的原因是什么？
2. 战略控制的类型及原则是什么？
3. 战略控制的实施过程涉及的内容有哪些？
4. 传统观念的战略控制系统和复杂环境下的战略控制系统有什么异同？
5. 在中国背景下，战略控制和调整对战略实施的重要意义是什么？并实地调查当地一家公司所实施的战略控制对公司有什么巨大作用。

【综合案例】

舒蕾的终端战略①

（一）洗发水行业现状

中国洗发水市场现在潜力巨大，竞争十分激烈。自从 1989 年宝洁公司进入中国以来，就在中国洗发水行业掀起了一个又一个让人叹为观止的波澜。并且，在此后十年的时间里，以营养、柔顺、去屑为代表的保洁三剑客潘婷、飘柔、海

① 万后芬，应斌，宁昌会：市场营销学案例，北京：高等教育出版社，2003 年。

飞丝几乎垄断了中国洗发水的绝对份额——他们不仅占据着中国洗发水市场的前三位，并以总和超过 50%的份额处于绝对垄断地位。想在洗发水领域有所发展的企业无不被这三座大山压得喘不过气来，无不生存在宝洁的阴影里难以重见天日。

然而，洗发水巨大的市场空间和高额的行业利润空间，吸引了众多中国自有品牌的加入，改变了洗发水市场的格局。据专家估计，中国洗发水市场的消费量呈不断增加之势，市场规模会不断扩大。据统计，目前中国的洗发水市场销售量已超过日本，接近美国，但以人均核算还低于这些发达国家。洗发水市场每年有数以百亿计而且仍不断增长的市场空间。

这一广阔的市场空间及洗发水市场相对高的市场利润吸引着无数的新生品牌前赴后继地加入这一竞争白热化的行业。这一点从电视广告上可清晰地看出，因为洗发行业的特殊性，传统上大家把电视广告作为推广品牌最主要的手段。2001 年，拉芳、蒂花之秀、好迪、飘影、柏丽丝先后在中央电视台密集投放广告，大举进军全国市场，这无异于给本已竞争激烈的洗发水市场火上浇油。据中央电视台 2001 年 5 月广告龙榜显示，好迪、亮荘、拉芳、柏丽丝等品牌的洗发水已冲破飘柔、潘婷、夏士莲、花王等合资品牌的阵线，位居该台当月洗发水广告花费的前四名。

除了从电视广告投入量上反映中国洗发水市场风起云涌之外，国产洗发水实质上已对老牌合资洗发水的地位造成冲击。1995 年，奥妮向宝洁发起挑战，推出皂角洗发膏，打出“植物一派，重庆奥妮”的口号，以天然植物成分反击洋品牌化学洗发路线，使之声势大涨。再加上 1997 年成功推出百年润发，并配合经典广告做宣传，使其市场占有率飙升，达到 12.5%，但品牌的占有率仅次于飘柔。1996 年，丝宝集团推出的舒蕾在 1999～2000 年取得突破性胜利，据 AC 尼尔森对 2000 年中国广告市场的调查统计，舒蕾与飘柔、夏士莲、海飞丝成为 2000 年洗发水广告花费最高的品牌。2000 年，中国商业信息中心对 300 个大型商场调查统计显示，舒蕾 2000 年销售收入近 20 亿元人民币，与宝洁的飘柔、海飞丝进入洗发水品牌前三名。丝宝集团超过联合利华、花王，跻身洗发水市场第二位。

可以说，舒蕾是众多中小洗发水品牌的代表，它是怎样做出这样的成绩的呢？

(二) 舒蕾的终端运作

舒蕾是丽花丝宝的一个品牌。舒蕾从一个名不见经传的小品牌迅速成长到一个市场占有率第二，品牌价值超过宝洁的海飞丝、潘婷，仅次于飘柔的知名品牌，丝宝集团特色的终端战略功不可没。

丽花丝宝和宝洁几乎是同时进入中国内地的，但不同的是，宝洁携外资强大的资本优势，每年以巨额的广告投入迅速成为国内洗发水品牌的代言人；而丽花丝宝自出生以来就命运多舛：先是遭遇商标之争，接着被冠以蒙骗之名，使丽花丝宝只能成为一个二三流的品牌，甚至在武汉，从广东过来的美国绿丹兰的名声也盖过了它。为了从丽花丝宝不温不火的状态中寻找亮点，丝宝选择了洗发水这个大众消费品，“焗油护发”的舒蕾就这样诞生了。

在舒蕾的推广中，丝宝集团避开和宝洁正面交锋，采取不同的模式。《商界》曾对此作了详细的分析，那就是坚决放弃总代理制，花大力气自建网络。1997～1998年，舒蕾先从终端入手，在人员宣传、产品陈列、柜台促销上大做文章。舒蕾利用丽花丝宝积累的资源，采取“先两极，后中间”的渠道拓展原则，重点抓大卖场和零售店铺货，从而带动中型店的开发。另外，舒蕾还在各大商场设立1000多个专柜，不惜一切代价，不仅把舒蕾堆码在最显眼的位置，而且让舒蕾的灯箱、POP海报也占据卖场最抢眼的位置。同时还组建销售小分队，随时为居民区的杂货店、小超市、发廊补货。据悉，目前舒蕾的销售网络已经遍及全国30多个城市，几乎每个二级、三级市场都有舒蕾红色的身影。而这种代价也不菲，舒蕾一次大型推广会的费用就高达500万元，从现在舒蕾坐上洗发水市场第二把交椅的奇迹来看，这种投入也正如丝宝人自己所说的那样，是值得的，也是必需的。

1. 贴近竞争对手，实施终端压制

广告是营销中的一个重要因素，电视广告在洗发水行业的作用更是居功至伟。宝洁公司花了一大笔咨询费从世界营销战略大师杰克·特劳特中得到的建议就是：把资金集中在电视广告投放上。因此，大规模的“空中轰炸”大多是由宝洁发起的。成为领导者后，宝洁更是大规模地运用电视广告，在竞争中筑起一道强大的堡垒。这是宝洁公司一直以来领先的秘诀，也就成了洗发水市场众多厂商模仿的入市模式：一般的洗发水市场，厂商都是先用广告拉动，打响知名度后，再找经销商、代理商铺垫渠道，达到产品上市的目的。

然而，对于初上市的舒蕾而言，对手是占据了中国洗发水市场半壁江山的宝洁、联合利华等，异常强大。无论从资源、实力还是市场地位上，舒蕾都毫无优势可言。如果盲目打广告、搞营销战，只能和百年润发一样被逼进死角。因此，舒蕾只能集中力量发觉对手的脆弱之处，将自己的全部进攻力量集中于该点，才能克敌制胜。舒蕾没有像一般品牌推广一样从广告做起，而是选择了终端战役。宝洁、联合利华品牌推广注重实行“高端轰炸”，期望通过广告将人流吸引到终端卖场其产品的柜台前。舒蕾看中了那些强大的对手带来的丰盛的客流，在各卖场紧靠竞争对手，争取与竞争对手拥有相仿甚至更多的陈列空间，最大限度地发挥终端沟通优势，促进购买竞争品牌的消费者转入自己的品牌，提升自我品牌价值的同时遏制了竞争对手。

在舒蕾的精心策划下，曾出现过这样的情况：在某些超市，品种齐全的宝洁公司系列洗护产品集中在一两个货架上且偏于一隅；而品牌集中品类单一的舒蕾洗发水却阔阔气气地占据了三四个货架，抢尽了风头。舒蕾就是用这种终端战略，抢占了宝洁、联合利华等大品牌的不少市场份额，逐渐成长壮大。

2. 打造声势，吸引终端卖场的眼球

通过紧贴竞争对手的竞争策略，大量的客流涌到舒蕾的柜台前。然而，怎样吸引顾客注意力，让他们乐得看、愿意买舒蕾的产品，又成了舒蕾终端卖场急需解决的问题。上市之初，舒蕾没有强大的广告支持，也没有什么名气，只能通过打造卖场声势来留住顾客。

首先，舒蕾确定在最佳卖场寻找客源。这样做的好处在于客流量最大的地方可以吸引人气，便于活动展开，同时最佳卖场的消费额相对也是最多的，对争夺市场份额也非常重要。其次，舒蕾制造宏大气势吸引顾客。舒蕾曾在武汉某超市卖场促销，店面周围有几十条舒蕾广告旗帜，广场上还悬挂两条横幅，超市的主楼墙体上贴满了舒蕾的POP广告。进入主卖场，消费者第一感受就是来到了一片红色海洋之中，整个卖场的布置错落有致，极具震撼力，给顾客留下了深刻印象。最后，舒蕾用简明生动的卖场信息留住顾客。舒蕾的终端卖场的传播原则是：传达越少，消费者接受越多。的确，现在的广告信息太多，消费者乐于接受简单明了的信息。舒蕾在终端卖场总是力求清楚简明，不论是产品包装、店头宣传、店内陈列都令消费者一望便知。不仅便于消费者的品牌识别，而且方便了消费者的购买；既加大了销售量，也有效地增加了品牌知名度。

3. 独特的终端促销策略

舒蕾的销售是从卖方终端做起的，打破了洗发水一贯的高端轰炸的游戏规则，不是在广告、派发方面比拼，而是省下这些费用，用于终端卖场促销上。

首先，舒蕾在终端卖场实施人海战术，安排了很多促销、导购人员，让舒蕾有更多的机会与消费者接触，吸引顾客的注意力。进而凭借舒蕾优良的品质，让消费者对产品产生需求，成为忠实的顾客。最后以这种终端力量拉动上级的渠道去销售舒蕾的产品，很快就产生铺天盖地的影响力。舒蕾的促销人员非常专业。这些促销人员都要经过专门的培训，对产品知识了如指掌，可以随时为消费者解惑，而且一个区域里还有一名组长负责巡视不同的卖场，检查促销人员的工作。这些促销人员向消费者解说有以下几个步骤：一是请看，二是请听，三是请试，四是请买。实际上到了最后一个步骤，消费者已经在这种强大的攻势下乖乖地掏腰包了。

其次，舒蕾的终端促销很有竞争力。一是舒蕾的促销产品丰富且不断更新。虽然和舒蕾一样做终端的厂家不少，但很多厂家不如舒蕾见效，原因就在于这些厂家还固守在老一套的买一送一模式。而舒蕾除了买一送一，还配备了很多新奇的赠品，像便携式吹风机、打火机、雨伞、迷你小风扇……花样翻新的促销品自然吸引了消费者的目光，又买又送让双方皆大欢喜。二是舒蕾注重了促销品的点面结合。在大卖场，舒蕾经常利用节假日进行大规模的现场促销表演，有时装秀，有歌唱比赛，中间再穿插与产品相关的有奖问答，热闹非凡，进一步提高了产品的销售。而在一些空间比较小的卖场，舒蕾则紧紧守住店门口，进行小规模的促销。这样做，不放过每一个卖场，消费者被包围在了一片红色的海洋中。

最后，舒蕾采用终端对抗促销，以巩固终端。终端对抗促销是集中体现在快速消费品行业的一种针对行业竞争的促销策略，其特点是：反应迅速，对手一露头立即先发制人，进行对抗促销。舒蕾被誉为竞争对抗促销策略的专家。舒蕾的终端促销原则：对手不促销，自己常促销；对手小促销，自己大促销。舒蕾在终端卖场的促销活动不断，时间上与竞争对手一致，促销方式多种多样，如赠品促销、人员促销、节日促销、联合促销等，不断带给消费者惊喜，加强舒蕾"永远给顾客以真正价值"的形象。舒蕾的这种终端促销策略，使得舒蕾"遇弱则强，遇强则弱"，产生了极大的市场促销竞争威慑力。

（三）丝宝集团终端运作的套路

终端市场历来是商家们拼抢最激烈的地方。为了抢滩终端，各企业无不是想破头脑，费尽心思。那么决胜终端的关键点何在呢？丝宝运作舒蕾终端的套路或许能带给人们一些启示。

(1) 渠道扁平化来运作市场，提高"市场单产量"。丝宝集团在各地设立分公司、联络处，对主要的零售点实现直接供货或管理，从而建立起强有力的由厂商控制的垂直营销系统。并有厂家直接做市场推广，适时适当的人海战术，以赠品促销、人员促销、活动促销、联合促销的营销手段来与消费者沟通。丝宝集团的营销触角已延伸到三线城市，甚至是大型乡镇，依靠企业自身的营销队伍对市场进行"精耕细作"，提高"市场单产量"，实行盈利拓展。中国的人力成本低以及市场特性决定了企业利用终端人员的"口"这一媒体的可能性，是效果最显著、见效最快、成本最容易核算、操作最简单的媒体之一。

(2) 促销营销。丝宝成立了舒蕾的促销突击队，在各小型区域市场轮流进行促销，通过促销、人员推广来和消费者直接沟通。中国中小城市的消费者很容易接受以促销人员为媒介的互动式沟通，对洗发水这样的快速消费品而言，没有比直接的促销推广更能立即促成购买行为的了。有些业内人士认为，丝宝是目前中国运用促销最频繁、规模最大、档次最高、实惠最高、气势宏大、覆盖范围最广的企业之一。

(3) 营销费用的支出终端占绝对比例。丝宝的营销实践对快速消费品而言终端占80%，广告占20%，并根据产品特性、市场成熟程度、企业营销模式等有所变化。

(4) 赠品促销。丝宝通过不断创新的赠品来打动消费者。中国的消费者（尤其是中小城市的消费者）在接受产品的正常零售价时，如果有一些赠品，基本上可以瓦解其对竞争品的忠诚度，也就是“降价二分钱，瓦解一切忠诚度”。

（5）终端主动拦截消费者。终端已成为日用消费品最重要的营销战略性资源，你抢占了终端，竞争产品就少了相应的空间。企业抢占终端资源的多少，基本上就决定了其销量的多少。

综合案例思考题：

1. 宝洁和丽花丝宝产品的推广战略有什么不同?

2. 丝宝集团的卖场终端建设有什么特色？企业战略层的战略控制对于企业的成功有什么作用?

3. 国内其他洗发水集团也能运用“终端思路”获得成功吗？为什么?

第11章

企业国际化战略

> 企业国际化成功了，才能迈向世界级的公司。
>
> ——台积电董事长　张忠谋

【引导案例】

从TCL亏损看中国企业的国际化①

2004年的李东生面临着严峻的考验。这一年TCL集团的利润比上年下滑了57%。2005年更是出现了亏损。面对媒体的质疑，李东生坦然承认，当初宣布18个月就可以扭转TTE（TCL-汤姆逊电子公司）的亏损是要往后推迟了，T&A（TCL-阿尔卡特移动电话有限公司）面临的局面也并不乐观。

在走出去的路途上，无论“海尔进军美国差强人意”、“中铝与力拓收购交易失败案”还是“中海油出资130亿美元收购优尼科被否”，这些经典案例都在向中国企业诉说着外面的世界除了精彩还有利益的伪善。李东生感叹：“发现问题很大。”中国公司在迈向国际化的第一步后，很快就发出这种感叹，不知道有多少人能够体会李东生在这种感叹背后的心境。

自改革开放以来，越来越多的中国企业进行着国际化的经营，但展现在中国企业面前的事实却是一个竞争更为激烈和复杂的国际市场，就如同一个刚成年的孩子，父母允许他走更远的路，但当独自走进森林时，发现森林并不如他之前想象得那么有趣。

---

①　姜汝祥：从TCL亏损看中国企业国际化真相，天涯在线/经济论坛，2005年。

本章学习目标：

- 了解企业国际化战略内涵及特点；
- 掌握企业国际化的动因；
- 了解企业国际化战略的类型；
- 了解国际化经营的环境与风险；
- 理解企业所能选择的国际化经营战略和进入模式；
- 了解日本企业和国内先驱者国际化过程的经验教训。

20 世纪后期，世界经历了全球经济的快速变化。国与国之间的经济关系正在摆脱原来那种相互隔离、相互闭塞的局面，正逐渐以竞合的方式融合成为一个相互依存的全球性经济体系。中国在世界经济格局中所处的特殊地位——大国经济，使得中国企业国际化与发达国家和其他发展中国家的国际化具有不同的特征。处于国际化初级阶段的中国企业，必须掌握国际化战略的理论，了解国际化先驱者的经验教训，充分发挥和利用已有的比较优势，形成中国特色的国际竞争力，才能使自身的国际化得到稳定、健康发展。

11.1　企业国际化战略概述

企业国际化战略是在国际化理论基础上产生的，了解企业国际化的相关理论有助于更好地理解国际化战略。

11.1.1　企业国际化战略的内涵

企业的国际化战略，从广义上讲，是指企业针对国际业务活动制定的战略的统称。从狭义上讲，企业的国际化战略是微观经济组织根据自身的条件选择在国际市场中创造独特优势的路径，通过对企业内外部资源地有效整合与协同，并按照国际市场的要求构建和实施其经营战略，在充分获取规模经济的基础上，实现企业价值最大化。

在经济全球化条件下，企业为建立和维持自身的全球竞争优势，必须实现三个战略目标：一是必须在其所有活动中建立全球规模效率；二是必须发展多国适应能力来处理不同国家的特殊风险和机遇；三是必须建立从其国际经营实践和机遇中学习的能力，并在全球范围基础上利用所获得的知识能力。

在建立每一种能力时，企业可以利用三种不同的工具和方法：一是可以利用在多个国家经营的不同的资源和市场机会；二是可以投资于多样的经营活动以实现协同作用和范围经济；三是可以从不同的全球活动中获得潜在的规模经济。

11.1.2 企业国际化相关理论

企业的国际化经营方式因阶段和驱使因素的不同而千差万别。由此所形成的国际化理论各具特色。其中具有代表性的理论有垄断优势理论、产品生命周期理论、区位理论、内部化理论、国际生产折衷理论、国际市场进入模式理论。比较分析各种国际化理论对于认识企业国际化内在规律、为投资寻找理论依据、促进中国企业国际化发展具有重要的意义。

1. 垄断优势理论

20 世纪 60 年代，美国学者海默（Hymer）通过对美国 1914～1956 年国际直接投资（foreign direct investunent，FDI）的统计分析，发现对外直接投资与对外证券投资存在显著差异，率先提出了垄断优势理论，并且明确地将国际直接投资与国际间接投资区分开来，从市场的不完全竞争假设出发，分析研究 FDI 的发展规律，后经其导师金德伯格（Kindlbeerger）发展，形成“海默-金德伯格传统”，成为西方 FDI 理论的先导。

该理论认为，美国企业拥有的技术与规模等垄断性优势是美国企业在国外进行直接投资的决定性因素。其理论主要特点有以下两点。

1）将理论建立在不完全竞争假设基础上

市场的不完全竞争假设是垄断优势理论所依据的基本理论前提。市场的不完全性是指一种商品虽然存在众多的买者和卖者，但卖方的产品在实际上或在买方看来是具有差异的。产品的差别性使得市场偏离完全竞争结构，这是导致 FDI 生成的前提条件。海默认为，传统国际资本流动理论说明的是证券资本的国际流动，它不能解释发达国家之间相互直接投资的现象。如果美国公司对外直接投资的原因是海外的高利率，那么，为什么当时美国企业大量在海外借款投资建厂？这与传统理论相矛盾。海默认为 FDI 的形成不是受资本的利率导向，而是受投资的利润率导向，正是市场的不完全性导致了企业垄断优势的形成。

企业的垄断优势来源于：①在不完全竞争产品市场上形成的垄断优势，如产品的差异性、营销技能或定价策略等；②在不完全竞争的要素市场上获得的垄断优势，如专利的拥有、融资的便利性等；③规模经济带来的垄断优势；④由于政府干预所带来的垄断优势，如政府干预造成的市场进入壁垒的提高。也正是企业具有的这些垄断优势使其能获得比东道国企业更高的垄断利润。

2）将国际直接投资与国际间接投资区分开来加以分析

直接投资企业对海外子公司有不同程度的控制，母公司与子公司在技术和管理上都有密切的联系。对海外经营的控制，不仅是为了利用它们的各种资产，也是参与东道国国内企业竞争的一种战略行动。直接投资不同于证券资本流动。直接投资者往往在东道国当地资本市场融资；直接投资也可以实物形式进行，如通过交换工业产权、技术或机器设备等进行投资。这些投资都没有发生通过外汇市场或资本市场的资本流动。再者，直接投资常常双向流动，如美国企业在日本投资，日本企业也可以在美国投资，因此，直接投资的资本流动并不都是从资本供给充裕的低利率国家流向资本稀缺的高利率国家。于是，海默主张应以不完全竞争假设为前提，将国际直接投资与国际间接投资区分开来加以分析。

2. 区位理论

区位选择是企业国际化过程中的重要问题，很多主流国际直接投资理论都包含了区位选择的思想，已成为国际直接投资领域的研究重点。国际直接投资的区位选择理论以发达国家企业为研究对象，从母国的角度考虑传统的比较优势因素对 FDI 的影响。20 世纪 80 年代中期后，发展中国家对外直接投资有了很大发展，于是相继出现了许多研究发展中国家国际直接投资的理论。

前苏联学者阿勃利兹若伊利的观点很具代表性。他提出，发展中国家往往存在传统落后的农业部门与采用较新技术的现代工业部门，同时存在的“二元经济结构”产业间在技术水平、劳动生产率、经济组织形式上的差距使产业间联系减弱。同时，由于传统农业部门在供给和需求上的低弹性，无法对现代工业部门提供的经济发展机会作出及时有效的反应，使产业间的差距进一步扩大。这样，发展中国家的现代工业部门在远远未达到规模效益要求的情况下，出现了结构性供给过剩乃至个别行业或企业的相对过度资本积累或相对资金富余，于是对外投资就成为可能。

小泽辉智（1994）提出动态比较优势理论，认为各国经济发展水平具有阶梯形的等级结构，跨国投资的模式选择应能激发各国现有和潜在的比较优势，并使其最大化。因此，发展中国家的跨国投资模式必须结合工业化战略，将经济发展、比较优势和跨国直接投资作为相互作用的三种因素结合起来分析。他认为提高经济竞争力的动机是发展中国家从单纯吸引外资转变成向海外投资，并把这种转换过程分为四个阶段：第一阶段是吸引外商直接投资；第二阶段是外资流入并向海外投资转型；第三阶段是从劳动力导向的对外投资贸易支持型向技术支持型的对外投资过渡；第四阶段是资本密集型的资金流入和资本导向型对外投资交叉发展阶段（张娟，.2006）。

3. 内部化理论

英国学者巴克利（Buekley）、卡森（Casson）和加拿大的拉格曼（Ragman）等共同创立和发展了内部化理论。公司在其经营活动中，面临各种市场障碍。企业为了克服外部市场障碍或弥补市场机制的内在缺陷必须付出高昂的交易成本。为了保障自己的经济利益，企业不得不将交易改在公司所属各个企业之间进行，从而形成一个内部化市场来取代外部市场。当内部化过程超越了国界，跨国公司便产生了。因此，出于内部化的动机，企业对外直接投资。内部化理论来源于科斯（Coase）的交易成本理论，科斯的理论曾被广泛应用于企业国内行为的分析，而巴克利和卡森将这一理论引入跨国公司的对外直接投资领域（Buckley and Casson，1998）。

4. 国际生产折衷理论

该理论由英国经济学家邓宁（Dunning）提出。该理论指出，如果一个企业拥有所有权特定优势、内部化优势和区位特定优势，就会产生对外直接投资（Dunning，1988）。

所有权特定优势是指企业特定的垄断优势，如技术优势、管理技能、市场营销技能等。内部化优势是指为了避免市场不完善而带给企业的影响，企业存在对其优势进行内部化的强大动力，包括所有权资产使用的内部化、市场信息的共享、创造内部市场等。区位优势是指由于存在贸易壁垒、政府政策的差异、市场模式及其发展的差异等，把其生产的一部分转移到国外进行，往往比在国内有利可图。

国际生产折衷理论可以概括为：对外直接投资＝所有权特定优势＋内部化优势＋区位特定优势。企业具备三种优势的多少可以决定其采取何种方式（直接投资、出口、技术授权），如表 11-1 所示。

表 11-1　国际生产折衷理论方式与优势

方式	优势		
	所有权优势	内部化优势	区位优势
对外直接投资	具备	具备	具备
出口贸易	具备	具备	不具备
非股权资源转让	具备	不具备	不具备

5. 产品生命周期理论

1966 年，哈佛大学的弗农（Vernon）教授提出了国际产品生命周期概念，将新产品的生命周期划分为产品创新、成熟和标准化三个阶段。随着产品生命周期三个阶段此消彼长，国际化活动在各个不同的国家展开（Vernon，1966）。

第一阶段，发达国家制造出创新产品，产品以高利润进入市场，开拓了国内市场。这一时期以国内市场为主，外销为辅。

第二阶段，该产品在发达国家进入成熟期，国内市场趋于饱和，企业目标转向国外市场，发展中国家成为商品进口国并开始仿制。

第三阶段，发展中国家逐渐成为这种产品的世界市场供应者，直到这一产品为更新的产品所替代，如图 11-1 所示。

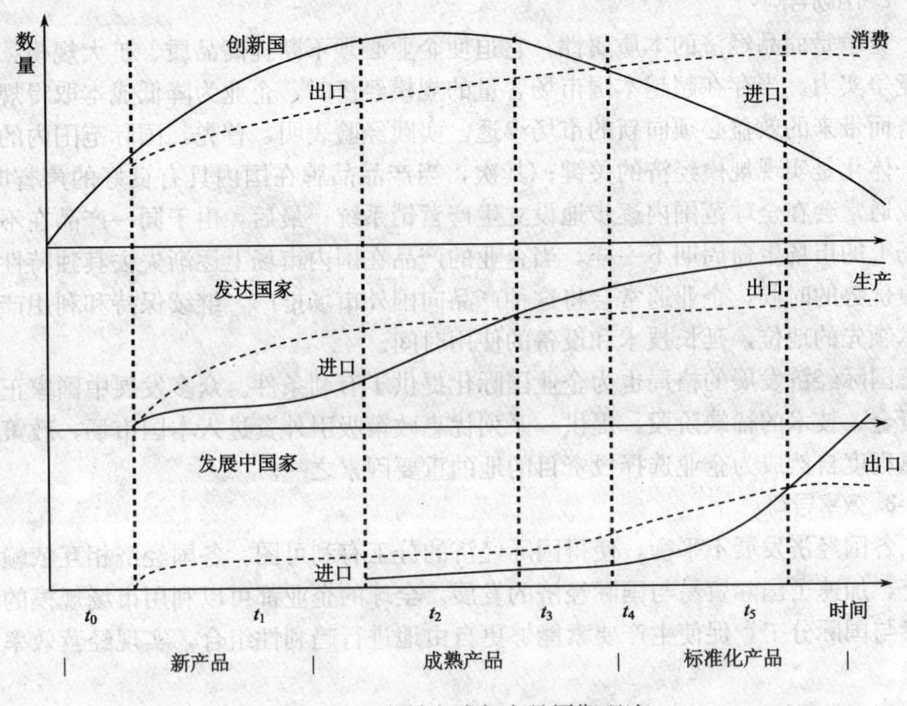

图 11-1 贸易方式与产品周期理论

上述理论是企业国际化战略理论的基础，为国际化战略理论的产生发展作出了贡献。

11.2 企业国际化的动因

经济全球化以及世界范围内的产业转移推动了国际化经营的迅速发展，使得国际化经营成为全球范围内进行生产要素组合的最佳配置方式和活动。根据企业国际化驱动因素的不同，可将其分为：资源导向、市场导向、效率导向、分散风险导向。

1. 资源导向

来自国家、产业等各方面的压力迫使企业必须不断寻求稳定的低成本资源供应，以维护生存发展。这使得企业必须积极地到世界各地去寻求成本最低的资源，如更便宜的原材料、更廉价的劳动力、不需要补偿的环境资源等。当前最有效的方式就是到国外去直接从事生产经营活动，直接获得廉价的资源、较低的生产经营成本，从而提高自己在世界范围的竞争力。

2. 市场导向

竞争是商品经济的本质属性，它迫使企业必须不断提高品质、扩大规模、提高竞争实力。当存在超越本国市场容量的规模经济时，企业为降低成本取得规模经济而带来的效益必须向新的市场渗透。实践经验表明，首先，国际范围内的纵向一体化是实现规模经济的关键；其次，当产品品牌在国内具有良好的声誉时，企业通常会在全球范围内逐步地设立生产营销系统；最后，由于同一产品在不同市场上的市场生命周期不一样，当企业的产品在国内市场上逐渐失去其独特性和竞争优势的时候，企业通常会将这种产品向国外市场推广，继续保持和利用产品技术领先的地位，延长技术和设备的使用时间。

国际经济发展的格局也为企业国际化提供了有利条件。众多发展中国家正处于资金、技术的稀缺阶段，提供一系列优惠政策吸引外资进入本国市场，政策的优惠程度自然成为企业选择投资目的地的重要因素之一。

3. 效率导向

各国经济发展不平衡，使得国际经济的分工有利可图。各国经济相互依赖与补充，加速了国际贸易与国际经济的发展。全球的企业都可以利用市场规模的扩大参与国际分工，促使生产要素能够更自由地进行趋利性组合，实现经营效率的提升。

4. 分散风险

企业经营中时时刻刻都会面临一些不确定的风险。如果企业长期将发展中心放在一个国家，这样必然存在风险过于集中的问题。一旦这个国家出现政局动荡、经济萧条或者重大经济决策的变化等都会带来不可估量的风险，导致巨大的损失。而通过国际化经营，企业能够通过和当地的合作伙伴结成战略联盟，进一步分摊风险。即使该国政治稳定、经济发展平稳，也会面临市场份额逐渐饱和，竞争日趋激烈的问题。“不要把鸡蛋放在同一个篮子里面”的谚语在商业投资领域非常适用。许多企业国际化的动机实质上是希望使投资结构更加多元化，最终实现平稳经营。

11.3 企业国际化战略的类型

在全球市场竞争的企业通常要面对两种相互冲突的竞争压力：成本降低的压力和适应当地需求的压力。对成本降低的压力作出反应要求企业将生产活动建立在最有利的低成本地区，向全球市场提供标准化的产品，从而有助于企业把开发一种产品的固定成本分摊到尽可能多的产量上，降低其产品的平均单位成本，获得规模经济。

对当地需求作出反应则要求企业针对不同的国家提供不同的产品和营销战

略，以满足由国家差异带来的不同需求，这些差异广泛存在于消费者的口味和爱好、商业实践、分销渠道、竞争条件以及政府政策方面。因为按不同国家的需要制定的产品战略可能包含大量的重复以及缺乏产品标准化，其结果可能是提高成本。根据这两种相互冲突的压力的高低，企业有以下四个不同的国际化战略选择（李捷，2005）。

11.3.1　国际战略

采用国际战略的企业关注于在全球基础上的创造和创新的利用，并使用所有不同的方法来实现这一目标。它通过把自己有价值的技能和产品转移到当地竞争者缺乏该种技能和产品的外国市场而创造价值。大部分国际企业是通过把在国内开发的独特产品转移到新兴的海外市场来创造价值的。因此，他们往往把产品的研发集中在国内进行。

采用这种战略的企业虽然也会在有商业活动的国家设立生产、营销甚至少量的研发功能，采取一些适应当地顾客需求的产品生产和销售战略，但这种行为的规模是有限的，总部最终保持着对营销和产品战略的严格控制。当一个企业拥有国外市场的当地竞争者所缺乏的有价值的核心竞争力且面临相对较弱的当地需求响应和成本降低压力时，采用国际战略是比较明智的，它会给企业带来丰厚的利润回报，如通用电气、微软、IBM 等跨国公司都是通过利用其创造和创新能力建立起相对于当地竞争者的绝对优势的。但当企业面临更大的对当地需求反应的压力时，采用这种战略的企业就会输给把重点放在按顾客需要提供产品及根据当地条件确定销售战略的企业。例如，宜家公司在美国、宝洁公司在波兰的案例都说明针对不同的压力，需对当初采取的国际战略作出有效的调整，以对当地需求的变化作出及时的反应。在全球经济日益一体化的趋势下，面对全球消费趋同和当地需求多样化，企业在战略制定过程中如何根据其产业特征和需求的变化，在各种战略中取得某种“平衡或综合”变得至关重要。

11.3.2　多国战略

采用多国战略的企业关注于由国家差异带来的需求的多样性，并最大限度地对此需求的多样性作出及时反应。与采用国际战略的企业相同的是，多国战略型企业也倾向于把在本国所开发的技能和产品向海外市场转移，并在有业务的主要国家建立一整套的价值创造活动，包括生产、营销和研发。

然而，与国际战略型企业不同的是，多国战略型企业须不断地根据客户要求调整所提供的产品和销售战略以适应各国不同的条件。由于最大限度地满足当地需求意味着成本的必然上升，因此，成功运用此战略最大的挑战在于如何在两个相互冲突的压力之间求得平衡。他们通常不能从经验曲线效应和区位经济上实现价值，并拥有较高的成本结构。当企业对当地需求反应压力较大而成本降低压力较小时，采用多国战略是适合的。但由于生产设施的重复性建设所造成的高成本，这种战略不宜在那些成本压力很大的行业中使用。这种战略的另一个缺点是很多多国战略型企业最终都发展成为由较为独立的各国子公司组成的松散联盟，在对其当地环境拥有相当高的灵活性和敏感性的同时，也不可避免地存在着在利用其他国家经营单位的知识能力方面低效和无能为力的问题。

11.3.3 全球战略

采用全球战略的企业关注于通过实现经验曲线经济和区位经济而降低成本、提高盈利能力，即低成本战略。采用该战略的企业通常把它们的生产、营销和研发活动集中在几个最有利的地方进行。全球战略型企业往往不会根据当地条件调整其产品生产和销售策略，因为按当地顾客要求生产会提高成本（这涉及更短的生产流程及职能的重复），因此，全球战略型企业更愿意在全球范围内销售其标准化产品，从而获得规模经济的最大好处。它们还倾向于利用自身的成本优势来支持在世界各地市场上强有力的定价策略。在有很强的成本降低压力和对当地需求响应压力较小时，采用全球战略是可取的。在许多工业品行业，这些情况越来越盛行，如在半导体行业，全球化标准创造出了对标准化全球产品的大量需求。因此，像 Intel、摩托罗拉、德州仪器、格兰仕等企业都采用了全球战略。但当对当地需求响应压力很大时，如消费品行业，这种战略就不适用了。

11.3.4 跨国战略

全球战略型公司倾向于集中所有的资源，常常是将其集中于母国，以获取存在于每一个经营单元中的规模经济；多国战略型公司将它的资源分散于不同国家的经营中，以使其能够对当地需求作出反应；国际战略型公司倾向于集中那些对发展创新极为重要的资源，而分散其他资源，以使其创新适应于全球范围；跨国战略公司关注的则是发展全球效率、多国适应能力和全球范围的学习能力。因此，跨国战略要求企业必须创造一个更为精致而多样化的资产和能力的组合。跨国战略强调，企业的经营才能和产品的流动不应该只是像国际战略型企业那样单向地从母国流向海外子公司，相反，经营才能和产品应该从海外子公司流向本国，流向另外一个子公司，以发展全球学习能力。

另外，为同时取得低成本和产品多样化的优势，在企业结构和资源分配上，跨国战略型企业应确定哪些重要资源和能力集中在母国，以保护其核心能力；哪些资源在国外，以同时获得低成本和适应当地需求，这些公司通过其强有力的内部依赖使这些分散而专业化的资源结为一个整体。例如，在中国台湾或墨西哥的全球规模的组件工厂可为设在新加坡、德国和美国的专业化制造厂供货；英国子公司依靠法国子公司获得一系列最终产品，而同时法国子公司也依靠英国子公司提供其他一些产品或零部件等。通过这样一个复杂的组合，跨国战略型企业能利用比多国战略型企业、国际战略型企业和全球战略型企业更多的途径来建立自己的竞争优势。由于试图同时获得成本效率、全球学习（转移技术）以及当地需求响应，对组织结构提出了极高的要求，因此，成功实施跨国战略的最大挑战在于建立能够支持跨国战略态势的组织结构。

以上就是国际化战略的四种类型，为便于比较，将其特点总结如表 11-2 所示。

表 11-2　国际化战略类型及特点

压力类型	国际战略	多国战略	全球战略	跨国战略
降低成本的显著性	较为显著	最不显著	最为显著	较为显著
适应当地需求程度	不太适应	最为适应	最不适应	较为适应

11.4　企业国际化经营的环境分析

导致企业国际化经营失败的一个最主要的原因是企业缺乏对海外市场的了解和充分的准备。国际化经营环境包括总体政治形势、人口统计与自然环境、法律环境、经济环境、社会文化环境等。与国内相比，企业国际化的经营环境具有更多的不确定性、不可控性和风险性。为保证企业国际化经营的顺利进行，降低国际化经营的风险，企业必须对国际经营环境进行深入的分析与评估（李捷，2005）。

11.4.1　政治、法律环境

国家的政治、法律环境是否有利于外国商品进口和外国投资，各国有相当大的差别。国际化经营的企业如果决定在某一国家扩展经营业务的时候，必须考虑该国以下三方面的因素。

（1）对外国企业的态度。有的国家对于外国企业表示积极欢迎，鼓励外国企业投资，积极为外国企业准备工业布局条件和基础设施等。有的国家对外国企业并不持友好的态度，这反映在许多方面，如禁止外国独资企业的投资份额，政府控制外国企业返还母公司的利润数量以及货币种类等。

（2）政治的稳定性。不仅要考虑交易对象所在国家政治形势的现状，还应该考虑将来的稳定性，如政局不稳，领导人频繁更迭，对外国企业有没收财产、征用和收归国有的危险。这样的情况与其对国外直接投资，不如选择出口贸易。反之，如果政局比较稳定，则可考虑直接投资。

(3) 贸易和投资条约和协定。这些协定是两个或两个以上国家未确定彼此之间的经济关系而缔结的书面协议。这些条约和协定内容比较广泛，如关税的征收、海关手续、船舶航行、双方企业在对方国家所享受的待遇和保护、特种所有权（专利权、商标权等）处理和商品转口等。

11.4.2 经济环境

企业在进行海外经营的时候还必须研究该国的经济状况和动向，如了解一个国家的经济发展水平。一个国家总体的经济发展水平决定着出口该国家商品的种类，也影响着投资的类型和方向。国民生产总值的总量反映了一个国家的总体经济实力，而从国内生产总值的增长率来看，更能说明一个国家的经济运行状况及其前景。公司进行国际化经营还必须考虑所在国的国际收支状况。因为一方面，国际收支影响该国的本位货币的币值。一个国际收支严重逆差的国家往往会贬低本国货币，扩大出口；另一方面，国际收支影响该国政府的经济政策和对外来资本的态度。

11.4.3 社会、人文和地理环境

跨国经营环境与国内经营环境存在着巨大的差异，跨国经营面临着比国内经营更为复杂、不确定性更高的环境。因此，企业对海外经营环境中的文化、政治、法律和宏观经济等因素的分析和调研显得尤为重要。社会、人文和地理环境主要包括下列因素。

(1) 人口状况，包括人口总量规模、人口增长情况、人口密度，以及按年龄、性别、教育程度、职业、城乡和地理位置划分的人口分布状况及变化趋势。

(2) 基础设施，包括交通运输条件、能源供应、通信设施和商业设施。其中，商业设施包括广告、销售渠道、银行的信贷机构。

(3) 教育水平。人们受教育程度不同，对商品的需求、鉴别接受能力也不同。

(4) 宗教信仰。不同的宗教信仰有不同的文化倾向与戒律，影响人们认识事物的方式、行为准则和价值观念。并且使人们对商品需求，包括商品结构、外形、颜色等，都有特殊的要求。

(5) 地理环境，主要指一个国家的地形与气候条件以及自然资源的位置、质量。

对于上述指标，目前世界范围内应用较广的评估方法有“冷、热”国家法、

环境风险指数法和评分法。环境风险指数法是美国 Deliware 大学商业与经济学院教授汉纳尔（Hnaer）提出的，该方法根据一国实际情况对经营环境风险各项指数分别予以评分，最后根据各项评分及其相应权重汇总，指数越高，经营环境越好。其评价指标主要包括政治稳定性、经济增长率、货币自由兑换、工资与劳动生产力、短期贷款供应、长期贷款与资本筹措、对外国投资与利润的态度、企业国营政策、通货膨胀、国际收支平衡、履行合同习惯、官僚作风迟缓、会计师专业服务、交通状况、当地企业和合伙人等方面。汉纳尔认为评分在 40 以下的国家，除非有特殊的条件与必要，不可进行投资；评分在 40～55 的国家，风险较大，但可获得的利润也较大。

11.4.4　技术环境

在激烈的竞争中，掌控稀缺资源是取得胜利的关键之一。当今社会是信息和知识社会，人才和技术成为企业发展乃至国家发展的最重要资源，印度凭借软件人才优势一跃成为世界软件产业的外包中心之一，美国强大的科研实力成为各大企业研发中心所在地的首选。这些事实都说明技术环境已成为世界范围内高新产业转移的重要因素。技术环境包括人才数量、人才质量、高校及科研院所数量等，北京、上海等地成为外商在华投资集中的一个重要原因就是其拥有数量众多的一流高校及科研院所。

11.4.5　国际贸易体制

国际化经营的企业的目标是针对国际市场，因此，首先应了解国际贸易的格局和体制。

（1）关税。关税是一国政府对进出该国的产品所征收的税金。各国的关税制度不完全相同，一般有：单列税制，即一个国家的关税对各国同一类商品采取一个税率，无优惠待遇；双列税制，即一个国家对同一种商品采取两种以上的不同税率，对最惠国家实行低税率关税。关税一般是根据商品重量、体积或价格来规定税率。

（2）非关税壁垒。它是指处关税以外的限制商品进口的各种措施，其名目繁多，据统计已有 850 多种。其中，主要有进口配额制、进口许可证制度、外汇管制、最低限价和禁止进口、技术标准及检验制度、卫生检疫规定、商品包装和标签的规定、繁杂的海关手续、政府的采购政策等。而其中最常用的是进口配额，是指输入国对某一产品领域同意进口，但对进口商品总量规定限额，目的是为了保护国内某些产品和就业。

（3）国际贸易的支付方式。国际贸易需要将一国的货币兑换成另一国的货币。由于各国货币价值经常波动，因此，汇率就会带来一定的问题。事实上，汇率的改变可能会使国际贸易所得的收益化为乌有。由于销售和交货与收回货款的时间滞后问题，汇率的变动对进口商和出口商的影响更为突出。

11.5 国际化战略的风险

国际化的经营环境中都潜藏着巨大的风险。本节将重点分析国际化战略中的政治风险和经营风险。

11.5.1 政治风险及防范

政治风险（political risk）是指各种政治力量使一个国家的经营环境发生超过某种程度的变化的可能性，此种变化将影响某个企业经营目标的实现。政治风险分为宏观政治风险、微观政治风险和意外事故风险。

宏观政治风险有国有化风险、联合政治抵制和法律冲突风险等。意外事故风险包括战争、恐怖活动、经济危机等。作为影响特定经济部门和外国企业的微观政治风险主要来自于以下两个因素：一是政府的产业法规、土地政策、对特定类型商务活动的税收政策以及东道国的国产化法规等，如秘鲁将其铜矿开采业国有化、美国对进口纺织品征税等；二是国际化经营管理的难易程度。如果海外企业可以从别处轻易地得到必要的技术，该企业被东道国政府征收的可能性就大，风险相应就高；反之，如果海外企业需要不断从国内总部得到新技术以保持其竞争优势，风险就会减少。

政治风险是一种国家风险，一旦发生就很难规避。中国企业在国际化初期应对特定风险进行有效的预测与评估，并采取必要的措施加以防范。跨国企业用于防范政治风险的策略有很多种，主要有一体化策略、保护与防卫策略。

一体化策略的目的在于帮助跨国公司成为东道国经济结构中的一个组成部分，即尽可能使企业与当地环境融为一体，使得其不再是引人注目的“外国公司”。最为简单的方式是采用本地化的公司名称，在收购当地公司时，保留原当地公司的名字，如在美国加利福尼亚的银行中，有近25%的资产为日本人所有。这种策略转移了公众的视线，可减轻人们的抵触情绪。

另一种常用的一体化策略是与东道国政府和其他政治集团建立良好关系。企业在东道国的生产和经商活动中遵纪守法、制定合理的价格、获取适当的利润、尊重当地的风俗习惯、积极参与各种公益事业等，以获取东道国政府的支持与信任。保护和防卫策略旨在阻止东道国政府干涉企业经营。

与一体化策略相反，保护和防卫策略所促进的是跨国企业与当地环境的非一体化。一是控制技术或市场经营与分销渠道；二是将当地人员安排在非重要部门；三是从东道国政府和当地银行筹措资金；四是在多国分布自己的生产体系以分散风险。企业在东道国以外地区进行研究与开发，有效控制新技术输入，即使东道国政府突然没收企业的设施，企业的研发基地也不会受到损失。另外，将市场经营和分销渠道设在东道国以外，这样，东道国政府接管企业后也不能有效进入国际市场，从而弱化东道国接管企业的能力。

11.5.2　经营风险及防范

经营风险（operational risk）包括宏观市场经营风险和微观市场经营风险。

1. 宏观市场经营风险

宏观市场经营风险主要包括市场供求风险、市场竞争风险、市场结构风险和市场秩序风险。

市场供求风险是指目标国市场的供求状况给企业带来的风险。盲目生产市场上过剩的产品，必然会给企业带来灾难性的经济损失，甚至导致企业破产，而推出市场短缺且具有一定发展潜力的产品，能为企业的国际化经营带来成功。

市场竞争风险是指目标国市场的竞争规模、竞争方式和竞争程度给企业带来的风险。竞争规模主要指竞争者投入竞争的成本规模，成本规模大风险就大；竞争方式主要指竞争者所采取的竞争策略，如降低成本、提高质量、广告促销等正常竞争手段，竞争风险一般可以预测和防范，若竞争者采取倾销、垄断等不正当竞争方式，则风险就大；竞争程度主要指竞争对手之间相互抗衡的力量对比，若双方势均力敌，则竞争比较激烈，风险就大。企业应尽量在东道国市场寻求市场的缝隙，与对手激励竞争。

市场结构风险是指目标国宏观市场中要素市场的不协调给企业带来的风险。这种不协调表现在规模、容量、发育程度和行为方式等方面。例如，要素市场在规模上的不协调导致企业无法合理配置资源，导致无法实现其经营目标；在容量上的不协调导致企业因资源或产品成本的上升而亏损；在发育程度上的不协调导致资源的短缺；在行为方式上的不协调导致企业经营困难等。

市场秩序风险是指目标国市场的各种法律、经济体系和行政管理制度构成的不规范的市场秩序给企业带来的风险。混乱的市场秩序，如不公平竞争、市场信息失灵等，都会给企业国际化经营带来较大的风险。中国企业是在市场秩序复杂的环境中成长起来的，在进行国际化经营时尤其要对东道国，特别是与中国条件类似的国家的市场秩序有充分的认识与把握。

2. 微观市场经营风险

微观市场经营风险主要指生产风险、销售风险、价格风险和信誉风险。这里主要讨论价格风险和信誉风险。

价格风险主要源于市场的供求状况、东道国政府对价格的干预和企业的定价策略三个方面。中国企业在海外市场面临的风险主要来自于后两者。近年来，中国企业在海外市场屡遭倾销指控的一个主要原因就是在定价策略上的失误，由于没能形成有效的产业集群优势，加上国内各地方政府出于本地出口创汇的利益，导致中国企业在海外市场竞争中一味降低价格，最终导致东道国政府出面干预，如中国彩电企业在美国遭遇反倾销，对企业乃至整个产业群体造成不可估量的经济损失。

信誉风险主要指信誉模糊风险、信誉下降风险和信誉丧失风险。产生信誉风险的因素有如下两种：一是不严格履行交易合同，不遵守商业道德和商业惯例，或不遵守法律法规、进行越权经营或非法经营等；二是产品的质量、数量、价格、包装或服务等存在缺陷，导致产品不能满足消费者需要。前些年我国产品大量出口前苏联地区时，出现以鸭毛、鸡毛等代替羽绒的情况，温州鞋在俄罗斯遭遇的所谓“清关事件”都是由于上述原因，致使我国企业形象、信誉严重受损，造成了重大损失。企业的信誉是企业生存与发展的根本，是企业的无形资产。因此，中国企业在国际化经营中尤其应注意树立企业形象，创造并维护企业信誉，从根本上规避企业国际化经营的信誉风险。

11.6 企业国际化经营战略选择

进行国际化经营的企业具有多种可供选择的战略方案。以下是经常应用的战略选择（杨锡怀等，1998）。

11.6.1 产品标准化战略

产品标准化战略实质是开发标准化的产品，将这种标准化的产品在世界范围内以同样的方式进行生产和销售。采用这种战略的理由是充分利用在生产这种产品以及建立一个强大的世界分销网络等方面所存在的规模经济。通过产品标准化，可以大批量地生产同一产品，降低产品生产成本，从规模经济和经验效益中获益。此外，还可从大量的采购、大量的同一化促销手段中获得规模经济所带来的好处。最成功地采用产品标准化战略的公司是美国的可口可乐公司，它在世界各地所销售的可乐饮料、饮水以及橘子水等都具有同一口味，而且被国际消费者所接受。

11.6.2 广泛产品线国际战略

广泛产品线国际战略是企业在行业的所有产品线范围内进行国际化的竞争。在寻求这种战略时，企业可在世界市场的范围内，取得产品差异化和成本领先的战略地位。在广泛产品线战略中，重要的是应建立一个强大的世界范围内的分销系统。采取这一战略的益处在于，所有产品之间可以共享技术方面的投资以及分销渠道。当然，实施这一战略需要大量资源以及长远的战略眼光。

11.6.3　国际集中化战略

国际集中化战略是企业选取行业中某一特定的细分部分，并在世界范围内进行竞争。这个战略的思路是，选择行业的特定部分，在此部分企业可取得产品差异化的地位，或成为最低产品成本的制造商。同样，在国际集中化战略中也可采用产品标准化战略。

11.6.4　国家集中化战略

采用国家集中化战略的企业为了利用不同国家市场的不同特点，将其经营活动集中于特定的国家市场。在服务于这一特定国家市场的独特需求方面，企业既可获得产品差别化的地位，又可成为成本领先者。

11.6.5　受保护的空位战略

受保护的空位战略是寻求那些东道国政府的政策以排除许多国际竞争者的国家市场。该国政府排除国际竞争者的方式可能有多种，如要求产品中有较高的国产化水平、高关税等。为了保证使该国政府的保护政策继续有效，采取这种战略的国际企业必须在政府的限制范围内来经营，而且也必须与该国政府保持紧密合作关系。对于任何一个国际化经营的企业来说，选择一个有效的国际战略是一项复杂而困难的决策，但是可以结合国家的比较优势和企业的竞争优势来作出选择。当一个国家较其他国家更便宜地生产出某些商品时，可以说这个国家就具有了该商品的比较优势。生产要素决定了一个国家的比较优势，如自然资源、劳动力、资本和技术等。而竞争优势企业所具备的专利性特点主要包括品牌名称、专利、技术诀窍等。竞争者如果不进行大量投资以及不冒很大风险的话，是不能模仿出其他企业所具有的那些专利性特点的。

国家的比较优势影响着企业在哪里生产产品以及在哪里销售产品的决策；竞争优势则影响着企业沿着附加价值链，将其资源集中于什么样的活动和什么样技术的决策。

11.7　企业进入国际市场的模式

国际市场进入模式是指企业为最大化企业价值而将其业务拓展至海外的一种最佳形态或制度安排，也就是企业将产品、技术、人力、管理经验和其他资源转移到外国的方式。从经济学的角度看，企业进入国外市场有两条道路：第一，在目标国家以外的地区生产产品向目标国家出口；第二，向目标国家输送技术、资金、工艺，直接或者采用联合方式利用当地的资源，特别是劳动力资源、自然资源、环境资源生产产品并在当地销售。

企业有五种模式可供选择：出口、许可、特许、同东道国企业建立合资公司和建立全资子公司（希尔，2007）。每种进入模式都有优势和劣势，企业家必须在决策前仔细权衡。

1. 出口

绝大多数制造企业以出口创汇形式进行全球扩张，出口有两项独特优势：避免了在东道国建立制造设施的重大成本，同获得经验曲线和区域经济利益的需求相一致。通过集中制造然后向其他国家出口，企业可以通过全球销售量获得显著的规模经济效应。这也是索尼公司主导全球电视机市场、松下公司主导全球录像机市场和许多日本汽车企业进入美国市场时采取的战略。

出口也有缺点：第一，如果在海外有更低成本的制造商，则从本国制造出口的模式并不理想。特别是对于追求全球化和跨国战略的企业，最优战略应当是选择有利于价值创造的地点进行制造，再从那里向世界各地出口。例如，许多美国的电子公司将部分制造业务转移到亚洲地区，利用特区当地、低成本的劳工。第二，运输成本可能导致出口缺乏经济性，特别是大中型产品。解决这一问题的方法之一是进行地区性制造，在获得一定程度规模经济的同时控制运输成本。政府实施关税壁垒的威胁也令这一模式的风险极大。事实上，美国国会向日本进口汽车征收关税的协议直接导致了日本汽车公司在美国设厂生产的决定。

2. 许可

国际许可是外国的被许可方按照协议价格向许可方部门在本国制造产品的权利。在许可协议下，被许可方将负责绝大部分海外运营所需要的资本投入。许可的优势是不必承担开发海外市场的成本与风险。对于缺乏开发海外市场所需资本的企业来说，许可是一种有吸引力的选择。

许可也有三项缺陷：首先，企业无法严密控制外国市场制造、营销和战略职能，就像追求全球标准化战略和跨国战略的企业那样。通常情况下，每家被许可方都会建立自己的制造部门。因此，许可企业很难通过集中化制造实现经验曲线和区域经济利益。其次，全球化竞争要求企业协调不同国家间的战略行动，从而可以用在一个国家的利润支持在另一个国家里的竞争性攻击。而许可在本质上严重地限制了企业以这种方式协调战略的能力。被许可方不可能允许国际化企业拿走自己的利润去支持另一个国家里毫无关系的运营。最后，向外国企业许可技术诀窍的风险。对于许多国际性企业来说，技术诀窍是竞争优势的基础，它们希望保持对此的控制。实行技术许可之后，企业可能很快失去这种控制。例如，RCA公司曾经向许多日本企业许可彩色电视机技术，后来日本企业很快吸收了这种技术，并且利用这一技术进入美国市场。企业可以采取一些办法减少这一风险，其中之一是同外国公司签署双向许可协议（cross-licensing-agreement）。在双向许可协议下，企业将某些有价值的无形资产许可给外国合作方。但是，除了许可费之外，企业还要求外国合作方将某些有价值技术诀窍许可给自己。这样的协议旨在减少许可技术诀窍的风险，因为被许可方认识到，如果其违反许可协议的精神，许可方也可以做同样的事。从另一个角度看，双向许可协议可以减少针对对方采取机会主义行动的可能性。例如，美国的生物技术公司 Amgen 将自己的关键药物之一许可给日本制药企业麒麟公司，许可协议授予麒麟公司在日本销售该药品的权利。作为回报，Amgen 公司可以获得许可费，而且通过许可协议，还获得了在美国销售某些麒麟公司产品的权利。

3. 特许

从许多方面来看，特许类似于许可，尽管特许在长期承诺方面比许可更多。特许基本上是一种特殊的许可形式，特许方不仅将无形资产（通常是商标）出售给被许可方（亦称加盟店），同时还要求被特许方同意严格执行特许方的经营规则。特许方还经常持续帮助被特许方的经营业务。同许可一样，特许方可以按被特许方收入的某一百分比获得特许费。许可方式主要为制造业企业所采用，而特许主要由服务业企业实行。麦当劳是通过特许经营成长的好例子。麦当劳对于加盟店的经营制定了严密的管理规范，这些规范包括菜单内容、烹调方法、雇员政策、餐馆设计与地点。麦当劳还帮助加盟店组织供应链，提供管理培训和财务支持。

特许的优势与许可类似，特许方同样不需要承担在海外市场运营的成本和风险，因为被特许方通常会承担这些成本和风险。利用特许战略，服务性企业可以低成本而快速地建立全球性网络。不过，特许的形式可能抑制企业实现全球战略的协同能力。特许模式更严重的缺陷是缺乏品质控制。特许协议的基础是认为仅凭企业的品牌就足以向消费者传达企业产品的品质信息。因此，在香港预定希尔顿酒店的旅行者可以合理地预期他将会获得同他在纽约一样的房间、食品和服务的品质，希尔顿的品牌就是产品品质的保证。然而，如果外国的被许可方没有履行应尽的义务，不良品质不仅损害企业在外国市场上的销售，还会导致企业全球声誉的下降。例如，如果旅行者在香港的希尔顿饭店得到不理想的接待，他可能再也不会入住该饭店，并且会劝说周围的人作出同样的选择。为了减少这一问题，企业可以在它所扩张的每个国家里建立一个分支机构。这一分支机构可以是全资的子公司，也可以是同外国公司合作建立的合资企业，再由它来执行在该国或地区建立对特许企业的权利和义务。地理上的接近再加上有限的需要监督、独立被特许方的数目，可减少品质控制的问题。此外，由于分支机构至少是部分属于企业的，企业可以将自己的经理指派到那里保证所期望的品质控制。这种组织形式在实践中是非常普遍的，如麦当劳和肯德基在进行国际化扩张时都是这样做的。

4. 合资公司

同外国企业建立合资公司向来是进入新市场时的优先选择。最著名的长期合资公司是富士-施乐公司合资建立的复印机制造企业。最典型的合资公司是双方各持50%股份的公司，其运营权利由双方派出的经理分享。有些企业寻求建立可以获得主要持股权的合资企业，从而主导合作的一方可以更严密地控制企业。合资企业有许多优势，具体如下：首先，企业可以通过本地合作方对东道国的市场竞争、文化、语言、政治体系和商业体系作进一步的了解。其次，当外国市场开发成本和风险很高时，企业可以通过同本地合作方合作来分担成本、风险和利益。最后，在某些国家里，政治因素使合资公司成为唯一可能的经营方式。例如，美国公司早就发现，在进入日本市场时，同日本本地公司建立合资企业比独立进入更容易。但两个原因会导致合资公司很难建立和运营：第一，就像许可一样，建立合资公司的企业将面临自己的技术流失到合作方的风险。为了将这一风险最低化，它可以寻求在合资公司中占大股。作为主导合作方，它可以更有效地控制其技术。问题是很难找到愿意接受少数股东地位的外国合作方。第二，合资公司在控制程度上不如子公司，难以实现经验曲线效益和区域经济利益，或者不可能加入全球性攻击对手的行动。

5. 全资子公司

全资子公司是母公司拥有百分之百股份的公司。在外国市场上建立全资子公司可以采取建立新机构和收购东道国企业并用它在东道国市场上推广产品两种形式。建立全资子公司可以获得三项优势：首先，如果企业的竞争优势给予技术能力的控制，全资子公司一般会成为较好的选择，因为这样可以减少技术流失的风险。因此，许多高技术企业偏好全资子公司而不是合资或许可的模式。其次，全资子公司为企业提供了在不同国家运营的严密控制，特别是在它希望进行全球战略协调的时候，可以从一个国家提取利润去支持另一个国家的竞争性攻击。最后，对于希望实现区域经济和经验曲线效应的企业，全资子公司是最佳选择。在成本压力很大的时候，企业对供应链的管理应当追求每一阶段价值增加的最大化。因此，一个国家里的分支机构可能专长于制造最终产品的一部分或产品线中的一部分，它将同全球体系中其他国家里的分支机构交换产品与部件。建立这样一个全球制造体系要求企业对各国的分部进行高度控制。各国的分部必须准备好接受总部指导的关于如何制造、制造多少和产出在不同分公司间转移以及如何定价的决策，而绝大多数的被许可方则不会甘心扮演这样的角色。

此外，建立全资子公司是开发国外市场中成本最高昂的选择。母公司地区承担建立海外分部所有的成本和风险，而在合资公司里，是由各方分担的，在特许的形式中则是由被特许方承担绝大多数成本和风险。不过，如果企业收购东道国已建成的企业，则在新文化环境中学习经营业务的风险就会小得多。

11.8　日本企业国际化的启示

在日本经济快速发展并跃居世界经济强国的过程中，日本企业顽强的市场渗透力、灵活的经济策略和成功的国际化经营发挥了巨大的作用。同属亚洲国家，文化相通，学习日本企业国际化经营的成功经验对我国企业国际化是不无裨益的（高雷，2003）。

东南亚是日本中小制造型企业的重要投资地，而服务业的对外直接投资主要设在北美。在东南亚建立生产设施，在北美建立分销机构，成为日本跨国企业对外直接投资的重要特征。

日本厂商在通过出口进入外国市场方面，采取的做法与别国不同。因为长期以来，日本企业一直依赖大型综合商社为其提供出口服务，而不建立自己的出口部。综合商社是日本特有的从事国内外贸易和海外投资的垄断企业，对日本经济贸易的发展起了极其重要的作用，其中，三井物产、三菱商事、伊藤忠商事、住友商事、丸红、日商岩井、东洋棉花、兼松江商事、日棉实业这九大商社的进出口额占日本进出口总额的45%左右。

日本企业国际化经营的主要特征有：以综合商社为主导，带动其他国际企业向海外发展；投资的地区分布以发展中国家为主；投资的策略是先进入发达国家，再转入发展中国家；采用兼并的形式加快进入国际市场的步伐。

11.8.1　独特的企业体系

日本是一个大企业、企业集团占主导地位的国家，同时也是发达国家中小企业数量最多的国家，这与其独特的企业体系有关。日本的企业组织形式主要是企业集团与关联企业形式，企业集团使企业能够保持稳定经营，追求长期利益和共同利益，有利于建立起企业间同舟共济的关系；而关联企业形式则是企业生产所需要的原材料和零部件，一般由作为独立企业的关联协作企业提供，为中小企业国际化创造了条件。

在国际化过程中，关联企业协作形式使企业将经营资源集中在本行业，开发独特的产品和技术，积极保证商品和服务的质量并提高劳动生产率。大企业通过原材料供应、加工订货、技术指导、技术援助和提供贷款方便等方法将中小企业纳入到生产体系中；而中小企业则在大企业的监督指导下，为其生产零部件或提供某种服务，最终在大企业和中小企业之间形成多层次、连锁性的垂直分工协作体系。

在这种企业体系中，企业不仅为推动生产社会化发挥了重要作用，而且在资金、技术、人才、信息和管理等方面得到大企业的支持和扶持而促进了自身的稳定发展。

11.8.2 鲜明的经营特色

起初，日本的企业与欧美企业相比，同样有规模小、技术设备落后、资金不足的问题，在竞争中处于不利地位。但是，日本的企业不仅没有被挤垮，反而日益壮大，这得益于日本政府的扶持，但关键在于企业有其自己鲜明的经营特色，在国际化的市场竞争中保持独有的竞争优势。

其一，日本企业发挥好了自主权大、应变能力强的特点，根据市场环境变化，迅速作出决策，迅速调整经营方向寻求市场缝隙，得以生存和发展。其二，日本企业采取专业化的经营方式，走联合的道路。同行业的中小企业就某些特定的经营活动建立协作组织以加强联合，并努力提高现代化技术装备水平，朝专业化方向发展。

同时，针对新经济的产生、技术革命的兴起，企业间的竞争已由价格、质量竞争逐步转向开发新产品、新技术竞争，因此，日本企业采取了积极应对的措施：提高生产加工高附加值产品的能力，采取多元化战略确保生产任务饱满，实施产品多角化战略，重视提高技术开发能力。除了自己开发新技术新产品外，日本企业更加重视与大企业共同开发，或与不同行业的中小企业联合开发新技术新产品，成效十分明显。

11.8.3 完备的法律环境

国民经济的协调健康发展不仅取决于大企业，很大程度上来自中小企业。如何使中小企业得到快速发展、走向世界是世界各国政府着力解决的问题。日本中小企业在国际化方面有着许多成功经验，这与日本高度法制化的市场经济环境、日本政府采取促进和扶持中小企业的法律和政策措施是分不开的。第二次世界大战后，日本政府注意通过法律手段鼓励和促进中小企业的发展，把保护中小企业利益、协调中小企业和大企业关系纳入了法律调整的范围，颁布了许多有关中小企业的法律。

例如，1946 年颁布的《商工协同组合法》，改变了与大企业进行市场交易中中小企业相对不利的条件；1948 年制定《中小企业厅设置法》，决定设置中小企业厅，专门负责制定和实施中小企业政策，指导中小企业的生产经营活动；1949 年颁布的《中小企业协同组合法》促进中小企业组织起来，以团结互助的精神共同举办各项事业，保障中小企业获得公平的经济活动机会，提高中小企业地位；1951 年制定的《中小企业信用金库法》使中小企业信用金库依法成立，解决中小企业资金短缺的问题；1967 年颁布的《中小企业现代化促进法》推行中小企业的结构调整促进中小企业的现代化；1976 年的《中小企业转产对策措施法》和 1985 年的《中小企业技术开发促进临时措施法》提出对转产的中小企业在资金和税收上的优惠，及时针对技术革新迅速发展及需求结构的显著变化，促进中小企业技术开发，谋求中小企业振兴和产业技术的协调发展等。其中，《中小企业基本法》被人称为“中小企业宪法”，在法律上规定保护自由竞争、促进公平交易和限制私人垄断，将中小企业置于国家政策扶持和支持的地位。这些法律的制定，规范了中小企业的行为，调整了中小企业与国家、大企业之间的关系，保证了经济活动的协调进行，有力地促进了国民经济的健康发展。

11.8.4 高强度的政府扶持

日本是政府主导型市场经济国家，政府在企业的发展中具有非常大的作用。日本企业的发展壮大与日本政府采取一系列具体有效的政策措施和管理手段进行扶持和促进是分不开的。除了注意运用法律手段保障和促进企业发展外，日本政府还设置了众多的管理和促进企业发展的官方和民间机构，如内阁通产省就是官方机构之一，它根据政策和法律，对企业进行管理、资金、技术开发等方面的指导和扶持；各地政府机关也设有企业指导科，形成全国性的行政组织网。

11.9 中国企业国际化先行者的不足与经验

11.9.1 中国企业国际化过程中的不足

我国企业国际化目前呈现比较好的发展势头，特别是沿海省份的企业已经取得了很好的成绩。但是，中国企业在国际市场上属于后发型企业，无论在管理水平、技术经验上都与发达国家的企业存在着一定的差距，在国际化进程中有着十分明显的困难和问题。

(1) 信息渠道狭窄、信息成本高和信息不对称。在外贸出口方面，中小企业虽然是我国出口贸易的重要力量，但由于资金、规模等方面的限制，难以像大企业那样建立宽泛的营销渠道与网络，难以及时、准确地获取国际市场的需求信息。许多企业只能以区域市场作为生存空间，即使有产品出口，也是“借船出海”，依附于专业外贸公司。这不仅在出口效益方面受制于人，而且由于工贸脱节现象的长期存在，企业对国际市场知之甚少，生产经营和对外贸易处于被动局面。

(2) 总体技术水平落后，产品技术含量和附加值低。这是制约我国企业进一步扩大出口，增强产品国际竞争力的根本原因。如不迅速改变这种局面，多数企业显然将被新品迭出、竞争激烈的信息时代的世界市场淘汰出局。

(3) 资金、人才的缺乏是制约企业国际化的“瓶颈”。这也是我国企业发展面临的最为现实和迫切的问题。在资金问题上，由于金融体制改革难以到位，资本市场发育、完善尚待时日，风险经营机制的建立面临种种困难，企业融资难的问题将在一个较长时期内存在。在人才问题上，企业应该认识到，决定企业竞争力以及能否实现国际化经营的关键既不是原材料也不是资金，人才才是赢得竞争优势的关键。因为，当代经济正从资金投资急剧向知识资本投资转化，拥有了具有创新思维和创新能力的人才，企业国际化经营的其他问题都会迎刃而解。

(4) 企业过度分散。企业之间、中小企业与大企业之间缺乏必要的联系与协调，企业之间竞相压价、自家竞争，扰乱了外贸经营秩序，同时还使贸易利益大大受损。出口效益低下甚至亏损又制约了企业结构升级的资金来源，制约了企业进一步国际化发展的后劲。

11.9.2 中国企业国际化的成功经验

尽管在国际化进程中有这样那样的问题，但中国企业也积累了不少成功经验，已经有许多中国企业在国际化的过程中摸索出自己的道路（见表 11-3)。中国企业应该而且能够较好地利用后发优势，通过借鉴国际化先行者的经验和教训，发展出具有普遍性又兼具中国特色的国际化战略模式。

表 11-3 中国企业国际化战略模式概览①

模式	代表企业	特点
国内名牌自建销售网络走出国门	红塔山	产品在境内生产直接销往海外，减少中间环节，了解市场需求，积累经验
并购下游企业获得海外销售渠道	万向收购美国舍勒公司	迅速获得销售渠道，经历重组整合的考验
国内优势企业先建销售网络，再建生产基地，开拓国际市场	海信	在境外生产，可以绕过贸易壁垒，降低成本，适应当地市场
自建研发基地开发适合当地市场的产品	海尔	充分利用境外技术资源，实现设计、技术的本土化
国内领先企业并购重组跨国公司业务，成为跨国公司	TCL 重组汤姆逊	整合全球资源，获得技术、品牌、渠道、人力资源，以及包括欧美发达国家在内的全球资源，风险非常高
全球专业化的 OEM 制造商	格兰仕	提升企业整体素质，掌握国际竞争规则，打开产品外销渠道

① 杨春怡：加工型企业的国际化战略研究，北京交通大学硕士学位论文，2009 年。

续表

模式	代表企业	特点
产业集聚：小产品做出大市场	温州打火机行业	生产同类产品及上下游产品的企业高密度聚集在一起，提升产品的国际竞争力
工程承包和劳务输出	中国铁道建筑总公司	以工程承包为主体，大型项目为依托，深化合作，多元并进，实施全球化发展战略
境外投资应对贸易壁垒	长虹等彩电企业	在境外直接投资建厂，绕过贸易壁垒
高新技术企业通过跨国并购获得技术进入新领域	京东方、华为	适合技术要求高、建设周期长、产品生命周期短、成长性好，尤其是技术进步快的企业
技术型企业境外收购或建立研发机构不断引进新技术和新产品	惠州侨兴	自主设立研发机构，吸引人才，收购其他企业的研发机构，与具有技术优势的境外企业、大学、研发机构合资或合作
高新技术优势企业境外建立研发机构，实行研发业务的全球化运作	中兴通讯	采取自建、收购、合资、合作方式，加强参与国际分工的深度
大型国企海外上市融资	青岛啤酒	大型国企在特定背景下，将改制、融资和国际化结合的特殊模式，采取境内注册公司海外上市，或境内公司在海外注册并上市的方法进行融资
新技术公司与海外资本共成长	新浪公司	新技术公司拥有成为海外资本市场热点的商业概念，从创立起就获得了海外的风险投资，在从创立、运营到海外上市的过程中始终借助海外资本力量

通过对中国企业国际化经营的案例分析，可以总结出中国企业国际化的经验有以下四方面。

1. 立足国内，放眼全球

中国是全球发展潜力最大的市场，拥有全球最庞大的消费群体，中国企业多数会选择从国内市场起步，在做好国内市场的基础上逐步实施国际化战略。做好国内市场对中国企业有以下的意义：首先，中国市场有着巨大的容量，又是我国企业熟悉的市场，企业更容易在国内市场获得利益。其次，国内市场能够为国际化发展提供支持。国际化不是短期的行为，需要大量的人员、资金、资源的支持，国内市场无疑是获取这些支持的重要平台。再次，中国市场已经成为全球各大企业竞争的舞台，国内市场的国际化加剧，可以说中国市场本身就已经是一个国际市场。中国企业可以通过国内市场的运作了解国际竞争对手和国际市场规则，获取技术、信息，增强企业核心竞争力。最后，国际化尝试不应该以放弃或削弱国内市场为代价。国际化的风险相对较高，如果国际化战略失败，国内市场是中国企业的生存保障。中国市场的竞争日益激烈，很多行业市场已经基本饱和，如果要夺回丧失的市场需要巨大的投入。因此，我国企业一般都会选择两个市场共同发展的战略。

改革开放初期，我国的技术引进方式只有两种：一是直接购买国外技术或设备；二是吸引外商投资，获取外资企业技术外溢。随着我国企业实力的不断增强和国际化经验的积累，我国企业的技术获取战略呈现多元化的态势。企业将研发环节转移到海外，以适应多样化的全球市场，充分利用当地科研资源，降低产品研发、推广的成本和风险。目前，全球研发战略包括：①企业自建或收购境外研发基地，直接进行技术研发。这种战略的好处是能够充分利用当地技术人才、环境、研发资源的比较优势。②企业在海外建立生产基地并设立与之配套的研发机构。研发可以根据当地市场的实际情况和特定需求进行，形成个性化技术，实现设计、技术、生产的本土化。③通过资本运作，以收购、并购海外公司的方式直接获取公司的技术。这种技术引进的方式更为直接、迅速，适合技术要求高、建设周期长、产品生命周期短、成长性好的行业，如高科技行业，但是需要企业有较强的资金实力。④以合资、合作或战略联盟的方式分享合作伙伴的技术。由于合作伙伴已经有技术的运作经验，故此类战略的风险较小，但是合作伙伴可能对提供的技术有所保留或对技术的使用进行限制与控制。此外，对引进的技术，我国企业采取的是学习吸收、消化创新和技术再输出的发展模式，使技术得以升值。

2. 形成从产品到品牌的战略眼光

随着对国际市场认识程度的逐步加深，我国企业已经将开拓国际市场的重点从追求产品竞争力转移到追求品牌竞争力。目前，我国企业的品牌国际化战略大略可以分为两类：一类是直接品牌战略，另一类是迂回品牌战略。

1）直接品牌战略

直接品牌战略就是企业将自有品牌产品在国际市场上推广销售。

我国很多企业都采取这种品牌推广方式，根据企业品牌知名度的不同，企业一般会选择品牌主导市场或市场带动品牌的战略。品牌主导市场的战略要求品牌本身具有一定的知名度，我国很多知名企业，如烟酒行业中的中南海、茅台、五粮液，中药行业的达仁堂系列成药等，这些产品历史悠久，具有中国传统文化底蕴，多次在国际大赛上获奖，在国际市场上有一定的知名度。企业采取了在全球建立营销网络，借助产品品牌的知名度争取市场，并凭借国际市场扩张增加品牌价值的国际化战略。

而我国大多数的企业在国际化初期品牌国际知名度低，对产品支撑力度不足。企业一般会通过国际市场运作、国际研发与生产等方式逐步打响品牌。海尔著名的国际化“三步走”战略就是市场带动品牌发展的典型案例。海尔将品牌国际化分为三个阶段。

(1) 品牌本土认知阶段，以“创牌”为目标，将产品直接出口到海外主流市场，获得品牌知名度；

(2) 品牌本土化扎根阶段，建立海外研发基地和生产工厂，进入国外主流渠道，销售主流产品，形成品牌信誉度；

(3) 本土化名牌阶段，实行“三位一体”的本土化战略，成为当地市场的主流品牌。通过实施“三步走”战略，海尔的品牌价值不断提升，根据“睿富”全球排行榜资讯集团和北京名牌资产评估有限公司共同发布的研究结果显示，2007年海尔的品牌价值为 786 亿元人民币，连续六年蝉联中国最有价值品牌榜第一。

2) 迂回品牌战略

迂回品牌战略就是企业向国外知名品牌借力，实现走出去的目标，并逐步完成自有品牌的国际化。

我国企业采取的迂回品牌战略也可以分为两种：一种是以合资、合作、收购等方式借助国际知名品牌的影响力。我国汽车制造行业中的很多企业都是采取这种方式逐步形成具有国际影响力的品牌的。例如，南汽收购英国 MGR（罗孚）后，为了把握罗孚原有的成功品牌体系，不仅在英国设立汽车研究机构和生产基地，还与英国汽车制造商协会、欧洲汽车销售商协会、罗孚的供应商和销售商充分合作，通过结合罗孚品牌原有的英伦文化内涵和中国文化传统打造出“现代绅士”南汽名爵品牌。另一种是企业以给国外知名企业 OEM 加工的方式进入国际市场并逐步培养自有品牌。目前，我国产品出口大部分还是依靠价格优势，因为技术、质量、营销能力、品牌影响力等因素的限制难以单独进入国外高端市场，而 OEM 门槛低、资金回收快，通过与国际知名企业合作，产品可以迅速进入国际市场，所以不少中国企业选择 OEM 方式走出去。格兰仕的 OEM 战略当属典范。1997 年格兰仕从法国翡罗利公司的 1000 台微波炉 OEM 订单起步，以良好的质量控制、专业的产品生产、科学的管理逐步成为美国 GE、日本三洋、意大利德龙等著名品牌的 OEM 合作伙伴，成功打造出“全球微波炉制造中心”。在为各种品牌 OEM 的过程中，格兰仕积累了丰富的经验，形成了强大的产业支持，在确保战略伙伴利益的前提下，利用品种分流、市场细分的手段抢占国际市场。2003 年，在出口产品中，格兰仕自有品牌所占比重一度提升到 40%，虽然其后格兰仕为避免垄断和倾销的风险将该比例降至 30%，但利用 OEM 方式，格兰仕已经成功将“格兰仕”品牌推向国际市场。对于绝大多数中国本土品牌，具有较高性价比的产品是竞争优势所在，因此，无论采取什么样的方式，产品质量是中国品牌参与国际竞争制胜的关键，这也是塑造品牌的一种有效方式。

3. 资本战略更为灵活，资本运作的目的也更为多样化

尽管我国企业“走出去”已经具有相当规模，但多数仍停留在产品出口层面上，缺乏资本支持，没有形成国际资本链条。以 2007 年为例，我国货物出口总

额已达到 12 177.8 亿美元，而对外直接投资额仅为 265 亿美元。多数企业所谓的境外投资，也仅是在境外设置了出口“窗口”，单纯的产品运营造成我国企业抗风险能力极差。很多企业已经意识到了这个问题，利用资本运营获取资源，为国际化发展保驾护航已经成为我国企业国际化发展的新动向。中国企业进行海外投资一般会选择合资、独资境外建厂或跨国收购两种模式。

（1）境外直接建厂。境外直接建厂就是所谓的“绿地投资”，是企业进入目标国市场、扩大市场份额、获取目标国资源的有效手段之一。建立跨国公司需要企业有一定的产品优势、雄厚的资金实力和高度的国际化运作。由于建立跨国公司存在着比较大的风险，企业还需要作好充足的准备，对目标国的宏观、微观条件进行充分调查，了解当地政策、法规、风土民情等，对合资方的背景、实力、财务状况也要充分掌握。在海外建厂方面，海尔的成功经验是值得肯定的，目前，海尔在全球建立了 29 个制造基地，8 个综合研发中心，19 个海外贸易公司，全球员工总数超过 5 万人，已发展成为大规模的跨国企业集团，产品覆盖全球 160 多个国家和地区。2008 年，海尔集团实现全球营业额 220 亿元。人员、设计、制造、营销等全面的本土化是海尔获得成功的关键。境外建厂的劣势在于耗费的时间比较长，需要选址、建厂、购买和安装生产设备、招聘培训员工，可能无法跟上国际市场的变化。

（2）跨国并购。通过并购海外的成熟产品，利用该产品已有的渠道、人才、生产能力、品牌效益进入国际市场，是一种比较快捷的国际化战略。但是，海外并购存在着政治、管理、财务等多方面的风险，并不适合每一个中国企业。企业最好选择自己比较了解的行业，选择有能力成功整合和实现文化磨合的企业，选择能为企业带来发展前景的战略目标。我国企业进行海外并购的案例首推联想并购美国 IBM 的 PC 业务。2004 年 12 月，在国际商场上缺乏品牌知名度和技术优势的联想集团并购了 IBM 的 PC 业务，通过并购联想获得了 IBM 在 PC 领域的全部知识产权以及遍布全球 160 多个国家和地区的销售网络以及五年内使用“IBM”和“Think”品牌的权利。并购后，联想采取双品牌、双市场的战略保证 IBM 的平稳过渡，同时将总部迁至美国，期望将联想“融合”到以美国企业为主导的全球 PC 体系中。此后的三年内，联想的销售利润逐年增加，2007 年更是达到了 237％的增速。虽然此后联想在“Think”系列产品决策上出现了重大失误，失去了中高端商用电脑的大部分市场，加之过分重视跨国经营，对国内市场开拓力度的下降，国内 PC 市场的占有率也由最高时期 40％下跌到不足 30％，但联想集团通过跨国并购获取技术、品牌、市场资源以及初期整合成功的经验还是值得中国企业学习的。

4. 采用一体化战略增强企业国际竞争力

根据调查，到 2007 年我国企业中中小企业所占比重上升到 88.6％，中小企业已经成为我国社会经济的重要组成部分。要增强中小企业乃至行业的竞争力，实现国际化，就需要通过纵向或横向一体化形成产业集群来实现专业化分工、降低成本、形成规模优势、增加市场占有率。例如，中国鞋都——温州，2007 年共聚集了制鞋企业 2600 多家，在金融危机出现端倪的 2008 年上半年，虽遇到了反倾销、汇率变化、成本上升等一系列问题，温州鞋类出口仍达 12.36 亿美元，同比上涨 14.14%，占我国鞋类出口市场的 30%。这主要得益于温州形成了一个集科研、贸易、检测、信息、生产于一体，功能齐全，配套成龙的大型鞋业产业集群，依靠自主品牌、自主创新、自有网络和规模效益在国际市场站稳了脚跟（杨春怡，2009）。

【本章精要】

在市场经济这个大环境中，企业要想做大做强，不能局限于国内，应该放眼于国际，充分利用国内、国际两个市场。当企业开发国际市场时，如何选择和实施自己的国际化战略就成为关键。

所谓国际化战略，是指企业根据自身的条件选择在国际市场中创造独特优势的路径，通过对企业内外部资源的有效整合与协同，并按照国际市场的要求构建和实施其经营战略，在充分获取规模经济的基础上，以实现企业价值最大化。

企业不能盲目地采用国际化战略，在采用国际化战略之前，应该全面、系统地评价一下，如时机是否成熟，是否有充足的人力、物力及财力支持国际化战略。

企业应该根据自身条件，选择适合本企业的国际化模式。准备实施国际化战略的企业，应该吸取其他企业失败的教训和借鉴成功企业的经验，从而促进企业的健康发展。

【思考题】

1. 企业为什么要进行国际化经营？
2. 企业进行国际化经营与国内经营有什么区别？
3. 公司如何选择国际化战略？
4. 如何确定公司进入国际市场的合适方式？
5. 企业在进行国际化经营时，通常考虑的最主要因素有哪些？
6. 日本企业国际化历程有哪些特点？
7. 分别以一个成功和失败的中国企业国际化战略为案例，鉴别它们国际化的动机以及成功和失败的原因？

【综合案例】

国企国际化之殇——中铝折翼的启示①

中国铝业公司（以下简称中铝公司）的首次大规模的海外出征历程，同时也是我国企业最大规模的一次海外收购行动，就像是一部跌宕起伏的电影大片。从2008年的2月份开始，历时一年半，经历了无数次戏剧性的悲欢离合，这个故事终于在2009年的6月5号告一段落。中铝公司戏剧性地成了这场世界矿产资源收购案中最后的悲情角色。

（一）中铝、力拓并购案回放

2009年2月，在金融海啸肆虐之际，力拓迫于387亿美元的债务压力，向中铝公司伸手求援以解资金难题。2月12日，中铝公司宣布将通过认购可转债以及在铁矿石、铜和铝资产层面与力拓成立合资公司，向力拓注资195亿美元，其中123亿美元将用于参股力拓的铁矿石、铜、铝资产，72亿美元将用于认购力拓发行的可转换债券。如果交易完成，中铝公司可能持有的力拓股份最多上升到18%，并将向力拓董事会派出两名董事。

随着经济形势复苏，大宗商品价格的上涨，市场形势发生了变化。力拓逐渐缓过劲，便开始覆手风云，做出过河拆桥之举。2009年6月4日晚9时，我国企业迄今为止最大的海外投资交易在伦敦被力拓董事会否决，备受关注的中铝-力拓合作案最终由交易双方出面证实以分手告终，同时决定配股152亿美元，并与必和必拓组建铁矿石合资公司。中铝公司确认，力拓集团董事会已撤销对双方195亿美元交易的推荐，并将依协议向中铝支付1.95亿美元的分手费。这意味着我国企业迄今数额最大的海外投资交易遭否决。

（二）相关背景

中铝公司是中国最大的有色金属企业，目前公司氧化铝产量居世界第二，电解铝产量居世界第三，铝加工材产量居世界第五。力拓集团是全球第三大多元化矿产资源公司，以2007年产量统计，力拓铝土矿居全球第一，铁矿石、电解铝和铀居全球第二，氧化铝全球第四，铜精矿全球第五。必和必拓公司是以经营石油和矿产为主的著名跨国公司，雇佣员工3.5万人，是全球第二大矿业集团公司，在澳大利亚、伦敦和纽约的股票交易所上市。目前，该公司是全球第三大铁矿供应商。

---

① 该案例根据《金融时报》2009年6月4日《中铝公司即将退出与力拓的交易》，《华尔街日报》2009年6月5日《力拓放弃与中铝公司195亿美元交易》，CCTV2《今日观察》2009年7月1日《海外抄底——中铝折翼的启示》等资料编写而成。

（三）并购失败的原因

1. 市场原因

从市场角度分析，力拓当时寻求投资者，是因为背负了 387 亿美元的沉重债务，中铝公司的出价就当时的市场价格而言已属溢价。对自己单方面的毁约行为，力拓的说法是，因为近期市场发生变化，与中铝公司的交易已经没有当初那样宝贵。换言之，力拓当时是迫于 387 亿美元的债务压力，而与中铝公司达成注资协议的。但随着世界经济的逐渐回暖，国际大宗交易商品的价格又开始上扬，力拓在这几个月内股价已回升了一半，资金压力明显减少。这显然使得力拓认为最困难的时刻已经过去，中铝公司的注资变得不十分紧迫。

就在力拓逐渐摆脱财务困难的时刻，力拓的其他股东认为资产被贱卖，群起反对。同时，鉴于当前铁矿石谈判形势，力拓主张与必和必拓组成铁矿石合资公司，以整合资源、降低成本，更重要的是，通过共同进退获得价格垄断收益。因此，撕毁与中铝公司的并购协议将会为力拓带来更大的市场好处。

2. 中铝公司的自身原因

在这次海外并购中，中铝公司自身也存在一些原因。进行这样大的并购，需要方方面面的准备工作，企业确实应做好前期宣传，在澳大利亚的社区、工会、企业等地展开多种积极的宣传攻势。

从中铝公司并购的具体操作看，中铝公司购前功课欠缺过多。中铝公司在力拓并购案中就因预案准备不充分，显得用力过猛。2008 年 2 月，中铝公司已联合美铝共同持有力拓 9%的股权，距离否决必和必拓和力拓两大矿业巨头联姻所需的 10%仅一步之遥，事实上已占据阻击的有利位置。由于缺乏进一步的并购应急预案，当力拓喘息甫定，转而与必和必拓联手欲谋垄断之利时，中铝公司无以应对。

（四）启示与借鉴

1. 建立并细化长期海外并购战略

并购要循序渐进。应该说，我国公司目前对于海外资源的并购无论从思想、经验、资金和硬件支持都尚未做好充分的准备。特别是在一系列的经验技术方面，我们仍是空白。首先看“目标”有没有本公司不具备的资源，其次看“目标”的短处是否能以本公司的长处进行弥补，最后衡量做到这一切的成本是否超出自己可接受范围。

2. 采用隐蔽方式并购

美国耶鲁大学陈志武教授认为，国内应改变以大型国企为主的海外资源并购做法，由民营企业和中型国企出手并购，以淡化招人疑忌的“国家色彩”。还有一种途径，就是由中国投资公司、石油公司、资源公司以及银行，把资金投放到境外的私募股权基金，并拥有对这些私募股权基金公司实际控制权，再通过这些私募基金收购其他国家的资源型企业股权，借此间接控制海外资源型企业。比如，中铝已经持有力拓9%的股份，再通过投资几家海外私募股权基金，由它们分别持有更多力拓股份，然后配合控制力拓的董事会和管理层。比起直接由我国资源型国企收购外国资源企业，从政治角度讲，这样操作会容易很多。

综合案例思考题：

1. 中铝公司收购出现问题的关键环节在哪里？
2. 分析中铝公司失败还有哪些原因？
3. 与“上汽收购双龙”相结合，分析两者有什么共同之处？找出中国企业失败的通病。
4. 中铝公司在以后的国际化过程中，还应当完善哪些方面？

第12章 企业危机管理

每一次危机既包括导致失败的根源，又孕育着成功的种子。发现、培育，以便收获这个潜在的成功机会，这就是危机管理的精髓。

——普林斯顿大学教授　奥古斯丁

【引导案例】

南京冠生园月饼陈馅危机①

2001年9月3日，南京知名食品企业冠生园被中央电视台揭露用陈馅做月饼。事件曝光后，一向有着良好品牌形象的老字号企业最终葬身商海。从危机管理的角度来看，在事件突发时刻，南京冠生园还是存在着把握自己命运的最后机会的。遗憾的是，企业的管理者缺乏起码的危机公关意识。

1. 沟通失败

在危机发生之后，企业的管理者无一例外地选择了沉默。直到9月10日，才有一份“致广大消费者的公开信”姗姗来迟。是企业管理者的沉默与逃避进一步加剧了危机。

除此之外，在陈馅月饼被曝光之后，南京冠生园一直处在一个与媒体对立的位置，没能主动与媒体联系、争取媒体的支持与同情，以至于全国的媒体上清一色地充斥着对南京冠生园不利的消息。同样，南京冠生园对其员工也采取了不闻

① 林景新：危机管理经典案例：南京冠生园月饼事件，http://www.mie168.com/manage/2005-02/13610.htm。

不问的态度。公司的这种做法使得员工们丧失了要与公司共度难关的决心。

2. 角度错误

9 月 10 日发表的公开信，却被他们写成了“诉苦书”、“陈冤信”。信中宣称陈馅不是霉变馅，企图偷换概念，这种手法让消费者更加坚信了南京冠生园使用了陈年旧馅这一事实。

消费者真正想要看到的是他们坦率承认错误，积极的挽救行动，以及对未来的郑重承诺。南京冠生园如果能站在消费者的角度考虑这封“公开信”的创作的话，也许能在一定程度上缓和与公众对立的局面。

本章学习目标：

- 了解危机的含义；
- 掌握危机管理及其特点；
- 了解危机产生的原因；
- 掌握危机预防；
- 理解危机应对策略与处理流程；
- 了解危机的传播与利用。

金融海啸迅速席卷全球，雷曼兄弟的轰然倒塌，引发了多米诺骨牌效应。寒冬之下中国企业未能幸免。如何“过冬”、如何应对危机，已成为摆在企业面前的当务之急。

其实，伴随着现代经济的发展和企业经营环境的变化，企业面临随时都可能发生的各种危机，面临管理和经营决策等方面的风险与挑战，处理得当与否直接关系到企业的存亡和发展。

12.1 危机管理概述

危机管理是指组织或个人通过危机监测、危机预防、危机决策、危机控制和危机处理，达到避免或减少危机产生的危害的目的，甚至将危机转化为机会的一系列管理过程。

12.1.1 企业危机概述

1. 企业危机的内涵

企业危机是指所有可能给企业的运营、信誉、形象等造成负面影响的事件或状态。它既包括已经向企业发出了警告信号却并未引起管理者充分注意的潜在危险因素，也包括一些不可预测的突发事件。正如人体会感染疾病一样，一个企业在发展中，随时都有可能因外部和自身的原因遭遇危机，给企业的发展造成障碍。近年来，我国很多企业在发展中也遭遇到了各种各样的危机，有的企业因此而陷入发展困境。可见，企业管理者必须重视对企业危机的管理。

2. 企业危机的特点

从管理的角度看，企业危机一般具有如下六个特点。

(1) 普遍性。指危机存在于每个企业、存在于企业活动的每时每刻。

(2) 突发性。指企业的内部环境或外部环境突然发生了变化，如政策变化、重要人事变动和自然灾害等给企业带来了危机。

(3) 紧迫性。指企业所遭受的危机不仅来得突然，而且发展迅猛，如不能及时制止，则损失巨大。

(4) 危害性。危机的发生总会轻重不同地影响和涉及企业的生产经营活动，威胁到企业的既定目标，最严重的将导致企业破产。

(5) 不可预测性。危机的出现及其后果具有不确定性，在正常生产条件下不可预测，特别是那些由企业外部原因造成的危机，如自然灾害、国家政策的改变和科技新发明带来的冲击等，往往是企业始料不及、难以抗拒的。

(6) 舆论关注性。现代社会，大众传媒十分发达，企业的任何危机都会引起舆论的广泛关注，成为焦点和热点，企业的一举一动都处于众目睽睽之下，无孔不入的媒体还有可能推波助澜，使危机升级。因此，有效的沟通便成了危机处理的一个主要组成部分。正是这些特点，使得对危机的认识与管理显得十分重要。

3. 企业危机的类型

企业可能出现以下类型的危机。

(1) 产品质量危机。企业由于在产品质量或功能上和消费者产生纠纷，甚至造成消费者重大损失，进而被提出赔偿甚至被责令停产的事件，是企业危机中最常见的一种。

(2) 人力资源危机。人员是企业发展的支柱，企业部分高级职业经理人或主要技术人员可能会因为行为不当给企业经营带来危机。例如，企业原技术开发人员将企业持有的知识产权产品带走或出卖给他人，导致企业经营困难或声誉急剧下降。

(3) 品牌信誉危机。品牌信誉意味着高附加值、高利润和高市场占有率。如果企业被指控侵害他人名誉权或知识产权，将面临巨额赔偿；或者由于企业商标被对手抢注，从而严重影响了企业的经营。

(4) 财务管理危机。良好的财务管理是企业成功的必要条件之一。企业由于债务难以偿还，银行一时拒绝贷款，可能会导致企业资金断流，生产瘫痪。巨人、爱多的失败就是由于缺乏财务管理危机意识造成的。

(5) 公害危机。由于企业一些行为严重损害了自然生态环境、社会公共设施或违背了基本的公德，从而导致公众不满，使企业形象受损。

此外，企业还会遇到犯罪、事故、天灾和战争等突发性危机。这类危机不以人的意志为转移，严重影响企业的生产经营活动和业务开展。

12.1.2 企业危机管理的内容

一个企业有没有生命力、有没有竞争力、是不是可持续地发展，关键在于这个企业能否恰当对危机进行管理。可以说，企业危机管理就是企业在具备了一定危机意识的前提下，针对可能发生的危机和正在发生的危机进行事先预测防范、事中妥善解决和事后学习提升的一种战略管理手段。每一次危机的爆发，既包含导致失败的根源，又孕育着成功的种子。发现、培育以便收获这个潜在成功的机会，便是危机管理的精髓。

因此，管理危机的能力是企业非常重要的也是最根本的能力。企业危机管理要求建立应对危机的有关机制，对突发性危机事件进行有效控制和管理。具体是指，企业为避免或者减轻危机所带来的严重损害和威胁，从而有组织、有计划地学习、制定和实施一系列管理措施和应对策略，包括危机的预防和规避、危机的控制、危机的处理与危机处理后的复兴等不断学习和适应的动态过程。企业危机管理可以分为事前危机管理、事中危机管理和事后危机管理三个动态阶段。

从某种意义上说，任何防止企业危机发生的措施、任何消除危机产生风险的努力都属于企业危机管理。但我们更强调企业危机管理的组织性、学习性、适应性和连续性。企业危机管理就是要在偶然性中发现必然性，在危机中发现有利因素，把握危机发生的规律性，掌握处理危机的方法与艺术，尽量避免危机所造成的危害和损失，甚至能够缓解矛盾，变害为利，推动企业的健康发展。

12.1.3 企业危机管理的重要性和迫切性

科学技术越来越发达，社会生产力越来越进步，利益群体越来越多元化，目标对象构成越来越复杂，信息传递越来越快捷，全球范围内的联系也越来越紧密，于是，任何一点风吹草动都可能使企业陷入危机。对企业来说，危机像隐藏在丛林里的恶虎，总是出其不意地发动攻击。产品销售危机、资金危机、市场危机、合作危机、环境与公害危机、人力资源危机等，这些往往会使企业骤然进入紧急状态，甚至直接威胁到企业的生存和发展。

然而在目前，中国企业的危机管理意识正如 20 年前人们的保险意识那样，非常淡薄。这就导致危机爆发后破坏巨大，往往使整个企业命悬一线。正如张瑞敏所说，永远战战兢兢，永远如履薄冰。几乎所有企业都处于一定的危机之中，而且多数企业在危机来临时，采取的措施普遍不力。因此，学会预防和处理危机对企业来说不仅是一堂必修课，而且是一堂迫在眉睫的必修课。

企业发生危机是企业面对危险与机遇的分水岭，因为危机同时蕴涵了危险与机遇两个层面，此时，如果能够把握住危机来临时那转瞬即逝的机会，不仅是“亡羊补牢，为时未晚”，还可能“塞翁失马，焉知非福”。从这个意义上说，危机是一块试金石，是一次对企业的管理能力和应对危机能力的测试，测试的结果是，要么在危机中再生，要么在危机中灭亡。

在危机尚未来临前预测危机，在危机处于萌芽状态时发现危机，在危机带来危害时消除危机，甚至在危机中发现机会、驾驭危机、利用危机，只有这样，企业方能化险为夷，从而立于不败之地。

12.1.4 企业危机管理中应坚持的原则

一般来说，危机事件具有发生突然、影响面大的特点，因此处理起来难度较大。企业要妥善地处理危机事件，必须灵活遵循以下九个原则。

(1) 迅速主动原则。危机的解决，速度是关键。企业遭遇到的危机，无论大小都会对企业造成负面影响，而且时间越长，危机的危害就越大。因此，危机发生后，不管导致危机出现的责任在哪方，企业都要主动承担责任，迅速采取措施，有效控制局势，将危机产生的负面影响降至最低程度。

(2) 真诚坦率原则。一般情况下，任何危机的发生都会使公众产生种种猜测和怀疑，甚至新闻媒体也有夸大事实的报道。因此，危机一旦发生，企业要想取得公众和新闻媒体的信任，必须采取真诚、坦率的态度。一个组织如果有诚意，那么，对或错就变得不重要，重要的是公众能感受到它的诚意。而且事实上，人们感兴趣的往往不是事情本身，而是当事人对事情的态度。从心理学的角度讲，人们的感觉胜于事实。

(3) 维护信誉原则。企业的信誉是企业的生命，而危机的发生必然会在不同程度上给企业信誉带来损失。因此，企业在危机管理的全过程中，要努力减少对企业信誉带来的损失，千万不可只算金钱账不算信誉账。

(4) 核心立场原则。危机一旦爆发，企业应在最短的时间内针对事件的起因、可能趋向及影响（显性和隐性）作出评估，并参照企业一贯秉承的价值观，明确自己的核心立场。在危机事件管理的过程中，在各发展阶段、各工作部门均不可偏离初期确定的这一立场。换句话说，对核心立场的坚持应贯穿危机事件处理的始终。核心立场原则强调的是企业对危机事件的基本观点和态度。这种立场不应是暂时的、肤浅的和突兀的，而应是持久的、深思熟虑的，并与企业长期战略和基础价值观相契合的。无论危机的来势多么凶猛，企业在危机处理之初都应向内外受众和盘托出自己的核心立场。核心立场应简单（不会产生歧义）、明确（能够清晰准确地表述出来），同时，所有参与危机管理的人员都须深入理解并始终贯彻这一立场。

（5）单一口径原则。单一口径原则不仅包括了企业对外的言论发布，也涵盖了企业对内的解释说明。危机事件管理者既需遴选、圈定信息通路，还要切实保障信息内容的一致性和信息发布形式的一贯性，即使借助强制手段也在所不惜。尽量采用单一发言人制度，倘若因种种原因，需要不同层次的企业人员扮演信息发布者角色，那么一定要事先审核并协调统一对话口径。

（6）全方位原则。企业围绕危机事件所做的一切管理决策都应以企业、受众和危机波及者为决策的基准点，进行全方位的考虑和筹谋。全方位原则所考验和彰显的是企业决策者和危机管理者的战略能力、大局观意识以及企业作为社会公民的责任感。此原则旨在从危机相关度的层面平衡企业利益（包括投资人、员工和企业自身的福祉）、客户利益、合作伙伴利益乃至舆论界（传播者与受众）利益。危机来袭，应尽可能将影响危机发展趋势的各方因素都考虑周详，在此基础上部署管理过程，确定管理方式。

（7）企业领导重视并参与原则。企业领导的重视和直接参与是有效解决危机的重要措施。危机处理工作对内涉及从后勤、生产和营销到财务、法律和人事等各个部门，对外不仅需要与政府和媒体打交道，还要与消费者、客户、供应商、渠道商、股东、债权银行和工会等方面进行沟通。如果没有企业高层领导的统一指挥协调，很难想象这么多部门能做到口径一致、步调一致、协作支持并快速行动。因此，企业应组建企业危机管理团队，担任危机管理团队队长的一般应是企业一把手，或者是具备足够决策权的高层领导。

（8）信息对称原则。从操作的层面看，信息对称原则的操作原则有四：首先，谨记“有信息比没信息好、充分的信息比片面的信息好”。其次，无论如何也不可让内外受众在失控状态下胡乱猜测，放任不实信息流传等同于“往伤口上撒盐”。危机后期，企业还不得不担负起向内外受众解释真相的义务，这往往是浪费资源且事倍功半。再次，保证对内、对外发布的所有信息都是经过精心准备、严格审核的。最后，不仅是对外，对内也应保持信息对称。信息不对称易使内部受众无法领会企业领导者、危机管理者的意图，于是高估危机的影响，即便危机顺利解决，上下之间产生的隔膜也可能长期存在，这有损于企业的长远利益。

（9）留白原则。虚与实、亏与盈、疏与密之间其实体现某种深刻的人生哲理，因此，国画大抵留白甚多。说到企业危机事件管理的“留白”，则是指在危机处理中，不能盲目封闭自己的回旋空间，不能轻易放弃自己的回旋余地。在对外沟通时，留白法则尤显重要，必须安排足够的空间，为不可测度的事态、无法预言的前景预留进退趋避的余地。企业危机管理是一个综合性、多极化的复杂问题。当企业面临各种危机时，不同的危机管理指导原则将会给企业带来截然不同的后果。因此，明确并灵活遵循危机管理的指导原则，是企业正确进行危机管理的必要前提和基础。

12.2 企业危机成因分析

企业危机的产生受多种因素的影响，如政治经济环境、战略规划不当等。具体来说，可以分为外部因素与内部因素。

12.2.1 企业危机外部原因分析

(1) 宏观的政治、经济、法律政策变化。宏观战略环境剧变会使企业陷入危机，如 1997 年东南亚金融危机就使相当一部分企业破产倒闭；震惊世界的9·11 事件使美国所有航空公司都陷入了危机；2003 年 3 月 20 日，美英联军对伊拉克开战后，有专家估计，全球的民航业将遭受 120 亿美元的损失，这对于一些原本已不景气的航空公司来说无疑是雪上加霜。

(2) 市场经济中的竞争与风险。市场经济的主要特点就是通过市场机制调节经济活动，配置生产要素，使之趋向最优，以促进生产率和生产水平的不断提高。市场机制中包含了竞争机制和风险机制。市场经济中的竞争是无情的，其结果必然是优胜劣汰。风险无处不在，伴随着企业前进的每一步。我国企业已逐步被推向市场，参与市场竞争。市场机制本身的作用加之其他社会条件，如快捷的信息传播、大众媒体的影响力等，对企业发展影响越来越大。再者，我国市场经济环境尚未健全，企业又缺乏市场经济管理经验，致使现代企业危机发生的可能性要比过去大得多。从这个意义上来说，危机是市场经济下企业竞争和风险的必然产物。

(3) WTO 的挑战和冲击。我国已经加入了 WTO，经济将进一步与世界经济融通，市场将进一步与世界市场接轨，整个经济贸易将面临新的国际环境，企业经营的复杂性和不稳定性更为剧烈，我国企业也面临着前所未有的生存压力和风险。虽然改革开放以来，我国在外向型经济建设方面取得了很大成就，积累了一定经验，但加入 WTO 后还会遇到许许多多新的问题。例如，与世界先进水平相比，我国企业普遍存在市场意识淡薄，在许多方面产品性能质量差，技术层次低，经营观念陈旧，管理水平低，生产规模小，势单力薄，质量缺乏保证，服务意识差等问题。

(4) 企业管理理论研究滞后。理论的作用在于指导实践。目前，我国企业管理水平之所以滞后，主要原因之一就是忽视了理论研究，特别是在实践和理论的结合上缺乏深入研究，具体表现在：一是研究方法基本上还是停留在教训的吸取、经验的总结上，往往是实践中出现了问题，大家才来思考治理对策；二是研究内容基本局限在物流和信息流的管理上，并且是微观层次和亚微观层次上的管理，如生产管理、质量管理、设备管理等，而对宏观层次的管理，研究不够深入；三是研究对象基本上是封闭式的，管理研究始终带有旧体制运行惯性的影响。

(5) 不可抗拒的外部因素。这里所谓的不可抗拒因素主要包括自然灾害，如地震、洪水、台风、冰雹等；人为因素，如恐怖事件、电脑病毒、投毒等；流行疾病的蔓延，如流感、天花、霍乱、鼠疫等。

12.2.2 企业危机内部原因分析

1. 企业缺乏中长期的战略规划

对于任何一家公司，不论其规模大小，企业的目标和发展方向是企业的灵魂所在，企业的一切管理经营活动都是围绕发展目标和方向所展开的。因此，企业必须有自己的中长期发展规划，它决定了企业生产经营中人、财、物诸要素的投向，产、供、销等企业行为的组织与实施。但是，我国的很多企业，从创业之初便没有明确的目标和发展方向，缺乏战略性规划，只是靠一时的高投入和市场机遇而在短期内迅速膨胀。还有一些企业，在发展成大企业之前，一般来说都具有自己的发展战略规划，并且为实现这一目标不惜付出艰苦的努力。可一旦发展成为大企业，阶段性的目标达到以后，企业的管理者往往会沉醉于过去的成绩和满足，只相信自己的感觉，容易忽略企业总体目标和中长期发展战略规划，没有对企业未来可能遇到的有利和不利的情况进行预见和分析。这样的企业在市场中往往处于被动地位，跟不上市场环境的变化，最终必定会危机四伏。

2. 企业内部管理混乱，效率低下

企业是全体员工的一个集合体。企业要想迅速而有效地实现预定的目标，必须建立完善的组织结构、科学先进的管理机制，规范各种行为准则，充分发挥全体人员的力量，通过职能分工、密切配合、彼此支援，发挥团队力量，同心协力地为企业的未来共同努力。但是，在我国企业中普遍比较缺乏健全完善的组织体系，职能部门组织庞杂、职能不清、机构重叠，内部职权和责任划分不明确、缺少分工协作、部门之间互相推诿、员工之间缺乏合作、管理随意性很大，使企业内部不能形成一个高效统一的指挥体系。

另外，许多企业机构臃肿，人浮于事，缺乏公平竞争机制，员工的积极性和创造性难以调动，凝聚力不强。加之，企业缺乏完善的公司规章制度，不能做到事事有章可循，内部管理控制不严，财务管理失控，信息流通不畅，出现信息的时滞和不对称等。这些企业管理中的不善和失控，不但降低了企业的决策、管理效率，同时必然降低企业的经济效益。而一旦企业内部遇到一些风吹草动和突发事件，这些企业就很难抵御随之而引发的种种危机。

3. 企业过度扩张、盲目多元化

一个企业在经历了初创期、成长期之后，企业的实力比较雄厚，产品趋于标准化，并占据了相当的市场份额。在这种情况下，企业的发展速度明显下降，单一化经营风险和竞争对手的挑战以及过去的成功为企业家带来的过度自信，无不为企业的多元化扩张创造了机遇。但是，在企业进行多元化经营时盲目扩张，结果只会引发增长乏力、周转不灵、管理滞后、债台高筑等一系列的后遗症，从而陷入多元化经营的误区。

另外，还有一些企业，尤其是民营企业，大都是在短期"爆发"起来的，是在不规范的市场经济中成长起来的，在很大程度上是利用了经济体制转轨提供的有利机会，在不长的时期里创造出公司发展的奇迹，取得了在正常的市场竞争中几乎是不可能取得的发展速度。这种奇迹般的增长，使得这些企业的管理者形成了一种强烈的增长欲。可是，这种极强的增长欲是很危险的，它会将企业置于高风险之中。过度的增长和盲目的多元化会与企业成长到一定阶段后的要求产生矛盾，而这种矛盾一旦激化，企业就会难以收拾。

4. 企业危机管理体系不健全

第一，对危机管理的认识不够深入。危机的发生往往具有隐蔽性，因此很多企业的管理者没有把企业危机管理作为企业理论的重要组成部分，总认为危机管理应是在危机爆发后进行的。在企业危机管理的三个阶段中，危机的事前管理是最重要的。因为无论危机的大小如何，只要危机爆发，企业就要动用资源和人力去解决它，这必然增加企业的经营成本，给企业带来一定的经济损失。因此，危机管理最好的方法就是阻止危机的爆发，也就是要注重危机的事前管理。

第二，我国企业中普遍缺乏危机管理组织结构。在我国企业危机的事前管理中，预先建立起危机管理通用的组织结构对于迅速转变企业危机形势，解决企业危机至关重要。我国企业都具有一定的组织惯性，而且如果企业由上至下的层级较多，又缺乏必要的危机管理组织结构，那么当危机发生时，随着时间的推移，内部信息过多和滞胀的问题就会越来越严重，沟通能力也会每况愈下。这样不仅不利于企业整合跨部门的协作，及时应对危机，而且还可能导致新的危机产生。

第三，我国企业普遍不重视对危机的预测。"冰冻三尺，非一日之寒"。大多数危机发生前都会隐约显现某种警告信号，如一场事故等。我国企业的员工如果具备高度的危机意识和敏感性，则不仅容易而且也能够及早从这些迹象中透视到企业存在的深刻危机。同时，我国企业也只有识别出管理过程中的薄弱环节，才能预先制定科学周密的危机应变计划，针对可能发生的危机配置处理该危机所需的人力、财力和设施，使企业处变不惊，掌握主动权。另外，当企业所处的宏观环境出现变化时，企业要预测和鉴别这些变化是否是危机因子以及能否对企业构成威胁。

12.3 企业危机预防管理

华为董事长任正飞认为，企业必须树立强烈的危机感和对危机未雨绸缪的前瞻意识，最好的危机处理艺术就是把危机消灭在萌芽之中。正是他强烈的危机感，才使华为良好地运营，不断壮大。

我国企业危机管理的首要途径就是建立完善的企业危机预防体系，争取在危机爆发前找出危机根源，消除危机，这样企业受到危机的影响才能最小。

12.3.1 树立危机防范意识

在企业的危机管理中，防范危机同样胜于处理危机。危机防范是成本最为低廉的危机管理方式。危机预防是指企业对危机隐患及其发展所作的监测、诊断和预防的一种危机管理活动。企业危机管理体系中预防危机则显得尤为重要。从企业危机的特性可以看出，一旦危机爆发将对企业的运行甚至存亡都构成巨大威胁。在企业经营过程中，无形资产对企业具有巨大的辐射杠杆效应。企业危机的发生大多数都会直接或间接地损害企业品牌形象。在知识经济下的企业更应时刻注重自身的信誉形象，而防患于未然永远是企业危机管理最基本和最重要的要求。

预防与控制是成本最低、最简便的方法，因此，建立一套规范、全面的危机预防系统是十分必要的。有些危机具有突发性和不可预知性，有些危机则可能源于企业日常生产和经营活动中不足或失误的积累。前一种危机具有一定的不可预防性，而后一种危机如果能及早得到重视则是可以避免的。在日常的经营运作中，对企业的薄弱环节或潜在问题给予足够重视并对其可能造成的危害形成正确认识，是危机防范的主要方法之一。

我国企业要在思想上树立危机意识。“生于忧患，死于安乐”。如果没有强烈的危机意识，所有的危机预警机制都形同虚设。张瑞敏的“我每天的心情都是如履薄冰，如临深渊”，小天鹅公司实行“末日管理”，目的就在于让企业内部从高层管理者到基层员工都意识到他们时刻面临着潜在危机，将危机意识融入企业文化之中，时刻强化危机意识，提高企业抵御危机的能力，有效地防范危机的发生。超前的、无形的、全面的危机意识才是企业危机防范中最坚固的防线。

12.3.2 制定危机管理计划

虽然预先识别出危机并将危机扼杀于无形是成本最低的危机管理方式，但是，任何一个企业即便防范措施做得再好，也不能保证万无一失，保证危机绝对不会发生。因此，企业应该未雨绸缪，超前决策，精心策划出全面的危机管理计划，以便在危机来临时能够从容面对。很多企业意识到了危机管理计划的重要性，在制定年度经营计划的同时会制定出一份完整的危机管理计划。但是，危机管理计划与一般计划之间最大的区别在于，一般计划在制定后就要努力使之付诸实现，而危机管理计划在制定之后，人们并不希望该计划有实现的机会，并且在现实中确实有许多危机管理计划并没有实施。这就使得有些管理者存在侥幸心理，不愿意花费人力、物力和财力去思考和制定危机管理计划。

我国企业应当根据有可能发生的不同类型的危机制定一整套危机管理计划，明确如何防止危机，一旦危机爆发又应如何作出针对性反应等。这样可以使企业在危机处理的过程中，减少危机决策所需时间和决策时的压力，增强处理危机的信心，并合理利用一切所需资源使危机处理行为更加科学、合理、有序、高效，避免危机处理时盲目性、随意性和顾此失彼的现象。

12.3.3 设立危机管理团队

虽然危机管理并非只是特定部门或特定人员的职责，而是企业内各部门的联合责任，但在企业内设立危机管理团队还是完全应该且必需的。通过一些现有调查发现，我国很多企业内尚未设立危机管理团队。危机管理团队应该是企业的常设机构，因为危机类型繁多，一个有效的危机管理团队应该包括决策层负责人以及企业各部门（如公关部、人事部、保卫部、财务部、技术部等）的主管或优秀人才，还可外聘公关专家，组成一个智囊团。这些人才在企业常态时除了干好本职工作外，还起着防范和预警企业危机的作用。企业一旦出现危机，他们就应该在高级管理人员的组织和协调下快速发挥处理危机的作用。

当企业出现危机时，高层管理人员应该具有快速直接调用相关专业人员的权力和能力。例如，出现财务危机，可以调用财务专家；出现公关危机，可以调用公共关系专家；出现产品或技术问题，可以调用技术专家等。在危机出现时，能否快速组建一个高效的危机管理团队，很大程度上取决于企业平时的人才资源储备情况。我国很多企业总是在危机发生时匆忙组建一个危机管理小组来协调和控制危机及其产生的影响，但这种小组是临时组建的，不具备行使一些特定任务所必备的各种技能，同时慎重挑选小组成员也要花费很多时间，以至于延误时机。

12.3.4 危机管理培训与演习

企业进行危机管理教育应从树立科学的危机观、营造良性的危机文化和建立危机管理培训机制三个方面展开。

1. 树立科学的危机观

要想科学有效地解决企业遇到的各种危机，首先就要对企业危机有透彻而深入的认识，树立起科学的危机观。科学的危机观应包含以下两个方面的内容：树立“危机无时不在无处不有”的危机意识，使每一个员工从思想上作好应对各种危机的准备，以便及早发现危机并采取相应措施；降低、消除员工对危机的恐惧心理，使员工立足于本职工作，将危机管理融入企业的日常经营管理。

2. 营造企业危机文化

树立科学危机观的关键是在企业内部形成危机防范的企业文化，让员工了解危机的特征和危害，增强他们的危机意识，提高危机防范和转化能力，帮助员工优化自身行为，提高应对危机的应急能力。许多成功的企业都有自己的危机文化，如微软声称距离破产永远只有18个月等，其目的是为了强化企业的危机文化意识。

3. 建立危机管理培训机制

通过危机管理培训可以检验企业管理者的快速反应能力，强化企业整体的危机管理意识和能力，也可以检验企业在物资和人员的管理、操作甚至战略上是否存在不足之处，以便在今后的管理中进一步完善、改进和提高。因此，企业应根据自身具体情况建立相应的危机管理培训机制，并通过实践的练习和演示来加深员工对危机管理的重视及培养科学的应对经验。危机管理培训的内容应包括：

(1) 针对企业全体员工（包括高层在内）进行危机意识和危机知识（危机识别、防范、处理、恢复等方面的科学知识）的培训；

(2) 强化员工（尤其是危机应对专门机构）应对危机的基本技能（如公关、沟通）培训，特别是收集、分析、准确接收信息和与公众有效沟通的技能；

(3) 对企业高层人员进行危机识别、预控、指挥处理及应对媒体等能力的专项培训；

(4) 强化企业危机预警系统中各项指标的预测、分类、整理和运用的实际能力培训；

(5) 强化全体员工尤其是高层管理者的综合业务素质培训；

(6) 用本企业或其他组织曾经发生的危机和本企业可能发生的危机进行危机管理的模拟训练，包括心理训练、人员与机构协调、应急措施实施、危机后的公关宣传管理和企业形象重塑等。

另外，企业应注重学习国外危机管理实践及教育的经验，改进企业危机管理及教育的方式方法。

12.4　企业危机管理应对方法与原则

企业危机管理应对是指企业调动各种可利用的资源、采取各种可能的或可行的针对性措施，预防、限制和消除危机以及由于危机而产生的消极影响，从而使潜在的或现存的危机得以化解，使危机造成的损失最小化。危机处理主要是企业组织在公共关系理论和管理学理论的指导下，适时运用公共关系策略、措施和技巧，来改变因突发性事件而造成的企业危机局面的过程。

一般而言，企业比较重视危机的预防，但对于危机的处理，即危机发生后如何应付，企业往往心理准备和措施准备都远远不足。因此，可以说危机是对企业公共关系工作最富挑战性的考验，企业对危机事件的处理、策划，能集中反映企业的综合实力和整体素质。各种类型的危机虽然有不同的处理方法，但整体的处理策略是基本一致的。

12.4.1　企业危机处理的一般方法

(1) 成立危机处理小组。成立危机处理小组使企业面对危机有一个强有力的指挥核心。危机处理小组是危机处理的领导部门和办事机构，以企业最高管理层以及企业各职能部门负责人为主，兼收一部分基层员工介入，最好还有外聘的高级公关顾问。根据事件的情况，可设领导小组和办公室，还可设专人或专门小组负责事故调查、处理和接待工作。小组成员应是善于观察、长于沟通、勇于创新和敢于承担责任的人。他们必须能够在第一时间了解事件真相和原委，密切监控事态发展，了解事件相关公众信息，包括新闻媒介反映、受害公众、社会团体、政府反映、内部员工情绪等；将上述信息整理分析，形成处理方案，实事求是、及时准确地上报给企业管理核心，并将经过决策层认定的处理方案迅速付诸实施；处理、发布相关信息，对不实、有害的传闻进行纠正，控制舆论导向。

(2) 调查情况，掌握事实。企业在遇到危机时，不能听之任之，而是要立即调查情况、制定计划以控制事态的发展，这是危机处理中最为关键的一步。为了显示企业对危机的关心和重视，企业的主要管理者不但要马上对外发表声明，而且条件允许的还要亲自出马，这样容易缓和企业与公众的对抗情绪，得到公众和媒介的谅解与尊重。

(3) 专家介入，制定对策。在危机处理时，首先应该组织有关人员，尤其是专家，成立危机处理小组，对危机的状况作一个全面的分析：危机产生的原因何在？危机发展的状况及趋势如何？受影响的公众有哪些？危机信息对外扩散的发布渠道和范围是怎样的？综合以上问题，制定危机处理的方案，即如何对待公众、如何对待媒介、如何具体行动等。

(4) 安抚公众，缓和局面。企业出现严重异常情况，特别是出现重大责任事故，使公众利益受损时，企业必须勇于承担责任，安抚受害公众并给予公众一定的精神补偿和物质补偿，真心诚意地取得他们的谅解，使危机更有可能顺利化解。例如，只要顾客或社会公众是由于使用本企业的产品而受到伤害，企业就应该在第一时间进行道歉以示诚意，不惜代价迅速回收有问题的产品，及时改善产品质量和服务，而且还要向消费者及时说明事态发展情况。如此才能平息公愤，博得公众的好感。

(5) 联络媒介，引导舆论。危机事件发生后，各种传闻、猜测都会随之而来，媒介也会纷纷报道。这时，企业组织应设立“发言人”，在危机事件出现后及时举行新闻发布会或记者招待会，向企业内外公众介绍真相以及正在进行的补救措施，做好同新闻媒介的联系工作，使其及时、准确报道，以影响公众、引导舆论，使不正确的、消极的公众反映和社会舆论转化为正确的、积极的公众反映和社会舆论。只有进行有效的传播管理，才能进行有效的危机管理，因为外部公众对危机的看法主要依赖于他们的所见所闻。在西方国家，现代企业一般要委托一些类似咨询公司公关部门的中介机构，与传媒长期维持一个良好的合作关系。一旦企业发生危机，可以迅速及时地组织和调动媒体，开展企业的宣传攻势，将有可能蔓延开的危机减至最小。

(6) 多方沟通，共同化解。主要是指争取其他公众、社团、权威机构的合作，协助解决危机。这是增加企业组织在公众中信任度的有效策略和技巧。

12.4.2 企业危机处理原则

对于企业危机处理的原则，国内外很多专家学者都有阐述。根据前人的研究结果，本章总结了七项危机处理的原则。

(1) 时间性原则。大量企业危机案例表明，如果在企业危机爆发初期企业采取积极行动，企业各方面的损失就会减少很多。结合危机的特征，企业危机往往是突发性事件，发展势态难以预料、破坏性强、涉及范围大，因此，企业一旦发生危机必须在尽可能短的时间内采取果断措施，从而减缓或消除危机蔓延。

(2) 权益保障原则。利益相关者是指和企业有各种相互利益关系的人群或组织，主要有顾客、企业员工、投资者、供应商、各类服务机构、政府组织、社区、媒体和社会公众等。这些利益相关者和企业有不同的利益关系。危机管理的核心目的就是要保护利益相关者的权益，其出发点就是尽一切可能满足危机中利益相关者的权益要求。

(3) 预防原则。预防原则是指危机管理者要在危机管理中始终保持危机防范意识，积极进行危机防范准备、危机征兆识别和预警机制建设，力争将危机发生的概率降至最小。

（4）协同原则。企业危机时期是特殊时期，也是考验企业各方面是否有能力协调渡过难关的时期。为了生存，企业参与危机处理的人力、物力、财力资源配置以及各项经营活动必须协同一致、合理安排、有序运作、统一指挥、分工负责，从而防止局势恶化。

（5）沟通原则。危机沟通是指以沟通为手段，以避免危机、化解危机、解决危机为目的的过程。危机沟通原则是指在企业危机管理中，必须自始至终坚持危机沟通的要求，有效运用各种沟通工具，对所有利益相关者的利益需求点进行互动交流，以降低危机对企业的冲击。

（6）转化原则。危机本身就蕴涵着机遇，如果企业发生危机而放任不管，危机必然进一步扩大，导致严重的后果。积极行动、正确反应、科学决策，危机就可以控制，甚至消除危机的影响。因此，转化原则就是要求企业管理者主动、积极地进行危机转化，将被动转化为主动，把危机化解在萌芽状态，通过更大努力进行危机沟通，寻求外部公众的支持，甚至创造性地获得机会来重新提升企业形象。

（7）学习原则。学习原则是指企业的管理者和全体员工在危机预防、危机处理和危机善后的整个过程中不断积累经验，降低危机成本，提高危机管理能力的过程。

12.5 企业危机处理策略

在企业危机处理过程中，策略是针对公众心态、需求的不同而进行的决策定位。它不仅要为维护、恢复和发展企业形象服务，同时还要适应公众的心理特征、个性背景。

12.5.1 危机处理的整体策略

企业危机的处理除必须按照一定的程序进行外，还必须重视有关的策略。企业危机处理的策略是指具体进行企业危机处理所需采取的对策与方式及相应的原则。重视企业危机处理的策略，对于尽快平息企业危机、有效重塑企业形象、迅速改善经营状态具有十分重要的意义。

（1）积极主动。无论面对的是何种性质、何种类型的危机，企业都应主动承担责任，积极进行处理，即使责任属于受害者一方，也应首先消除危机事件所造成的直接危害，以积极的态度去赢得时间，以正确的措施去赢得公众，创造妥善处理危机的良好氛围；而不应一开始就采取消极、被动态度，追究责任、埋怨对方，从而耽误处理危机事件的时机，造成处理的被动局面，引发更大的危机。

(2) 反应迅速。企业危机尽管具有潜伏性的特征，但许多事情还是可以预测的，只是不知道在什么时间、什么地点。这一策略就是指企业要通过经常的调查分析，及早发现引发危机的线索和原因，预测将要遇到的问题以及事件发生后的基本发展方向，从而制定多种可供选择的应变计划。对一切显著的问题要积极采取措施，及早处理。

(3) 注重后效。注重后效是指既要着眼于当前企业危机事件本身的处理，又要着眼于企业良好形象的塑造。不能采取权宜之计和视野狭窄、鼠目寸光的短期行为，而应从全面的、整体的、未来的高度进行企业危机事件处理。

12.5.2 企业常见的危机处理策略

企业可能出现的危机种类很多，对各种危机事件的处理方式及侧重点也不同。企业必须高度重视，努力保证危机处理的针对性和有效性。

1. 事故性事件处理

在企业发展过程中会遇到各种各样的困难，或者管理工作出现疏漏，或者产品质量出现问题，由此引发的危机事件会使企业形象受到严重破坏。因为这种事故的责任完全在于企业自身，所以企业必须态度诚恳，承担相应责任，迅速作出反应，将不利影响控制在一定范围内。

因此，企业应果断采取措施有效制止事态扩大，真诚接受公众批评，及时向公众及新闻界披露真情、公开致歉，以期迅速获得公众的谅解和宽容；组织专门人员，立即采取善后措施，尽量减少公众损失，主动提出合理的赔偿方案；要认真检查，切实做好改进工作，适当宣传，把事态的发展情况、改进措施、对公众的承诺和服务等内容，通过适当的媒体、传播方式公之于众，以消除公众的不良印象，恢复公众的信任，并借此向全体员工进行教育，避免今后再出现类似的问题。

2. 公众误解事件处理

在企业发展过程中，有时自身的工作、产品质量没有任何问题，经营中也没有发生损害公众利益的事件，但由于种种原因被公众误解，受到公众无端的指责，企业因此陷入危机之中，这就是误解性危机事件。独立的社会舆论导向、社会流言、竞争对手误导乃至造谣破坏都是误解性危机事件发生的外部诱因。处理此类事件时要注意以下方面。

(1) 调查此类事件发生的原因、误解性信息的传播范围、公众对误解性信息的相信程度、误解性信息对企业已造成的不良影响以及潜在影响。

(2) 策划公共关系传播作品、宣传活动，公布事实真相，澄清事实，消除误解性舆论的不良影响。

(3) 反省企业在传播工作中存在的问题，改善企业公共关系宣传工作。从企业方面来说，危机的发生说明企业平时与公众沟通不够，没有让公众了解企业的具体情况，导致公众不相信企业。因此，全面审视企业公共关系工作和对外宣传工作、强化企业与公众之间的沟通与信任机制是避免此类事件发生的有效途径。

3. 失实报道事件处理

失实报道是指新闻媒体或相关部门发布出来的与客观事实不相符的一些新闻、消息和评论等。从性质上讲，失实报告可分为片面报道和虚假报道两种。片面报道是由于新闻媒体或相关部门有意或无意发布的信息量不足，根据不确凿的信息，公众对企业形象产生片面理解。虚假报道则是由于新闻媒体和相关部门发布信息失真，从而诱导公众对企业形象产生负面理解，如 2009 年 11 月在海南发生农夫山泉等产品中含有砒霜的虚假报道。处理失实报道时要注意以下方面。

（1）充分重视新闻媒体在危机管理中的作用。企业要慎重对待媒体的宣传报道，尽量减少自身在新闻报道中的失误，在源头上杜绝失实报道的出现。

（2）认真对待新闻媒体。要协助媒体做好新闻报道工作，为其提供各种条件和便利，帮助澄清事实真相，把客观实在的信息传递给公众。不管这些报道是正面的，还是负面的，企业应端正态度、消除不良心态，有则改之无则加勉。注意加强与新闻媒体的日常交往，沟通感情，在可能的情况下帮助媒体解决一些难题，树立企业的良好形象，能够最大程度地防止有关的失实报道。

（3）及时化解不利报道的新闻效应。在媒体报道出现错误时，企业的行动关键在于采取正确的公关措施，迅速行动，查清事实真相，借助记者之口挽回声誉损失。

12.6　企业危机恢复管理

危机中危险与机遇并存，如何利用危机中的有利一面是危机恢复管理所关注的主要内容（蒋波，2006）。

12.6.1　企业危机恢复的目的

危机恢复工作的全面展开应该从危机持续阶段开始。在危机的持续阶段，危机已经基本上得到控制，不再继续造成明显的损害，此时，危机管理的重点应该转向危机恢复工作，使企业尽早从危机中恢复过来，进入品牌发展的正常状态。其目的是：

（1）维持企业的连续性和品牌的生存。危机造成的损失会打断品牌的正常运营，影响品牌运作的连续性，危机恢复管理首先是要将品牌的业务活动恢复正常，维持品牌的功能连续性和存在连续性。如果恢复危机所造成的损失对于品牌的生存有着关键作用，那么企业就应该恢复危机造成的损失，维持品牌的连续性，甚至可以牺牲企业未受危机影响的部分；如果恢复危机造成的损失对于品牌的生存没有太大的作用，企业应该放弃危机恢复，着重搞好品牌的正常业务。

（2）使品牌获得新的发展。危机虽然对品牌造成了损失，但是也可能给品牌的发展带来新的机会。这些机会表现为品牌创新的机会、企业内部团结的机会、品牌自我反省的机会、展示品牌形象的机会等。

12.6.2 企业危机恢复的策略

在危机恢复管理中可以采用以下具体策略。

（1）转用策略。美国商界巨子洛克·菲勒曾说："我总是试图将每一次灾难转化为机会。"企业可利用危机事件促进工作手段和管理方式的改进，以此获得多重效果和长期效应。

（2）合并策略。与本企业在经营关系、技术关系上比较密切的单位合并，输入其他企业的资源或管理技术，使企业得以生存和发展。

（3）保全策略。将受到不利影响的产品暂时或永久停销、减产或停产，尽可能保存技术实力和能力很强的员工，全力维持几个盈利的产品项目，逐渐蓄积能量，东山再起。

（4）成长策略。推出新产品，开发新市场，采用新设备或新工艺，实施新的促销方式和促销通路。

（5）重整策略。对企业进行组织结构调整，更换负责人和高层管理团队，重建企业文化，实施员工激励计划，以全新的面貌迎接未来的发展。

12.6.3 企业制定危机恢复计划

危机恢复计划的具体内容主要是指导危机恢复工作的开展，规定如何对危机恢复对象采取行动，一般包括以下四方面内容。

（1）总结经验教训，防止类似危机再次发生。具体包括：对危机事件发生的原因、处理措施等进行系统调查和全面回顾；对危机管理工作进行全面评价，包括对预警系统的组织和工作内容、危机计划、危机决策和处理等各方面的评价，详尽列出危机管理工作中存在的各种问题；对危机管理中存在的问题综合归类，提出整改措施，责令有关部门逐项落实；建立危机档案，将产生危机的原因、经过、处理措施及其效果、经验和教训都记录在案，为企业提高经营管理水平、预防和解决新的危机事件提供参考。

（2）保持同社会大众的联系。继续向公众传达企业信息，以实际行动表明企业重振雄风的决心和期待今后公众支持帮助的愿望，如建立公众建议制度、征询社会各界的批评意见等。

（3）开展公关活动，消除不良影响。危机结束后，企业生存压力得到暂时缓解，但危机给企业带来的不良影响有可能长期挥之不去，甚至拖垮企业。因此，企业需要及时地、有针对性地开展各种公关活动，消除危机带来的不良影响，如召开新闻发布会、请技术监督部门重新对产品进行鉴定、参加各种公益活动等。

（4）利用危机契机，提升企业形象。危机总是与机遇并存，危机事件的发生既然已引起社会的关注，企业就要善于利用这一契机，重塑和提升企业形象。

12.6.4　企业危机恢复时期的主要工作

（1）修正品牌的发展计划。品牌之所以发生危机是由品牌自身的弱点所决定的。危机过后，第一，应对品牌的内外信息环境进行分析，提炼出引发危机的原因，并进行分析，尽快制定解决方案并加以实施，以防止其再次引发危机；第二，要对危机预警和预控系统进行修改，分析品牌现有的行为是否能真正阻止或遏制危机的再次产生，以使品牌尽快走上良性发展的道路。

（2）重塑品牌形象。在危机发生时，即使企业采取积极有效的措施处置了危机，品牌的形象也仍然有可能受到一定的负面影响。因此，在危机过后，企业要采取一定的措施，进一步完善管理体制，调整组织机构，使之更精干、更有工作效率。与此同时，还要以诚实和坦率的态度安排各种交流活动，加强与社会公众的沟通和联系，及时告知他们危机后的新局面、新进展，消除危机带来的形象后果，恢复或重新建立品牌的良好声誉，再度赢得社会各界的理解、支持与合作。

（3）利用经验和教训强化品牌抵抗危机的能力。危机不能笼统地被认为是只对品牌起破坏作用的事件。事实上，品牌可以利用危机来培养和强化品牌自身抵抗危机的能力。与危机相联系的学习过程依赖于对提供危机知识的有关事件进行全面的分析，危机学习的三个重要来源包括过去品牌经历的危机、曾经发生的危机和类危机事件。类危机事件是指如果没有采取品牌干预措施以限制其效应，这些事件就会产生重大危机。不过，增加的危机知识不会自动形成品牌的抵抗危机能力，这仅仅是一个条件；第二个条件是变革和转换，它是在两个层次上进行操作，即重新调整和开发新的企业组织规则和鼓励品牌对在危机冲击下已失效的组织作出转换。因此，如果企业管理者运用各种防卫机制来使危机合理化，并把危机的发生归因于品牌的外部因素，那么这对品牌来说等于错失了一次强化抵抗危机能力的机会。

（4）利用经验和教训提升企业的竞争优势。对危机的管理是企业学习和培养新竞争优势的独特机会。抵抗危机能力已成为品牌的一种重要资源，它代表着品牌竞争优势的一种源泉。现代企业面对不稳定和不利环境的可能性越来越大，不利的环境会使企业陷入阶段危机，但也正是这些危机的存在，促使企业进行持续变革，不断反思它们的运作模式、控制机制和基础假设，把危机作为商业经营中正常的现象来对待。危机能使企业和环境的复杂关系明朗化，可以检验企业反应能力的限制因素，包括弱点、结构、关系和态度，而企业的所有这些限制因素在正常情况下都是隐秘的，难以为企业所察觉，企业也就难以对这些限制因素进行管理。危机过后，企业就要“亡羊补牢”，加强对这些限制因素的管理。

【本章精要】

任何事物的发展都不是一帆风顺的，企业也不例外。企业在发展的同时也会面临危机。因此，如何看待和处理企业的危机，不仅关系着企业的未来发展，更决定着企业的存亡。因此，企业应该做好危机管理。

企业危机管理就是要在偶然性中发现必然性，在危机中发现有利因素，把握危机发生的规律性，掌握处理危机的方法与艺术，尽量避免危机所造成的危害和损失，并且能够缓解矛盾，变害为利，推动企业的健康发展。

当企业面临危机时，不能回避，应该分析企业危机产生的原因，找到危机产生的根源，从而制定解决危机的策略和应该采取的方法，尽可能降低危机给企业造成的损失。

当企业呈现良好态势时，也不能掉以轻心，应该树立危机意识，从源头上制止危机的产生，从而使企业健康发展。

【思考题】

1. 什么是危机管理？
2. 企业危机管理的内容是什么？
3. 企业危机的成因有哪些？
4. 如何应对企业危机？有哪些原则和程序？
5. 企业危机预防有哪些要点？
6. 企业如何从危机中尽快恢复？
7. 编写一个企业危机案例，根据所学内容分析该企业危机管理中的得失。

【综合案例】

贝因美公司如何“变危为机”①

2009年3月17日，质检总局公布了最新一批进境不合格食品和化妆品名单，159批次产品上了“黑名单”。其中，贝因美集团有限公司从美国进口的两批共37吨乳清蛋白粉被检出含有阪崎杆菌。阪崎杆菌通常不对人体健康产生危

① 林景新：2009年上半年十大企业危机管理案例，中国营销传播网，2009年6月9日。

害，但对新生儿可致病，严重可导致败血症、脑膜炎等。一时，人们还未放松的神经，又重新紧绷起来。

在三鹿奶粉发生三聚氰胺事件之后，受牵连的绝不仅是三鹿旗下产品，其他品牌的奶粉同样遭遇了质量检测。2008 年 9 月 17 日中央电视台新闻联播公示了全国查出含有三聚氰胺的奶粉产品，其中就包括伊利、蒙牛、光明等行业的老大。在一个全球化的市场中，产品一体化已是一种趋势。连锁反应已经成为中国语境下最显著的企业危机特征之一。

虽然贝因美公司在对三聚氰胺的检测中幸免于难，但其 37 吨从美国进口的乳清蛋白粉含有对新生儿可致病的阪崎杆菌，这消息一经公布，必然引起贝因美产品市场群的恐慌。

贝因美立即启动危机应对措施，紧急向传媒说明相关原料已经被拦截或销毁，保证没有用于生产任何产品，也没有流入市场。对于此次危机的发生，贝因美宣称危机的爆发是因为竞争对手恶意攻击所致。

贝因美危机处理速度反应很快，同时其强有力的媒体关系也迅速压下许多打算跟进的媒体报道，这对于平息危机起到关键的作用。为了避免和调节这些恐慌，浙江贝因美科工贸股份有限公司采取了以下两项措施。

第一，贝因美紧急向传媒说明相关原料已被拦截或销毁，并保证没有用于生产任何产品，更没有流入市场。

第二，贝因美公司对外宣称此次事件的爆发是竞争对手的恶意攻击所致。

可以说，就是以上两项措施使贝因美公司的市场销售没有受到严重影响，甚至可能为自己做了一个较好的广告。这种使危机转危为安的处理方式，就是危机管理。加强信息的披露与公众的沟通，争取公众的谅解与支持是危机管理的基本对策。通常可将危机管理分为两大部分，即危机爆发前的预防管理和危机爆发后的应急善后管理，而案例中贝因美的危机管理主要是后者，它在危机爆发后采取了一系列有效的善后应急措施，使公司安全地度过了这次危机。

贝因美能够在危机中全身而退的主要原因，是其向公众塑造了一个诚信的形象。在被查出阪崎杆菌后，贝因美第一时间承认了这个事情的真实性。在 37 吨乳清蛋白和整个市场的选择中，毫不动摇地（事后证明也是十分明智和准确的）选择了市场，从而首先保住了企业的形象。放弃什么，这是很重要的一个决策。37 吨乳清蛋白可能是不小的一个损失，可是比起整个贝因美奶粉的市场，它就如同九牛一毛，小到可以忽略不计了。这和最近发生的南京徐宝宝事件的当事医院处理方法形成了鲜明的对比，血淋淋的事实告诉我们，为了保住一位上班“偷菜”的医生，徐宝宝失去了生命，医院的名誉也受到了巨大的甚至可以说是致命的损失。孰重孰轻，南京这所医院没有判断，贝因美却分得十分清楚。在承认事实之后，贝因美又对外保证这批原料没有用于生产任何产品，更没有流入市场，这无疑给处在恐慌中的贝因美的市场群注了一剂安定剂。没有流入市场，就不会有家长购买到这样的产品，没有人购买，自然不会有婴儿因为吃到这些不良奶粉而致病。市场最担忧的问题一下子消失，市场群当然不会因为这小小的疏忽而从此抛弃贝因美，贝因美的危机自此可以说已经基本化去。

如果说上面的第一项措施保住了贝因美的市场形象，那么第二项措施可以说是锦上添花的一招。对外宣称此次事件的爆发是由竞争对手恶意攻击所致，这个举动让市场大众把注意力从贝因美转移到其他奶粉品牌上去，是哪个竞争对手？人们首先要问。公众对恶意中伤的做法一定是愤慨的，贝因美把自己放在了受害者的一方，从而转移了消费者对自己的怀疑，更获得了来自市场的同情。在处理这项工作时，公共关系的强弱成了影响重大的一环。在危机发生后，贝因美时刻同新闻媒体保持密切的联系，借助公证、权威的机构来帮助解决危机，承担起给予公众的精神和物质的补偿责任，做好恢复企业的事后管理，从而迅速有效地解决企业危机。可以说，贝因美一直以来良好的媒体关系，为它打赢了这一仗。

美国前总统肯尼迪认为，“危机”有两层含义：“危”虽然意味着“危险”，但是“机”却意味着“机遇”。温家宝总理在剑桥演讲时说：“如果危机是百年一遇，那么机遇也是百年一遇。”我国著名营销实战派讲师谭小芳则表示，能够转“危”为“机”，力挽狂澜，扭转局面，方显沧海本色，才是真英雄的气度；在动态中、在不平衡中取得平衡，在逆境中变劣势为优势，才是真本事。贝因美在整个危机管理过程中，“快、准、狠”地应对市场和媒体，将危机的负面影响减少至最小，充分体现其危机管理的高水平。

综合案例思考题：

1. 你认为贝因美在处理危机中遵循了哪些原则？
2. 查阅蒙牛 OMP 案例，说明两家公司在危机处理关键程序上的差异？
3. 对于从源头上预防，贝因美还有哪些方面需要进一步提高？
4. 贝因美虽然成功转化危机，但无法避免乳制品行业性的危机频繁发生，思考企业应如何共同预防行业性的危机？

参考文献

艾杰，泰勒，特迦逊. 1983. 管理决策的定量分析. 牛林山等译. 北京：机械工业出版社. 99
彼得·德鲁克. 2006. 管理：使命、责任、实务. 王永贵译. 北京：机械工业出版社. 73～92
彼得·圣吉. 1998. 第五项修炼——学习型组织的艺术与实务. 郭进隆译. 上海：上海三联书店. 238
曹广志. 2007. 企业危机管理理论在“三株”集团和“巨能”公司的应用研究. 天津大学硕士学位论文
陈传明. 2002. 企业战略调整的路径依赖特征及其超越. 管理世界，(6)：94～101
陈加奎. 2006. 我国民营企业危机管理研究. 山东大学博士学位论文
陈劲，王毅，许庆瑞. 1999. 国外核心能力研究述评. 科研管理，20 (5)：13～20
陈荣秋，马士华. 2005. 生产与运作管理（第二版）. 北京：高等教育出版社. 106～108
陈英梅，尹少华. 2009. 企业战略管理. 北京：北京大学出版社、中国农业大学出版社. 155
大前研一. 1985. 策略家的智慧. 黄宏义译. 北京：中国友谊出版社. 166
戴维·赫斯特. 2000. 危机与振兴. 北京：中国对外翻译出版公司. 36～39
邓湘南，解朝杰，蔡小于. 2009. 企业薪酬战略与竞争战略的匹配研究. 企业活力，(1)：56～58
丁宁. 2009. 企业战略管理（第2版）. 北京：清华大学出版社. 144～148
段兴民. 2009. 西部可持续发展的人力资源开发战略. 中国人力资源开发，(1)：36～39
方欣. 2008. 企业战略管理. 北京：科学出版社. 128～130
冯晓青. 2007. 企业防御型专利战略研究. 河南大学学报（社会科学版），(5)：40～44
逄咏梅. 2008. 供电企业内部价值链分析与运用. 会计之友，(8下)：32～34
弗雷德·R. 大卫. 2008. 战略管理概念部分. 李青译. 北京：清华大学出版社. 150～260
弗雷德·R. 戴维. 2003. 战略管理. 李克宁译. 北京：经济科学出版社. 29
傅元略. 2009. 公司财务战略. 北京：中信出版社. 126～127
高雷. 2003. 中国中小企业国际化战略研究. 武汉大学硕士学位论文
高敏. 2003. 哈佛模式——公司危机管理. 北京：中央民族大学出版社. 56～61
郭朝阳. 2002. 策略群组与企业盈利水平的差异. 中国工业经济，(6)：86～94
哈梅尔，普拉哈拉德. 1998. 竞争大未来：企业发展战略. 王振西译. 北京：昆仑出版社
何敏. 2008. 全球化背景下长虹国际化战略探究. 复旦大学硕士学位论文
何中兵. 2009. 循环经济企业人力资源管理战略研究. 科技进步与对策，(16)：88～92
亨利·明茨伯格，布鲁斯·阿尔斯特兰德，约瑟夫·兰佩尔. 2001. 战略历程. 魏江译. 北京：机械工业出版社. 23
胡笑寒，万迪昉. 2003. 战略控制方法的沿革与探析. 管理工程学报，(4)：95～98
胡雄飞. 1996. 企业组织结构研究. 上海：立信会计出版社. 42
黄丹，余颖. 2005. 战略管理研究注记·案例. 北京：清华大学出版社. 457
黄旭. 2007. 战略管理思维与要径. 北京：机械工业出版社，102～253
吉姆·柯林斯，杰里·波拉斯. 2002. 基业长青. 真如译. 北京：中信出版社. 239～243
吉姆·柯林斯. 2006. 从优秀到卓越. 俞利军译. 北京：中信出版社
加雷思·琼斯. 2003. 当代管理学. 郑风田，赵淑芳译. 北京：人民邮电出版社
蒋波. 2006. 论企业品牌危机管理. 武汉理工大学硕士学位论文
金润圭，杨蓉，夏辉. 2007. 企业战略与管理. 上海：立信会计出版社. 140～145

卡斯特·罗森茨韦克. 1985. 组织与管理——系统方法与权变方法. 傅严等译. 北京：中国社会科学出版社
劳伦斯·巴顿. 2002. 组织危机管理. 符彩霞译. 北京：清华大学出版社. 66～80
雷如桥，陈继祥. 2004. 战略管理理论的沿革最新进展及发展趋势. 商业研究，(12)：28～29
李福海. 2004. 战略管理学. 成都：四川大学出版社. 257
李海滨. 2005. 五力模型批判. 企业管理，(8)：18～19
李佳. 2006. 因果模糊与持续竞争优势的形成. 中国工业经济，(4)：122～126
李建设，王行佳. 2009. 基于路径依赖理论的企业文化变革. 大连海事大学学报，8 (3)：49～52
李剑锋，徐佳宾. 2004. 企业战略管理. 北京：经济管理出版社. 310
李捷. 2005. 全球化条件下中国企业国际化战略研究. 武汉大学硕士学位论文
李奕滨. 2007. 邮政储蓄银行市场定位的 SWOT 分析. 金融研究，(11)：172～179
理查德·L. 达夫特. 2003. 组织理论与设计. 王凤彬译. 北京：清华大学出版社
廖能成，张左棠，潭永强等. 2006. 财务战略策划. 武汉：武汉理工大学出版社. 150～154
刘戒骄. 2003. 产业生命周期与企业竞争力. 经济管理，(8)：19～23
刘丽文. 2006. 生产与运作管理（第三版）. 北京：清华大学出版社. 40～42
刘睿智. 2008. 竞争战略、企业绩效与持续竞争优势——来自中国上市公司的经验据. 科研管理，(6)：54～58
卢强. 2006. SWOT 局限. 商界（中国商业评论），(2)：150～153
罗伯特·希斯. 2004. 危机管理. 王成等译. 北京：中信出版社. 25～37
罗辉道，项保华. 2005. 战略集团研究综述. 科研管理，26 (6)：7～12，17
迈克尔·波特. 2003. 竞争优势. 陈小悦译. 北京：华夏出版社. 28～30，160～163
诺曼·R. 奥古斯丁等. 2004. 危机管理. 北京新华信商业风险管理有限责任公司译. 北京：中国人民大学出版社. 3～21，65～68
钱焱. 2006. 不确定性环境下企业战略调整策略研究. 现代管理科学，(7)：45～46
乔治·斯蒂纳. 2002. 企业、政府与社会. 张志强译. 北京：华夏出版社
斯蒂芬·P. 罗宾斯. 1997. 管理学. 孙健敏译. 北京：中国人民大学出版社
宋薇. 2007. 区域性国际化人才发展战略评价体系研究. 河海大学硕士学位论文
孙爱萍. 2009. 企业集团财务战略管理的实施. 中外企业家，(11)：42～46
孙锐. 2008. 战略管理. 北京：机械工业出版社
孙先定，杨锡怀，李颖. 2002. 基于企业价值的我国家电上市公司的战略集团与绩效关系研究. 中国管理科学，10 (3)：77～81
谭力文，田毕飞. 2005. 战略视角下企业与环境的关系. 经济管理·新管理，(4)：13～19
谭谊. 2003. 成都飞机工业公司航空产品发展战略评价. 西南财经大学硕士学位论文
唐跃军，何锐邦. 2008. 基于流动壁垒的 IT 产业战略群组间竞争战略分析. 经济管理，30 (14)：10～16
托马斯·卡明斯，克里斯托弗·沃里. 2003. 组织发展与变革精要. 孙剑锋译. 北京：清华大学出版社
万后芬，应斌，宁昌会. 2003. 市场营销教学案列. 北京：高等教育出版社
王方华等. 2003. 战略管理. 上海：上海交通大学出版社. 100～102
王凤朝. 2005. 企业国际化战略与绩效——对长虹发展的启示. 电子科技大学硕士学位论文
王平换. 2002. 企业战略管理. 重庆：重庆大学出版社. 123～306
韦三水. 2002-11-22. 山东并购遭遇巨亏，燕啤欲借茶饮料翻身. 21 世纪经济导报，第 13 版
吴晓云，焦勇兵. 2007. 国际市场进入模式研究：一种网络的观点. 商业经济与管理，188 (6)：43～50
希尔，琼斯. 2007. 战略管理（第六版）. 孙忠译. 北京：中国市场出版社

席西民. 2001. 企业外部环境分析. 北京：高等教育出版社

肖狄虎. 2009. 工业设计及产品差异化与企业竞争战略. 求索，(7)：42～45

肖纳・L. 布朗，凯瑟琳・M. 艾森哈特. 2001. 边缘竞争. 吴溪译. 北京：机械工业出版社

邢乐斌，王旭. 2008. 新产品开发过程中的战略均衡研究. 科技进步与对策，(3)：66～69

熊胜绪. 2007. 企业战略管理. 南京：南京大学出版社. 130～135

徐君. 2008. 企业战略管理. 北京：清华大学出版社. 140～142

许芳. 2003. 如何进行危机管理. 北京：北京大学出版社. 130～122

杨春怡. 2009. 加工型企业的国际化战略研究. 北京交通大学硕士学位论文

杨锡怀，冷克平，王江. 1997. 企业战略管理. 北京：高等教育出版社. 322

杨锡怀，冷克平，王江. 1998. 企业战略管理理论与案例. 北京：高等教育出版社. 158～166

杨锡怀. 1994. 企业战略管理. 沈阳：东北大学出版社. 245

叶秉喜，庞亚辉. 2005. 考验——危机管理定乾坤. 北京：电子工业出版社. 89～93

于文博. 2007. 基于企业危机理论的我国企业危机管理研究. 北京交通大学硕士学位论文

余明阳. 2009. 市场营销战略. 北京：清华大学出版社、北京交通大学出版社. 126～128

袁泽沛，陈珉. 2007. 企业战略管理——形成组织竞争力的科学. 北京：科学出版社：166～168

曾忠禄，杨水星，郭郁斌. 2003. 中国企业跨国经营——决策、管理与案例分析. 广州：广东经济出版社. 67～89

张会恒. 2004. 论产业生命周期理论. 财贸研究，(6)：7～11

张建东，项保华. 2005. SWOT 的缺陷. 企业管理，(1)：44～47

张娟. 2006. 国际直接投资区位理论综述. 经济纵横，(8)：77～79

张良. 2009. 企业差异化战略的对策. 产业与科技论坛，(6)：43～46

张敏，陈传明. 2006. 文化刚性与企业战略调整. 江苏行政学院学报，(4)：49～54

张敏. 2008. 企业文化刚性对战略调整影响的内在作用机理分析. 财贸研究，(5)：104～108

张维迎. 1996. 博弈论与信息经济学. 上海：上海人民出版社

张新国. 2006. 企业战略管理. 北京：高等教育出版社，115～116

张新国. 2006. 企业战略管理. 北京：高等教育出版社. 120～122

张阳，周海炜. 2001. 管理文化视角的企业战略. 上海：复旦大学出版社

赵锡斌. 2004. 企业环境研究的几个基本理论问题. 武汉大学学报（哲学社会科学版），57 (1)：12～17

赵耀. 2007. 人力资源战略. 北京：中国劳动社会保障出版社. 178～180

周发明. 2006. 论中小企业成长过程的战略转型. 经济纵横，(9)：72～75

周三多，邹统钎. 2002. 战略管理思想史. 上海：复旦大学出版社

周永生. 2003. 企业危机管理的评述和展望. 系统工程，21 (6)：19～23

Andrews K R. 1980. The Concept of Corporate Strategy. Illinois：Richard D. Irwin. Inc.

Ansoff H I. 1965. Corporate Strategy：An Analytic Approach to Business Policy for Growth and Expansion. New York：McGraw Hill

Barney J. 1991. Firm resources and sustained competitive advantage. Journal of Management，17 (1)：99～120

Buckley P M，Casson M C. 1998. Models of multinational enterprise. Journa1of International Business Studies，29 (1)：21～44

Caves R E. 1980. Industrial organization：corporate strategy and structure. Journal of Economic Literature，58：64～92

Caves R，Porter M E. 1977. From entry barrier to mobility barriers. Quarterly Journal of Economics，9：

241～267

Dunning J H. 1988. Explaining International Production. London：Unwin Hyman. 13～40

Gort M，Klepper S. 1982. Time paths in the diffusion of product innovation. The Economic Journal，92：630～653

Hill T，Westbrook R. 1997. SWOT analysis：it's time for a product recall. Long Range Planning，30 (1)：46～52

Hunt M. 1972. Competition in the major home appliance industry. Harvard University

McGee J，Thomas H. 1986. Strategic groups：theory，research and taxonomy. Strategic Management Journal，7 (2)：141～160

Moore J F. 1993. Predators and prey：the new ecology of competition. Harvard Business Review，71 (3)：75～83

Moore J F. 1996. The Death of Competition：Leadership Strategy in the Age of Business Ecosystems. New York：Harper Business

Mosakowski E. 1997. Strategy making under causal ambiguity：conceptual issues and empirical evidence. Organizational Science，8 (4)：414～442

Newman H. 1978. Strategic groups and the structure-performance relationship. Review of Economics and Statistics，60 (3)：417～427

Porter M E. 1979. How competitive forces shape strategy. Harvard Business Review，(March～April)：137～145

Porter M E. 1979. The structure within industries and companies'performance. Review of Economics and Statistics，61 (2)：79～91

Porter M E. 1980. Competitive Strategy. New York：Free Press

Porter M E. 2008. The five competitive forces that shape strategy. Harvard Business Review，(1)：78～93

Prahalad C K，Hamel G. 1990. The core competence of the corporation. Harvard Business Review，(May～June)：79～91

Terutouw O. 1994. Japan's exterual asymmtries and assewbly industries：lean produation as a source of competitive advantege. Transaetion Corporations，(3)：72～98

Vernon R. 1966. International investment and international trade in the product cycle. Quarterly Journal of Economics，80 (2)：190～207

Wernerfelt B A. 1984. Resource：based view of the firm. Strategic Management Journal，(5)：171～180